Mr Charles
Kodikara
30 Cathkin Road
GLASGOW
G42 9UH

ageUK

SAṂYUTTA-NIKAYA

Pali Text Society.

SAṂYUTTA-NIKAYA

PART III
KHANDHA-VĀGGA

EDITED BY
M. LEON FEER
(OF PARIS)

LONDON:
PUBLISHED FOR THE PALI TEXT SOCIETY,
BY HENRY FROWDE,
OXFORD UNIVERSITY PRESS WAREHOUSE, AMEN CORNER, E.C.

CONTENTS.

INTRODUCTION.

I.

Is the third division of the *Saṃyutta-Nikāya* shorter or longer than the second? It is by no means easy to answer this question, as this division occupies 91 leaves against 96 in a Burmese MS, but 79 against 72 in one Siṃhalese MS., and 61 against 58 in another. The difference may be caused by the different ways of abridging; but it seems to be excessive. The number of the lines in a leaf, which is not always uniform in the same MS., ought also to be considered. Be it as it may, in this edition, the third division is shorter than the second by 7 pages. Yet, although I endeavoured not to be long, I intended to be complete.

This division is entitled Khandha-vaggo; whence it may be expected that the five *Khandhas* will be enumerated and referred to very often, and indeed they are so to satiety, although, in some parts, no mention is made of them, and they seem altogether left out.

II.

The reckoning of the Saṃyuttas in the third division is subject to some difficulties (as those we incurred in the second) arising from the fact that the first of them is not counted by some as a Saṃyutta; and yet it is the greatest part of the whole. The Burmese MS. states at the end that the Saṃyuttas in this Vaggo are as much as thirteen [illegible], while the Simhalese MSS. announce twelve (*dvādasa*) titles only, but after the enumeration of the titles of the first section, which they seem to consider as a distinct work. Moreover, they point out as being the fifth (*pañcama*), the sixth (*chaṭṭha*), and the eighth (*aṭṭhama*), three Saṃyuttas which, if the KHANDHA-VAGGO consists of thirteen Saṃyuttas, cannot be respectively but the sixth, the seventh, and the ninth. Therefore, what the Burmese MS. considers to be the first Saṃyutta is not for the Siṃhalese MSS. a Saṃyutta. But, what might it be? If it be not a Saṃyutta, why is it embodied in the Saṃyutta-nikāya? and, since it is embodied in this Collection, how ought it not to be a Saṃyutta?

This improper exception is owing to the extent of this first section, which comprises no less than 63 sheets out of 91, almost the two-thirds of the whole division. It is entitled *Khandha* (as the first of the second *Nidāna*), and this name was imparted to the division itself. But whilst the *Nidāna-Saṃyutta* (which is the half of the second division), is distributed into eight or nine chapters, the *Khandha-Saṃyutta* of the third division is cut up into three *paññasa* (groups of fifty suttas), as it were a distinct work itself.

The following or second section (*Saṃyutta*), entitled *Rādha*, consisting of four chapters, is regular.

Some difficulties arise upon the third section entitled *Diṭṭhi* as to the internal division, but not as to its existence as a Saṃyutta.

The three following sections (4, 5, 6), *Okkantika*, *Uppāda*, *Kilesa*, are similar and made from one pattern, consisting each of ten suttas, which have similar titles and form. The last of them, counted the fifth in the Siṃhalese MSS., cannot be but the sixth.

The next following Saṃyutta, entitled *Sāriputta*, consists also of ten suttas; it is the seventh, wrongly called the sixth in the aforesaid MSS.

The four following Saṃyuttas, viz., *Nāga*, *Supaṇṇa*, *Gandhabba*, *Valāha*, are of one family, especially the two first. In these, the five khandhas are not even mentioned.

The Supaṇṇa is counted the eighth by the Siṃhalese MSS., but we must count it the ninth.

With the *Vacchagotta* (the twelfth Saṃyutta) the five Khandhas reappear; but they disappear soon, in the next and last Saṃyutta, the *Jhāna* (or *Samādhi*) which is the thirteenth.

Therefore we can and must count thirteen Saṃyuttas from the *Khandha* to the *Jhāna*, and, since all the Saṃyuttas of the whole compilation ought to form one series, and the last of the preceding division (the NIDĀNA-VAGGO) was the XXI., these become the XXII.–XXXIV. in due sequence.

III.

The divisions of each Saṃyutta cannot always be determined without difficulty. The *Okkantika-Uppāda-Kilesa-Sāriputta* (XXV.–XXVII.) are of a very plain type, consisting of one vaggo, which comprises exactly ten suttas, well distinguished in the Uddānas with which they close.

The initial *Khandha* (XXII.) is very regular, its three *paññāsa* being divided each into five *vaggos* of ten suttas. The sum of the suttas ought to be 150; but, it is well known, in such a case, the suttas of some *vaggos* exceed ten; indeed, the total number is 158. In this way, the decimal series of the suttas do not agree with the Vaggos; but it is impossible to avoid this inconvenience.

The *Rādha* (XXIII.), consisting of four vaggos, is also very regular; but the *Diṭṭhi* (XXIV.) is somewhat perplexing.

A first chapter, the *Sotāpattivaggo*, comprising eighteen *veyyākaraṇāni* (or *Suttantā*), and seeming to be itself a work apart, is followed by four sections called *peyyālo*, or *vāro*, or *gamana*, of which the first is said to contain 18 *Suttantā-veyyākaraṇāni*, each of the others 26. But the 18 are those of *Sotapattivaggo*, and the 26 are these very 18 *suttantā* to which 8 others are superadded. I do not perceive in what manner the three last so-called *gamana* differ from the first and one from another, unless they might refer to the three times, past, present, future, which, however, are not mentioned in each *gamana*, but enumerated together in the fourth. Then the whole Saṃyutta consists of 18+18+3×26=114 *suttantā* or *veyyākaraṇāni*, viz., 18 in the Sotāpattivaggo, 96 in the four gamana.—The reader will remark that in this volume I have summed only 96 of them, because I left out, by mistake, the first 18 of the second *gamana*, which are omitted in the Burmese MS., and enumerated[1] by the Siṃhalese MSS. in such a manner that I did not, nor, indeed, do now, clearly perceive whether they are the beginning of the second, or a recapitulation of the first. These 18 suttantā ought to be restored in the reckoning if not in the text. Let also the reader be reminded that the headings (Chapters III. IV.) put before the titles *tatiya-catuttha-gamana* are consequently wrong, and the numbers 3, 4, ought to be substituted to them.

The case of the *Diṭṭhi-Saṃyutta* is more or less that of the *Nāga-S.*, where, if we trust to the Uddāna, there are 14 suttas, but each of the four last corresponds to ten, so that the whole is 50;—of the *Supaṇṇa-S.*, for which the Uddāna gives 10 titles, but which is said to consist of 46 suttas, because each of the four last, having same title, contains in its ample bosom ten suttas;—of the *Gandhabba-S.*, for which the obscure and uncertain Uddāna gives 4 titles only, and seems to count hardly 10 suttas, while the number of them is said to be 112;—of the *Valāha-S.*, which we are told has 57 *suttantas*, although the number of the titles is 8, corresponding to 12 texts.

The two last *Saṃyuttas* have each 55 so-called *suttantas*. The Uddāna of the first of them, the *Vacchagotta-S.*, exhibits 11 titles, which, being multiplied by the number of the khandhas, produce 55 *suttantas*; but, as each of the 11 titles applies to 10 propositions, I do not perceive why the total should not be 550. It is to be noticed that one of the

---

[1] This enumeration I did not omit, but I put it in the note (p. 218 n. 3). It would be better if I had put it in the text.

titles of this Saṃyutta, and the corresponding *suttanta* are omitted by the Siṃhalese MSS., but another title is mentioned by them in the Uddāna, without being represented in the text, and this title (*asambodha*) differs slightly from *anusambodha* given in the Burmese Uddāna as the title of a *suttanta* which, in the text, is *Anubodha*. There is also a variety of reading on the fifth title. From these changes, we are permitted to infer that there was some incertitude as to the reading and the number of the terms of the Vacchagotta-Saṃyutta.

It is not the Khandhas which increase the number of the *veyyākaraṇāni* in the last Saṃyutta, since no mention is there made of them. The titles of the suttas are no more than 10; two of these terms are successively noticed, in four propositions, as united to or divided from the Samādhi; and thus the number of 55 *Veyyākaraṇāni* is reached by various modes of combining, with a truly Buddhistic subtility, hardly gladdened by a gentle comparison of which none of these 55 *Veyyākaraṇāni* is deprived.

IV.

Therefore we can sum up the whole KHANDHA-VAGGO as follows:

(I.)	Khandha-S. XXII.	15 vaggos (3 *Paññāsa*)	158	suttas
(II.)	Rādha-S. XXIII.	4 vaggos	46	,,
(III.)	Diṭṭhi-S. XXIV.	1 vaggo 18, 4 gamanas 96	114	suttantas
(IV.)	Okkantika-S. XXV.	10 titles	10	suttas
(V.)	Uppāda-S. XXVI.	10 titles	13	,,
(VI.)	Kilesa-S. XXVII.	10 titles	10	,,
(VII.)	Sāriputta-S. XXVIII.	10 titles	10	,,
(VIII.)	Nāga-S. XXIX.	14 titles	50	suttantas
(IX.)	Supanna-S. XXX.	10 titles	46	,,
(X.)	Gandhabba-S. XXXI.	10 titles	112	,,
(XI.)	[illegible] XXXII.	10 titles	57	,,

(XII.) Vacchagotta-S. XXXIII.	11 titles	55	suttantas
(XIII.) Jhāna (or Samādhi) S. XXXIV.	10 titles	55	,,
	Total	733	

If I am not mistaken, the whole consists of 733 distinct texts, *Suttas* and *Suttantas* (or *Veyyākaraṇāni*), to which I have adapted, as before, the titles supplied by the Uddānas, except in case of exuberant multiplication, and including between ( ) those which were not directly borrowed from the Uddānas.

V.

Several texts of this division are mere repetitions of or adaptions to texts already met with. Thus 91 and 92 of the *Khandha-S.* differ only by the title from 21 and 22 of the Rāhula-S. (XVIII.) in the Nidāna-vaggo; 115 of the same is to be compared with 16 of the Nidāna-S. The suttas 59 (*Pañca*) and 61 (*Āditta*) refer to some of the first speeches of the Buddha.

Twenty-three gāthas occur in this division, all to be found in the Khandha-S., viz., two alone, in 3 and 79, the others concatenated, two in 22, four in 78, seven in 95, eight in 76.

VI.

The MSS. which I used are the same as before: B, the Burmese MS. of Paris; S[1], the Siṃhalese MS. of Copenhagen; S[3], the Siṃhalese MS. of Paris. S[2], which is the Siṃhalese MS. of London (British Museum), I could not reach. The useful help of the commentary, which assisted me much in the preceding volumes, has unfortunately failed me for this one. I had no MS. of it at my disposal.

I express once more my thanks to Mr. Bruun, the Director of the Royal Library at Copenhagen, for his kindness in allowing me the use of the Siṃhalese MS. S[1].

VII.

I had hoped not to have to refer again to the discrepancies between the MSS.; but I cannot avoid making one or two remarks. The repetition and multiplication of the texts, or as it is said in Pāli, the *vitthāretabbam*, is sometimes a cause of perplexity. I hoped to have steered clear of these difficulties, except in the case, above referred to, of the Diṭṭhi-S. One difference in the arrangement of the text, although pointed out in the notes, ought also to be noticed here; 151, 152 (of the Khandha-S.), according to the Burmese MS., are 155, 156 according to the Siṃhalese MS. Nos. 155, 156 in that MS. becoming 151, 152. The blunders of the copyists, when they transpose only lines, deserve a little attention, they deserve some more when whole leaves are displaced. A strange example of this occurs in S[1], the Kilesa- and Nāga-S., being sadly carved about and intermixed (owing, probably, to the giddiness of the scribe who confused two leaves) in such a manner that the text is unintelligible. I pointed out the fact to Mr. Fausböll; but I mention it here for the benefit of scholars who may venture to refer to this MS.

As before, I have preferred, in most cases, the shortest abbreviation, generally indicating where the text is more developed. I remind my readers that the symbols ‖pa‖ ‖la‖, peculiar to the Burmese MS., point out the abridgments as they are in that MS., the text being complete or less abbreviated in the Siṃhalese ones.

At the end of this volume, as of the preceding ones, three indices are subjoined: 1. To the proper names. 2. To the titles of the suttas. 3. To the beginning of the gāthas.

VIII.

In the introduction to the last volume, I had expressed (p. xiii) the purpose of drawing up a list of words which are written differently in the Burmese and Siṃhalese MSS., especially as to the letters which are doubled or left single. I have occasionally pointed out these differences in the notes to this volume, but as the list would include many words which are quoted at the foot of the pages, it would, therefore, be of little utility, and I think I may delay the publication of it, more especially as Professor Rhys Davids and Mr. Carpenter have given such a list at the end of the Introduction to the Sumaṅgala.

Saṃyutta-Nikāya

Division III Khandha-vaggo

Namo tassa bhagavato arahato sammāsambuddhassa ||

BOOK I KHANDA-SAṂYUTTAṂ (XXII)

SECTION I MULAPAÑÑĀSA

CHAPTER I NAKULAPITĀ-VAGGO PAṬHAMO

1 (1) *Nakulapitā*

1 Evam me sutaṃ | ekaṃ samayaṃ Bhagavā Bhaggesu viharati Suṃsumāragire Bhesakaḷāvane Migadāye ||

2 Atha kho Nakulapitā gahapati yena Bhagavā tenupasaṅkami | upasaṅkamitvā ekam antaṃ nisīdi ||

3 Ekam antaṃ nisinno kho Nakulapitā gahapati Bhagavantam etad avoca || Aham asmi bhante jiṇṇo vuddho mahallako addhagato vayo anuppatto āturakāyo abhikkhaṇātaṅko | aniccadassāvī[1] kho panāham bhante Bhagavato manobhāvanīyānaṃ ca bhikkhūnaṃ | ovadatu maṃ bhante Bhagavā anusāsatu maṃ bhante Bhagavā yaṃ mama assa dīgharattaṃ hitāya sukhāyāti ||

4 Evam etaṃ gahapati evam etaṃ gahapati āturo te[2] gahapati kāyo addhabhūto[3] pariyonaddho | Yo hi gahapati imaṃ kāyam pariharanto muhuttam pi ārogyam paṭijāneyya kim aññatra bālyā || Tasmātiha te gahapati evaṃ sikkhitabbaṃ | āturakāyassa me sato cittaṃ anāturaṃ bhavissatīti | Evaṃ hi te gahapati sikkhitabban ti ||

5 Atha kho Nakulapitā gahapati Bhagavato bhāsitam

---

[1] S1-3 adhicca° always [2] B hāvam always

[3] B [illegible] always

abhinanditvā anumoditvā uṭṭhāyāsanā Bhagavantam abhivādetvā padakkhiṇaṃ katvā yenāyasmā Sāriputto tenupasaṅkami‖ upasaṅkamitvā āyasmantaṃ Sāriputtam abhivādetvā ekam antaṃ nisīdi‖‖

6 Ekam antaṃ nisinnaṃ kho Nakulapitaraṃ gahapatim āyasmā Sāriputto etad avoca‖‖ Vippasannāni kho te gahapati indriyāni parisuddho mukhavaṇṇo pariyodāto‖ alattha[1] no ajja Bhagavato sammukhā dhammiṃ kathaṃ savanāyāti‖‖

Kiṃ hi[2] no siyā bhante idānāham bhante Bhagavatā dhammiyā kathāya amatena abhisitto ti‖‖

Yathā katham pana tvaṃ gahapati Bhagavatā dhammiyā kathāya amatena abhisitto ti‖‖

7 Idhāham bhante yena Bhagavā tenupasaṅkamiṃ‖ upasaṅkamitvā Bhagavantam abhivādetvā ekam antaṃ nisīdiṃ‖ ekam antaṃ nisinno kho ham bhante Bhagavantam etad avocaṃ‖‖

Aham asmi bhante jiṇṇo vuddho mahallako addhagato vayo anuppatto āturakāyo abhikkhaṇātaṅko‖ aniccadassāvī panāham bhante Bhagavato manobhāvanīyānaṃ ca bhikkhūnam‖ ovadatu maṃ bhante Bhagavā anusāsatu mam bhante Bhagavā yam mama assa dīgharattaṃ hitāya sukhāyāti‖‖

Evaṃ vutte mam bhante Bhagavā etad avoca‖‖ Evam etaṃ gahapati evam etaṃ gahapati‖ āturo yaṃ gahapati kāyo addhabhūto pariyonaddho‖ yo hi gahapati imaṃ kāyam pariharanto muhuttam pi ārogyam paṭijāneyya kim aññatra bālyā‖‖ Tasmātiha te gahapati evaṃ sikkhitabbaṃ‖ āturakāyassa me sato cittam anāturam bhavissatīti‖ Evaṃ hi te gahapati sikkhitabbanti‖‖

Evaṃ khvāhaṃ bhante Bhagavatā dhammiyā kathāya amatena abhisitto ti‖‖

8 Na hi pana taṃ[3] gahapati paṭibhāsi[4] Bhagavantam uttariṃ paṭipucchituṃ‖‖ Kittāvatā nu kho bhante āturakāyo ceva hoti āturacitto ca‖ Kittāvatā ca pana āturakāyo hi kho hoti no ca āturacitto ti‖‖

---

[1] S¹⁻³ alatthaṃ [2] B kañhi [3] B tvaṃ [4] B inserts taṃ

9 Dūrato pi kho mayam bhante āgaccheyyāma āyasmato Sāriputtassa santike etassa bhāsitassa attham aññātum || sādhu vatāyasmantaṃ yeva Sāriputtam paṭibhātu etassa bhāsitassa attho ti || ||

10 Tena hi gahapati suṇāhi sādhukaṃ manasi karohi bhāsissāmīti || ||

Evam bhante ti kho Nakulapitā gahapati āyasmato Sāriputtassa paccassosi || ||

11 Āyasmā Sāriputto etad avoca || ||

Kathaṃ ca gahapati āturakāyo ceva hoti āturacitto ca || ||

12 Idha gahapati assutavā puthujjano ariyānam adassāvī ariyadhammassa akovido ariyadhamme avinīto sappurisānam adassāvī sappurisadhammassa akovido sappurisadhamme avinīto rūpam attato samanupassati | rūpavantam vā attānam attani vā rūpaṃ rūpasmiṃ vā attānaṃ Ahaṃ rūpam mama rūpan ti pariyuṭṭhaṭṭhāyī hoti | tassa Aham rūpam mama rūpan ti pariyuṭṭhaṭṭhāyino taṃ rūpam pariṇamati aññathā hoti | tassa rūpavipariṇāmaññathābhāvā uppajjanti sokaparidevadukkhadomanassupāyāsā || ||

13 Vedanam attato samanupassati vedanāvantam vā attānam attani vā vedanam vedanāya vā attānam Aham vedanā mama vedanā ti pariyuṭṭhaṭṭhāyī hoti | tassa Ahaṃ vedanā mama vedanā ti pariyuṭṭhaṭṭhāyino sā vedanā vipariṇamati aññathā hoti | tassa vedanāpariṇāmaññathābhāvā uppajjanti sokaparidevadukkhadomanassupāyāsā || ||

14 Saññam attato samanupassati || saññāvantam vā attānam attani vā saññaṃ saññāya vā attānam Ahaṃ saññā mama saññā ti pariyuṭṭhaṭṭhāyī hoti || tassa Ahaṃ saññā mama saññā ti pariyuṭṭhaṭṭhāyino sā saññā vipariṇamati aññathā hoti | tassa saññāvipariṇāmaññathābhāvā uppajjanti sokaparidevadukkhadomanassupāyāsā || ||

15 Saṅkhāre attato samanupassati || saṅkhāravantam vā attānam attani vā saṅkhāre saṅkhāresu vā attānam Ahaṃ saṅkhārā mama saṅkhārā ti pariyuṭṭhaṭṭhāyī hoti | tassa Ahaṃ saṅkhārā mama saṅkhārā ti pariyuṭṭhaṭṭhāyino te saṅkhārā vipariṇamanti aññathā honti tassa saṅkhāra-

vipariṇāmaññathābhāvā uppajjanti sokaparidevadukkhadomanassupāyāsā || ||

16 Viññāṇam attato samanupassati || viññāṇavantaṃ vā attānam attani vā viññāṇaṃ viññāṇasmiṃ vā attānam Ahaṃ viññāṇam mama viññāṇan ti pariyuṭṭhaṭṭhāyī hoti || tassa Ahaṃ viññāṇam mama viññaṇanti pariyuṭṭhaṭṭhāyino taṃ viññāṇaṃ vipariṇamati aññathā hoti || tassa viññāṇam vipariṇāmaññathābhāvā uppajjanti sokaparidevadukkhadomanassupāyāsā || ||

17 Evaṃ kho gahapati āturakāyo ceva hoti āturacitto ca || ||

18 Kathañca gahapati āturakāyo pi[1] kho hoti no ca āturacitto ||

19 Idha gahapati sutavā ariyasāvako ariyānaṃ dassāvī ariyadhammassa kovido ariyadhamme suvinīto sappurisānaṃ dassāvī sappurisadhammassa kovido sappurisadhamme suvinīto na rūpam attato samanupassati || na rūpavantam vā[2] attānaṃ na attani vā[2] rūpam na rūpasmiṃ vā[2] attānaṃ Ahaṃ rūpam mama rūpan ti na pariyuṭṭhaṭṭhāyī hoti || tassa Aham rūpam mama rūpanti apariyuṭṭhaṭṭhāyino taṃ rūpaṃ vipariṇamati aññathā hoti || tassa rūpa vipariṇāmaññathābhāvā nuppajjanti sokaparidevadukkhadomanassupāyāsā || ||

20 Na vedanam attato samanupassati na vedanāvantaṃ vā attānaṃ na attani vā vedanaṃ na vedanāya vā attānam Aham vedanā mama vedanā ti na pariyuṭṭhaṭṭhāyī hoti || tassa Aham vedanā mama vedanāti apariyuṭṭhatthāyino sā vedanā vipariṇāmati aññathā hoti || tassa vedanāvipariṇāmaññathābhāvā nuppajjanti sokaparidevadukkhadomanassupāyāsā || ||

21 Na saññam attato samanupassati || na saññāvantaṃ vā attānaṃ na attani vā saññaṃ na saññāya vā attānam Ahaṃ saññā mama saññā ti na pariyuṭṭhaṭṭhāyī hoti || tassa Ahaṃ saññā mama saññāti apariyuṭṭhaṭṭhāyino sā saññā vipariṇamati aññathā hoti || tassa saññā vipariṇāmaññathābhāvā nuppajjanti sokaridevadukkhadomanassupāyāsā || ||

---

[1] S6 pi — [2] S1-3 omit these vā and the following ones

22 Na saṅkhāre attato samanupassati na saṅkhāravantam vā attānaṃ na attani vā saṅkhāre na saṅkhāresu vā attānam Ahaṃ saṅkhārā mama saṅkhārā ti na pariyuṭṭhaṭṭhāyī hoti | tassa Ahaṃ saṅkhārā mama saṅkhārā ti apariyuṭṭhaṭṭhāyino te saṅkhārā vipariṇamanti aññathā honti | tassa saṅkhāravipariṇāmaññathābhāvā nuppajjanti sokaparidevadukkhadomanassupāyāsā ||

23 Na viññāṇam attato samanupassati na viññāṇavantaṃ vā attānaṃ na attani vā viññāṇaṃ na viññāṇasmiṃ vā attānam Aham viññāṇam mama viññāṇan ti na pariyuṭṭhaṭṭhāyī hoti | tassa Aham viññāṇam mama viññāṇan ti apariyuṭṭhaṭṭhāyino taṃ viññāṇam vipariṇamati aññathā hoti | tassa viññāṇavipariṇāmaññathābhāvā nuppajjanti sokaparidevadukkhadomanassupāyāsā ||

24 Evam kho gahapati āturakāyo[1] hoti no ca āturacitto ti ||

25 Idam avoca āyasmā Sāriputto | attamano Nakulapitā gahapati āyasmato Sāriputtassa bhāsitam abhinandīti ||

2 (2) *Devadaha*

1 Evam me sutaṃ | ekaṃ samayam Bhagavā Sakkesu[2] viharati Devadahannāma Sakyānam nigamo[3] ||

2 Atha kho sambahulā pacchābhūmagāmikā bhikkhū yena Bhagavā tenupasaṅkamiṃsu | upasaṅkamitvā Bhagavantam abhivādetvā ekam antaṃ nisīdiṃsu ||

3 Ekam antaṃ nisinnā kho te bhikkhū Bhagavantam etad avocuṃ | Icchāma mayam bhante pacchābhūmaṃ janapadaṃ gantuṃ pacchābhūme janapade nivāsaṃ kappetun ti ||

Apalokito pana vo bhikkhave Sāriputto ti ||

Na kho no bhante apalokito āyasmā Sariputto ti ||

Apaloketha bhikkhave Sāriputtam | Sāriputto bhikkhave[4] paṇḍito bhikkhūnam[5] anuggāhako sabrahmacārīnan ti ||[6]

---

[1] B inserts hikho [2] B sakyesu [3] S3 nigame
[4] S1-3 omit Sāri° bhi° [5] S1-3 bhikkhu

Evam bhante ti kho te bhikkhū Bhagavato paccassosuṃ|| ||

4 Tena kho pana samayena āyasmā Sāriputto Bhagavato avidūre aññatarasmiṃ eḷagalāgumbe[1] nisinno hoti|| ||

5 Atha kho te bhikkhū Bhagavato bhāsitam abhinanditvā anumoditvā uṭṭhāyāsanā Bhagavantam abhivādetvā padakkhiṇaṃ katvā yenāyasmā Sāriputto tenupasaṅkamiṃsu|| upasaṅkamitvā āyasmatā Sāriputtena saddhiṃ sammodiṃsu|| sammodanīyaṃ kathaṃ sārāṇīyaṃ vītisāretvā ekam antaṃ nisīdiṃsu|| ||

6 Ekam antaṃ nisinnā kho te bhikkhū āyasmantaṃ Sāriputtam etad avocuṃ|| || Icchāma mayam āvuso Sāriputta pacchābhūmam janapadaṃ gantum pacchābhūme janapade nivāsaṃ kappetuṃ||[2] apalokito no satthā ti|| ||

7 Santi hāvuso nānāverajjagatam bhikkhum pañham pucchitāro khattiyapaṇḍitā pi brāhmaṇapaṇḍitā pi gahapatipaṇḍitā pi samaṇapaṇḍitā pi|| paṇḍitā hāvuso manussā vīmaṃsakā kiṃvādāyasmantānam satthā kim akkhāyīti|| || Kacci vo[3] āyasmantānam dhammā sussutā sugahitā sumanasikatā supadhāritā [suppaṭividdhā paññāya[4]] || yathā vyākaramānā āyasmanto vuttavādino ceva Bhagavato assatha|| na ca[5] Bhagavantam abhūtena abbhācikkheyyātha||[6] dhammassa cānudhammam vyākareyyātha na ca koci sahadhammiko vādānuvādo[7] gārayhaṃ ṭhānam āgaccheyyāti|| ||

8 Dūrato pi kho mayam āvuso āgaccheyyāma āyasmato Sāriputtassa santike etassa bhāsitassa attham aññātuṃ|| sādhu vatāyasmantaṃ yeva Sāriputtam paṭibhātu etassa bhāsitassa attho ti|| ||

9 Tena hāvuso suṇātha sādhukam manasi karotha bhāsissāmīti|| ||

Evam āvuso ti kho te bhikkhū āyasmato Sāriputtassa paccassosuṃ|| ||

Āyasmā Sāriputto etad avoca|| ||

---

[1] B eḷakāla°
[2] S¹⁻³ kappetunti
[3] S¹ te; S³ no
[4] In B only
[5] Omitted by S¹⁻³
[6] S³ has ācikkhe°
[7] S¹ °vato; S³ °pāto

10 Santi hāvuso nānāverajjagatam bhikkhum pañham pucchitāro khattiyapaṇḍitā pi || la || paṇḍitā hāvuso manussā vīmaṃsakā kiṃvādā[1] panāyasmantānam satthā kim akkhāyīti || Evam puṭṭhā tumhe āvuso evaṃ vyākareyyātha || Chandarāgavinayakkhāyī kho no āvuso satthā ti ||

11 Evam vyākate pi kho āvuso assu yeva[2] uttariṃ pañham pucchitāro khattiyapaṇḍitāpi || la || samaṇapaṇḍitāpi || paṇḍitā hāvuso manussā vīmaṃsakā kismim panāyasmantānaṃ chandarāgavinayakkhāyī satthā ti || || Evam puṭṭhā tumhe āvuso evaṃ vyākareyyātha || Rūpe kho āvuso chandarāgavinayakkhāyī satthā || Vedanāya || Saññāya || Saṅkhāresu || Viññāṇe chandarāgavinayakkhāyī satthā ti || ||

12 Evaṃ vyākate pi kho āvuso assu yeva uttariṃ pañham pucchitāro khattiyapaṇḍitā pi || la || samaṇapaṇḍitā pi || paṇḍitā hāvuso manussā vīmaṃsakā kim panāyasmantānam ādīnavaṃ disvā rūpe chandarāgavinayakkhāyī satthā || vedanāya || saññāya || saṅkhāresu || viññāṇe chandarāgavinayakkhāyi satthā ti || || Evam puṭṭhā tumhe āvuso evaṃ vyākareyyātha || Rūpe kho āvuso avigatarāgassa[3] avigatachandassa āvigatapemassa avigatapipāsassa avigatapariḷāhassa avigatataṇhassa tassa[4] rūpassa vipariṇāmaññathābhāvā uppajjanti sokaparidevadukkhadomanassupāyāsā || Vedanāya || Saññāya || Saṅkhāresu avigatarāgassa || la || avigatataṇhassa tesaṃ saṅkhārānam vipariṇāmaññathābhāvā uppajjanti sokaparidevadukkhadomanassupāyāsā || Viññāṇe avigatarāgassa avigatachandassa avigatapemassa avigatapipāsassa avigatapariḷāhassa avigatataṇhassa tassa viññāṇassa vipariṇāmaññathābhāvā uppajjanti sokaparidevadukkhadomanassupāyāsā || || Idaṃ kho no āvuso ādīnavaṃ disvā rūpe chandarāgavinayakkhāyī satthā ti || || vedanāya || saññāya || saṅkhāresu || viññāṇe chandarāgavinayakkhāyī satthā ti || ||

---

[1] B omits vādā   [2] S1-3 assuññeva always

[3] S1 avīta° here only: S3 always

[4] Missing in S

13 Evam vyākate pi kho[1] āvuso assu yeva uttariṃ pañham pucchitāro khattiyapaṇḍitā pi brāhmaṇapaṇḍitā pi gahapatipaṇḍitā pi samaṇapaṇḍitā pi|| paṇḍitā hāvuso manussā vīmaṃsakā kim panāyasmantānaṃ ānisaṃsaṃ disvā rūpe chandarāgavinayakkhāyī satthā|| vedanāya|| saññāya|| saṅkhāresu|| viññāṇe chandarāgavinayakkhāyī satthā ti|||| Evam puṭṭhā tumhe āvuso evam vyākareyyātha|| Rūpe kho āvuso vigatarāgassa vigatachandassa vigatapemassa vigatapipāsassa vigatapariḷāhassa vigatataṇhassa tassa rūpassa vipariṇāmaññathābhāvā nuppajjanti sokaparidevadukkhadomanassupāyāsā|| Vedanāya|| Saññāya|| Saṅkhāresu vigatarāgassa vigatachandassa vigatapemassa vigatapipāsassa vigatapariḷāhassa vigatataṇhassa tesam saṅkhārānaṃ vipariṇāmaññathābhāvā nuppajjanti sokaparidevadukkhadomanassupāyāsā|| || Viññāṇe vigatarāgassa vigatachandassa vigatapemassa vigatapipāsassa vigatapariḷāhassa vigatataṇhassa tassa viññāṇassa vipariṇāmaññathābhāvā nuppajjanti sokaparidevadukkhadomanassupāyāsā|||| Idaṃ kho no āvuso ānisaṃsaṃ disvā rūpe chandarāgavinayakkhāyī satthā|| vedanāya|| saññāya|| saṅkhāresu|| viññāṇe chandarāgavinayakkhāyī satthā ti||||

14 Akusale cāvuso dhamme upasampajja viharato diṭṭheva[2] dhamme sukho vihāro abhavissa avighāto anupāyāso apariḷāho|| kāyassa ca bhedā paraṃ maraṇā sugati pāṭikaṅkhā||||[3] Nayidam Bhagavā akusalānam dhammānam pahānaṃ vaṇṇeyya||||

15 Yasmā ca kho āvuso akusale dhamme upasampajja viharato diṭṭheva dhamme dukkho vihāro savighāto saupāyāso sapariḷāho|| kāyassa ca bhedā parammaraṇā duggati[4] pāṭikaṅkhā|| Tasmā Bhagavā akusalānaṃ dhammānam pahānam vaṇṇeti||||

16 Kusale cāvuso dhamme upasampajja viharato diṭṭhe ceva dhamme dukkho vihāro abhavissa savighāto sa-

---

[1] S[1] vyākarote; S3 omits pi kho

[2] B diṭṭheceva

[3] S[1] and B paṭi°

[4] S3 sugati, duggati always; B sugatiṃ, duggatiṃ; S[1] sugati, duggati, once duggatiṃ

upāyāso saparilāho || kāyassa ca [1] bhedā parammaraṇā duggati pāṭikaṅkhā || Nayidam [2] Bhagavā kusalānaṃ dhammānam upasampadaṃ vaṇṇeya ||

17 Yasmā ca kho āvuso akusale dhamme upasampajja viharato diṭṭheceva dhamme sukho vihāro avighāto anupāyāso aparilāho | kāyassa ca bhedā parammaraṇā sugati pāṭikaṅkhā || Tasmā Bhagavā kusalānaṃ dhammānam upasampadaṃ vaṇṇetīti || ||

18 Idam avocāyasmā Sāriputto attamanā te bhikkhū āyasmato Sāriputtassa bhāsitam abhinandun ti || ||

3 (3) *Hāliddikāni* (1)

1 Evam me sutaṃ || ekaṃ samayaṃ āyasmā Mahā-Kaccāno Avantīsu viharati kuraraghare pavatte [3] pabbate ||

2 Atha kho Hāliddikāni gahapati yenāyasmā Mahā-Kaccāno tenupasaṅkami || Upasaṅkamitvā āyasmantam Mahā-Kaccānam abhivādetvā ekam antaṃ nisīdi ||

3 Ekam antaṃ nisinno kho Hāliddikāni gahapati āyasmantam Mahā-Kaccānam etad avoca || Vuttam idam bhante Bhagavatā aṭṭhakavaggike Māgandiya-pañhe || [4]

Okam pahāya aniketasārī |
Gāme akubbam [5] muni santhavāni | [6]
Kāmehi ritto apurakkharāno |
Kathaṃ na viggayha janena kayirā ti ||

Imassa nu kho bhante Bhagavatā saṃkhittena bhāsitassa kathaṃ vitthārena attho daṭṭhabo ti ||

4–7 Rūpadhātu kho gahapati viññāṇassa oko || rūpadhāturāgavinibaddhañca [7] pana viññāṇam okasārīti vuccati ||
Vedanādhātu kho gahapati viññāṇassa oko | vedanādhāturāgavinibaddhañca pana viññāṇam okasārīti vuccati ||

[1] S[1-3] omits ca　[2] S[1-3] na kho
[3] B kulaghare papāte always　[4] B māgaṇṭhiya°
[5] B [illegible]　[6] B [illegible]
[7] B [illegible]

Saññādhātu kho gahapati viññāṇassa oko|| saññādhāturāgavinibaddhañca pana viññānam okasārīti vuccati|||| Saṅkhāradhātu kho gahapati viññāṇassa oko|| saṅkhāradhāturāgavinibaddhañca pana viññāṇam okasārīti vuccati||||

Evaṃ kho gahapati okasārī hoti||||

8 Kathaṃ ca gahapati'anokasārī hoti||

9 Rupadhātuyā kho gahapati yo chando yo rāgo yā nandi yā taṇhā ye upāyupādānā cetaso adhiṭṭhānābhinivesānusayā|| te Tathāgatassa pahīnā ucchinnamūlā tālāvatthukatā anabhāvakatā āyatiṃ anuppādadhammā|||| Tasmā Tathāgato anokasārīti vuccati||||

10 Vedanādhātuyā kho gahapati||

11 Saññādhātuyā kho gahapati||

12 Saṅkhāradhātuyā kho gahapati|| [1]

13 Viññāṇadhātuyā kho gahapati yo chando yo rāgo yā nandi° anuppādadhammā|||| Tasmā Tathāgato anokasārīti vuccati||||

14 Evaṃ kho gahapati anokasārī hoti||||

15 Kathaṃ ca gahapati niketasārī hoti||||

Rūpanimittaniketasāravinibandhā [2] kho gahapati niketasārī ti vuccati|||| Saddanimitta|| la|| Gandhanimitta|| Rasanimitta|| Phoṭṭhabbanimitta|| Dhammanimittaniketasāravinibandhā [3] kho gahapati niketasārī ti vuccati||||

16 Kathaṃ ca gahapati aniketasārī hoti [4]||||

Rūpanimittaniketasāravinibandhā kho gahapati Tathāgatassa pahīnā ucchinnamūlā tālāvatthukatā anabhāvakatā āyatiṃ anuppādadhammā|||| Tasmā Tathāgato aniketasārī ti vuccati||||

Saddanimitta|| pe|||| Gandhanimitta|||| Rasanimitta|||| Phoṭṭhabbanimitta||||

Dhammanimittaniketa sāravinibandhā kho gahapati Tathāgatassa pahīnā ucchinnamūlā tālāvatthukatā anabhāva-

---

[1] Complete in S[1-3]

[2] B °niketavisāra° always; S[3] °niketavihāriba° here only

[3] S[1-3] baddhā always

[4] This phrase is missing in S[1-3]

katā āyatiṃ anuppādadhammā || Tasmā Tathāgato aniketasārī ti vuccati || ||

17 Evaṃ kho gahapati aniketasārī hoti || ||

18 Kathaṃ ca gahapati gāme [1] santhavajāto hoti ||

Idha gahapati ekacco gihīhi [2] saṃsaṭṭho viharati || sahanandī sahasokī sukhitesu sukhito dukkhitesu dukkhito uppannesu kiccakaraṇīyesu attanā tesu [3] yogam āpajjati || || Evaṃ kho gahapati gāme [1] santhavajāto hoti || ||

19 Kathaṃ ca gahapati gāme na santhavajāto hoti ||

Idha gahapati bhikkhu gihīhi [2] asaṃsaṭṭho viharati || na sahanandī na sahasokī na sukhitesu sukhito na dukkhitesu dukkhito uppannesu kiccakaraṇīyesu na attanā tesu yogam āpajjati || Evam [4] kho gahapati gāme na santhavajāto ti || ||

20 Kathaṃ ca gahapati kāmehi aritto [5] hoti ||

Idha gahapati ekacco kāmesu avigatarāgo hoti [6] avigatachando avigatapemo avigatapipāso avigatapariḷāho avigatataṇho || Evaṃ kho gahapati kāmehi aritto hoti || ||

21 Kathaṃ ca gahapati kāmehi ritto hoti ||

Idha gahapati ekacco kāmesu vigatarāgo hoti || vigatachando vigatapemo vigatapipāso vigatapariḷāho vigatataṇho || Evaṃ kho gahapati kāmehi ritto hoti || ||

22 Kathaṃ ca gahapati purakkharāno hoti ||

Idha gahapati ekaccassa evaṃ hoti || Evaṃrūpo siyam anāgatam addhānam evaṃvedano siyam anā° evaṃsañño siyaṃ || la || evaṃsaṅkhāro siyaṃ anā° evaṃviññāṇo siyam anāgatam addhānanti || Evaṃ kho gahapati purakkharāno hoti || || [7]

23 Kathaṃ ca gahapati apurakkharāno hoti ||

Idha gahapati ekaccassa na [8] evaṃ hoti || Evaṃrūpo siyam anāgatam addhānaṃ || la || Evaṃvedano siyaṃ || Evaṃsañño siyaṃ || Evaṃsaṅkhāro siyaṃ || Evaṃviñ-

---

[1] S^{1-3} insert na [2] B gihī [3] S^{1-3} vo always

[4] S^{1-3} add ca [5] S^3 ritto [6] As above (p. 7 n. 3)

[7] The paragraph 22 is to be found in B only

[8] Omitted by S^{1-3} who give the negative clause, but without using the negative word

ñāṇo siyam anāgatam addhānan ti|||| Evaṃ kho gahapati apurakkharāno hoti||||

24 Kathañca gahapati kathaṃ viggayha janena kattā hoti||||

Idha gahapati ekacco evarūpiṃ kathaṃ[1] kattā hoti|||| Na tvaṃ imaṃ dhammavinayam ājānāsi aham imaṃ dhammavinayam ājānāmi kiṃ tvaṃ imaṃ dhammavinayaṃ ājānissasi|| micchāpaṭipanno tvam asi aham asmi sammāpaṭipanno|| pure vacanīyam pacchā avaca pacchā vacanīyaṃ pure avaca|| sahitam me asahitan te adhiciṇṇan[2] te viparāvattam|| āropito[3] te vādo caravādappamokkhāya[4] niggahīto si nibbeṭhehi[5] vā sace pahosīti|||| Evaṃ kho gahapati kathaṃ viggayha janena kattā hoti||||

25 Kathaṃ ca gahapati kathaṃ na[6] viggayha janena kattā hoti||

Idha gahapati bhikkhu na evarūpiṃ[1] kathaṃ kattā hoti|||| Na tvam imaṃ dhammavinayam ajānāsi|| la|| nibbeṭhehi vā sace pahosī ti|||| Evam kho gahapati kathaṃ na[6] viggayha janena kattā hoti||||

26 Iti kho gahapati yaṃ taṃ vuttaṃ Bhagavatā aṭṭhakavaggike Māgandiya-pañhe[7]||||

Okam pahāya aniketasārī||
Gāme akubbam muni santhavāni||
Kāmehi ritto apurakkharāno||
Katham na viggayha janena kayirā ti||||

Imassa kho gahapati Bhagavatā saṅkhittena bhāsitassa evaṃ vitthārena attho daṭṭhabbo ti||||

4 (4) *Hāliddikāni* (2)

1 Evam me sutam|| ekaṃ samayam āyasmā Mahā-Kaccāno Avantīsu viharati kuraraghare pavatte pabbate||||

---

[1] B °rūpi° [2] S3 aviciṇṇan [3] S3 further on ārocito
[4] S3 has vara°; further on cara°
[5] B nibbedhehi always [6] Omitted by S1-3
[7] B Māgaṇḍiya°

2 Atha kho Hāliddikāni gahapati yenāyasmā Mahā-Kaccāno || la ||

3 Ekam antaṃ nisinno kho Hāliddikāni gahapati āyasmantam Mahā-Kaccānam etad avoca ||

4 Vuttam idam bhante Bhagavatā Sakkapañhe || Ye te samaṇabrāhmaṇā taṇhāsaṅkhayavimuttā, te accantaniṭṭhā accantayogakkhemino accantabrahmacārino accantapariyosānā seṭṭhā devamanussānan ti ||

Imassa nu kho bhante Bhagavatā saṅkhittena bhāsitassa katham vitthārena attho daṭṭhabbo ti ||

5 Rūpadhātuyā kho gahapati yo chando yo rāgo yā nandi yā taṇhā ye upāyupādānā cetaso adhiṭṭhānābhinivesānusayā, tesaṃ khayā virāgā nirodhā cāgā paṭinissaggā cittaṃ suvimuttan-ti vuccati ||

6 Vedanādhātuyā kho gahapati | pe |

7 Saññādhātuyā kho gahapati |

8 Saṅkhāradhātuyā kho gahapati |

9 Viññāṇadhātuyā kho gahapati yo chando yo rāgo yā nandi yā taṇhā ye upāyupādānā cetaso adhiṭṭhānābhinivesānusayā || tesaṃ khayā virāgā nirodhā cāgā paṭinissaggā cittaṃ suvimuttan ti vuccati ||

10 Iti kho gahapati yan taṃ vuttam Bhagavatā Sakkapañhe || Ye te samaṇabrāhmaṇā taṇhāsaṅkhayavimuttā[1] te accantaniṭṭhā accantayogakkhemino accantabrahmacārino accantapariyosānā seṭṭhā devamanussānan ti || Imassa kho gahapati Bhagavatā saṅkhittena bhāsitassa evaṃ vitthārena attho daṭṭhabbo ti ||

5 (5) *Samādhi*

1 Evam me sutaṃ | la | Sāvatthiyam |

2 Tatrā kho | la | etad avoca, | Samādhim bhikkhave bhāvetha | samāhito bhikkhave bhikkhu yathābhūtam pajānāti ||

3 Kiñca yathābhūtam pajānāti | Rūpassa samudayañ ca atthagamañ ca | vedanāya samudayañca atthagamañ

ca|| saññāya samudayañca atthagamañ ca|| saṅkhārāṇaṃ samudayañca atthagamañ ca|| viññāṇassa samudayañca atthagamañ ca|||

4 Ko ca bhikkhave rūpassa samudayo|| ko vedanāya samudayo|| ko saññāya samudayo|| ko saṅkhārānaṃ samudayo|| ko viññāṇassa samudayo|||

5 Idha bhikkhave abhinandati[1] abhivadati ajjhosāya tiṭṭhati|| kiñca abhinandati abhivadati ajjhosāya tiṭṭhati|||

6 Rūpam abhinandati abhivadati ajjhosāya tiṭṭhati|| tassa rūpam abhinandato abhivadato ajjhosāya tiṭṭhato uppajjati nandi||| Yā rūpe nandi tad upādānaṃ|| tassupādānapaccayā bhavo|| bhavapaccayā jāti|| jātipaccayā jarāmaraṇaṃ sokaparidevadukkhadomanassupāyāsā sambhavanti||| Evam etassa kevalassa dukkhakkhandhassa samudayo hoti||

7–9 Vedanam abhinandati|| la|| Saññam abhinandati|| pe|| Saṅkhāre abhinandati||[2]

10 Viññāṇam abhinandati abhivadati ajjhosāya tiṭṭhati|| tassa viññāṇam abhinandato abhivadato ajjhosāya tiṭṭhato uppajjati nandi||| Yā viññāṇe nandi tadupādānaṃ|| tassupādānapaccayā bhavo|| bhavapaccayā jāti|| jātipaccayā|| la|| Evam etassa kevalassa dukkhakkhandhassa samudayo hoti|||

11 Ayam bhikkhave rūpassa samudayo|| °vedanāya °saññāya|| °saṅkhārānaṃ°|| ayaṃ viññāṇassa samudayo|||

12 Ko ca bhikkhave rūpassa atthagamo|| ko vedañaya|| ko saṅkhārānaṃ|| ko viññāṇassa atthagamo|||

Idha bhikkhave nābhinandati nābhivadati nājjhosāya tiṭṭhati||| Kiñca nābhinandati nābhivadati nājjhosāya tiṭṭhati|||

13 Rūpaṃ nābhinandati nābhivadati nājjhosāya tiṭṭhati|| tassa rūpam anabhinandato[3] anabhivadato anajjhosāya tiṭṭhato yā rūpe nandi sā nirujjhati||| Tassa nandinirodhā upādānanirodho|| upādānanirodhā bhavanirodho|| la||[2] Evam etassa kevalassa dukkhakkhandhassa nirodho hoti|||

14 Vedanaṃ nābhinandati nābhivadati nājjhosāya tiṭṭhati|| tassa vedanam anabhinandato anabhivadato anaj-

---

[1] S¹⁻³ °nandanti [2] Complete in S¹⁻³ [3] S¹⁻³ °nandito always

jhosāya titthato yā vedanāya nandi sā nirujjhati || Tassa nandinirodhā upādānanirodho || upādānanirodhā bhavanirodho || bhavanirodhā || pe || Evam etassa kevalassa dukkhakkhandhassa nirodho hoti || ||

15 Saññā nābhinandati || pe ||

16 Saṅkhāre nābhinandati nābhivadati nājjhosāya tiṭṭhati || tassa saṅkhāre anabhinandato anabhivadato anajjhosāya tiṭṭhato yā saṅkhāresu nandi sā nirujjhati || Tassa nandinirodhā upādānanirodho || upādānanirodhā || pe || Evam etassa kevalassa dukkhakkhandhassa nirodho hoti || ||

17 Viññāṇaṃ nābhinandati nābhivadati nājjhosāya tiṭṭhati || tassa viññāṇam anabhinandato anabhivadato anajjhosāya tiṭṭhato yā viññāṇe nandi sā nirujjhati || Tassa nandinirodhā upādānanirodho || la || Evam etassa kevalassa dukkhakkhandhassa nirodho hoti || ||

18 Ayam bhikkhave rūpassa atthagamo || ayam vedanāya atthagamo || ayaṃ saññāya atthagamo || ayaṃ saṅkhārānam atthagamo || ayaṃ viññāṇassa atthagamo ti || ||

6 (6) *Paṭisallāṇā*

1 Sāvatthi || Tatra kho || voca || ||

2 Paṭisallāṇe[1] bhikkhave yogam āpajjatha paṭisallīno[2] bhikkhave bhikkhu yathā bhūtam pajānāti || ||

3 Kiñca yathābhūtam pajānāti || Rūpassa samudayañca atthagamañ ca || Vedanāya samudayañca atthagamañ ca || Saṅkhārānaṃ samudayañca atthagamañ ca ||

4 Yathā pathamasutte tathā vitthāretabbo || || [3]

7 (7) *Upādāparitassanā*

1 Sāvatthi || || Tatra kho || voca || ||

2 Upādāparitassanaṃ[4] ca vo bhikkhave dessissāmi || anupādā-aparitassanaṃ[5] ca || || Taṃ suṇātha sādhukam manasi karotha bhāsissāmīti || ||

---

[1] S³ °sallāṇo [2] S¹⁻³ pati°; B °sallāno

[3] Compl[illegible] in S[illegible] [4] S[illegible] upādāna always

[5] S anupādāna always

Evaṃ bhanteti kho te bhikkhū Bhagavato paccassosuṃ || ||

3 Bhagavā etad avoca || ||

Kathaṃ ca bhikkhave upādā-paritassanā hoti || ||

4 Idha bhikkhave assutavā puthujjano ariyānam adassāvī ariyadhammassa akovido ariyadhamme avinīto sappurisānam adassāvī sappurisadhammassa akovido sappurisadhamme avinīto rūpam attato samanupassati || rūpavantaṃ vā attānaṃ attani vā rūpaṃ rupasmiṃ vā attānaṃ || || Tassa taṃ rūpaṃ[1] vipariṇamati aññathā hoti || tassa rūpaviparināmaññathābhāvā[2] rūpavipariṇāmānuparivatti[3] viññāṇam hoti || tassa[4] rūpavipariṇāmānuparivattajā[5] paritassanā dhammasamuppādā cittam pariyādāya tiṭṭhanti || cetaso pariyādānā uttāsavā ca hoti vighātavā ca apekhavā ca upādāya ca[6] paritassati || ||

5 Vedanam attato samanupassati vedanāvantaṃ vā attānam attani vā vedanaṃ vedanāya vā attānam || || Tassa sā vedanā vipariṇamati aññathā hoti || tassa vedanāpariṇāmaññathābhāvā[2] vedanāpariṇāmānuparivatti viññāṇaṃ hoti || tassa vedanāvipariṇāmānuparivattajā paritassanā dhammasamuppādā cittaṃ pariyādāya tiṭṭhanti || cetaso pariyādānā uttāsavā ca hoti vighātavā ca apekhavā ca upādāya ca paritassati || ||

6 Saññam || pe ||

7 Saṅkhāre attato samanupassati || saṅkhāravantaṃ vā attānam attani vā saṅkhāre saṅkhāresu vā attānaṃ || || Tassa te saṅkhārā vipariṇamanti aññathā honti || tassa saṅkhāravipariṇamaññathābhāvā saṅkhāravipariṇāmānuparivatti viññāṇaṃ hoti || tassa saṅkhāravipariṇāmānuparivattajā paritassanā dhammasamuppādā cittam pariyādāya tiṭṭhanti || cetaso pariyādānā uttāsavā ca hoti vighātavā ca apekhavā ca upādāya ca paritassati || ||

8 Viññāṇam attato samanupassati || viññāṇavantaṃ vā attānam attani vā viññāṇaṃ viññāṇasmim vā attānaṃ || || Tassa taṃ viññāṇam vipariṇamati aññathā hoti || tassa

---

[1] S[1-3] rūpa

[2] S[1-3] omit bhāvā

[3] S[1-3] rūpā°

[4] S3 inserts nāma

[5] B °parivattijā always

[6] S3 upādāyaṃ

viññāṇapariṇāmaññāthābhāvā viññāṇavipariṇāmānuparivatti viññāṇaṃ hoti | tassa [1] viññāṇavipariṇāmānuparivattajā paritassanā dhammasamuppādā cittam pariyādāya tiṭṭhanti | cetaso pariyādānā uttāsavā ca hoti vighātavā ca apekhavā ca upādāya ca paritassati || ||

9 Evaṃ kho bhikkhave upādā-paritassanā [2] hoti || ||

10 Kathañ ca bhikkhave anupādā-aparitassanā hoti || ||

11 Idha bhikkhave sutavā ariyasāvako ariyānam dassāvī ariyadhammassa kovido ariyadhamme suvinīto sappurisānaṃ dassāvī sappurisadhammassa kovido sappurisadhamme suvinīto na rūpam attato samanupassati || na rūpavantaṃ vā attānaṃ na attani vā rūpaṃ na rūpasmiṃ vā attānaṃ || || Tassa taṃ rūpaṃ vipariṇamati aññathā hoti | tassa rūpavipariṇāmaññathābhāvā na rūpavipariṇāmānuparivatti viññāṇaṃ hoti || tassa [3] rūpavipariṇāmānuparivattajā paritassanā dhammasamuppādā cittaṃ na pariyādāya tiṭṭhanti || cetaso apariyādānā na ceva [4] uttāsavā hoti na vighātavā na apekhavā anupādāya ca na paritassati || ||

12 Na vedanam attato samanupassati || na vedanāvantam vā [5] attānaṃ na attani vā [5] vedanaṃ na vedanāya vā [5] attānaṃ || || Tassa sā vedanā vipariṇamati aññathā hoti || tassa vedanāvipariṇāmaññathābhāvā na vedanāvipariṇamānuparivattiviññāṇam hoti || tassa vedanāvipariṇāmānuparivattajā paritassanā dhammasamuppādā cittaṃ na pariyādāya tiṭṭhanti | cetaso apariyādānā na ceva uttāsavā hoti ni vighātavā na apekhavā anupādāya ca na paritassati || ||

13 Na saññaṃ [6] | pe |

14 Na saṅkhāre attato samanupassati || na saṅkhāravantaṃ vā attānam na attani vā saṅkhāre na saṅkhāresu vā attānaṃ || tassa te saṅkhārā vipariṇamanti aññathā honti | tassa saṅkhāravipariṇāmaññathābhāvā na saṅkhāravipariṇāmānuparivatti viññāṇaṃ hoti || tassa saṅkhāravipariṇā-

---

[1] S^{1-3} tasmiṃ [2] S^{1-3} upādāya°
[3] B inserts na omitting it after cittaṃ here and further on
[4] S^{1-3} ca [5] S^{1-3} omit vā here and further on
[6] S^{1}· [illegible]

mānuparivattajā paritassanā dhammasamuppādā cittaṃ na pariyādāya tiṭṭhanti|| cetaso apariyādānā na ceva uttāsavā hoti na vighātavā na apekhavā anupādāya ca na paritassati|||

15 Na viññāṇam attato samanupassati|| na viññāṇavantam vā attānam|| la|| Tassa taṃ viññāṇam vipariṇamati aññathā hoti|| tassa viññāṇavipariṇāmaññathābhāvā na viññāṇavipariṇāmānuparivatti viññānaṃ hoti|| tassa [1] viññāṇavipariṇāmānuparivattajā paritassanā dhammasamuppādā cittaṃ na pariyādāya tiṭṭhanti|| cetaso apariyādānā na ceva uttāsavā hoti na vighātavā na apekhavā anupādāya ca na paritassati||

16 Evaṃ kho bhikkhave anupādā-aparitassanā [2] hotīti|||

8 (8) *Upādā-paritassanā* (2)

1 Sāvatthi|| [3]

2 Upādā-paritassanañ ca vo bhikkhave desissāmi anupādā-aparitassanañ ca|| tam suṇātha|||

3 Kathaṃ ca bhikkhave upādā-paritassanā hoti|||

4 Idha bhikkhave assutavā puthujjano Rūpam etam mama eso ham asmi eso me attāti samanupassati|| Tassa taṃ rūpaṃ vipariṇamati aññathā hoti|| tassa rūpapariṇāmaññathābhāvā [4] uppajjanti sokaparidevadukkhadomanassupāyāsā|||

5 Vedanam etam mama|| la||

6 Saññam etam mama||

7 Saṅkhare etam mama||

8 Viññāṇam etam mama esoham asmi eso me attā ti samanupassati|| tassa taṃ viññāṇaṃ vipariṇamati aññathā hoti|| tassa viññāṇavipariṇāmaññathābhāvā uppajjanti sokaparidevadukkhadomanassupāyāsā|||

9 Evaṃ kho bhikkhave upādā-paritassanā hoti|||

10 Kathaṃ ca bhikkhave anupādā aparitassanā hoti|||

---

[1] S1-3 insert taṃ ; B having na as usual
[2] S1-3 anupādāya [3] S1-3 add-tatra—voca—always
[4] S1-3 tassa taṃ rupaṃ pariṇāma°

11 Idha bhikkhave sutavā ariyasāvako Rūpaṃ netam mama neso ham asmi na me so attāti samanupassati|| || Tassa taṃ rūpaṃ vipariṇamati aññathā hoti|| tassa rūpa-vipariṇāmaññathābhāvā nuppajjanti sokaparidevadukkha-domanassupāyāsā|| ||

12 Vedanaṃ netam mama||

13 Saññaṃ netam mama||

14 Saṅkhārā netam mama||

15 Viññāṇaṃ netam mama neso ham asmi na meso attā ti samanupassati| tassa taṃ viññāṇam vipariṇamati aññathā hoti|| tassa viññāṇavipariṇāmaññathābhāvā nuppajjanti sokaparidevadukkhadomanassupāyāsā|| ||

16 Evaṃ kho bhikkhave anupādā-aparitassanā hotīti||

9 (9) *Atītānāgatapaccuppanna* (1)

1 Sāvatthi|| || Tatra|| voca|| ||

2 Rūpam bhikkhave aniccam atītānāgataṃ|| Ko pana vādo paccuppannassa|| || Evam passam bhikkhave sutavā ariyasāvako atītasmiṃ rūpasmim anapekho hoti|| anāgataṃ rūpaṃ nābhinandati|| paccuppannassa rūpassa nibbidāya virāgāya nirodhāya paṭipanno hoti|| ||

3 Vedanā aniccā|| la||

4 Saññā aniccā|| pe||

5 Saṅkhārā aniccā atītānāgatā|| Ko pana vādo paccup-pannānaṃ|| || Evam passam bhikkhave sutavā ariyasāvako atītesu saṅkhāresu anapekho hoti|| anāgate saṅkhāre nābhi-nandati|| paccuppannānam saṅkhārānam nibbidāya virā-gāya nirodhāya paṭipanno hoti|| ||

6 Viññāṇam aniccam atītānāgataṃ|| ko pana vādo paccup-pannassa|| || Evam passam bhikkhave sutavā ariyasāvako atītasmiṃ viññāṇasmiṃ anapekho hoti|| anāgataṃ viññā-ṇaṃ nābhinandati|| paccuppannassa viññāṇassa nibbidāya virāgāya nirodhāya paṭipanno hotīti|| ||

10 (10) *Atītānāgatapaccuppanna* (2)

1 Sāvatthi|| Tatra|| voca||

2 Rūpam bhikkhave dukkham atītānāgataṃ|| Ko pana

vādo paccuppannassa||| Evam passam bhikkhave sutavā ariyasāvako atītasmiṃ rūpasmim anapekho hoti|| anāgataṃ rūpaṃ nābhinandati|| paccuppannassa rūpassa nibbidāya virāgāya nirodhāya paṭipanno hoti|||

3 Vedanā dukkhā|| pe||

4 Saññā dukkhā|||

5 Saṅkhārā dukkhā|||

6 Viññāṇaṃ dukkham atītānāgataṃ|| ko vādo paccuppannassa||| Evam passam bhikkhave sutavā ariyasāvako atītasmiṃ viññāṇasmiṃ anapekho hoti|| anāgataṃ viññāṇaṃ nābhinandati|| paccuppannassa viññāṇassa nibbidāya virāgāya nirodhāya paṭipanno hotīti|||

11 (11) *Atītānāgatapaccuppanna* (3)

1 Sāvatthi||| Tatra|| voca|||

2 Rūpam bhikkhave anattā atītānāgataṃ|| ko pana vādo paccuppannassa|| Evam passam bhikkhave sutavā ariyasāvako atītasmiṃ rūpasmim anapekho hoti|| anāgataṃ rūpaṃ nābhinandati|| paccuppannassa rūpassa nibbidāya virāgāya nirodhāya paṭipanno hoti||

3 Vedanā anattā|||

4 Saññā anattā|||

5 Saṅkhārā anattā|||

6 Viññāṇam anattā atītānāgataṃ|| ko pana vādo paccuppannassa||| Evam passam bhikkhave sutavā ariyasāvako atītasmiṃ viññāṇasmim anapekho hoti|| anāgataṃ viññāṇaṃ nābhinandati|| paccuppannassa viññāṇassa nibbidāya virāgāya nirodhāya paṭipanno hotī ti|||

Nakulapituvaggo pathamo|||[1]
Tassuddānam|||[2]

Nakulapitā Devadahā||
Dve pi[3] Hāliddikāni ca||
Samādhi Patisallāṇā||[4]

---

[1] S¹⁻³ °vaggaṃ paṭhamam
[2] S¹⁻³ tatrud°
[3] Omitted by S¹⁻³
[4] S3 °sallānaṃ

Upādā paritassanā duve, [1]
Atītānāgatapaccuppannā || [2]
Vaggo tena vuccati ||

Chapter II Aniccavaggo dutiyo

12 (1) *Aniccam*

1 Evam me sutaṃ || Sāvatthiyaṃ, ||

2 Tatra kho, || [3]

3 Rūpam bhikkhave aniccaṃ | pe ||

4–6 Vedanā aniccā || Saññā aniccā | Saṅkhārā aniccā Viññāṇaṃ aniccaṃ ||

7 Evam passam bhikkhave sutavā ariyasāvako rūpasmim pi nibbindati || Vedanāya pi nibbindati || Saññāya pi nibbindati || Saṅkhāresu pi nibbindati || Viññāṇasmim pi nibbindati || nibbindaṃ virajjati virāgā vimuccati vimuttasmiṃ vimuttam iti ñāṇaṃ hoti || Khīṇā jāti vusitaṃ brahmacariyaṃ kataṃ karaṇīyaṃ nāparam itthattāyāti pajānātīti ||

13 (2) *Dukkham*

1–2 Sāvatthi || Tatra, | voca || [4]

3–7 Rūpaṃ bhikkhave dukkhaṃ || Vedanā dukkhā || Saññā dukkhā | Saṅkhārā dukkhā | Viññāṇaṃ dukkhaṃ ||

8 Evam passaṃ, | pe nāparam itthattāyāti pajānātīti ||

14 (3) *Anattā*

1–2 Sāvatthi || Tatra | voca, |

3–7 Rūpam bhikkhave anattā | Vedanā anattā || Saññā anattā | Saṅkhārā anattā | Viññāṇam anattā ||

4 Evam passam bhikkhave || nāparam itthattāyāti pajānātīti || [5]

---

[1] S^3 dve [2] S^{1-3} atītānāgataṃ tīni (S^1 °ṇi)

[3] S^{1-3} add voca

[4] Tatra—voca . is to be found in S^{1-3} only, always [illegible]

15 (4) *Yad anicca* (1)

1–2 Sāvatthi|| || Tatra|| voca|| ||

3 Rūpam bhikkhave aniccaṃ|| yad aniccam taṃ dukkhaṃ|| yaṃ dukkhaṃ tad anattā|| yad anattā taṃ netam mama neso ham asmi na meso attā ti|| || Evam etaṃ yathābhūtaṃ sammappaññāya daṭṭhabbaṃ|| ||

4 Vedanā aniccā|| yad aniccaṃ taṃ dukkhaṃ|| yam dukkhaṃ tad anattā|| Yad anattā taṃ netam mama neso ham asmi na meso attāti|| || Evam etaṃ [1] yathābhūtaṃ sammappaññāya daṭṭhabbaṃ|| ||

5 Saññā aniccā|| ||

6 Saṅkhārā aniccā|| || [2]

7 Viññāṇam aniccam|| yad aniccaṃ taṃ dukkhaṃ|| yaṃ dukkhaṃ tad anattā|| Yad anattā taṃ netam mama neso ham asmi na me so attā ti|| || Evam etaṃ yathābhūtaṃ sammappaññāya daṭṭhabbaṃ|| ||

8 Evam passaṃ|| la|| nāparam itthattāyāti pajānātīti|| ||

16 (5) *Yad anicca* (2)

1–2 Sāvatthi|| || Tatra|| voca|| ||

3 Rūpam bhikkhave dukkhaṃ|| yaṃ dukkhaṃ tad anattā|| yad anattā taṃ netam mama neso ham asmi na me so attāti|| || Evam etaṃ yathābhūtaṃ sammappaññāya daṭṭhabbaṃ|| ||

4 Vedanā dukkhā|| || [2]

5 Saññā dukkhā|| ||

6 Saṅkhārā dukkhā|| ||

7 Viññāṇaṃ dukkhaṃ|| yaṃ dukkhaṃ tad anattā|| yad anattā taṃ netaṃ mama neso ham asmi na meso attāti|| || Evam etaṃ yathābhūtaṃ sammappaññāya daṭṭhabbaṃ|| ||

8 Evam passaṃ|| pe|| nāparam itthattāyāti pajānātīti|| ||

17 (6) *Yad anicca* (3)

1–2 Sāvatthi|| || Tatra|| voca|| ||

3 Rūpam bhikkhave anattā|| yad anattā taṃ netam

---

[1] S[1] evamevataṃ ; B evammetaṃ [2] Complete in S[1-3]

mama neso ham asmi na meso attāti || Evam etaṃ yathābhūtaṃ sammappaññāya daṭṭhabbaṃ ||

4–5–6 Vedanā anattā [1] || Saññā anattā || Saṅkhārā anattā || [1]

7 Viññāṇam anattā || yad anattā taṃ netam mama neso ham asmi na meso attāti || Evam etaṃ yathābhūtaṃ sammappaññāya daṭṭhabbaṃ ||

8 Evam passam bhikkhave || la || nāparam itthattāyāti pajānātīti ||

18 (7) *Hetu* (1)

1–2 Sāvatthi || Tatra || voca ||

3 Rūpam bhikkhave aniccaṃ || yo pi hetu yo pi paccayo rūpassa uppādāya so pi anicco || aniccasambhūtam bhikkhave rūpaṃ kuto niccam bhavissāti ||

4 Vedanā aniccā || yo pi hetu yo pi paccayo vedanāya uppādāya so pi anicco || aniccasambhūtā bhikkhave vedanā kuto niccā bhavissati || [2]

5 Saññā aniccā || pe ||

6 Saṅkhārā aniccā || yo pi hetu yo pi paccayo saṅkhārānam uppādāya so pi anicco || aniccasambhūtā bhikkhave saṅkhārā kuto niccā bhavissanti ||

7 Viññāṇam aniccaṃ || yo pi hetu yo pi paccayo viññāṇassa uppādāya so pi anicco || aniccasambhūtam bhikkhave viññāṇaṃ kuto niccam bhavissati ||

8 Evam passaṃ || pe || nāparam itthattāyāti pajānātīti ||

19 (8) *Hetu* (2)

1–2 Sāvatthi || Tatra || voca ||

3 Rūpam bhikkhave dukkhaṃ || yo pi hetu yo pi paccayo rūpassa uppādāya so pi dukkho || dukkhasambhūtam bhikkhave rūpaṃ kuto sukham bhavissati ||

4 Vedanā dukkhā || pe ||

5 Saññā dukkhā ||

6 Saṅkhārā dukkhā || [1]

---

[1] Complete in S[illegible]

[2] S[illegible] bhavissanti

7 Viññāṇaṃ dukkhaṃ|| yo pi hetu yo pi paccayo viññāṇassa uppādāya so pi dukkho|| dukkhasambhūtam bhikkhave viññāṇaṃ kuto sukham bhavissati|| ||

8 Evam passaṃ|| pe|| nāparam itthattāyāti pajānātīti|| ||

20 (9) *Hetu* (3)

1–2 Sāvatthi|| || Tatra|| voca|| ||

3 Rūpam bhikkhave anattā|| yo pi hetu yo pi paccayo rūpassa uppādāya so pi anattā|| anattasambhūtam bhikkhave rūpaṃ kuto attā bhavissati|| ||

4–6 Vedanā anattā||[1] Saññā anattā|| Saṅkhārā anattā||[1]

7 Viññāṇam anattā|| yo pi hetu yo pi paccayo viññāṇassa uppādāya so pi anattā|| anattasambhūtam bhikkhave viññāṇaṃ kuto attā bhavissati|| ||

8 Evam passaṃ|| la|| nāparam itthattāyāti pajānātīti|| ||

21 (10) *Ānanda*

1 Sāvatthiyam ārāme|| ||

2 Atha kho āyasmā Ānando yena Bhagavā tenupasaṅkami|| upasaṅkamitvā Bhagavantam abhivādetvā ekam antaṃ nisīdi|| ||

3 Ekam antaṃ nisinno kho āyasmā Ānando Bhagavantam etad avoca|| || Nirodho nirodho ti bhante vuccati|| Katamesānaṃ kho bhante dhammānam nirodhā[2] nirodho ti vuccatīti|| ||

4 Rūpaṃ kho Ānanda aniccaṃ saṅkhatam paticcasamuppannaṃ khayadhammaṃ vayadhammaṃ virāgadhammaṃ[3] nirodhadhammam|| tassa nirodhā nirodho ti vuccati|| ||

5 Vedanā aniccā saṅkhatā paṭiccasamuppannā khayadhammā vayadhammā virāgadhammā nirodhadhammā tassā nirodhā[4] nirodho ti[5] vuccati|| ||[6]

6–7 Saññā aniccā|| Saṅkhārā aniccā saṅkhatā paṭiccasa-

---

[1] Complete in S^{1-3}

[2] B nirodho always

[3] S^{1} virāguº always

[4] S^{1-3} insert tassa

[5] S^{1} pavuccati

[6] S[illegible] nirodhāti

muppannā khayadhammā vayadhammā virāgadhammā nirodhadhammā tesaṃ nirodhā nirodho ti vuccati || ||

8 Viññāṇam aniccam saṅkhatam paṭiccasamuppannaṃ khayadhammaṃ vayadhammaṃ virāgadhammaṃ nirodhadhammam tassa nirodhā nirodho ti vuccati || ||

9 Imesaṃ kho Ānanda dhammānam nirodhā nirodho ti vuccati || ||

Aniccavaggo dutiyo || ||
Tatruddānaṃ || ||

Aniccaṃ Dukkham Anattā ca[1] |
Yad aniccā[2] apare tayo ||
Hetunā pi tayo vuttā |
Ānandena ca te dasā ti || ||[3]

Chapter III Bhāravaggo tatiyo

22 (1) *Bhāram*

1-2 Sāvatthiyaṃ, Tatra kho || ||

3 Bhāraṃ ca vo bhikkhave desissāmi | bhārahāraṃ[4] ca bhārādānaṃ ca bhāranikkhepanañca | tam suṇātha || ||

4 Katamo bhikkhave bhāro || ||

Pañcupādānakkhandhā tissa vacanīyaṃ || katame pañca || || Seyyathīdaṃ rūpupādānakkhandho vedanupādānakkhandho saññupādānakkhandho saṅkhārupādānakkhandho viññāṇupādānakkhandho | ayaṃ vuccati bhikkhave bhāro || ||

5 Katamo ca bhikkhave bhārahāro ||[5] Puggalo tissa vacanīyaṃ | yoyaṃ[6] āyasmā evaṃnāmo evaṃgotto | ayaṃ vuccati bhikkhave bhārahāro ||[7]

---

[1] S[1] ya ; omitted by S3 [2] S[1-3] anattā instead of yadaniccā
[3] S[1-3] pūrito vaggo instead of catedasāti
[4] S[1] bhāraṃhāraṃ
[5] S[1] bhārā°, the last ā being erased
[6] B svāyam
S bhāra corrected to bhāra

6 Katamaṃ ca bhikkhave bhārādānaṃ|| Yāyam taṇhā ponobhavikā nandirāgasahagatā tatra tatrābhinandinī | seyyathīdaṃ kāmataṇhā bhavataṇhā vibhavataṇhā | idaṃ vuccati bhikkhave bhārādānaṃ|| ||

7 Katamañca bhikkhave bhāranikkhepanaṃ ||[1] yo tassāyeva taṇhāya asesavirāganirodho cāgo paṭinissaggo mutti anālayo | idaṃ vuccati bhikkhave bhāranikkhepaṇan ti|| ||

8 Idam avoca Bhagavā || idam vatvāna Sugato athāparam etad avoca satthā || ||

Bhārā have pañcakkhandhā |
bhārahāro[2] ca puggalo |
bhārādānaṃ dukkhaṃ loke |
bhāranikkhepanaṃ sukhaṃ || 1 ||

Nikkhipitvā garuṃ bhāram |
aññaṃ bhāram ānādiya[3] |
samūlaṃ taṇham abbhuyha |
nicchāto parinibbuto ti || 2 ||

23 (2) *Pariññā*

1-2 Sāvatthi|| || Tatra | voca || ||

3 Pariññeyye ca bhikkhave dhamme desissāmi pariññañca | taṃ suṇātha || ||

4 Katame ca[4] bhikkhave pariññeyyā dhammā|| || Rupam bhikkhave pariññeyyo dhammo || vedanā pariññeyyo dhammo | saññā pariññeyyo dhammo || saṅkhārā pariññeyo dhammo | viññāṇam pariññeyyo dhammo|| || Ime vuccanti bhikkhave pariññeyyā dhammā[5]|| ||

5 Katamā ca bhikkhave pariññā[6]|| || Yo bhikkhave rāgakkhayo dosakkhayo mohakkhayo || ayaṃ vuccati bhikkhave pariññāti|| ||

24 (3) *Parijānaṃ (or Abhijānaṃ)*

1-2 Sāvatthi|| || Tatra|| voca|| ||

---

[1] S[1] bhārā° [2] S[1-3] bhārā° [3] S[1] °diya ; S[3] °diyaṃ
[4] Missing in S[1-3] [5] S[1-3] omit dhammā [6] S[1-3] add ti

3 Rūpam bhikkhave anabhijānam aparijānaṃ[1] avirājayaṃ appajahaṃ abhabbo dukkhakkhayāya ||

4 Vedanam anabhijānam || pe ||

5–6 Saññam anabhijānam || Saṅkhāre anabhijānaṃ ||[1]

7 Viññāṇam anabhijānaṃ aparijānaṃ avirājayaṃ appajahaṃ abhabbo dukkhakkhayāya ||

8 Rūpañca kho bhikkhave abhijānaṃ parijānaṃ virājayaṃ pajahaṃ bhabbo dukkhakkhayāya ||

9–11 Vedanam abhijānaṃ || Saññam[2] Saṅkhāre ||[2]

12 Viññāṇam abhijānam parijānaṃ virājayaṃ pajaham bhabbo dukkhakkhayāyāti ||

25 (4) *Chandarāga*

1–2 Sāvatthi || Tatra || voca ||

3 Yo bhikkhave rūpasmiṃ chandarāgo tam pajahatha || Evaṃ taṃ rūpam pahīnam bhavissati ucchinnamūlaṃ tālāvatthukataṃ anabhāvakataṃ āyatim anuppādadhammaṃ ||

3 Yo vedanāya chandarāgo tam pajahatha || Evaṃ sā vedanā pahīnā bhavissati ucchinnamūlā tālāvatthukatā anabhāvakatā āyatim anuppādadhammā ||

4 Yo saññāya chandarāgo ||

5 Yo saṅkhāresu chandarāgo tam pajahatha ||[3] Evaṃ te saṅkhārā pahīnā bhavissanti ucchinnamūlā tālāvatthukatā anabhāvakatā āyatim anuppādadhammā ||

6 Yo viññāṇasmiṃ chandarāgo tam pajahatha || Evaṃ taṃ viññāṇam pahīnam bhavissati ucchinnamūlaṃ tālāvatthukataṃ anabhāvakatāṃ āyatim anuppādadhamman ti ||

26 (5) *Assādo* (1)

1–2 Sāvatthi || Tatra || voca ||

3 Pubbe[4] me bhikkhave sambodhā anabhisambuddhassa bodhisattassa sato etad ahosi ||

4 Ko nu kho rūpassa assādo ko ādīnavo kiṃ nissaraṇaṃ || Ko vedanāya || Ko saññāya || Ko saṅkhārānaṃ || Ko viññāṇassa assādo ko ādīnavo kiṃ nissaraṇan ti ||

---

[1] Missing in S[1-3]   [2] S[1-3] add abhijānaṃ

[3] [illegible]   [4] [illegible]

5 Tassa mayham bhikkhave etad ahosi|| ||

6 Yaṃ kho rūpam paṭicca uppajjati sukhaṃ somanassaṃ| ayaṃ rūpassa assādo|| || Yaṃ rūpam aniccaṃ dukkham vipariṇāmadhammaṃ|| ayaṃ rūpassa ādīnavo|| || Yo rūpasmiṃ chandarāgavinayo chandarāgapahānaṃ|| idaṃ rūpassa nissaraṇaṃ||

7 Yaṃ vedanam paṭicca|| ||[1]

8 Yaṃ saññam paṭicca|| ||

9 Yaṃ saṅkhāre paṭicca uppajjati sukhaṃ somanassaṃ|| ayaṃ saṅkhārānam assādo|| || Yaṃ[2] saṅkhārā aniccā dukkhā vipariṇāmadhammā|| ayaṃ saṅkhārānam ādīnavo|| || Yo saṅkhāresu chandarāgavinayo chandarāgapahānaṃ|| idaṃ saṅkhārānaṃ nissaraṇaṃ|| ||

10 Yaṃ viññāṇam paṭicca uppajjati sukhaṃ somanassaṃ|| ayaṃ viññāṇassa assādo|| || Yaṃ viññāṇam aniccaṃ dukkhaṃ vipariṇāmadhammaṃ|| ayaṃ viññāṇassa ādīnavo|| || Yo viññāṇasmiṃ chandarāgavinayo chandarāgapahānaṃ|| idaṃ viññāṇassa nissaraṇaṃ|| ||

11 Yāva kīvañcāham[3] bhikkhave imesam pañcannam upādānakkhandhānam evam assādañ ca assādato ādīnavañca ādīnavato nissaraṇañ ca nissaraṇato yathābhūtaṃ nābhaññāsiṃ||[4] neva tāvāham bhikkhave sadevake loke samārake sabrahmake sassamaṇabrāhmaṇiyā pajāya sadevamanussāya anuttaraṃ sammāsambodhim abhisambuddhoti[5] paccaññāsiṃ|| ||

12 Yato ca khvāham[6] bhikkhave imesam pañcannam upādānakkhandhānam evam assādañ ca assādato ādīnavañ ca ādīnavato nissaraṇañca nissaraṇato yathābhūtam abbhaññāsiṃ|| athāham bhikkhave sadevake loke samārake sabrahmake sassamaṇabrāhmaṇiyā pajāya sadevamanussāya anuttaraṃ sammāsambodhim abhisambuddhoti paccaññāsiṃ|| ||

13 Ñāṇañca pana me dassanam udapādi Akuppā me cetovimutti[7] ayam antimā jāti natthidāni punabbhavoti|| ||

[1] Complete in B [2] B yo [3] B kiñcāham always
[4] B na°; S[1] na a° [5] S[1-3] omits ti here and further on
[6] S[1-3] khoham [7] S[1-3] omit ceto here and further on

27 (6) *Assādo* (2)

1–2 Sāvatthi || Tatra | voca ||

3 Rūpassāham bhikkhave assādapariyesanam acariṃ || yo rūpassa assādo tad ajjhagamaṃ || Yāvatā rūpassa assādo paññāya me so sudiṭṭho || ||

4 Rūpassāham bhikkhave ādīnavapariyesanam acariṃ || yo rūpassa ādīnavo tad ajjhagamam || yāvatā rūpassa ādīnavo paññāya me so sudiṭṭho || ||

5 Rūpassāham bhikkhave nissaraṇapariyesanaṃ acariṃ || yaṃ rūpassa nissaraṇaṃ tad ajjhagamaṃ || yāvatā rūpassa nissaraṇam paññāya me taṃ sudiṭṭhaṃ || ||

6–8 Vedanāyāham bhikkhave[1] || ||

9–11 Saññāyāham bhikkhave || ||

12–14 Saṅkhārānāham bhikkhave[1] || ||

15 Viññāṇassāham bhikkhave assādapariyesanam acariṃ || yo viññāṇassa assādo tad ajjhagamaṃ || yāvatā viññāṇassa assādo paññāya me so sudiṭṭho || ||

16 Viññāṇassāham bhikkhave ādīnavapariyesanam acariṃ || yo viññāṇassa ādīnavo tad ajjhagamaṃ || yāvatā viññāṇassa ādīnavo paññāya me so sudiṭṭho || ||

17 Viññāṇassāham bhikkhave nissaraṇapariyesanam acariṃ || yaṃ viññāṇassa nissaraṇam tad ajjhagamaṃ || yāvatā viññāṇassa nissaraṇam paññāya me taṃ sudiṭṭhaṃ || ||

18–19 Yāva kīvañcāham bhikkhave imesam pañcannam upādānakkhandhānam assādañca assādato ādīnavañca ādīnavato nissaraṇañca nissaraṇato yathābhūtaṃ nābbhaññāsiṃ || gha | abbhaññāsiṃ || ||

20 Ñāṇañca pana me dassanam udapādi Akuppā me cetovimutti || ayam antimā jāti || natthidāni punabbhavo ti || ||

28 (7) *Assādo* (3)

1–2 Sāvatthi || Tatra || voca || ||

3 No cedam bhikkhave rūpassa assādo abhavissa | na

---

[1] Complete in S[1-3]

yidaṃ sattā rūpasmim sārajjeyyuṃ|| || Yasmā ca kho bhikkhave atthi rūpassa assādo|| tasmā sattā rūpasmiṃ sārajjanti|| ||

4 No cedam bhikkhave rūpassa ādīnavo abhavissa|| nayidaṃ sattā rūpasmiṃ nibbindeyyuṃ|| || Yasmā ca kho bhikkhave atthi rūpassa ādīnavo|| tasmā sattā rūpasmiṃ nibbindanti|| ||

5 No cedam bhikkhave rūpassa nissaraṇaṃ abhavissa|| nayidaṃ sattā rūpasmā[1] nissareyyuṃ|| || Yasmā ca kho bhikkhave atthi rūpassa nissaraṇam|| tasmā sattā rupasmā nissaranti|| ||

6–8 No cedam bhikkhave vedanāya[2]|| ||

9–11 No cedam bhikkhave saññāya|| pe||

12–14 No cedam bhikkhave sankhārānam nissaraṇam abhavissa[3]|| nayidaṃ sattā saṅkhārehi nissareyyuṃ|| || Yasmā ca kho bhikkhave atthi saṅkhārānaṃ nissaraṇaṃ|| tasmā sattā saṅkhārehi nissaranti|| ||

15 No cedam bhikkhave viññāṇassa assādo abhavissa|| na yidam sattā viññāṇasmiṃ sārajjeyyuṃ|| || Yasmā ca kho bhikkhave atthi viññāṇassa assādo|| tasmā sattā viññāṇasmiṃ sārajjanti|| ||

16 No cedam bhikkhave viññāṇassa ādīnavo abhavissa|| na yidaṃ sattā viññāṇasmiṃ nibbindeyyuṃ|| || Yasmā ca kho bhikkhave atthi viññāṇassa ādīnavo|| tasmā sattā viññāṇasmiṃ nibbindanti|| ||

17 No cedam bhikkhave viññāṇassa nissaraṇam abhavissa|| na yidaṃ sattā viññāṇasmā nissareyyuṃ|| || Yasmā ca kho bhikkhave atthi viññaṇassa nissaraṇam|| tasmā sattā viññāṇasmā nissaranti|| ||

18 Yāva kīvañca bhikkhave imesam pañcannam upādānakkhandhānam assādaṃ ca assādato ādīnavaṃ ca ādīnavato nissaranaṃ ca nissaraṇato yathābhūtaṃ nābbhaññaṃsu|| neva tāva[4] bhikkhave sattā sadevakā lokā samārakā

---

[1] S^{1-3} rūpasmiṃ ; further on (17) viññānasmiṃ

[2] Complete in S^{1-3}

[3] So B, perhaps involuntarily ; complete in S^{1-3}

[4] B tāvāhaṃ

sabrahmakā sassamaṇabrāhmaṇipajā sadevamanussā[1] nissaṭā visaññuttā vippamuttā vimariyādikatena[2] cetasā vihariṃsu || ||

19 Yato ca kho bhikkhave sattā imesam pañcannam upādānakkhandhānam assādaṃ ca assādato ādīnavaṃ ca ādīnavato nissaraṇaṃ ca nissaraṇato yathābhūtam abbhaññaṃsu || atha[3] bhikkhave sattā sadevakā lokā samārakā sabrahmakā sassamaṇabrāhmaṇipajā sadevamanussā nissaṭā visaññuttā vippamuttā vimariyādikatena cetasā viharantīti[4] || ||

29 (8) *Abhinandanam*

1–2 Sāvatthi || Tatra || voca || ||

3 Yo bhikkhave rūpam abhinandati dukkhaṃ so abhinandati || yo dukkham abhinandati aparimutto so dukkhasmā ti vadāmi || ||

4 Yo vedanam abhinandati[5] || ||

5 Yo saññam abhinandati || ||

6 Yo saṅkhāre abhinandati[5] || ||

7 Yo viññāṇam abhinandati dukkhaṃ so abhinandati || yo dukkham abhinandati aparimutto so dukkhasmā ti vadāmi || ||

8 Yo ca kho bhikkhave rūpam nābhinandati dukkhaṃ so nābhinandati parimutto so dukkhasmā ti vadāmi || ||

9 Yo vedanaṃ nābhinandati | pe ||

10 Yo saññaṃ nābhinandati || ||

11 Yo saṅkhāre nābhinandati[5] || ||

12 Yo viññāṇaṃ nābhinandati dukkhaṃ so nābhinandati || yo dukkhaṃ nābhinandati parimutto so dukkhasmāti vadāmīti || ||

30 (9) *Uppādaṃ*

1–2 Sāvatthi || || Tatra || voca || ||

3 Yo bhikkhave rūpassa uppādo ṭhiti abhinibbatti[6] pā-

---

[1] B °bhrahmaṇiyā pajāya °manussāya, here and further on [2] B vipariyādi° [3] S^3 adds kho [4] B °viharanti [5] Complete in S¹⁻³ [6] S¹⁻³ °nibatti here only

tubhāvo dukkhasseso uppādo rogānaṃ ṭhiti jarāmaraṇassa pātubhāvo|| ||

4-6 Yo vedanāya[1]|| || Yo saññāya|| || Yo saṅkhārānam[1]|| ||

7 Yo viññāṇassa uppādo ṭhiti abhinibbatti pātubhāvo dukkhasseso uppādo rogānaṃ ṭhiti jarāmaraṇassa pātubhāvo|| ||

8 Yo ca[2] bhikkhave rūpassa nirodho vūpasamo atthagamo dukkhasseso nirodho rogānaṃ vūpasamo jarāmaraṇassa atthagamo|| ||

9-11 Yo vedanāya|| ||[3] Yo saññāya|| ||[3] Yo saṅkhārānaṃ|| ||[3]

12 Yo viññāṇassa nirodho vūpasamo atthagamo dukkhasseso nirodho rogānam vūpasamo jarāmaraṇassa atthagamoti|| ||

31 (10) *Aghamūlaṃ*

1-2 Sāvatthi|| || Tatra|| voca|| ||

3 Aghañ ca bhikkhave desissāmi aghamūlañ ca|| taṃ suṇātha|| ||

4 Katamañca bhikkhave aghaṃ|| ||

Rūpam bhikkhave aghaṃ|| vedanā aghaṃ|| saññā aghaṃ|| saṅkhārā aghaṃ|| viññāṇam aghaṃ|| || Idaṃ vuccati bhikkhave aghaṃ|| ||

5 Katamañ ca bhikkhave aghamūlaṃ|| || Yāyaṃ taṇhā ponobbhavikā nandirāgasahagatā tatra tatrābhinandinī|| seyyathīdaṃ Kāmataṇhā bhavataṇhā vibhavataṇhā|| || Idaṃ vuccati bhikkhave aghamūlan ti|| ||

32 (11) *Pabhaṅgu*

1-2 Sāvatthi|| || Tatra|| voca|| ||

3 Pabhaṅguṃ ca bhikkhave desissāmi apabhaṅguṃ ca|| || Taṃ suṇātha|| ||

4 Kiñca bhikkhave pabhaṅgu kiñca apabhaṅgu|| ||

---

[1] Complete in S1-3 [2] S3 adds kho

[3] S1-3 add nirodho; S3 omits yo saññāya

5 Rūpam bhikkhave pabhaṅgu yo tassa nirodho vūpasamo[1] atthagamo idam apabhaṅgu

6 Vedanā pabhaṅgu|| yo tassā nirodho vūpasamo atthagamo idam apabhaṅgu

7 Saññā pabhaṅgu||

8 Saṅkhārā pabhaṅgu yo tesaṃ nirodho vūpasamo atthagamo idam apabhaṅgu||

9 Viññāṇam pabhaṅgu yo tassa nirodho vūpasamo atthagamo idam apabhaṅgūti

Bhāravaggo tatiyo||
Tatruddānaṃ|| [2]

Bhāram Pariññaṃ Parijānaṃ||
Chandarāgaṃ ca catutthakam||
Assādā ca tayo vuttā,|
Abhinandanam aṭṭhamam||
Uppādam Aghamūlañ ca||
Ekādasamo Pabhaṅgūti||| [3]

CHAPTER IV NATUMHĀKAVAGGO CATUTTHO

33 (1) *Natumhāka* (1)

1–2 Sāvatthi || Tatra voca|||

3 Yam bhikkhave na tumhākaṃ tam pajahatha|| taṃ vo pahīnaṃ hitāya sukhāya bhavissati|||

4 Kiñca bhikkhave na tumhākam|||

5 Rūpam bhikkhave na tumhākaṃ tam pajahatha|| taṃ vo pahīnaṃ hitāya sukhāya bhavissati||

6 Vedanā na tumhākam tam pajahatha sā vo pahīnā hitāya sukhāya bhavissati||

7 Saññā|| pe

---

[1] S[1-3] upasamo here only

[2] B udānam only

[3] S[1-3] Bhāram pariññaṃ abhijānaṃ chandarāgena tayo ca assādo abhinandanā ca uppādo aghamūlaṃ pabhaṅgunti

8 Saṅkhārā na tumhākaṃ te pajahatha|| te vo pahīnā hitāya sukhāya bhavissanti|||

9 Viññāṇaṃ na tumhākaṃ tam pajahatha|| taṃ vo pahīnaṃ hitāya sukhāya bhavissati|||

10 Seyyathāpi bhikkhave yam imasmiṃ Jetavane tiṇakaṭṭha-sākhā-palāsam taṃ jano hareyya vā ḍaheyya va yathāpaccayaṃ vā kareyya|| api nu tumhākam evam assa Amhe jano harati vā ḍahati vā yathāpaccayaṃ vā karotīti|||

No hetam bhante|||

Tam kissa hetu|||

Na hi no etam bhante attā vā attaniyaṃ vā ti|||

11 Evam eva kho bhikkhave rūpam na tumhākaṃ|| tam pajahatha|| taṃ vo[1] pahīnaṃ hitāya sukhāya bhavissati|| Vedanā na tumhākam|||[2] Saññā||| Saṅkhārā na tumhākaṃ||| Viññāṇaṃ na tumhākaṃ tam pajahatha|| taṃ hi vo pahīnaṃ hitāya sukhāya bhavissatīti|||[3]

34 (2) *Na tumhākaṃ* (2)[4]

1-2 Sāvatthi||| Tatra|| voca|||

3 Yaṃ[5] bhikkhave na tumhākaṃ tam pajahatha|| taṃ vo pahīnaṃ hitāya sukhāya bhavissati|||

4 Kiñca bhikkhave na tumhākaṃ|||

5 Rūpam bhikkhave na tumhākaṃ|| tam pajahatha||| Tam vo pahīnaṃ hitāya sukhāya bhavissati|||

6-8 Vedanā na tumhākaṃ|| pe||| Saññā na tumhākaṃ||| Saṅkhārā na tumhākaṃ|||

9 Viññāṇaṃ na tumhākaṃ|| tam pajahatha||| Tam vo pahīnaṃ hitāya sukhāya bhavissati|||

10 Yam bhikkhave na tumhākam tam pajahatha|| Taṃ vo pahīnaṃ hitāya sukhāya bhavissatīti|||

35 (3) *Bhikkhu* (1)

1 Sāvatthi|| ārāme[6]|||

---

[1] Missing in S¹-³ [2] Complete in B [3] B bhavissati

[4] The same as the preceding but for the comparison (§ 10) [5] S¹-³ add hi [6] In S¹-³ only

I

2 Atha kho aññataro bhikkhu yena Bhagavā tenupasaṅkami || upasaṅkamitvā Bhagavantam abhivādetvā ekam antam nisīdi || Ekam antaṃ nisinno kho so bhikkhu Bhagavantam etad avoca ||

3 Sādhu me[1] bhante Bhagavā saṅkhittena dhammaṃ desetu || yam aham Bhagavato dhammaṃ sutvā eko vūpakaṭṭho appamatto ātāpī pahītatto vihareyyanti ||

4 Yaṃ kho bhikkhu anuseti tena saṅkhaṃ gacchati || yaṃ nānuseti na tena saṅkhaṃ gacchatīti ||

Aññātam Bhagavā aññātaṃ Sugatāti ||

5 Yathā katham pana tvam[2] bhikkhu mayā saṅkhittena bhāsitassa vitthārena attham ājānāsīti[3] ||

6 Rūpaṃ ce bhante anuseti tena saṅkhaṃ gacchati || Vedanaṃ ce anuseti tena saṅkhaṃ gacchati || Saññaṃ ce anuseti tena saṅkhaṃ gacchati || Saṅkhāre ce anuseti tena saṅkhaṃ gacchati || Viññāṇam ce anuseti tena saṅkhaṃ gacchati ||

7 Rūpaṃ ce bhante nānuseti na tena saṅkhaṃ gacchati || Vedanaṃ ce[4] || Saññaṃ ce[4] || Saṅkhare ce[4] || Viññānaṃ ce nānuseti na tena saṅkhaṃ gacchati || Imassa kho ham bhante Bhagavatā saṅkhittena bhāsitassa evaṃ vitthārena attham ājānāmīti ||

8 Sādhu sādhu bhikkhu || sādhu kho tvam bhikkhu mayā saṅkhittena bhāsitassa vitthārena attham ājānāsi || Rūpaṃ ce bhikkhu anuseti tena saṅkhaṃ gacchati || vedanaṃ ce || pe || saññaṃ ce || saṅkhāre ce || viññāṇaṃ ce anuseti tena saṅkhaṃ gacchati || Rūpaṃ ce bhikkhu nānuseti na tena saṅkhaṃ gacchati || vedanaṃ ce || saññaṃ ce || saṅkhāre ce || viññāṇaṃ ce nānuseti na tena saṅkhaṃ gacchati || Imassa kho bhikkhave saṅkhittena bhāsitassa evaṃ vitthārena attho daṭṭhabbo ti ||

9 Atha kho so bhikkhu Bhagavato bhāsitam abhinan-

[1] Missing in S¹⁻³ [2] S¹⁻³ taṃ
[3] S¹ jānāsiti [4] Complete in S¹

ditvā anumoditvā uṭṭhāyāsanā Bhagavantam abhivādetvā padakkhiṇaṃ katvā pakkāmi|| ||

II

10 Atha kho so bhikkhu eko vūpakaṭṭho appamatto ātāpī pahītatto viharanto na cirasseva yassatthāya kulaputtā sammadeva agārasmā anagāriyam pabbajanti|| tad anuttaraṃ brahmacariya-pariyosānaṃ diṭṭheva dhamme sayam abhiññā sacchikatvā upasampajja vihāsi|| || Khīṇā jati vusitam brahmacariyaṃ kataṃ karaṇīyam nāparam itthattāyā ti abbhaññāsi|| ||

11 Aññataro ca pana[1] so bhikkhu arahatam ahosīti|| ||

36 (4) *Bhikkhu* (2)

1 Sāvatthi|| || ārāme|| ||

2 Atha kho aññataro bhikkhu yena Bhagavā|| pe|| Ekamantam nisinno kho so bhikkhu Bhagavantam etad avoca|| ||

3 Sādhu me bhante Bhagavā saṅkhittena dhammāṃ desetu yam aham Bhagavato dhammaṃ sutvā eko vūpakaṭṭho appamatto ātāpī pahītatto vihareyyanti|| ||

4 Yaṃ kho bhikkhu anuseti tam anumīyati|| yam anumīyati tena saṅkhaṃ gacchati|| || Yaṃ nānuseti na tam anumīyati|| yaṃ nānumīyati na tena saṅkhaṃ gacchatīti|| ||

Aññātaṃ Bhagavā aññātaṃ Sugatāti|| ||

5 Yathā katham pana tvam bhikkhu mayā saṅkhittena bhāsitassa vitthārena āttham ājānāsīti|| ||

6 Rūpaṃ ce bhante anuseti tam anumīyati|| yam anumīyati tena saṅkhaṃ gacchati|| || Vedanaṃ ce anuseti|| || Saññaṃ ce anuseti|| || Saṅkhāre ce anuseti[2]|| || Viññāṇaṃ ce anuseti tam anumīyati|| yam anumīyati tena saṅkhaṃ gacchati|| ||

7 Rūpaṃ ce bhante nānuseti na tam anumīyati|| yaṃ

---

[1] Missing in B

[2] Complete in S[1-3] which have saṅkhārañce here only and furt... saṅkhāre ca

nānumīyati na tena saṅkham gacchati || Vedanaṃ ce nānuseti[1] || Saññaṃ ce nānuseti || || Saṅkhāre ce nānuseti || || Viññāṇaṃ ce nānuseti na tam anumīyati yaṃ nānumīyati na tena saṅkhaṃ gacchati || || Imassa kho ham bhante Bhagavatā saṅkhittena bhāsitassa evaṃ vitthārena attham ājānāmīti || ||

8 Sādhu sādhu bhikkhu || sādhu kho tvam bhikkhu mayā saṅkhittena bhāsitassa vitthārena attham ājānāsi || Rūpaṃ ce[2] bhikkhave anuseti tam anumīyati || yam anumīyati tena saṅkhaṃ gacchati || || Vedanaṃ ce || pe || Saññaṃ ce || Saṅkhāre ce || || Viññāṇaṃ ce bhikkhu anuseti taṃ anumīyati || yam anumīyati[3] tena saṅkhaṃ gacchati || || Rūpaṃ ce bhikkhu nānuseti na tam anumīyati || yaṃ nānumīyati na tena saṅkhaṃ gacchati || Vedanaṃ ce || || Saññaṃ ce || || Saṅkhāre ce || || Viññāṇaṃ ce nānuseti na tam anumīyati || yaṃ nānumīyati na tena saṅkhaṃ gacchati || || Imassa kho bhikkhu mayā saṅkhittena bhāsitassa evaṃ vitthārena attho daṭṭhabo ti || ||

9 Atha kho so bhikkhu Bhagavato bhāsitam abhinanditvā anumoditvā uṭṭhāyāsanā Bhagavantam abhivādetvā padakkhiṇaṃ katvā pakkāmi || ||

10 Atha kho so bhikkhu eko vūpakaṭṭho appamatto ātāpī pahitatto viharanto || pe ||[4]

11 Aññataro ca pana so bhikkhu arahatam ahosīti || ||

37 (5) *Ānanda* (1)

1 Savatthi || ārāme || ||

2 Atha kho āyasmā Ānando || pa ||[5]

3 Ekam antam nisinnaṃ kho āyasmantam Ānandaṃ Bhagavā etad avoca || || Sace tam Ānanda evam puccheyyuṃ || || Katamesaṃ āvuso Ānanda dhammānam uppādo paññāyati vayo paññāyati ṭhitānam[6] aññathattam paññāyatīti || evam puṭṭho tvam Ānanda kinti vyākareyyāsīti || ||

---

[1] Complete in S$^{1-3}$

[2] S$^{1-3}$ ca, S^{3} always, S^{1} almost always

[3] S$^{1-3}$ omit yam anumīyati

[4] 9–10 are missing in B. being represented by || la ||

[5] S [illegible] B [illegible] always

4 Sace maṃ bhante evaṃ puccheyyuṃ||| Katamesaṃ āvuso Ānanda dhammānaṃ uppādo paññāyati vayo paññāyati ṭhitānaṃ aññathattaṃ paññāyatīti|| evaṃ puṭṭhohaṃ bhante evaṃ vyākareyyaṃ|||

5 Rūpassa kho āvuso uppādo paññāyati vayo paññāyati ṭhitassa aññathattaṃ paññāyati||| Vedanāya|| Saññāya|| Saṅkhārānaṃ|| Viññāṇassa uppādo paññāyati vayo paññāyati ṭhitassa aññathattaṃ paññāyati||| Imesaṃ kho āvuso dhammānaṃ uppādo paññāyati vayo paññāyati ṭhitānaṃ aññathattaṃ paññāyatīti||| Evaṃ puṭṭhāhaṃ bhante evaṃ vyākareyyanti|||

6 Sādhu sādhu Ānanda||| Rūpassa kho Ānanda uppādo paññāyati vayo paññāyati ṭhitassa aññathattaṃ paññāyati||| Vedanāya|| Saññāya|| Saṅkhārānaṃ|| Viññāṇassa uppādo paññāyati vayo paññāyati ṭhitassa aññathattaṃ paññāyati||| Imesaṃ kho Ānanda dhammānaṃ uppādo paññāyati vayo paññāyati ṭhitānaṃ aññathattaṃ paññāyatīti||| Evaṃ puṭṭho tvaṃ Ānanda evaṃ vyākareyyāsīti|||

38 (6) *Ānanda* (2)

1–2 Sāvatthi|| ārāme||| Atha kho ayasmā Ānando|| pa||

3 Ekam antaṃ nisinnaṃ kho āyasmantaṃ Ānandaṃ Bhagavā etad avoca||| Sace taṃ Ānanda evaṃ puccheyyuṃ|| Katamesaṃ āvuso Ānanda dhammānaṃ uppādo paññāyittha vayo paññāyittha ṭhitānaṃ[1] aññathattaṃ paññāyittha||| Katamesaṃ dhammānaṃ uppādo paññāyissati vayo paññāyissati ṭhitānaṃ aññathattaṃ paññāyissati|| Katamesaṃ dhammānaṃ uppādo paññāyati vayo paññāyati ṭhitānaṃ aññathattaṃ paññāyatīti|||

Evaṃ puṭṭho tvaṃ Ānanda kinti vyākareyyāsīti|||

4 Sace maṃ bhante evaṃ puccheyyuṃ|| Katamesaṃ āvuso Ānanda dhammānaṃ uppādo paññāyittha vayo paññāyittha ṭhitānaṃ aññathattaṃ paññāyittha|| Katamesaṃ dhammānaṃ uppādo paññāyissati vayo paññāyissati ṭhitā-

[1] B ṭhitassanaṃ in 3–4; elsewhere ṭhitassa always

naṃ aññathattam paññāyissati || katamesaṃ dhammānam uppādo paññāyati vayo paññāyati ṭhitānam aññathattam paññāyatīti || || Evam puṭṭho ham bhante evaṃ vyākareyyaṃ || ||

5 Yaṃ kho āvuso rūpam atītaṃ niruddhaṃ vipariṇatam || tassa uppādo paññāyittha vayo paññāyittha ṭhitassa aññathattam paññāyittha || || Yā vedanā atītā niruddhā vipariṇatā || tassā uppādo paññāyittha vayo paññāyittha ṭhitāya aññathattam paññāyittha || || Yā saññā || || Ye saṅkhārā atītā niruddhā vipariṇatā || tesam uppādo paññāyittha vayo paññāyittha ṭhitānam aññathattam paññāyittha || || Yaṃ[1] viññāṇam atītaṃ niruddham vipariṇataṃ || tassa uppādo paññāyittha vayo paññāyittha ṭhitassa aññathattaṃ paññāyittha || ||

Imesaṃ kho āvuso dhammānam uppādo paññāyittha vayo paññāyittha ṭhitassa aññathattam paññāyittha || ||

6 Yaṃ kho āvuso rūpam ajātam apātubhūtaṃ || tassa uppādo paññāyissati vayo paññāyissati ṭhitassa aññathattam paññāyissati || pe[2] || Yaṃ viññāṇam ajātam apātubhūtam || tassa uppādo paññāyissati vayo paññāyissati ṭhitassa aññathattam paññāyissati || ||

Imesaṃ kho āvuso dhammānam uppādo paññāyissati vayo paññāyissati ṭhitānam aññathattam paññāyissati || ||

7 Yaṃ kho āvuso rūpaṃ jātam pātubhūtaṃ tassa uppādo paññāyati vayo paññāyati ṭhitassa aññathattam paññāyati || || Yā vedanā jātā pātubhūtā || la || Yā saññā || Ye saṅkhārā jātā pātubhūtā || tesam uppādo paññāyati vayo paññāyati ṭhitānam aññathattam paññāyati || Yaṃ viññāṇaṃ jātam pātubhūtaṃ tassa uppādo paññāyati vayo paññāyati ṭhitassa aññathattam paññāyati || ||

Imesaṃ kho āvuso dhammānaṃ uppādo paññāyati vayo paññāyati ṭhitānam aññathattam paññāyatīti || || Evam puṭṭho ham bhante evaṃ vyākareyyan ti || ||

8 Sādhu sādhu Ānanda || || Yaṃ kho Ānanda rūpam atītaṃ niruddham vipariṇataṃ || tassa uppādo paññāyittha vayo paññāyittha ṭhitassa aññathattam paññāyittha || || Yā

---

[1] Omitted by S

[2] More complete in B

vedanā ‖ Yā saññā ‖ ‖ Ye saṅkhārā ‖ ‖ Yaṃ viññāṇam atītaṃ niruddhaṃ pariṇatam ‖ tassa uppādo paññāyittha vayo paññāyittha ṭhitassa aññathattam paññāyittha ‖ ‖ Imesaṃ kho Ānanda dhammānam uppādo paññāyittha vayo paññāyittha ṭhitānam aññathattam paññāyittha ‖ ‖

9 Yaṃ kho Ānanda rūpam ajātam apātubhūtaṃ ‖ tassa uppādo paññāyissati vayo paññāyissati ṭhitassa aññathattam paññāyissati ‖ ‖ Yā vedanā ‖ Yā saññā ‖ ‖ Ye saṅkharā ‖ Yaṃ viññāṇam ajātam apātubhūtam ‖ tassa uppādo paññāyissati vayo paññāyissati ṭhitassa aññathattam paññāyissati ‖ ‖

Imesaṃ kho Ānanda dhammānam uppādo paññāyissati vayo paññāyissati ṭhitassa aññathattaṃ paññāyissati ‖ ‖

10 Yaṃ kho Ānanda rūpaṃ jātam pātubhūtaṃ ‖ tassa uppādo paññāyati vayo paññāyati ṭhitassa aññāthattam paññāyati ‖ Yā vedanā ‖ ‖ Yā saññā ‖ ‖ Ye saṅkhārā ‖ ‖ Yaṃ viññāṇam jātam pātubhūtam ‖ tassa uppādo paññāyati vayo paññāyati ṭhitassa aññathattam paññāyati ‖ ‖

Imesaṃ kho Ānanda dhammānam uppādo paññāyati vayo paññāyati ṭhitassa aññathattam paññāyatīti ‖ ‖

11 Evam puṭṭho tvam Ānanda vyākareyyāsīti [1] ‖ ‖

39 (7) *Anudhamma* (1)

1–2 Sāvatthi ‖ ‖ Tatra ‖ voca ‖ ‖

3 Dhammānudhammapaṭipannassa bhikkhave bhikkhuno ayam anudhammo hoti ‖ yaṃ rūpe nibbidā-bahulaṃ vihareyya ‖ vedanāya nibbidā-bahulaṃ vihareyya ‖ saññāya nibbidā-bahulaṃ vihareyya ‖ saṅkhāresu nibbidā-bahulaṃ vihareyya ‖ viññāṇe nibbidā-bahulaṃ vihareyya ‖ ‖

4 So rūpe nibbidā-bahulaṃ viharanto ‖ vedanāya ‖ saññāya ‖ saṅkhāresu nibbidā-bahulaṃ viharanto ‖ viññāṇe nibbidā-bahulaṃ viharanto rūpam parijānāti ‖ vedanaṃ ‖ saññaṃ ‖ saṅkhāre ‖ viññāṇam parijānāti ‖ ‖

5 So rūpam parijānaṃ ‖ vedanaṃ ‖ saññaṃ ‖ saṅkhāre ‖ viññāṇaṃ parijānaṃ parimuccati [2] rūpamhā ‖ parimuccati

---

[1] S[3] vyākareyyāti [2] Missing in S[1-3]

vedanāya || pari° saññāya || pari° saṅkarehi || pari° viññāṇamhā || pari° jātiyā jarāmaraṇena sokehi paridevehi dukkhehi domanassehi upāyāsehi || parimuccati dukkhasmā ti vadāmīti || ||

40 (8) *Anudhamma* (2)

1–2 Sāvatthi || || Tatra || voca || ||

3–5 Dhammānudhammapaṭipannassa bhikkhave bhikkhuno ayam anudhammo hoti || yaṃ rūpe aniccānupassī vihareyya || la || parimuccati dukkhasmāti vadāmīti || ||

41 (9) *Anudhamma* (3)

1–2 Sāvatthi || || Tatra || voca || ||

3–5 Dhammānudhamma || la || Yaṃ rūpe dukkhānupassī vihareyya || la || parimuccati dukkhasmā ti vadāmīti || ||

42 (10) *Anudhamma* (4)

1–2 Sāvatthi || || Tatra || voca || ||

3 Dhammānudhammapaṭipannassa bhikkhave bhikkhuno ayam anudhammo hoti || yaṃ rūpe anattānupassī vihareyya || vedanāya || sannāya || saṅkhāresu || viññāṇe anattānupassī vihareyya || ||

4 So rūpe anattānupassī viharanto || pe || rūpam parijānāti || vedanaṃ || saññaṃ || saṅkhāre || viññāṇam parijānāti || ||[1]

5 So rūpam parijānaṃ || vedanaṃ || saññaṃ || saṅkhāre || viññāṇaṃ parijānaṃ parimuccati rūpamhā || parimuccati vedanāya || parimuccati saññāya || parimuccati saṅkhārehi[2] || parimuccati viññāṇamhā || parimuccati jātiyā jarāmaraṇena sokehi paridevehi dukkhehi domanassehi upāyāsehi || parimuccati dukkhasmā ti vadāmīti || ||

Natumhākavaggo catuttho ||
uddānam ||[3]

---

[1] More complete in S[1-3]

[2] S[illegible] omit pari° [illegible] S[illegible] tatr' uddānaṃ

Natumhākena dve vuttā||
Bhikkhūhi apare duve|| ||
Ānandena ca [1] dve vuttā||
Anudhammehi dve dukā ti|| ||

Chapter V Attadīpavaggo pañcamo

43 (1) *Attadīpa*

1-2 Sāvatthi|| || Tatra|| voca|| ||

3 Attadīpā bhikkhave viharatha attasaraṇā anaññasaraṇā dhammadīpā dhammasaraṇā anaññasaraṇā|| ||

4 Attadīpānam bhikkhave viharatam attasaraṇānam anaññasaraṇānaṃ dhammadīpānaṃ dhammasaraṇānam anaññasaraṇānaṃ yoni yeva [2] upaparikkhitabbo|| kiṃjātikā sokaparidevadukkhadomanassupāyāsā kimpahotikā ti [3]|| ||

5 Kiṃjātikā ca bhikkhave sokaparidevadukkhadomanassupāyāsā kim pahotikā|| ||

6 Idha bhikkhave assutavā puthujjano ariyānam adassāvī ariyadhammassa akovido ariyadhamme avinīto sappurisāram adassāvī sappurisadhammassa akovido sappurisadhamme avinīto rūpam attato samanupassati|| rūpavantaṃ vā attānam attani vā rūpam rūpasmiṃ vā attānam|| || Tassa taṃ rūpam vipariṇamati aññathā [4] hoti|| tassa rūpavipariṇāmaññathābhāvā uppajjanti sokaparidevadukkhadomanassupāyāsā|| ||

7 Vedanam attato samanupassati vedanāvantaṃ va attānam attani vā vedanaṃ vedanāya vā attānaṃ|| || Tassa sā [4] vedanā vipariṇamati aññathā [5] hoti|| tassa [6] vedanāvipariṇāmaññathābhāvā uppajjanti sokaparideva|| la|| upāyāsā|| ||

8 Saññaṃ attato samanupassati|| ||

9 Saṅkhāre attato samanupassati|| || [7]

10 Viññāṇam attato samanupassati|| viññāṇavantaṃ vā attānaṃ attani vā viññāṇaṃ viññāṇasmiṃ va attānam|| ||

---

[1] Missing in S¹ [2] B yoniso va
[3] S³ kimpahotikā, S¹ kimpahoti
[4] B adds ca here and further on
[5] Omitted by S³ [6] S¹⁻³ insert sā [7] Complete in S¹⁻³

Tassa taṃ viññāṇam pariṇamati aññathā hoti || tassa viññāṇapariṇāmaññathābhāvā uppajjanti sokaparidevadukkhadomanassupāyāsā || ||

11 Rūpassa tveva bhikkhave aniccataṃ viditvā vipariṇāmaṃ virāgaṃ nirodhaṃ ||[1] pubbe ceva rūpam etarahi ca sabbaṃ rūpam aniccaṃ dukkhaṃ vipariṇāmadhammanti evam etaṃ yathābhūtaṃ sammappaññāya passato ye sokaparidevadukkhadomanassupāyāsā te pahīyanti || tesam pahānā na paritassati || aparitassaṃ sukhaṃ viharati || sukhaṃ viharaṃ[2] bhikkhu tadaṅganibbuto ti vuccati || ||

12 Vedanāya tveva bhikkhave aniccataṃ viditvā vipariṇāmaṃ virāgaṃ nirodhaṃ || pubbe ceva vedanā etarahi ca sabbā vedanā aniccā dukkhā vipariṇāmadhammā ti evam etaṃ yathābhūtaṃ sammappaññāya passato ye sokaparidevadukkhadomanassupāyāsā te pahīyanti || tesam pahānā na paritassati || aparitassaṃ sukhaṃ viharati || sukhaṃ viharaṃ bhikkhu tadaṅganibbuto ti vuccati || ||

13 Saññāya tveva bhikkhave || pe ||

14 Saṅkhārānaṃ tveva bhikkhave aniccataṃ viditvā vipariṇāmam virāgam nirodhaṃ || pubbe ceva saṅkhārā etarahi ca sabbe saṅkhārā aniccā dukkhā vipariṇāmadhammā ti evam etaṃ yathābhūtaṃ sammappaññāya passato ye sokaparidevadukkhadomanassupāyāsā te pahīyanti || tesam pahānā na paritassati || aparitassaṃ sukhaṃ viharati || sukhaṃ viharaṃ bhikkhu tadaṅganibbutoti vuccati || ||

15 Viññāṇassa tveva bhikkhave aniccataṃ viditvā vipariṇāmaṃ virāgaṃ nirodhaṃ || pubbe ceva viññāṇam etarahi ca sabbaṃ viññāṇam aniccaṃ dukkhaṃ vipariṇāmadhammanti evam etaṃ yathābhūtam sammappaññāya passato ye sokaparidevadukkhadomanassupāyāsā te pahīyanti || tesam pahānā na paritassati || aparitassaṃ sukhaṃ viharati || sukhaṃ viharaṃ bhikkhu tadaṅganibbuto ti vuccatīti || ||

44 (2) *Paṭipadā*

1–2 Sāvatthi || || Tatra || voca || ||

---

[1] So B; S[1-3] vipariṇāmavirāganirodhaṃ always

[2] [illegible] always

3 Sakkāyasamudayagāminiṃ ca vo bhikkhave desissāmi sakkāyanirodhagāminiṃ ca [1] paṭipadaṃ || taṃ suṇātha ||||

4 Katamā ca bhikkhave sakkāya samudayagāminī paṭipadā ||||

5 Idha bhikkhave assutavā puthujjano ariyānam adassāvī ariyadhammassa akovido ariyadhamme avinīto sappurisānam adassāvī sappurisadhammassa akovido sappurisadhamme avinīto rūpam attato samanupassati || rūpavantaṃ vā attānam attani vā rūpam rūpasmiṃ vā attānaṃ ||

6–8 Vedanam attato || || [2] Saññaṃ |||| Saṅkhāre || || [2]

9 Viññāṇam attato samanupassati || viññāṇavantaṃ vā attānam attani vā viññāṇaṃ viññaṇasmiṃ vā attānaṃ ||||

10 Ayaṃ vuccati bhikkhave sakkāyasamudayagāminī paṭipadā sakkāyasamudayagāminī paṭipadāti || Iti idam bhikkhave vuccati dukkhasamudayagāminī samanupassanāti ayam evettha [3] attho ||||

11 Katamā ca bhikkhave sakkāyanirodhagāminī patipadā ||||

12 Idha bhikkhave sutavā ariyasāvako ariyānaṃ dassāvī ariyadhammassa kovido ariyadhamme suvinīto sappurisānaṃ dassāvī sappurisadhammassa kovido sappurisadhamme suvinīto na rūpam attato samanupassati || na rūpavantaṃ vā attānam na attani vā rūpam na rūpasmiṃ vā attānaṃ ||||

13–15 Na vedanam attato |||| Na saññaṃ |||| Na saṅkhāre ||||

16 Na viññāṇam attato samanupassati || na viññāvantam vā attānaṃ na attani vā viññāṇam na viññāṇasmim vā attānaṃ ||||

17 Ayaṃ vuccati bhikkhave sakkāyanirodhagāminī paṭipadā sakkāyanirodhagāminī paṭipadā ti |||| Iti hidam bhikkhave vuccati dukkhanirodhagāminī samanupassanā ti ayam evettha atthoti ||||

45 (3) *Aniccatā* (1)

1–2 Sāvatthi |||| Tatra || voca ||||

3 Rūpam bhikkhave aniccam || yad aniccaṃ taṃ duk-

[1] Missing in B [2] Complete in S[1-3] [3] B cevettha always

khaṃ | yaṃ dukkhaṃ tad anattā | yad anattā taṃ netam mama neso ham asmi na me so attāti || Evam etaṃ yathābhūtaṃ sammappaññāya daṭṭhabbam | evam etaṃ sammappaññāya passato cittaṃ virajjati vimuccati anupādāya [1] āsavehi ||

4–6 Vedanā aniccā || [2] Saññā || Saṅkhārā || [2]

7 Viññāṇam aniccam yad aniccam° °cittam virajjati vimuccati anupādāya āsavehi | [3]

8 Rūpadhātuyā ce bhikkhave bhikkhuno [4] cittam virattaṃ vimuttaṃ hoti anupādāya āsavehi || Vedanādhatuyā ce° || Saññādhātuyā ce° || Saṅkhāradhātuyā ce° || [5] Viññāṇadhātuyā ce bhikkhave bhikkhuno cittaṃ virattaṃ vimuttaṃ hoti anupādāya āsavehi vimuttatā ṭhitam | ṭhitattā santussitaṃ | santussitattā na paritassati | aparitassaṃ paccattaññeva parinibbāyati || Khīṇā jāti vusitam brahmacariyaṃ kataṃ karaṇīyaṃ nāparam itthattāyāti pajānātīti ||

46 (4) *Aniccatā* (2)

1–2 Sāvatthi || Tatra | voca ||

3 Rūpam bhikkhave aniccaṃ | yad aniccaṃ taṃ dukkhaṃ yaṃ dukkhaṃ tad anattā | yad anattā taṃ netam mama neso ham asmi na meso attāti || Evam etaṃ yathābhūtaṃ sammappaññāya daṭṭhabbaṃ ||

4–6 Vedanā aniccā || Saññā aniccā || Saṅkhārā aniccā ||

7 Viññāṇam aniccaṃ | yad aniccaṃ tam dukkhaṃ | yaṃ dukkhaṃ tad anattā | yad anattā taṃ netam mama neso ham asmi na meso attāti || Evam etaṃ yathābhūtaṃ sammappaññāya daṭṭhabbaṃ ||

8 Evam etaṃ yathābhūtam sammappaññāya passato pubbantānudiṭṭhiyo na honti | pubbantānudiṭṭhīnaṃ asati

---

[1] So B always; S^{1-3} anupādā; further on anupādāya

[2] Complete in S^{1-3} [3] Complete in all the MSS.

[4] Missing in B

[5] Vedanā° saññā° | saṅkhārā° are complete in S^{1-3}, missing [illegible] which [illegible]

aparantānudiṭṭhiyo na honti || aparantānudiṭṭhīnam asati thāmaso parāmaso[1] na hoti || thāmase parāmase[1] asati rūpasmiṃ | vedanāya || saññāya || saṅkhāresu || viññāṇasmiṃ cittam virajjati vimuccati anupādāya āsavehi ||| Vimuttattā ṭhitaṃ ṭhitattā santusitaṃ santusitattā na paritassati || aparitassaṃ paccattaññeva parinibbāyati ||| Khīṇā jāti° °itthattāyāti na pajānātīti ||||

47 (5) *Samanupassanā*

1-2 Sāvatthi ||| Tatra || voca ||||

3 Ye hi keci bhikkhave samaṇā vā brāhmaṇā vā anekāvihitam attānam samanupassamānā samanupassanti || sabbe te pañcupādānakkhandhe samanupassanti etesaṃ vā aññataraṃ ||||

4 Katame pañca |||

Idha bhikkhave assutavā puthujjano ariyānam adassāvī || la | sappurisadhamme avinīto rūpam attato samanupassati || rūpavantaṃ vā attānam attani vā rūpaṃ rūpasmiṃ vā attānaṃ || Vedanaṃ |||| Saññam |||| Saṅkhāre |||| Viññāṇam attato samanupassati || viññāṇavantaṃ vā attānam attani vā viññāṇam viññāṇasmiṃ vā attānam |||| Iti ayaṃ ceva samanupassanā Asmīti cassa adhigataṃ[2] hoti ||||

5 Asmīti kho pana bhikkhave adhigate[3] atha pañcannam indriyānam avakkanti hoti | cakkhundriyassa sotindriyassa ghānindriyassa jivhindriyassa kāyindriyassa ||||

6 Atthi bhikkhave mano atthi dhammā atthi vijjādhātu[4] || avijjāsamphassajena bhikkhave vedayitena[5] puṭṭhassa assutavato puthujjanassa Asmīti pissa hoti || Ayam aham asmīti pissa hoti || Bhavissanti pissa hoti || Na bhavissanti pissa hoti || Rūpī bhavissanti pissa hoti || Arūpī bhavissanti pissa hoti | Saññī bhavissanti pissa hoti || Asaññī bhavissanti pissa hoti |||| Nevasaññīnāsaññī bhavissanti pissa hoti ||||

---

[1] So B; S[1-3] thāmasāparāmāso—e, S[3] having at first mā, afterwards ma in °paramāso—e; S[1] having always mā corrected to mā. [2] B avigataṃ [3] S[1-3] attato; B avigate [4] B avijjādhatu, omitting atthi [5] B cetasikena

7 Tiṭṭhanti kho pana[1] bhikkhave tattheva pañcindriyāni[2] || || Athettha sutavato ariyasāvakassa avijjā pahīyati vijjā uppajjati || || Tassa avijjāvirāgā vijjuppādā Asmīti pissa na hoti | Ayam aham asmīti pissa na hoti | Bhavissanti | Na bhavissanti | Rūpī | Arūpī | Saññī | Asaññī | Nevasaññīnāsaññī bhavissanti pissa na hotīti || ||

48 (6) *Khandhā*

1–2 Sāvatthi || || Tatra | voca || ||

3 Pañca[3] bhikkhave khandhe desissāmi pañcupādānakkhandhe ca | [4] taṃ suṇātha || ||

4 Katame ca bhikkhave pañcakkhandhā || ||

5 Yaṃ[5] kiñci bhikkhave rūpam atītānāgatapaccuppannaṃ ajjhattaṃ vā bahiddhā vā oḷārikaṃ vā sukhumaṃ vā hīnaṃ vā paṇītaṃ vā yaṃ dūre santike vā ayaṃ vuccati rūpakkhandho || ||

6–7 Yā kāci vedanā | Yā kāci saññā || pe || ||

8 Ye keci saṅkhārā atītānāgatapaccuppannā ajjhattam vā bahiddhā vā oḷārikā vā sukhumā vā | pa || ayaṃ vuccati saṅkhārakkhandhā || ||

9 Yaṃ kiñci viññāṇam atītānāgatapaccuppannam ajjhattaṃ vā bahiddhā vā oḷārikaṃ vā sukhumaṃ vā hīnaṃ vā paṇītaṃ vā yaṃ dūre santike vā ayaṃ vuccati viññāṇakkhandho || ||

10 Ime vuccanti bhikkhave pañcakkhandhā || ||

11 Katame ca bhikkhave pañcupādānakkhandhā || ||

12 Yaṃ kiñci bhikkhave rūpam atītānāgatapaccuppannaṃ || la || yaṃ dūre santike vā sāsavam upādāniyaṃ | [6] ayaṃ vuccati rūpupādānakkhandho || ||

13–15 Yā kāci vedanā | la || yā dūre santike vā sāsavā upādānīyā ayaṃ vuccati vedanupādānakkhandho || || Yā kāc-saññā || pe || Ye keci saṅkhārā | gha || sāsavā upādānīyā ayaṃ vuccati saṅkhārupādānakkhandho || ||

---

[1] B Tiṭṭhanteva kho [2] S[1-3] omit ni [3] S[3] adds ca

[4] B omits ca [5] Missing in S[1-3]

[6] B upādāniy° always

16 Yaṃ kiñci viññāṇaṃ atītānāgatapaccuppannaṃ|| la|| yaṃ dūre santike vā sāsavaṃ upādāniyaṃ|| ayaṃ vuccati viññāṇupādānakkhandho|||

17 Ime vuccanti bhikkhave pañcupādānakkhandhāti||||

49 (7) *Soṇo* (1)

1 Evaṃ me sutaṃ|| ekaṃ samayaṃ Bhagavā Rājagahe [1] viharati Veḷuvane Kalandakanivāpe|||

2 Atha kho Soṇo gahapatiputto yena Bhagavā tenupasaṅkami|| upasaṅkamitvā|| la|||

3 Ekam antaṃ nisinnaṃ kho Soṇaṃ gahapatiputtaṃ Bhagavā etad avoca|||

4 Ye keci [2] Soṇa samaṇā va brāhmaṇā vā aniccena rūpena dukkhena vipariṇāmadhammena Seyyo ham asmīti samanupassanti| Sadiso ham asmīti samanupassanti|| Hīno ham asmīti vā samanupassanti|| kim aññattha [3] yathābhūtassa adassanā|||

5 Aniccāya vedanāya dukkhāya vipariṇāmadhammāya Seyyo ham asmīti vā samanupassanti|| Sadiso ham asmīti vā samanupassanti Hīno ham asmīti vā samanupassanti|| kim aññattha yathābhūtassa adassanā||

6 Aniccāya saññāya|||

7 Aniccehi saṅkhārehi dukkhehi vipariṇāmadhammehi Seyyo ham asmīti vā samanupassanti|| Sadiso ham asmīti vā samanupassanti|| Hīno ham asmīti vā samanupassanti|| kim aññatha yathābhūtassā adassanā|||

8 Aniccena viññāṇena dukkhena vipariṇāmadhammena Seyyo ham asmīti vā samanupassanti|| Sadiso ham asmīti vā samanupassanti|| Hīno ham asmīti vā samanupassanti|| kim aññattha yathābhūtassa adassanā [4]|||

9 Ye keci [5] Soṇa samaṇā vā brāhmaṇā vā aniccena rūpena dukkhena vipariṇāmadhammena Seyyo ham asmīti pi na samanupassanti|| Sadiso ham asmīti pi na samanupassan-

---

[1] S¹ sāvatthiyaṃ [2] S³ ye hi keci; S¹ yo hi koci
[3] So S¹⁻³; B aññatra; both always
[4] S¹⁻³ add va [5] S¹⁻³ ye ca kho

ti Hīno ham asmīti pi na samanupassanti kim aññattha yathābhūtassa dassanā

10-12 Aniccāya vedanāya Aniccāya saññāya Aniccehi saṅkhārehi

13 Aniccena viññāṇena dukkhena vipariṇāmadhammena Seyyo ham asmīti pi na samanupassanti, Sadiso ham asmīti pi na samanupassanti Hīno ham asmīti pi na samanupassanti kim aññattha yathābhūtassa dassanā

14 Taṃ kiṃ maññasi Soṇa Rūpaṃ niccaṃ vā aniccaṃ vā ti

Aniccam bhante

Yam panāniccaṃ dukkhaṃ vā taṃ sukhaṃ vā ti

Dukkham bhante

Yam panāniccaṃ dukkhaṃ vipariṇāmadhammaṃ kallaṃ nu taṃ samanupassitum Etam mama eso ham asmi eso me attā ti

No hetam bhante

15 Vedanā niccā vā aniccā vā ti

Aniccā bhante

16-17 Saññā Saṅkhārā

18 Viññānaṃ niccaṃ vā aniccaṃ vā ti

Aniccam bhante

Yam panāniccaṃ dukkhaṃ vā sukhaṃ vā ti

Dukkham bhante

Yam panāniccam dukkhaṃ vipariṇāmadhammaṃ kallaṃ nu tam samanupassitum Etam mama eso ham asmi eso me attā ti

No etam bhante

19 Tasmātiha Soṇa yaṃ kiñci rūpam atītānāgatapaccuppannam ajjhattaṃ vā bahiddhā vā oḷārikam vā sukhumaṃ vā hīnaṃ vā paṇītaṃ vā yaṃ dūre santike vā sabbaṃ rūpaṃ Netam mama neso ham asmi na me so attāti evam etaṃ yathābhūtaṃ sammapaññāya daṭṭhabbaṃ

20-22 Yā kāci vedanā [1] Yā kāci saññā Ye keci saṅkhārā [1]

23 Yaṃ kiñci viññāṇam atītānāgatapaccuppannam

ajjhattaṃ vā bahiddhā vā oḷārikaṃ va sukhumaṃ vā hīnaṃ vā paṇītaṃ vā yaṃ dūre santike vā sabbam viññāṇaṃ Netam mama neso ham asmi na meso attāti evam etaṃ yathābhūtaṃ sammappaññāya daṭṭhabbaṃ|||

24 Evam passaṃ Soṇa sutavā ariyasāvako rupasmim pi nibbindati|| vedanāya pi nibbindati|| saññāya pi nibbindati|| saṅkhāresu pi nibbindati|| viññānasmim pi nibbindati||| Nibbindaṃ virajjati|| virāgā vimuccati|| vimuttasmim vimuttam iti ñāṇam hoti||| Khīṇā jāti vusitaṃ brahmacariyam kataṃ karaṇīyam nāparam itthattāyāti pajānātīti|||

50 (8) *Soṇo* (2)

1 Evam me sutaṃ|| ekaṃ samayaṃ Bhagavā Rājagahe viharati Veḷuvane Kalandakanivāpe|||

2 Atha kho Soṇo gahapatiputto yena Bhagavā tenupasaṅkami|| upasaṅkamitvā Bhagavantam abhivādetvā ekam antaṃ nisīdi|||

3 Ekam antaṃ nisinnaṃ kho Soṇam gahapatiputtam Bhagavā etad avoca|||

4 Ye [1] keci Soṇa samaṇā vā brāhmaṇā vā Rūpaṃ na pajānanti|| rūpasamudayaṃ na pajānanti|| rūpanirodhaṃ na pajānanti|| rūpanirodhagāminiṃ patipadaṃ na pajānanti||| Vedanaṃ na pajānanti|| vedanāsamudayaṃ na pajānanti|| vedanāsamudayaṃ na pajānanti|| vedanānirodhaṃ na pajānanti|| vedanānirodhagāminiṃ paṭipadaṃ na pajānanti||| Saññaṃ na pajānanti|| pe||| Saṅkhāre na pajānanti|| saṅkhārasamudayaṃ na pajānanti|| saṅkhāranirodhaṃ na pajānanti|| saṅkhāranirodhagāminiṃ paṭipadaṃ na pajānanti||| Viññāṇam na pajānanti|| viññāṇasamudayaṃ na pajānanti|| viññāṇanirodhaṃ na pajānanti|| viññāṇanirodhagāminiṃ paṭipadaṃ na pajānanti|| na me te Soṇa samaṇā vā brāhmaṇā vā samaṇesu vā samaṇasammatā brāhmaṇesu vā brāhmaṇasammatā na ca pana te āyasmanto sāmaññatthaṃ vā brāhmaññattham vā diṭṭheva dhamme sayam abhiññā sacchikatvā upasampajja viharanti|||

5 Ye ca kho keci Soṇa [2] samaṇā va brāhmaṇā vā Rūpam

---

[1] S[1-2] insert hi

[2] Omitted by S[1-3]

pajānanti rūpasamudayam pajānanti rūpanirodham pajānanti || rūpanirodhagāminim paṭipadam pajānanti || Vedanam pajānanti || pe || Saññam pajānanti || Saṅkhāre pajānanti || Viññāṇam pajānanti || viññāṇasamudayam pajānanti || viññāṇanirodham pajānanti viññāṇanirodhagāminim paṭipadam pajānanti || te kho [1] me Soṇa samaṇā vā brāhmaṇā vā samaṇesu ceva samaṇasammatā brāhmaṇesu ca [2] brāhmaṇasammatā || te ca panāyasmanto sāmaññatthaṃ ca brāhmaññatthaṃ ca diṭṭheva dhamme sayam abhiññā sacchi katvā upasampajja viharanti || ||

51 (9) *Nandikkhaya* (1)

1-2 Sāvatthi || || Tatra || voca || ||

3 Aniccaññeva bhikkhave bhikkhu rūpaṃ Aniccanti passati || yāyaṃ [3] hoti sammādiṭṭhi sammāpassaṃ nibbindati || nandikkhayā rāgakkhayo rāgakkhayā nandikkhayo || nandirāgakkhayā cittaṃ vimuttaṃ [4] suvimuttanti vuccati || ||

4 Aniccaññeva bhikkhave bhikkhu vedanaṃ Aniccā ti [5] passati || yāyaṃ hoti sammādiṭṭhi sammāpassaṃ nibbindati || nandikkhayā rāgakkhayo rāgakkhayā nandikkhayo || nandirāgakkhayā cittaṃ vimuttaṃ suvimuttanti vuccati || ||

5 Aniccaññeva bhikkhave bhikkhu saññam Aniccāti passati || pe ||

6 Anicce yeva bhikkhave bhikkhu saṅkhāre Aniccāti passati || Yāyaṃ hoti sammādiṭṭhi sammāpassaṃ nibbindati || nandikkhayā rāgakkhayo rāgakkhayā nandikkhayo || nandirāgakkhayā cittaṃ vimuttaṃ suvimuttanti vuccati || ||

7 Aniccaññeva bhikkhave bhikkhu viññāṇam Aniccanti passati || Yāyaṃ hoti sammādiṭṭhi sammāpassaṃ nibbindati || nandikkhayā rāgakkhayo rāgakkhayā nandikkhayo || nandirāgakkhayā cittaṃ vimuttaṃ suvimuttanti vuccatīti || ||

52 (10) *Nandikkhaya* (2)

1-2 Sāvatthi || || Tatra || voca || ||

[1] Omitted by S1-3 [2] S1 ceva; S3 vā

[3] So B; S1-3 [illegible] always

[4] [illegible]

3 Rūpam bhikkhave yoniso manasi karotha rūpāniccatañca yathābhutaṃ samanupassatha|| rūpam bhikkhave bhikkhu yoniso manasi karonto rūpāniccatañ ca yathābhūtaṃ samanupassanto rūpasmiṃ nibbindati|| nandikkhayā rāgakkhayo rāgakkhayā nandikkhayo|| nandirāgakkhayā cittaṃ vimuttaṃ suvimuttanti vuccati|| ||

4 Vedanam bhikkhave yoniso manasi karotha vedanāniccatañca yathābhūtaṃ samanupassatha|| vedanam bhikkhave bhikkhu yoniso manasi karonto vedanāniccatañca yathābhūtaṃ samanupassanto vedanāya nibbindati|| nandikkhayā rāgakkhayo rāgakkhayā nandikkhayo|| nandirāgakkhayā cittam vimuttaṃ suvimuttanti vuccati|| ||

5 Saññam bhikkhave|| ||

6 Saṅkhāre bhikkhave yoniso manasi karotha saṅkhārāniccatañca yathābhūtaṃ samanupassatha|| saṅkhāre bhikkhave bhikkhu yoniso manasi karonto saṅkhārāniccatañca yathābhūtaṃ samanupassanto saṅkhāresu nibbindati|| nandikkhayā rāgakkhayo rāgakkhayā nandikkhayo|| nandirāgakkhayā cittaṃ vimuttaṃ suvimuttanti vuccati|| ||

7 Viññāṇam bhikkhave yoniso manasi karotha viññāṇāniccatañca[1] yathābhūtaṃ samanupassatha|| viññāṇam bhikkhave bhikkhu yoniso manasikaronto viññāṇāniccatañca yathābhūtam samanupassanto viññāṇasmiṃ nibbindati|| nandikkhayā rāgakkhayo rāgakkhayā nandikkhayo nandirāgakkhayā cittaṃ vimuttaṃ suvimuttanti vuccatīti|| ||

Attadīpavaggo pañcamo|| ||

Tassuddānaṃ|| ||[2]

Attadīpā Paṭipadā|| dve ca honti Aniccatā||
Samanupassanā Khandhā|| dve Soṇa dve Nandikkhayena
cā ti|| ||

Mūlapaññāsakaṃ samattaṃ|| ||

Tassa mūlapaññāsakassa vaggassuddānam[3] || ||

---

[1] All the MSS. have viññāṇa°

[2] S[illegible] t[illegible]tra[illegible] [3] S[1-3] vagguddānaṃ

Nakulapitā Aniccā[1] ca ||
Bhārena Tumhākena ca || [2]
Attadīpena paññāso ||
Pathamo tena vuccatīti || || [3]

SECTION II MAJJHIMA-PAÑÑĀSA

Chapter I Upāyavaggo pathamo

53 (1) *Upāyo*

1–2 Sāvatthi || || Tatra || voca || ||

3 Upāyo[4] bhikkhave avimutto anupāyo vimutto || ||

4 Rūpupāyam bhikkhave viññāṇaṃ tiṭṭhamānaṃ tiṭṭheyya rūpārammaṇaṃ rūpapatiṭṭhaṃ[5] nandupasevanaṃ[6] virūḷhiṃ vuddhiṃ vepullam āpajjeyya || ||[7] Saṅkhārārammaṇaṃ saṅkhārapatiṭṭhaṃ nandupasevanaṃ vuddhiṃ virūḷhiṃ vepullam āpajjeyya || ||

5 Yo bhikkhave evaṃ vadeyya || Aham aññatra rūpā aññatra vedanāya aññatra saññāya aññatra saṅkhārehi viññāṇassa āgatiṃ vā gatiṃ vā cutiṃ vā upapattiṃ[8] vā vuddhiṃ vā virūḷhiṃ vā vepullaṃ vā[9] paññāpessamīti netaṃ ṭhānaṃ vijjati || ||

6–10 Rūpadhātuyā ce bhikkhave bhikkhuno rāgo pahīno hoti || rāgassa pahānā vocchijjatārammaṇam patiṭṭhā viññāṇassa na hoti || || Vedanāya dhātuyā ce bhikkhave || ||[10] Saññādhātuyā ce bhikkhave || || Saṅkhāradhātuyā ce bhikkhave || || Viññāṇadhātuyā ce bhikkhave bhikkhuno rāgo pahīno hoti || rāgassa pahānā vocchijjatārammaṇaṃ patiṭṭhā viññāṇassa na hoti || ||

11 Tad apatiṭṭhitam viññāṇam avirūḷhaṃ anabhisaṅ-

---

[1] B °pitu anicco [2] Omitted by B [3] S¹⁻³ pavuccatīti
[4] B upayo always [5] S¹⁻³ °ppatiṭṭhaṃ always
[6] B °secanam always [7] B adds || la ||
[8] S¹⁻³ uppattim always [9] B omits the three later vā
[10] S add bhikkhave always

khārañca[1] vimuttaṃ|| vimuttattā ṭhitaṃ ṭhitattā santusitaṃ santusitattā na paritassati|| aparitassaṃ paccattaññeva parinibbāyati|| Khīṇā jāti vusitaṃ brahmacariyaṃ kataṃ karaṇīyaṃ nāparaṃ itthattāyāti pajānātīti|||

54 (2) *Bījaṃ*

1-2 Sāvatthi||| Tatra|| voca|||

3 Pañcimāni bhikkhave bījajātāni||| Katamāni pañca||| Mūlabījaṃ khandhabījaṃ aggabījaṃ phalubījaṃ[2] bījabījaññeva pañcamaṃ|||

4 Imāni cassu[3] bhikkhave pañcabījajātāni akhaṇḍāni apūtīni[4] avātātapahatāni sārādāni[5] sukhasayitāni pathavī ca nāssa āpo ca nāssa||| Api nu imāni[6] bhikkhave pañcabījajātāni vuddhiṃ virūlhiṃ vepullaṃ āpajjeyyunti[7]|||

No hetaṃ bhante|||

5 Imāni cassu bhikkhave pañcabījajātāni khaṇḍāni pūtīni vātātapahatāni sārādāni na sukhasayitāni pathavī ca assa āpo ca assa|| Api nu imāni bhikkhave pañcabījajātāni vuddhiṃ virūḷhiṃ vepullaṃ āpajjeyyunti|||

No hetaṃ bhante|||[8]

6 Imāni cassu bhikkhave pañcabījajātāni akhaṇḍāni|| la|| sukhasayitāni pathavī ca assa āpo ca assa|| api nu imāni bhikkhave pañcabījajātāni vuddhiṃ virūḷhiṃ vepullaṃ āpajjeyyunti|||

Evaṃ bhante|||

7 Seyyathāpi bhikkhave pathavīdhātu evaṃ catasso viññāṇaṭṭhitiyo daṭṭhabbā|| seyyathāpi bhikkhave āpodhātu evaṃ nandirāgo daṭṭhabbo|| seyyathāpi bhikkhave pañcabījajātāni evaṃ viññāṇaṃ sāhāraṃ daṭṭhabbaṃ|||

8 Rūpupāyaṃ vā bhikkhave viññāṇaṃ tiṭṭhamānaṃ

---

[1] S[1-3] °saṅkhacca

[2] S[3] phala°; this word S[1-3] put before agga°

[3] S[1-3] cassa always

[4] Missing here in S[1-3]

[5] So B and S[1]; S[3] sāradāni always

[6] B numāni always

[7] B āpajjeyyanti always

[8] This paragraph (5) is omitted in B

tiṭṭheyya rūpārammaṇaṃ rūpapatiṭṭhaṃ nandupasevanaṃ vuddhiṃ virūḷhiṃ vepullam āpajjeyya ||

9 Vedanupāyaṃ vā bhikkhave viññāṇaṃ tiṭṭhamānaṃ tiṭṭheyya | la | nandupasevanaṃ vuddhiṃ virūḷhim vepullam āpajjeyya ||

10 Saññupāyaṃ vā bhikkhave | pe ||

11 Saṅkhārupāyaṃ vā bhikkhave viññāṇaṃ tiṭṭhamānaṃ tiṭṭheyya saṅkhārārammaṇam saṅkhārapatiṭṭhaṃ nandupasevanaṃ vuddhiṃ virūḷhiṃ vepullam āpajjeyya ||

12 Yo bhikkhave evaṃ vadeyya | Aham aññatra rūpā aññatra vedanāya aññatra saññāya aññatra saṅkhārehi viññāṇassa āgatiṃ vā gatiṃ vā cutiṃ vā [1] upapattiṃ vā vuddhiṃ vā virūḷhiṃ vā vepullam vā [2] paññāpessāmīti netaṃ ṭhānaṃ vijjati ||

13 Rūpadhātuyā ce bhikkhave bhikkhuno rāgo pahīno hoti | rāgassa pahānā vocchijjatārammaṇaṃ patiṭṭhā viññāṇassa na hoti ||

14–16 Vedanādhātuyā ce | Saññādhātuyā ce | Saṅkhāradhātuyā ce |

17 Viññāṇadhātuyā ce bhikkhave bhikkhuno rāgo pahīno hoti | rāgassa pahānā vocchijjatārammaṇam patiṭṭhā viññāṇassa na hoti ||

18 Tad apatiṭṭhitaṃ viññāṇam avirūḷhim anabhisaṅkhārañca [3] vimuttaṃ | vimuttattā ṭhitaṃ ṭhitattā santusitaṃ santusitattā na paritassati | aparitassaṃ paccattaññeva parinibbāyati | Khīṇā jāti | la | nāparam itthattāyāti pajānātīti ||

55 (3) *Udānaṃ*

1 Sāvatthiyaṃ ||

2 Tatra [4] kho Bhagavā udānam udānesi || No cassa [5] no ca me siyā na bhavissati [6] na me bhavissatīti | Evam

[1] S1-3 put cutiṃ vā after uppattiṃ vā, instead of vuddhiṃ vā, which is, consequently, missing

[2] B omits the two later vā [3] S1-3 °saṅkhacca as above

[4] S1-3 insert —voca—

[5] B cassaṃ always; S1-3 once (in paragraph 16)

[6] B nabhavissati always

adhimuccamāno bhikkhu chindeyya orambhāgiyāni[1] saññojanānīti || ||

3 Evaṃ vutte aññataro bhikkhu Bhagavantam etad avoca || || Yathā katham pana bhante no cassa no ca me siyā nābhavissa na me bhavissatīti evam adhimuccamāno bhikkhu chindeyya orambhāgiyāni saññojanānīti || ||

4 Idha bhikkhu assutavā puthujjano ariyānam adassāvi || la || sappurisadhamme avinīto rūpam attato samanupassati rūpavantaṃ vā attānam attani vā rūpam rūpasmim vā attānaṃ || Vedanam ||[2] Saññam || Saṅkhāre ||[2] Viññāṇam attato samanupassati || viññāṇavantaṃ vā attānam attani vā viññāṇaṃ viññāṇasmiṃ vā attanaṃ || ||

5 So aniccam rūpam Aniccaṃ rūpanti yathābhūtaṃ na pajānāti || aniccaṃ vedanaṃ Aniccā vedanāti yathābhūtaṃ na pajānāti || aniccaṃ saññaṃ || ||[3] anicce saṅkhāre Aniccā saṅkhārāti yathābhūtam na pajānāti || aniccaṃ viññāṇam Aniccaṃ viññāṇanti yathābhūtaṃ na pajānāti || ||

6 Dukkhaṃ rūpaṃ Dukkhaṃ rūpanti yathābhūtaṃ na pajānāti || dukkhaṃ vedanaṃ ||[2] dukkhaṃ saññaṃ || dukkhe saṅkhāre ||[2] dukkhaṃ viññānaṃ Dukkhaṃ viññāṇanti yathābhūtaṃ na pajānāti || ||

7 Anattaṃ rūpam Anattā rūpanti yathābhūtaṃ na pajānāti || anattaṃ vedanaṃ Anattā vedanāti yathābhūtaṃ na pajānāti || anattaṃ saññaṃ ||[3] anatte saṅkkhāre Anattā sankhārāti yathābhūtaṃ na pajānāti || anattaṃ viññāṇaṃ Anattaṃ viññāṇanti yathābhūtaṃ na pajānāti || ||

8 Saṅkhataṃ rūpaṃ Saṅkhataṃ rūpanti yathābhūtaṃ na pajānāti || saṅkhataṃ vedanaṃ ||[2] saṅkhataṃ saññaṃ || saṅkhate saṅkhāre ||[2] saṅkhataṃ viññānaṃ Saṅkhataṃ viññāṇanti yathābhūtam na pājānāti ||

9 Rūpaṃ vibhavissatīti yathābhūtam na pajānāti || Vedanā vibhavissati ||[4] Saññā vibhavissati || Saṅkhārā vibhavissanti ||[4] Viññāṇaṃ vibhavissatīti yathābhūtaṃ na pajānāti || ||

---

[1] S[1-3] vimuccamāno . . . chindeyyorambhagiyāni always [2] Complete in S[1-3] [3] Complete in B
[4] Complete in S[1-3]; S[3] has always bhavissati omitting vi

10 Sutavā ca kho bhikkhave ariyasāvako ariyānaṃ dassāvī ariyadhammassa kovido ariyadhamme suvinīto|| sappurisānam dassāvī sappurisadhammassa kovido sappurisadhamme suvinīto na rūpam attato samanupassati | la|| vedanaṃ | saññaṃ || saṅkhāre|| na viññāṇam attato samanupassati || ||

11 So aniccam rūpam Aniccaṃ rūpanti yatthābhūtaṃ pajānāti aniccaṃ vedanam|| aniccaṃ saññaṃ || anicce saṅkhāre || aniccaṃ viññāṇam Aniccaṃ viññāṇanti yathābhūtam pajānāti || ||

12 Dukkhaṃ rūpaṃ | la | Dukkhaṃ viññāṇaṃ|| ||

13 Anattaṃ rūpaṃ | la|| Anattaṃ viññāṇaṃ || ||

14 Saṅkhataṃ rūpam|| la || Saṅkhataṃ viññāṇanti yathābhūtam pajānāti || ||

15 Rūpaṃ vibhavissatīti yathābhūtam pajānāti || Vedanā|| Saññā || Saṅkharā|| Viññāṇam vibhavissatīti yathābhūtam pajānāti || ||

16 So rūpassa vibhavā vedanāya vibhavā saññāya vibhavā saṅkhārānaṃ vibhavā viññāṇassa vibhavā evaṃ kho[1] bhikkhu No cassa no ca me siyā na bhavissati na me bhavissatīti evam adhimuccamāno bhikkhu chindeyya orambhāgiyāni saññojanānīti || ||

17 Evaṃ adhimuccamāno[2] bhante bhikkhu chindeyya orambhāgiyāni saññojanānīti || ||

Katham pana bhante jānato katham passato anantarā āsavānaṃ khayo hotīti|| ||

18 Idha bhikkhu assutavā puthujjano atasitāye[3] ṭhāne tāsam āpajjati || tāso heso[4] bhikkhu assutavato puthujjanassa No cassa[5] no ca me siyā na bhavissati na me bhavissatīti || ||[6]

19 Sutavā ca kho bhikkhu ariyasāvako atasitāye ṭhāne na tāsam āpajjati || na heso bhikkhu tāso sutavato ariyasāvakassa No cassa no ca me siyā na bhavissati na me bhavissatīti || ||

---

[1] S1-3 insert bhikkhu— [2] S1-3 vuccamāno
[3] S1-3 attasi° always [4] B hesā always [5] S1-3 nevassa
[6] bhavissati here and further on

20 Rūpupāyaṃ vā bhikkhu viññāṇaṃ tiṭṭhamānaṃ tiṭṭheyya rūpārammaṇam rūpapatiṭṭham nandupasevanaṃ vuddhiṃ virūḷhiṃ vepullam āpajjeyya||||

21–22 Vedanupāyam vā bhikkhu| Saññupāyaṃ vā bhikkhu||||

23 Saṅkhārupāyaṃ vā bhikkhu viññāṇaṃ tiṭṭhāmanaṃ tiṭṭheyya| saṅkhārārammaṇaṃ saṅkhārapatiṭṭham nandupasevanaṃ vuddhiṃ virūḷhiṃ vepullam āpajjeyya||||

24 So bhikkhu evaṃ vadeyya|| Aham aññatra rūpā[1] aññatra vedanāya[2] aññatra saṅkhārehi[3] viññāṇassa āgatiṃ vā gatiṃ vā cutiṃ vā upapattiṃ vā vuddhiṃ vā virūḷhim vā vepullaṃ vā[4] paññāpessāmīti netaṃ ṭhānaṃ vijjati||||

25 Rūpadhātuyā ce bhikkhu[5] bhikkhuno rāgo pahīno hoti rāgassa pahānā vocchijjatārammaṇam patiṭṭhā viññāṇassa na hoti||||

26 Vedanādhātuyā ce bhikkhu bhikkhuno||||

27 Saññādhātuyā ce bhikkhu bhikkhuno||||

28 Saṅkhāradhātuyā ce bhikkhu bhikkhuno||||

29 Viññāṇadhātuyā ce bhikkhu bhikkhuno rāgo pahīno hoti|| rāgassa pahānā vocchijjatārammaṇam patiṭṭhā viññāṇassa na hoti||||[6]

30 Tad apatiṭṭhitam viññāṇam avirūḷham anabhisaṅkhārañca vimuttaṃ||vimuttattā ṭhitam|| ṭhitattā santusitaṃ|| santusitattā na paritassati|| aparitassaṃ paccattaññeva parinibbāyati|||| Khīṇā jāti|| pa|| nāparam itthattāyāti pajānāti||||

31 Evaṃ kho bhikkhu jānato evam passato anantarā āsavānaṃ khayo hotīti||||

56 (4) *Upādānam parivaṭṭam*

1–2 Sāvatthi|||| Tatra|| voca||||

3 Pañcime bhikkhave upādānakkhandhā||||

Katame pañca|||| Seyyathīdaṃ rūpupādānakkhandho

---

[1] Missing in S^{1-3} [2] S^{1-3} vedanā

[3] S^3 inserts aññatra [4] B omits the two later vā

[5] S^{1-3} bhikkhave here and in 26–29

[6] The paragraphs 26, 27, 28 are complete in S^{1-3}

vedanupādānakkhandho saññupādānakkhandho saṅkhārupādānakkhandho viññāṇupādānakkhandho ||

4 Yāva kīvañcāham bhikkhave ime pañcupādānakkhandhe catuparivaṭṭam yathābhūtam nābbhaññāsiṃ || neva tāvāham bhikkhave sadevake loke samārake sabrahmake sassamaṇabrāhmaṇiyā pajāya devamanussāya anuttaraṃ sammāsambodhim abhisambuddhoti [1] paccaññāsiṃ ||

5 Yato ca kho ham bhikkhave ime pañcupādānakkhandhe catuparivaṭṭaṃ yathābhūtam abbhaññāsim athāham bhikkhave sadevake loke | pa || sadevamanussāya anuttaraṃ sambodhim abhisambuddhoti paccaññāsiṃ ||

6 Kathaṃ [2] catuparivaṭṭam || Rūpam abbhaññāsiṃ | rūpasamudayam abbhaññāsiṃ | rūpanirodham abbhaññāsiṃ | rūpanirodhagāminiṃ paṭipadaṃ abbhaññasiṃ || Vedanaṃ || Saññaṃ || Saṅkhāre || Viññāṇam abbhaññāsiṃ | viññāṇanirodham abbhaññāsim | viññāṇanirodham abbhaññāsiṃ | viññāṇanirodhagāminiṃ paṭipadam abbhaññāsiṃ ||

7 Katamañca bhikkhave rūpaṃ || Cattāro ca [3] mahābhūtā catunnaṃ ca mahābhūtānam upādāya rūpaṃ idaṃ vuccati bhikkhave rūpaṃ || Āhārasamudayā rūpasamudayo | āhāranirodhā rūpanirodho || Ayam eva ariyo aṭṭhaṅgiko maggo rūpanirodhagāminī paṭipadā | seyyathīdaṃ sammādiṭṭhi | la | sammāsamādhi ||

8 Ye hi keci bhikkhave samaṇā vā brāhmaṇā vā evaṃ rūpam abhiññāya evaṃ rūpasamudayam abhiññāya evaṃ rūpanirodham abhiññāya evaṃ rūpanirodhagāminiṃ paṭipadam abhiññāya rūpassa nibbidāya virāgāya nirodhāya paṭipannā te supaṭipatipannā | ye supaṭipannā te [4] imasmiṃ dhammavinaye gādhanti ||

9 Ye ca kho keci bhikkhave samaṇā brāhmaṇā vā evaṃ rūpam abhiññāya | pa | evam rūpanirodhagāminim paṭipadam abhiññāya rūpassa nibbidāya [5] virāgāya [5] nirodhāya [5] anupādā vimuttā te suvimuttā | ye suvimuttā te kevalino | ye kevalino vaṭṭaṃ tesaṃ natthi paññāpanāya ||

10 Katamā ca bhikkhave vedanā || Chayime bhikkhave

---

[1] S¹⁻³ omit ti always. [2] B inserts ca.

[3] Missing in ... and ...

vedanākāyā|| cakkhusamphassajā vedanā|| sotasamphassajā vedanā|| ghānasamphassajā|| jivhāsamphassajā|| kāyasamphassajā|| manosamphassajā vedanā|| ayaṃ vuccati bhikkhave vedanā||| Phassasamudayā vedanāsamudayo phassanirodhā vedanānirodho||| Ayam eva ariyo aṭṭhaṅgiko maggo vedanānirodhagāminī paṭipādā|| seyyathīdaṃ sammādiṭṭhi|| pe|| sammāsamādhi|||

11 Ye hi[1] keci bhikkhave samaṇā vā brāhmaṇā vā evaṃ vedanam abhiññāya evam vedanāya samudayam abhiññāya evaṃ vedanānirodham abhiññāya evaṃ vedanānirodhagāminim paṭipadam abhiññāya vedanāya nibbidāya virāgāya nirodhāya paṭipannā te supaṭipannā|| ye supaṭipannā te imasmiṃ dhammavinaye gādhanti||

12 Ye ca kho keci bhikkhave samaṇā vā brāhmaṇā vā evaṃ vedanam abhiññāya|| pa|| evaṃ vedanānirodhagāminim paṭipadam abhiññāya|| pa|| vaṭṭam tesaṃ natthi paññāpanāya|||

13–15 Katamā ca bhikkhave saññā||| Chayime bhikkhave saññākāyā|| rūpasaññā saddasaññā gandhasaññā rasasaññā phoṭṭhabbasaññā dhammasaññā ayaṃ vuccati saññā||| Phassasamudayā saññāsamudayo phassanirodhā saññānirodho||| Ayam eva ariyo aṭṭhaṅgiko maggo saññānirodhagāminī paṭipadā|| seyyathīdaṃ sammādiṭṭhi|| pe|| sammāsamādhi||| la|| vaṭṭaṃ tesaṃ natthi paññāpanāya|||

16 Katamā ca bhikkhave saṅkhārā||| Chayime bhikkhave cetanākāyā|| rūpasañcetanā saddasañcetanā gandhasañcetanā rasasañcetanā phoṭṭhabbasañcetanā dhammasañcetanā ime vuccanti bhikkhave saṅkhārā||| Phassasamudayā saṅkhārasamudayo|| phassanirodhā saṅkhāranirodho||| Ayam eva ariyo atthaṅgiko maggo saṅkhāranirodhagāminī patipadā|| seyyathīdaṃ sammāditthi|| pe|| sammāsamādhi|||

17 Ye hi keci bhikkhave samaṇā vā brāhmaṇā vā evaṃ saṅkhāre abhiññāya evam saṅkhārasamudayam abhiññāya evaṃ saṅkhāranirodham abhiññāya evaṃ saṅkhāranirodhagāminim paṭipadam abhiññāya saṅkhārānaṃ nibbidāya

[1] Omitted by S[1-3]

virāgāya nirodhāya paṭipannā te supaṭipannā || ye supaṭipannā te imasmiṃ dhammavinaye gādhanti || ||

18 Ye ca kho keci bhikkhave samaṇā vā brāhmaṇā vā evaṃ saṅkhāre abhiññāya evaṃ saṅkhārasamudayam abhiññāya evaṃ saṅkhāranirodhagāminiṃ paṭipadam abhiññāya saṅkhārānaṃ nibbidā virāgā nirodhā anupādā vimuttā te suvimuttā || ye suvimuttā te kevalino || ye kevalino vaṭṭaṃ [1] tesaṃ natthi paññāpanāya || ||

19 Katamañ ca bhikkhave viññāṇaṃ || || Chayime bhikkhave viññāṇakāyā || cakkhuviññāṇaṃ sotaviññāṇaṃ ghānaviññāṇam jivhāviññāṇaṃ kāyaviññāṇam manoviññāṇam || idaṃ vuccati bhikkhave viññāṇam || || Nāmarūpasamudayā viññāṇasamudayo || nāmarūpanirodhā viññāṇanirodho || || Ayam eva ariyo aṭṭhaṅgiko maggo viññāṇanirodhagāminī paṭipadā || seyyathīdam sammādiṭṭhi || pe || sammāsamādhi || || ||

20 Ye hi keci bhikkhave samaṇā vā brāhmaṇā vā evam viññāṇam abhiññāya evam viññāṇasamudayam abhiññāya evaṃ viññāṇanirodham abhiññāya evaṃ viññāṇanirodhagāminiṃ paṭipadam abhiññāya viññāṇassa nibbidāya virāgāya nirodhāya paṭipannā te supaṭipannā || ye supaṭipannā te imasmiṃ dhammavinaye gādhanti || ||

21 Ye ca kho keci bhikkhave samaṇā vā brāhmaṇā vā evaṃ viññāṇaṃ abhiññāya evaṃ viññāṇasamudayam abhiññāya evaṃ viññāṇanirodhagāminiṃ paṭipadam abhiññāya viññāṇassa nibbidā virāgā nirodhā anupādā vimuttā te suvimuttā || ye suvimuttā te kevalino || ye kevalino vaṭṭaṃ tesaṃ natthi paññāpanāyāti || ||

57 (5) *Sattaṭṭhāna*

1–2 Sāvatthi || || Tatra || voca || ||

3 Sattaṭṭhānakusalo bhikkhave bhikkhu tividhūpaparikkhī imasmiṃ dhammavinaye kevalī vusitavā uttamapuriso ti vuccati || ||

4 Kathaṃ ca bhikkhave bhikkhu sattaṭṭhānakusalo hoti || ||

---

[1] [illegible]

5 Idha bhikkhave bhikkhu rūpam pajānāti || rūpasamudayam pajānāti || rūpanirodham pajānāti || rūpanirodhagāminim paṭipadam pajānāti || rūpassa assādam pajānāti || rūpassa ādīnavam pajānāti || rūpassa nissaraṇam pajānāti

6-8 Vedanam pajānāti ||| [1] Saññaṃ ||| Saṅkhāre ||| [1]

9 Viññāṇam pajānāti || viññāṇasamudayam pajānāti || viññāṇanirodham pajānāti || viññāṇanirodhagāminim paṭipadam pajānāti || [2] viññāṇassa assādam pajānāti || viññāṇassa ādīnavaṃ pajānāti || viññāṇassa nissaraṇam pajānāti |||

10 Katamañ ca bhikkhave rūpaṃ ||| Cattāro ca mahābhūtā catunnaṃca mahābhūtānam upādāya rūpaṃ || idaṃ vuccati bhikkhave rūpaṃ ||| Āhārasamudayā rūpasamudayo || āhāranirodhā rūpanirodho ||| Ayam eva ariyo aṭṭhaṅgiko maggo rūpanirodhagāminī paṭipadā || seyyathīdam sammādiṭṭhi || pe || sammāsamādhi |||

11 Yaṃ rūpam paṭicca uppajjati sukham somanassam ayaṃ rūpassa assādo || yaṃ rūpam aniccaṃ dukkhaṃ vipariṇāmadhammam ayaṃ rūpassa ādīnavo || yo rūpasmiṃ chandarāgavinayo chandarāgapahānam idaṃ rūpassa nissaraṇaṃ |||

12 Ye hi keci bhikkhave samaṇā vā brāhmaṇā vā evaṃ rūpam abhiññāya evaṃ rūpasamudayam abhiññāya evaṃ rūpanirodham abhiññāya evaṃ rūpanirodhagāminim paṭipadam abhiññāya || evaṃ rūpassa assādam [3] abhiññāya evaṃ rūpassa ādīnavam abhiññāya evaṃ rūpassa nissaraṇam abhiññāya rūpassa nibbidāya virāgāya nirodhāya paṭipannā te supaṭipannā || ye supaṭipannā te imasmiṃ vinaye gādhanti |||

13 Ye ca kho keci bhikkhave samaṇā vā brāhmaṇā vā evaṃ rūpam abhiññāya evaṃ rūpasamudayam abhiññāya evaṃ rūpanirodham abhiññāya || evaṃ rūpanirodhagāminim paṭipadam abhiññāya || evaṃ rūpassa assādam abhiññaya evaṃ rūpassa ādīnavam abhiññāya evaṃ rūpassa

---

[1] Complete in S[1-3]

[2] S[1-3] insert here rūpanirodhagāminiṃ paṭipadaṃ pajānāti

[3] Repeated in S[1] here and in No. 13

nissaraṇam abhiññāya [1] rūpassa nibbidā virāgā nirodhā anupādā vimuttā te suvimuttā || ye suvimuttā te kevalino || ye kevalino vaṭṭaṃ tesaṃ natthi paññāpanāya || ||

14 Katamā ca bhikkhave vedanā ||

Cha yime bhikkhave vedanākāyā | cakkhusamphassajā vedanā || la | manosamphassajā vedanā | ayaṃ vuccati bhikkhave vedanā || || Phassasamudayā vedanāsamudayo || phassanirodhā vedanānirodho || ayam eva ariyo aṭṭhaṅgiko maggo vedanānirodhagāminī paṭipadā | seyyathīdaṃ sammādiṭṭhi || pe | sammāsamādhi ||

16 Yaṃ vedanaṃ paṭicca uppajjati sukhaṃ somanassam ayaṃ vedanāya [2] assādo || Yaṃ [3] vedanā aniccā dukkhā vipariṇāmadhammā ayaṃ vedanāya ādīnavo | yo vedanāya chandarāgavinayo chandarāgapahānam idaṃ vedanāya nissaraṇaṃ || ||

17 Ye hi keci bhikkhave samaṇā vā brāhmaṇā vā evaṃ vedanam abhiññāya evaṃ vedanāya samudayam abhiññāya evaṃ vedanānirodham abhiññāya evaṃ vedanānirodhagāminiṃ paṭipadam abhiññāya evaṃ vedanāya assādam abhiññāya evaṃ vedanāya ādīnavam abhiññāya evaṃ vedanāya nissaraṇam abhiññāya vedanāya nibbidāya virāgāya nirodhāya paṭipaṇṇā te supaṭipaṇṇā | ye supaṭipaṇṇā te imasmiṃ dhammavinaye gādhanti || ||

18 Ye ca kho keci bhikkhave samaṇā vā brāhmaṇā vā evaṃ vedanam abhiññāya || la | vaṭṭam tesaṃ natthi paññāpanāya || ||

19-21 Katamā ca bhikkhave saññā || Cha yime bhikkhave saññākāyā || rūpasaññā saddasaññā gandhasaññā rasasaññā poṭṭhabbasaññā dhammasaññā ayaṃ vuccati bhikkhave saññā || || pe || [4] vaṭṭam tesam natthi paññāpanāya || [5]

22 Katame ca bhikkhave saṅkhārā || Cha yime bhikkhave cetanākāyā | rūpasañcetanā | pa | dhammasañcetanā | ime vuccanti bhikkhave saṅkhārā || Phassasamudayā saṅkhārasamudayo | phassasamudayā saṅkhāraniro-

---

[1] S[1-3] insert evaṃ [2] S[1-3] vedanā [3] B yā

[4] [illegible] [5] [illegible]

dho‖ ayam eva ariyo aṭṭhaṅgiko maggo saṅkhāranirodhagāminī paṭipadā‖ seyyathīdaṃ sammādiṭṭhi‖ pe‖ sammāsamādhi‖

23 Yaṃ saṅkhāre paṭicca uppajjati sukhaṃ somanassaṃ ayaṃ saṅkhārānam assādo‖ ye saṅkhārā aniccā dukkhā vipariṇāmadhammā ayaṃ saṅkhārānam ādīnavo‖ yo saṅkhāresu chandarāgavinayo chandarāgapahānaṃ idaṃ saṅkhārānaṃ nissaraṇaṃ‖‖

24–25 Ye hi keci bhikkhave samaṇā vā brāhmaṇā vā evaṃ saṅkhāre abhiññāya evaṃ saṅkhārasamudayam abhiññāya evaṃ saṅkhāranirodham abhiññāya evaṃ saṅkhāranirodhagāminiṃ paṭipadam abhiññāya‖ la‖ saṅkhārānaṃ nibbidāya virāgāya nirodhāya paṭipannā te supaṭipannā‖ ye supaṭipannā te imasmiṃ dhammavinaye gādhanti‖‖ la‖‖ vaṭṭam tesaṃ natthi paññāpanāya‖‖

26 Katamañ ca bhikkhave viññāṇaṃ‖‖ Cha yime bhikkhave viññāṇakāyā‖ cakkhuviññāṇaṃ sotaviññāṇaṃ ghānaviññāṇaṃ jivhāviññāṇaṃ kāyaviññāṇam manoviññāṇam‖ idaṃ vuccati bhikkhave viññāṇaṃ‖‖ Nāmarūpasamudayā viññāṇasamudayo‖ nāmarūpanirodhā viññāṇanirodho‖ ayam eva ariyo aṭṭhaṅgiko maggo viññāṇanirodhagāminī paṭipadā‖ seyyathīdaṃ sammādiṭṭhi‖ pe‖ sammāsamādhi‖‖

27 Yaṃ viññāṇam paṭicca uppajjati sukhaṃ somanassaṃ ayaṃ viññāṇassa assādo‖ yaṃ viññāṇam aniccam dukkhaṃ vipariṇāmadhammaṃ ayaṃ[1] viññāṇassa ādīnavo‖ yo viññāṇasmim chandarāgavinayo chandarāgapahānam idaṃ viññāṇassa nissaraṇaṃ‖‖

28 Ye hi keci bhikkhave samaṇā vā brāhmaṇā vā evaṃ viññāṇam abhiññāya evaṃ viññāṇasamudayaṃ abhiññāya evaṃ viññāṇanirodham abhiññāya evaṃ viññāṇanirodhagāminiṃ paṭipadam abhiññāya‖ evam viññāṇassa assādam abhiññāya evaṃ viññāṇassa ādīnavam abhiññāya evaṃ viññāṇassa nissaraṇam abhiññāya[2] viññāṇassa nibbidāya virāgāya nirodhāya paṭipannā te supatipannā‖ ye supaṭipannā te imasmim dhammavinaye gādhanti‖

[1] Omitted by S¹ – [2] S¹ insert evaṃ as in No. 13 above

29 Ye ca kho keci bhikkhave samaṇā vā brāhmaṇā vā evaṃ viññāṇam abhiññāya evaṃ viññāṇasamudayam abhiññāya evaṃ viññāṇanirodham abhiññāya evaṃ viññāṇanirodhagāminim patipadam abhiññāya | evaṃ viññāṇassa assādam abhiññāya evaṃ viññāṇassa ādīnavam abhiññāya evaṃ viññāṇassa nissaraṇam abhiññāya viññāṇassa nibbidā virāgā nirodhā anupādā vimuttā te suvimuttā | ye suvimuttā te kevalino | ye kevalino vaṭṭaṃ tesaṃ natthi paññāpanāya ||

30 Evaṃ kho bhikkhave bhikkhu sattaṭṭhānakusalo hoti ||

31 Kathañ ca[1] bhikkhave bhikkhu tividhūpaparikkhī hoti ||

Idha bhikkhave bhikkhu dhātuso upaparikkhati | āyatanaso upaparikkhati | paṭiccasamuppādaso upaparikkhati || Evaṃ kho bhikkhave bhikkhu tividhūpaparikkhī hoti ||

32 Sattaṭṭhānakusalo bhikkhave bhikkhu tividhūpaparikkhī imasmiṃ dhammavinaye kevalī vusitavā uttamapurisoti vuccatīti ||

58 (6) *Sambuddho*

1–2 Sāvatthi || Tatra | voca ||

3 Tathāgato bhikkhave arahaṃ sammāsambuddho rūpassa nibbidā virāgā nirodhā anupādā vimutto sammāsambuddho ti vuccati | Bhikkhu pi bhikkhave paññāvimutto rūpassa nibbidā virāgā nirodhā anupādā vimutto paññāvimutto ti vuccati ||

4 Tathāgato bhikkhave arahaṃ sammāsambuddho vedanāya[2] nibbidā virāgā nirodhā anupādā vimutto sammāsambuddhoti vuccati | Bhikkhu pi bhikkhave paññāvimutto vedanāya nibbidā || la || vimutto ti vuccati ||

5–7 Tathāgato bhikkhave arahaṃ sammāsambuddho saññāya[3] || saṅkhārānaṃ[4] || viññāṇassa[5] nibbidā virāgā

---

[1] B katamañca　　[2] S¹⁻³ vedanā
[3] S¹⁻³ paññāya ; this article is abridged in S¹⁻³
[illegible]

nirodhā anupādā vimutto sammāsambuddho ti vuccati|| ||
Bhikkhu pi bhikkhave paññāvimutto viññāṇassa nibbidā virāgā nirodhā anupādā vimutto paññāvimutto ti vuccati|| ||

8 Tatra kho[1] bhikkhave ko viseso ko adhippāyoso[2] kiṃ nānākaraṇaṃ Tathāgatassa arahato sammāsambuddhassa paññāvimuttena bhikkhunā ti|| ||

9 Bhagavaṃmūlakā no bhante dhammā Bhagavannettikā Bhagavampaṭisaraṇā|| sādhu vata bhante Bhagavantaññeva paṭibhātu etassa bhāsitassa attho|| Bhagavato sutvā bhikkhū dhāressantīti|| ||

Tena hi bhikkhave suṇātha sādhukaṃ manasi karotha bhāsissāmīti||

Evam bhante ti te bhikkhū Bhagavato paccassosuṃ|| ||

10 Bhagavā etad avoca|| ||

Tathāgato bhikkhave arahaṃ sammāsambuddho anuppannassa maggassa uppādetā asañjātassa maggassa sañjānetā anakkhātassa maggassa akkhātā maggaññū maggavidū maggakovido|| || Maggānugā ca bhikkhave etarahi sāvakā viharanti pacchāsamannāgatā|| ||

11 Ayaṃ kho bhikkhave viseso ayam adhippāyoso idaṃ nānākaraṇaṃ Tathāgatassa arahato sammāsambuddhassa paññāvimuttena bhikkhunā ti|| ||

59 (7) *Pañca*

1 Bārāṇasiyaṃ nidānaṃ Migadāye[3]|| ||

2–3 Tatra kho Bhagavā pañcavaggiye bhikkhū āmantesi|| la|| etad avoca|| ||

3 Rūpam bhikkhave anattā|| rūpañ ca bhikkhave attā abhavissa nayidaṃ rūpaṃ ābādhāya saṃvatteyya|| labbhetha ca rūpe Evaṃ me rūpaṃ hotu evaṃ me rūpaṃ mā ahosīti|| ||

4 Yasmā ca kho bhikkhave rūpam anattā tasmā rūpam ābādhāya saṃvattati|| na ca labbhati rūpe Evam me rūpaṃ hotu evaṃ me rūpaṃ mā ahosīti|| ||

5 Vedanā anattā|| vedanā ca hidam bhikkhave attā abhavissa na yidaṃ vedanā ābādhāya saṃvatteyya|| lab-

---

[1] Omitted by S^{1-3} [2] S^{1} omits so [3] Complete in S^{1-3}

bhetha ca vedanāya Evaṃ me vedanā hotu[1] evaṃ me vedanā mā ahosīti ||

6 Yasmā ca kho bhikkhave vedanā anattā tasmā vedanā ābādhāya saṃvattati | na ca labbhati vedanāya Evam me vedanā hotu evam me vedanā mā ahosīti ||

7 Saññā anattā ||

8 Saṅkhārā anattā || saṅkhārā ca hidam bhikkhave attā abhavissaṃsu[2] || na yidaṃ saṅkhārā ābādhāya saṃvatteyyuṃ | labbhetha ca saṅkhāresu Evaṃ me saṅkhārā hontu evaṃ me saṅkārā mā ahesunti ||

9 Yasmā ca kho bhikkhave saṅkhārā anattā tasmā saṅkhārā ābādhāya saṃvattanti | na ca[3] labbhati saṅkhāresu Evaṃ me saṅkhārā hontu evaṃ me saṅkhārā mā ahesunti ||

10 Viññāṇam anattā | viññāṇaṃ hidam bhikkhave attā abhavissa na yidaṃ viññāṇam ābādhāya saṃvatteyya | labbhetha ca viññāṇe Evam me viññāṇaṃ hotu evam me viññāṇaṃ mā ahosīti ||

11 Yasmā ca kho bhikkhave viññāṇam anattā tasmā viññāṇam ābādhaya saṃvattati | na ca labbhati viññāṇe Evaṃ me viññāṇaṃ hotu evaṃ me viññāṇaṃ mā ahosīti ||

12 Taṃ kiṃ maññatha bhikkhave rūpaṃ niccam vā aniccaṃ vāti ||

Aniccam bhante ||

Yam panāniccaṃ dukkhaṃ vā taṃ sukhaṃ vā ti ||

Dukkham bhante ||

Yam panāniccaṃ dukkham vipariṇāmadhammaṃ kallaṃ nu taṃ samanupassituṃ Etam mama eso ham asmi eso me attā ti ||

No hetam bhante[4] ||

13–15 Vedanā || Saññā || Saṅkhārā ||

16 Viññāṇaṃ niccaṃ vā aniccaṃ vā ti ||

Aniccam bhante ||

Yam panāniccaṃ dukkhaṃ vā taṃ sukhaṃ vā ti ||

---

[1] S[1-3] °labbhethañca vedanā hotu°

[2] [illegible]

[illegible]

Dukkham bhante|| ||

Yam panāniccam dukkhaṃ vipariṇāmadhammaṃ kallaṃ nu taṃ samanupassituṃ Etaṃ mama eso ham asmi eso me attā ti|| ||

No hetam bhante|| ||

17 Tasmā ti ha bhikkhave yaṃ kiñci rūpaṃ atītānāgatapaccuppannam ajjhattam [1] vā bahiddhā vā oḷārikaṃ vā sukhumaṃ vā hīnaṃ vā panītaṃ vā|| yaṃ [2] dūre santike vā sabbaṃ rūpaṃ netam mama neso ham asmi na meso attāti evam etaṃ yathābhūtaṃ sammāppaññāya daṭṭhabbaṃ||

18 Yā kāci vedanā [3]|| ||

19 Yā kāci saññā|| ||

20 Ye keci saṅkhārā [3]|| ||

21 Yaṃ kiñci viññāṇaṃ atītānāgatapaccuppannaṃ ajjhattaṃ vā bahiddhā vā oḷārikaṃ vā sukhumaṃ vā hīnaṃ vā panītaṃ vā|| yaṃ dūre santike vā sabbaṃ viññāṇaṃ netam mama neso ham asmi na meso attāti evam etaṃ yathābhūtaṃ sammappaññāya daṭṭhabbaṃ|| ||

22 Evam passaṃ bhikkhave sutavā ariyasāvako rūpasmiṃ nibbindati|| vedanāya nibbindati|| saññāya [4]|| saṅkhāresu [4]|| viññāṇasmim [4] nibbindati|| || Nibbindaṃ virajjati virāgā vimuccati vimuttasmiṃ vimuttam iti ñāṇaṃ hoti|| || Khīṇā jāti vusitam brahmacariyaṃ kataṃ karaṇīyaṃ nāparam itthattāyāti pajānātīti|| ||

23 Idam avoca Bhagavā|| attamanā pañcavaggiyā bhikkhū Bhagavato bhāsitam abhinandum [5]|| || imasmiṃ ca pana veyyākaraṇasmiṃ bhaññamāne pañcavaggiyānam bhikkhūnam anupādāya āsavehi cittāni vimucciṃsū ti|| ||

60 (8) *Mahāli*

1 Evam me sutaṃ||. ekaṃ samayam Bhagavā Vesāliyam viharati Mahāvane Kūṭāgārasālāyam|| ||

2 Atha kho Mahāli [6] Licchavi yena Bhagavā tenupasaṅ-

---

[1] S^{1-3} ajjhattā [2] Missing in S^{1-3} [3] Half complete in B

[4] B repeats nibbindati; S^{1-3} add pi after each word

[5] B nandunti [6] S^3 Mahalī in this paragraph only

kami‖ la‖‖ Ekam antaṃ nisinno kho Mahāli Licchavi Bhagavantam etad avoca‖‖

3 Purāṇo bhante Kassapo evam āha‖‖ Natthi hetu natthi paccayo sattānaṃ saṃkilesāya‖ ahetu-apaccayā sattā saṃkilissanti [1]‖‖ Natthi hetu natthi paccayo sattānam visuddhiyā‖ ahetu-apaccayā sattā visujjhantīti‖‖ Idha Bhagavā kim āhāti‖‖‖

4 Atthi Mahāli hetu atthi paccayo sattānaṃ saṅkilesāya‖ sahetu-sapaccayā sattā saṃkilissanti‖‖ Atthi Mahāli hetu atthi paccayo sattānaṃ visuddhiyā‖ sahetu-sapaccayā sattā visujjhantīti‖‖‖

5 Katamo pana bhante hetu katamo paccayo sattānaṃ saṅkilesāya‖ kathaṃ sahetu-sapaccayā saṃkilissantīti‖‖

6 Rūpañca hidam Mahāli ekantadukkham abhavissa dukkhānupatitaṃ [2] dukkhāvakkantaṃ anavakkantam sukhena‖ nayidaṃ sattā rūpasmiṃ sārajjeyyuṃ‖‖ Yasmā ca kho Mahāli rūpaṃ sukhaṃ sukhānupatitaṃ sukhāvakkantam anavakkantaṃ dukkhena [3]‖ tasmā sattā rūpasmiṃ sārajjanti sārāgā [4] saññujjanti saññogā saṃkilissanti‖‖

Ayam pi kho Mahāli hetu ayam paccayo sattānam saṃkilesāya‖ evam pi sahetu-sapaccayā sattā saṃkilissanti‖‖‖

7 Vedanā ca hidam Mahāli ekantadukkhā abhavissa dukkhānupatitā dukkhāvakkantā anavakkantā sukhena‖ nayidaṃ sattā vedanāya sārajjeyyuṃ‖‖ Yasmā ca kho Mahāli vedanā sukhā sukhānupatitā sukhāvakkantā anavakkantā dukkhena‖ tasmā sattā vedanāya sārajjanti sārāgā saññujjanti saññogā saṃkilissanti‖‖

Ayam pi kho Mahāli hetu ayam paccayo sattānaṃ saṃkilesāya‖ evam pi sahetu-sapaccayā sattā saṃkilissanti‖‖‖

8 Saññā ca hidam Mahāli‖‖

9 Saṅkhārā ca hidam Mahāli ekantadukkhā abhavissaṃsu [5] dukkhānupatitā dukkhāvakkantā anavakkantā sukhena‖ na yidaṃ sattā saṅkhāresu sārajjeyyuṃ‖‖ Yasmā ca kho Mahāli saṅkhārā sukhā sukhānupatitā sukhāvak-

---

[1] S¹ samkillesayanti here only [2] S¹⁻³ °tītaṃ here only

[3] S₆ B₁ S¹·² °vakkantam sukhena always

[illegible] abhavissu

kantā anavakkantā dukkhena‖ tasmā sattā saṅkhāresu sārajjanti. sārāgā saññujjanti saññogā saṃkilissanti‖‖

Ayam pi kho Mahāli hetu ayam paccayo sattānam saṃkilesāya‖ evam pi kho sahetu-sapaccayā sattā saṃkilissanti‖‖

10 Viññāṇaṃ ca hidam Mahāli ekantadukkham abhavissa dukkhānupatitaṃ dukkhāvakkantam anavakkantam sukhena‖ nayidaṃ sattā viññāṇasmiṃ sārajjeyyuṃ‖‖ Yasmā ca kho Mahāli viññāṇaṃ sukhaṃ sukhānupatitaṃ sukhāvakkantam anavakkantaṃ dukkhena‖ tasmā sattā viññāṇasmiṃ sārajjanti sārāgā saññujjanti saññogā saṃkilissanti‖‖

Ayam pi kho Mahāli hetu ayam paccayo sattānaṃ saṃkilesāya‖ evaṃ sahetu-sapaccayā sattā saṃkilissantīti‖‖

11 Katamo pana bhante hetu katamo paccayo sattānaṃ visuddhiyā‖ kathaṃ sahetu-sapaccayā sattā visujjhantīti‖‖

12 Rūpaṃ ca hidam Mahāli ekantasukhaṃ abhavissa sukhānupatitaṃ sukhāvakkantam anavakkantaṃ dukkhena‖ nayidaṃ sattā rūpasmiṃ nibbindeyyuṃ‖‖ Yasmā ca kho Mahāli rūpam dukkhaṃ[1] dukkhānupatitaṃ dukkhāvakkantam anavakkantam sukhena‖[2] tasmā sattā rūpasmiṃ nibbindanti nibbindaṃ virajjanti virāgā visujjhanti‖‖

Ayaṃ kho Mahāli hetu ayam paccayo sattānaṃ visuddhiyā‖ evam pi sahetu-sapaccayā sattā visujjhanti‖‖

13 Vedanā ca hidam Mahāli ekantasukhā abhavissa‖ la‖‖

14 Saññā ca hidaṃ Mahāli‖ pe‖‖

15 Viññāṇañca hidam Mahāli ekantasukham abhavissa. sukhānupatitam sukhāvakkantam anavakkantaṃ dukkhena‖ nayidaṃ sattā viññāṇasmiṃ nibbindeyyuṃ‖‖ Yasmā ca kho Mahāli viññāṇaṃ dukkhaṃ dukkhānupatitaṃ dukkhāvakkantaṃ anavakkantaṃ sukhena‖ tasmā sattā viññāṇasmiṃ nibbindanti‖ nibbindaṃ virajjanti virāgā visujjhanti‖‖

---

[1] S¹⁻³ insert rūpaṃ

[2] S¹⁻³ avakkantaṃ dukkhena always

16 Ayaṃ kho Mahāli hetu ayam paccayo sattānaṃ visuddhiyā || evaṃ sahetu-sapaccayā sattā visujjhantīti || ||

61 (9) *Āditta*

1–2 Savatthi || Tatra || voca || ||

3 Rūpam bhikkhave ādittam || vedanā ādittā || saññā ādittā || saṅkhārā ādittā || viññāṇam ādittam || ||

4 Evam passaṃ bhikkhave sutavā ariyasāvako rūpasmiṃ nibbindati || vedanāya pi ||[1] saññāya pi ||[1] saṅkhāresu pi ||[1] viññāṇasmim pi nibbindati || nibbindaṃ virajjati virāgā vimuccati vimuttasmim vimuttam iti ñāṇaṃ hoti || ||

5 Khīṇā jāti vusitam brahmacariyaṃ kataṃ karaṇīyaṃ nāparam itthattāyāti pajānātīti || ||

62 (10) *Niruttipatha*

1–2 Sāvatthi || || Tatra || voca || ||

3 Tayo me bhikkhave niruttipathā adhivacanapathā paññattipathā asaṃkiṇṇā asaṃkiṇṇapubbā na saṃkīyanti[2] na saṃkīyissanti[3] appaṭikuṭṭhā samaṇehi brāhmaṇehi viññūhi || || Katame tayo || ||

4 Yaṃ hi[4] bhikkhave rūpam atītaṃ niruddhaṃ vipariṇatam || ahosīti tassa saṅkhā || ahosīti tassa samaññā || ahosīti tassa paññatti || || Na tassa saṅkhā atthīti na tassa saṅkhā bhavissatīti || ||

5 Yā vedanā atītā niruddhā vipariṇatā || ahosīti tassā saṅkhā || ahosīti tassā samaññā || ahosīti tassā paññatti || || Na tassā saṅkhā atthīti || na tassā saṅkhā bhavissatīti || ||

6 Yā saññā || ||

7 Ye saṅkhārā atītā niruddhā vipariṇatā || ahesunti tesaṃ saṅkhā || ahesunti tesam samaññā || ahesunti tesam paññatti || || Na tesaṃ saṅkhā atthīti[5] || na tesaṃ saṅkhā bhavissatīti[5] || ||

---

[1] S[1-3] repeat nibbindati   [2] Missing in S3

[3] Omitted by S3; B samkiyy°; S[1] saññi° here only; further on [illegible] S[illegible]   [4] Missing in B

[5] So all the MSS.

8 Yaṃ viññāṇam atītaṃ niruddhaṃ vipariṇataṃ || ahosīti tassa saṅkhā || ahosīti tassa samaññā || ahosīti tassa paññatti || || Na tassa saṅkhā atthīti || na tassa saṅkhā bhavissatīti || ||

9 Yam bhikkhave rūpaṃ ajātam apātubhūtam || bhavissatīti tassa saṅkhā || bhavissatīti tassa samaññā || bhavissatīti tassa paññatti || || Na tassa saṅkhā atthīti || na tassa saṅkhā ahosīti || ||

10 Yā vedanā ajātā apātubhūtā || bhavissatīti tassā saṅkhā || bhavissatīti tassā samaññā || bhavissatīti tassā paññatti || || Na tassā saṅkhā atthīti || na tassā saṅkhā ahosīti || ||

11 Yā saññā || pe || ||

12 Ye saṅkhārā ajātā apātubhūtā || bhavissantīti[1] tesaṃ saṅkhā || bhavissantīti[1] tesaṃ samaññā || bhavissantīti[1] tesam paññatti || || Na tesaṃ saṅkhā atthīti[2] || na tesaṃ saṅkhā ahesun ti || ||

13 Yaṃ viññāṇam ajātam apātubhūtam || bhavissatīti tassa saṅkhā || bhavissatīti tassa samaññā || bhavissatīti tassa paññatti || || Na tassa saṅkhā atthīti || na tassa saṅkhā ahosīti || ||

14 Yam bhikkhave rūpaṃ jātam pātubhūtaṃ || atthīti[3] tassa saṅkhā || atthīti tassa samaññā || atthīti tassa paññatti || || Na tassa saṅkhā ahosīti || na tassa saṅkhā bhavissatīti || ||

15 Yā vedanā jātā pātubhūtā || atthīti tassā saṅkhā || atthīti tassā samaññā || atthīti tassa paññatti || || Na tassā saṅkhā ahosīti || na tassa saṅkhā bhavissatīti || ||

16 Yā saññā || ||

17 Ye saṅkhārā jātā pātubhūtā || atthīti tesaṃ saṅkhā || atthīti[2] tesaṃ samaññā || atthīti[2] tesam paññatti || na tesaṃ saṅkhā ahesun ti || na tesaṃ saṅkhā bhavissantīti || ||

18 Yaṃ viññāṇaṃ jātam pātubhūtam || atthīti tassa saṅkhā || atthīti tassa samaññā || atthīti tassa paññatti || na tassa saṅkhā ahosīti || na tassa saṅkhā bhavissatīti || ||

19 Ime kho bhikkhave tayo niruttipathā adhivacanapathā paññattipathā asaṃkiṇṇā asaṃkiṇṇapubbā na saṃkīyant

[1] B bhavissatīti [2] So all the MSS. [3] S[1-3] atthi

na saṃkīyissanti appaṭikuṭṭhā samaṇehi brāhmaṇehi viññūhi || ||

20 Ye pi te bhikkhave ahesuṃ ukkalāvassabhaññā ahetuvādā[1] akiriyavādā natthikavādā | te pi me tayo niruttipathe adhivacanapathe paññattipathe na garahitabbaṃ na paṭikkositabbaṃ amaññiṃsu || ||

Taṃ kissa hetu | nindāvyārosa-upārambhabhayā ti || ||

Majjhima-paṇṇāsakassa[2] upāyavaggo
paṭhamo[3] || ||

Tatruddānaṃ || ||[4]
Upāyo Bījam Udānam |
Upādānam[5] parivaṭṭam ||[2]
Sattaṭṭhānaṃ ca[2] Sambuddho[6]
Pañca[7] Mahāli Ādittā[8]
[Vaggo][9] Niruttipathena[10] cā ti || ||[11]

Chapter II Arahattavaggo Dutiyo

63 (1) *Upādiyamāno*

1 Sāvatthi | ārāme || ||[12]

2 Atha kho aññataro bhikkhu yena Bhagavā tenupasaṅkami | upasaṅkamitvā Bhagavantam abhivādetvā ekam antaṃ nisīdi || ||

3 Ekam antaṃ nisinno kho so bhikkhu Bhagavantam etad avoca || || Sādhu me bhante Bhagavā saṅkhittena dhammaṃ desetu yam aham Bhagavato dhammaṃ sutvā eko vūpakaṭṭho apamatto ātāpī pahitatto vihareyyanti || ||

4 Upādiyamāno kho bhikkhu baddho Mārassa anupādiyamāno mutto pāpimato ti || ||

---

[1] B ahetukavādā [2] Omitted by S[1-3]
[3] Omitted by S[1]; S[3] samatto [4] Missing in B
[5] S[1-3] °nañca [6] S[1-3] Buddho [7] S[1-3] add vaggi
[8] S[1] [illegible] tto [9] In B [illegible] [10] S[1] [illegible] [11] S[1] [illegible] väti
[illegible]

Aññātam Bhagavā aññātaṃ Sugatāti|| ||

5 Yathā katham pana tvam bhikkhu mayā saṅkhittena bhāsitassa vitthārena attham ājānāsīti|| ||

6 Rūpaṃ kho bhante upādiyamāno baddho Mārassa|| anupādiyamāno mutto pāpimato [1]|| || Vedanam upādiyamāno baddho Mārassa|| anupādiyamāno mutto pāpimato|| || Saññaṃ||[2] pe|| Saṅkhāre|| ||[3] Viññāṇam upādiyamāno baddho Mārassa anupādiyamāno mutto pāpimato|| ||

Imassa khvāham bhante Bhagavatā saṅkhittena bhāsitassa evaṃ vitthārena attham ājānāmīti|| ||

6 Sādhu sādhu bhikkhu|| sādhu kho tvam bhikkhu mayā saṅkhittena bhāsitassa vitthārena attham ājānāsi|| || Rūpaṃ kho bhikkhu upādiyamāno baddho Mārassa|| anupādiyamāno mutto pāpimato|| || Vedanaṃ|| || Saññaṃ|| || Saṅkhāre|| || Viññāṇam upādiyamāno baddho Mārassa anupādiyamāno mutto pāpimato|| ||

Imassa kho bhikkhu mayā saṅkhittena bhāsitassa evaṃ vitthārena attho daṭṭhabbo ti|| ||

7 Atha kho so bhikkhu Bhagavatā bhāsitam abhinanditvā anumoditvā uṭṭhāyāsanā Bhagavantam abhivādetvā pakkāmi|| ||

8 Atha kho so bhikkhu eko vūpakaṭṭho appamatto ātāpī pahitatto viharanto na cirasseva yassatthāya kulaputtā sammadeva agārasmā anagāriyam pabbajjanti|| tad anuttaram brahmacariyapariyosānaṃ diṭṭheva dhamme sayaṃ abhiññā sacchikatvā upasampajja vihāsi|| ||[4] Khīṇā jāti vusitam brahmacariyaṃ kataṃ karaṇīyaṃ nāparam itthattāyāti abbhaññāsi|| ||

9 Aññataro ca pana so bhikkhu arahataṃ ahosīti|| ||

64 (2) *Maññamāno*

1–2 Sāvatthi|| ||[5]

3 Ekam antaṃ nisinno kho so bhikkhu Bhagavantam

---

[1] S[1-3] add ti
[2] S[1-3] saññā
[3] Complete in S[1-3]
[4] B viharati
[5] S[1-3] adds —ārāme— atha° nisīdi and so on

etad avoca || Sādhu me bhante Bhagavā saṅkhittena dhammaṃ desetu | pe | pahitatto vihareyyan ti ||

4 Maññamāno kho bhikkhu baddho Mārassa | amaññamāno mutto pāpimato hoti ||

Aññātam Bhagavā aññātaṃ Sugatāti ||

5 Yathā katham pana tvam bhikkhu mayā saṅkhittena bhāsitassa vitthārena attham ājānāsīti ||

6 Rūpaṃ kho bhante maññamāno baddho Mārassa | amaññamāno mutto pāpimato || Vedanaṃ || Saññaṃ || Saṅkhāre || Viññāṇam maññamāno baddho Mārassa | amaññamāno mutto pāpimato ||

Imassa khvāham bhante Bhagavatā saṅkhittena bhāsitassa evaṃ vitthārena atthaṃ ājānāmīti ||

7 Sādhu sādhu bhikkhu || sādhu kho tvaṃ bhikkhu mayā saṅkhittena bhāsitassa vitthārena attham ājānāsi || Rūpaṃ kho bhikkhu maññamāno baddho Mārassa | amaññamāno mutto pāpimato || Vedanaṃ || Saññaṃ || Saṅkhāre || Viññāṇaṃ maññamāno baddho Mārassa | amaññamāno mutto pāpimato ||

Imassa kho bhikkhu mayā saṅkhittena bhāsitassa evaṃ vitthārena attho daṭṭhabbo ti ||

8–9 || Pa || Aññataro ca so bhikkhu arahataṃ ahosīti ||

65 (3) *Abhinandamāno*

1–2 Sāvatthi ||

3 Ekam antaṃ nisinno kho so bhikkhu Bhagavantam etad avoca || Sādhu me bhante Bhagavā saṅkhittena || pe || pahitatto vihareyyan ti ||

4 Abhinandamāno kho bhikkhu baddho Mārassa | anabhinandamāno mutto pāpimato ti ||

Aññātam Bhagavā aññātam Sugatāti ||

5 Yathā katham pana tvam bhikkhu mayā saṅkhittena bhāsitassa vitthārena attham ājānāsīti ||

6 Rūpaṃ kho pana bhante abhinandamāno baddho Mārassa | anabhinandamāno mutto pāpimato || Vedanaṃ || Saññaṃ || S[illegible] || V[illegible] abhinandamāno baddho Mārassa [illegible] mutto pāpimato

Imassa khvāham bhante Bhagavato saṅkhittena bhāsitassa evaṃ vitthārena attham ājānāmīti|| ||

7 Sādhu sādhu bhikkhu|| sādhu kho tvam bhikkhu mayā saṅkhittena bhāsitassa vitthārena attham ājānāsi|| || Rūpaṃ kho bhikkhu abhinandamāno baddho Mārassa anabhinandamāno mutto pāpimato|| || Vedanaṃ|| || Saññaṃ|| || Saṅkhāre|| || Viññāṇam abhinandamāno baddho Mārassa anabhinandamāno mutto pāpimato|| ||

Imassa kho bhikkhu mayā saṅkhittena bhāsitassa evaṃ vitthārena attho daṭṭhabboti|| ||

8-9 ||Pa|| || Aññataro ca pana so bhikkhu arahataṃ ahosīti|| ||

66 (4) *Aniccam*

1-3 Sāvatthi|| || Ekam antaṃ nisinno kho so bhikkhu Bhagavantam etad avoca|| || Sādhu me bhante Bhagavā saṅkhittena dhammaṃ desetu|| pa|| ātāpī pahitatto vihareyyan ti|| ||

4 Yaṃ kho bhikkhu aniccaṃ tatra te chando pahātabbo ti|| ||

Aññātaṃ Bhagavā aññātaṃ Sugatāti|| ||

5 Yathā katham pana tvam bhikkhu mayā saṅkhittena bhāsitassa vitthārena attham ājānāsīti|| ||

6 Rūpaṃ kho bhante aniccaṃ|| tatra me chando pahātabbo|| Vedanā|| || [1] Saññā|| || [1] Saṅkhārā|| [2] Viññāṇam aniccam|| tatra me chando pahātabbo|| ||

Imassa khvāham bhante Bhagavatā saṅkhittena bhāsitassa evaṃ vitthārena attham ājānāmīti|| ||

7 Sādhu sādhu bhikkhu|| sādhu kho tvam bhikkhu mayā saṅkhittena bhāsitassa vitthārena attham ājānāsi|| || Rūpaṃ kho bhikkhu aniccaṃ|| tatra kho te chando pahātabbo|| || Vedanā aniccā|| || Saññā|| || Saṅkhārā|| || Viññāṇam aniccaṃ|| tatra kho te chando pahātabbo|| ||

Imassa kho bhikkhu mayā saṅkhittena bhāsitassa evaṃ vitthārena attho daṭṭhabbo ti|| ||

---

[1] S[1-3] add aniccā [2] S[1-3] add — pe —

8-9 || Pa || Aññataro ca pana so bhikkhu arahataṃ ahosīti || ||

67 (5) *Dukkham*

1-3 Sāvatthi || Ekam antaṃ nisinno kho so bhikkhu Bhagavantaṃ etad avoca || Sādhu me bhante Bhagavā saṅkhittena dhammaṃ desetu pe' pahitatto vihareyyan ti || ||

4 Yaṃ kho bhikkhu dukkhaṃ tatra te chando pahātabboti || ||

Aññātam Bhagavā aññātaṃ Sugatāti ||

5 Yathā katham pana tvam bhikkhu mayā saṅkhittena bhāsitassa vitthārena attham ājānāsīti ||

6 Rūpaṃ kho bhante dukkhaṃ tatra me chando pahātabbo || Vedanā || || Saññā || || Saṅkhārā || Viññāṇaṃ dukkhaṃ || tatra me chando pahātabbo || ||

Imassa khvāham bhante Bhagavatā saṅkhittena bhāsitassa evaṃ vitthārena attham ājānāmīti ||

7 Sādhu sādhu bhikkhu || sādhu kho tvaṃ bhikkhu mayā saṅkhittena bhāsitassa vitthārena attham ājānāsi || || Rupaṃ kho bhikkhu dukkhaṃ || tatra te chando pahātabbo || Vedanā || Saññā || Saṅkhārā || Viññāṇaṃ dukkhaṃ || tatra te chando pahātabbo || ||

Imassa kho bhikkhu mayā saṅkhittena bhāsitassa evaṃ vitthārena attho daṭṭhabboti || ||

8-9 || Pa || Aññataro ca pana so bhikkhu arahataṃ ahosi || ||

68 (6) *Anattā*

1-3 Sāvatthi || [1] Ekam antaṃ nisinno kho so bhikkhu Bhagavantam etad avoca || Sādhu me bhante Bhagavā saṅkhittena dhammaṃ desetu || pe || pahitatto vihareyyanti || ||

4 Yo kho bhikkhu anattā || tatra te chando pahātabbo ti || ||

Aññātaṃ Bhagavā aññātaṃ Sugatāti || ||

---

[1] Missing in S[1.3]

5 Yathā katham pana tvam bhikkhu mayā saṅkhittena bhāsitassa vitthārena attham ājānāsīti||||

6 Rūpaṃ kho bhante anattā|| tatra me chando pahātabbo|| Vedanā|||| [1] Saññā|| [1] Saṅkhārā|||| [1] Viññāṇam anattā|| tatra me chando pahātabbo||||

Imassa khvāham bhante Bhagavatā saṅkhittena bhāsitassa evaṃ vitthārena attham ājānāmīti||||

7 Sādhu sādhu bhikkhu|| sādhu kho tvam bhikkhu mayā saṅkhittena bhāsitassa evam vitthārena attham ājānāsi|||| [2] Rūpaṃ kho bhikkhu anattā|| tatra te chando pahātabbo|||| Vedanā|| Saññā|| Saṅkhārā|| Viññāṇam anattā [3] tatra te chando pahātabbo||||

Imassa kho bhikkhave mayā sankhittena bhāsitassa evaṃ vitthārena attho daṭṭhabboti||||

8–9 ||Pa|| Aññataro ca pana so bhikkhu arahatam ahosīti||||

69 (7) *Anattaniya*

1–3 Sāvatthi|||| Ekam antaṃ nisinno kho so bhikkhu Bhagavantam etad avoca|||| Sādhu me bhante Bhagavā saṅkhittena dhammaṃ desetu|| pe|| vihareyyan ti||||

4 Yaṃ kho bhikkhu anattaniyaṃ [4] tatra te chando pahātabbo ti||||

Aññātam Bhagavā aññātaṃ Sugatāti||||

5 Yathā katham pana tvam bhikkhu mayā saṅkhittena bhāsitassa vitthārena attham ājānāsīti||||

6 Rūpaṃ kho bhante anattaniyaṃ|| tatra me chando pahātabbo|||| Vedanā|||| Saññā|||| Saṅkhārā|||| Viññāṇam anattaniyaṃ|| tatra me chando pahātabbo||||

Imassa khvāham bhante Bhagavatā saṅkhittena bhāsitassa evaṃ vitthārena attham ājānāmīti||||

7 Sādhu sādhu bhikkhu|| sādhu kho tvaṃ bhikkhu mayā saṅkhittena bhāsitassa vitthārena attham ājānāsi|||| Rūpaṃ kho bhikkhu anattaniyaṃ|| tatra te chando pahātabbo||||

---

[1] S1-3 add anattā

[2] S1-3 °nāsīti

[3] S1 anatta ; S3 anattaṃ

[4] So B ; S1-3 anattaneyyam, both always

Vedanā || Saññā || Saṅkhārā || Viññāṇam anattaniyam || tatra te chando pahātabbo || ||

Imassa kho bhikkhu mayā saṅkhittena bhāsitassa evaṃ vitthārena attho daṭṭhabbo ti || ||

8-9 Atha || pa || Aññataro ca pana so bhikkhu arahataṃ ahosīti || ||

70 (8) *Rajanīyasaṇṭhitam*

1-2 Sāvatthi || ārame || Atha° || ||

3 Ekam antaṃ nisinno kho so bhikkhu Bhagavantam etad avoca || || Sādhu bhante Bhagavā saṅkhittena dhammaṃ desetu yaṃ ahaṃ Bhagavato dhammaṃ sutvā || pa || vihareyyan ti || ||

4 Yaṃ kho bhikkhu rajanīyasaṇṭhitaṃ || tatra te chando pahātabbo ti || ||

Aññātaṃ Bhagavā aññātaṃ Sugatāti || ||

5 Yathā katham pana tvam bhikkhu mayā saṅkhittena bhāsitassa vitthārena attham ājānāsīti || ||

6 Rūpaṃ kho bhante rajanīyasaṇṭhitam || tatra me chando pahātabbo || || Vedanā || Saññā || || Saṅkhārā || || Viññāṇaṃ rajanīyasaṇṭhitaṃ || tatra me chando pahātabbo || ||

Imassa khvāham bhante Bhagavatā saṅkhittena bhāsitassa evaṃ vitthārena atthaṃ ājānāmī ti || ||

7 Sādhu sādhu bhikkhu || sādhu kho tvam bhikkhu mayā saṅkhittena bhāsitassa vitthārena attham ājānāsi || || Rūpaṃ kho bhikkhu rajanīyasaṇṭhitaṃ || tatra te chando pahātabbo || || Vedanā || Saññā || Saṅkhārā || Viññāṇam rajanīyasaṇṭhitam || tatra te chando pahātabbo || ||

Imassa kho bhikkhave mayā saṅkhittena bhāsitassa evaṃ vitthārena attho daṭṭhabo ti || ||

8-9 Atha || la || Aññataro ca so bhikkhu arahatam ahosīti || ||

71 (9) *Rādha*

1 Sāvatthi || ārāme || ||

2 Atha kho āyasmā Rādho yena Bhagavā tenupasaṅ-

kami || upasaṅkamitvā Bhagavantam abhivādetvā ekam antaṃ nisīdi || ||

3 Ekam antaṃ nisinno kho āyasmā Rādho Bhagavantam etad avoca || || Kathaṃ nu kho bhante jānato katham passato imasmiṃ ca saviññāṇake kāye bahiddhā ca sabbanimittesu ahaṃkāra-mamaṃkāra-mānānusayā na hontīti || ||

4 Yaṃ kiñci Rādha rūpam atītānāgatapaccuppannam ajjhattaṃ vā bahiddhā vā oḷārikaṃ vā sukhumaṃ vā hīnaṃ vā paṇītaṃ vā || yaṃ dūre santike vā sabbaṃ rūpaṃ netaṃ mama neso ham asmi na meso attāti || evam etaṃ yathābhūtaṃ sammāpaññāya passati || ||

5–7 Yā kāci vedanā || || Yā kāci saññā || || Ye keci saṅkhārā || ||

8 Yaṃ kiñci viññāṇaṃ atītānāgatapaccuppannam || la || yaṃ dūre santike vā sabbaṃ viññāṇam netaṃ mama neso ham asmi na meso attāti || evam etaṃ yathābhūtaṃ sammappaññāya passati || ||

9 Evaṃ kho Rādha jānato evam passato imasmiṃ ca saviññāṇake kāye bahiddhā ca sabbanimittesu ahaṃkāramamaṃkāramānānusayā na hontīti ||

10 || la || Aññataro ca panāyasmā Rādho arahataṃ ahosīti || ||

72 (10) *Surādha*

1 Savatthi || ārāme[1] || ||

2–3 Atha kho āyasmā Surādho[2] Bhagavantam etad avoca || || Kathaṃ nu kho bhante jānato katham passato imasmiṃ ca saviññāṇake kāye bahiddhā ca sabbanimittesu ahaṃkāramamaṃkāramānāpagataṃ[3] mānasaṃ hoti vidhāsamatikkantaṃ suvimuttan ti || ||

4 Yam kiñci Surādha rūpam atītānāgatapaccuppannaṃ || la || yaṃ dūre vā[4] santike vā sabbaṃ rūpaṃ netaṃ mama neso ham asmi na meso attāti evam etaṃ yathābhūtaṃ sammappaññāya disvā anupādā vimutto hoti || ||

5–7 Yā kāci vedanā || pe || || Yā kāci saññā || || Ye keci saṅkhārā || ||

---

[1] Missing in B [2] S¹⁻³ insert yena Bhagavā° nisinno kho

[3] S¹·³ omit ṃ [4] In S³ only

8 Yaṃ kiñci viññāṇaṃ atītānāgatapaccuppannaṃ ajjhattaṃ vā bahiddhā vā oḷārikaṃ vā sukhumaṃ vā hīnaṃ vā paṇītaṃ vā yaṃ dūre santike vā [sabbā vedanā || la || sabbā saññā || sabbe saṅkhārā][1] sabbaṃ viññāṇaṃ Netaṃ mama neso ham asmi na meso attāti || evam etaṃ yathābhūtaṃ sammappaññāya disvā anupādā vimutto hoti || ||

9 Evaṃ kho[2] Surādha jānato evaṃ passato imasmiṃ ca saviññāṇake kāye bahiddhā ca sabbanimittesu ahaṃkāramamaṃkāramānāpagataṃ mānasaṃ hoti vidhāsamatikkantaṃ[3] suvimuttanti || ||

10 || pa || Aññataro ca panāyasmā Surādho arahataṃ ahosīti || ||[4]

Arahatta-vaggo dutiyo ||[5]
Tatruddānaṃ ||[6]

Upādiya-Maññamānā ||[7]
Athābhinandamāno ca ||[8]
Aniccaṃ Dukkhaṃ Anattā ca ||
Anattaniyaṃ[9] Rajanīyasaṇṭhitaṃ ||
Rādha-Surādhena te dasā ti || ||[10]

CHAPTER III KHAJJANIYAVAGGO TATIYO

73 (1) *Assādo*

1–2 Savatthi || || Tatra || voca || ||[11]

3 Assutavā bhikkhave puthujjano rūpassa assādañca ādīnavañca nissaraṇañca yathābhūtaṃ na pajānāti || ||

4–6 Vedanāya ||[12] Saññāya || || Saṅkhārānaṃ || ||[12]

7 Viññāṇassa assādañca ādīnavañca nissaraṇaṃ ca yathābhūtaṃ na pajānāti || ||

8–12 Sutavā ca kho bhikkhave ariyasāvako Rūpassa ||[13]

---

[1] In B only [2] Missing in B [3] B inserts santaṃ
[4] Paragraph 10 is to be found in B only
[5] S[1-3] samatto instead of dutiyo [6] B omits tatr
[7] S[1-3] uppāda°; S[3] °māna [8] S[1-3] athopinandanā
[9] S[1-3] °neyyaṃ [10] S[1-3] Rādhasurādhena pūrito vaggo
[11] Tatra—voca is to be found in S[1-3] only, always
[12] Complete in S[1-3] [13] Complete in B

Vedanāya|| Saññāya|| Sankhārānam[1] Viññāṇassa assādañca ādinavañca nissaraṇañca yathābhūtam pajānātīti|| ||

74 (2) *Samudayo* (1)

1–2 Sāvatthi|| || Tatra|| voca|| ||

3 Assutavā bhikkhave puthujjano rūpassa samudayañca atthagamañ ca assādañ ca ādīnavañ ca nissaraṇañ ca yathābhūtaṃ na pajānāti|| ||

4–6 Vedanāya|| ||[1] Saññāya|| || Saṅkhārānaṃ||

7 Viññāṇassa samudayañ ca atthagamañ ca assādañ ca ādīnavañ ca nissaraṇañ ca yathābhūtaṃ na pajānāti|| ||

8 Sutavā ca kho bhikkhave ariyasāvako rūpassa samudayañ ca atthagamañ ca assādañ ca ādīnavañ ca nissaraṇañ ca yathābhūtam pajānāti|| ||

9–11 Vedanāya|| ||[1] Saññāya|| || Sankhārānaṃ|| ||[1]

12 Viññāṇassa samudayañ ca atthagamañ ca assādañ ca ādīnavañ ca nissaraṇañ ca yathābhūtam pajānātī ti|| ||

75 (3) *Samudayo* (2)

1–2 Sāvatthi|| || Tatra|| voca|| ||

3 Sutavā bhikkhave ariyasāvako[2] rūpassa samudayañ ca atthagamañ ca assādañ ca ādīnavañ ca nissaraṇañ ca yathābhūtam pajānāti|| ||

4–6 Vedanāya|| pe|| Saññāya|| Saṅkārānam|| ||

7 Viññāṇassa samudayañ ca atthagamañ ca assādañ ca ādīnavañ ca nissaraṇañ ca yathābhūtam pajānātīti|| ||[3]

76 (4) *Arahanta* (1)

1–2 Sāvatthi|| || Tatra|| voca|| ||

3 Rūpam bhikkhave aniccaṃ|| yad aniccaṃ taṃ dukkhaṃ|| yaṃ dukkham tad anattā|| Yad anattā taṃ netaṃ

---

[1] Complete in S[1-3] [2] S[1-3] omit sutavā° °sāvako

[3] This sutta is the mere repetition of the numbers 8–12 of the preceding

mama neso ham asmi na meso attā ti | evam etaṃ yathābhūtaṃ sammappaññāya daṭṭhabbaṃ [1] ||

4–6 Vedanā | pe || Saññā || Saṅkhārā || [2]

7 Viññāṇam aniccaṃ || yad aniccaṃ taṃ dukkhaṃ || yaṃ dukkhaṃ tad anattā | yad anattā taṃ netaṃ mama neso ham asmi na meso attā ti | evam etaṃ yathābhūtaṃ sammappaññāya daṭṭhabbam ||

8 Evam passaṃ bhikkhave sutavā ariyasāvako rūpasmim pi nibbindati || vedanāya pi [3] saññāya pi [3] saṅkhāresu pi || [3] viññāṇasmiṃ pi nibbindati ||

9 Nibbindaṃ virajjati || virāgā vimuccati vimuttasmim vimuttamiti ñāṇaṃ hoti || Khīṇā jāti vusitaṃ brahmacariyam kataṃ karaṇīyaṃ nāparam itthattāyāti pajānāti ||

10 Yāvatā bhikkhave sattāvāsā yāvatā bhavaggaṃ ete aggā ete seṭṭhā lokasmiṃ yad idam arahanto ti ||

11 Idam avoca Bhagavā || idaṃ vatvā [4] Sugato athāparam etad avoca satthā ||

12 Sukhino vata arahanto || taṇhā tesaṃ na vijjati ||
Asmimāno samucchinno || mohajālaṃ padālitam | 1 ||

Anejanto anuppattā | cittaṃ tesaṃ anāvilaṃ ||
loke anupalittā te | brahmabhūtā anāsavā || 2 ||

Pañcakkhandhe pariññāya | sattasaddhammagocarā ||
pasaṃsiyā sappurisā || puttā buddhassa orasā || 3 ||

Sattaratanasampannā | tīsu sikkhāsu sikkhitā |
Anuvicaranti mahāvīrā | pahīnabhayabheravā || 4 ||

Dasabaṅgehi [5] sampannā || mahānāgā samāhitā ||
ete kho seṭṭhā lokasmiṃ | taṇhā tesaṃ na vijjati || 5 ||

Asekhañāṇam uppannaṃ || antimo yam [6] samussayo ||
Yo sāro brahmacariyassa || tasmim aparapaccayā || 6 ||

---

[1] S^{1-3} disvā, here only

[2] Complete in S^{1-3}, vedanā saññā being omitted

[3] S^{1-3} repeat nibbindati

[4] B adds ca

[5] S [illegible]

[6] B antimassa

Vidhāsu na vikampanti|| vippamuttā[1] punabbhavā||
dantabhūmim anuppattā|| te loke vijitāvino || 7 ||

Uddhaṃ tiriyaṃ apācīnaṃ|| nandi tesaṃ na vijjati||
nandanti te sīhanādaṃ|| Buddhā loke anuttarāti[2] || 8 ||

77 (5) *Arahanta* (2)

1–2 Sāvatthi|| || Tatra|| voca|| ||

3 Rūpam bhikkhave aniccaṃ|| yad aniccaṃ taṃ dukkhaṃ yaṃ dukkhaṃ tad anattā|| yad anattā taṃ netaṃ mama neso ham asmi na me so attā ti|| || Evam etaṃ yathābhūtaṃ sammappaññaya daṭṭhabbaṃ|| ||

4–7 Vedanā° °daṭṭhabbaṃ|| ||[3]

8 Evam passaṃ bhikkhave sutavā ariyasāvako rūpasmim pi nibbindati|| vedanāya pi|| saññāya pi|| saṅkhāresu pi|| viññanasmim pi nibbindati|| ||

9 Nibbindaṃ virajjati virāgā vimuccati vimuttasmiṃ vimuttam iti ñāṇaṃ hoti|| || Khīṇā jāti vusitaṃ brahmacariyaṃ kataṃ karaṇīyaṃ nāparam itthattāyāti pajānāti|| ||

10 Yāvatā bhikkhave sattāvāsā yāvatā bhavaggam ete aggā ete seṭṭhā lokasmiṃ yad idam arahanto ti|| ||[4]

78 (7) *Sīha* (1)

1–2 Sāvatthi|| || Tatra|| voca|| ||

3 Sīho bhikkhave migarājā sāyaṇhasamayaṃ āsayā nikkhamati|| āsayā nikkhamitvā vijambhati|| vijambhitvā samantā catuddisā anuviloketi|| samantā catuddisā anuviloketvā tikkhattum[5] sīhanādaṃ nadati|| tikkhattuṃ[5] sīhanādaṃ naditvā gocarāya pakkamati|| ||

---

[1] B inserts na   [2] B buddho°—anuttaro°

[3] As in the preceding; missing in B

[4] S[1-3] add the verses of the preceding, the first two being reduced to one in this way:

Sukhino vata arahanto mohajālaṃ padālitam||
Loko (*sic*) anupalittā te brahmabhūtā anāsavā|| ||

[5] B dvikkhattuṃ

4 Ye[1] keci bhikkhave tiracchānagatā pāṇā sīhassa migarañño nadato saddaṃ suṇanti yebuyyena bhayaṃ saṃvegaṃ santāsaṃ āpajjanti || bilaṃ bilāsayā pavisanti || dakaṃ dakāsayā pavisanti || vanaṃ vanāsayā pavisanti || ākāsaṃ pakkhino bhajanti ||

5 Ye pi te bhikkhave rañño nāgā gāma-nigama-rājadhānīsu daḷhehi yottehi[2] baddhā || te pi tāni bandhanāni saṃchinditvā sampadāletvā bhītā muttakarīsaṃ mocantā[3] yena vā tena vā palāyanti || ||

6 Evam mahiddhiko[4] kho bhikkhave sīho migarājā tiracchānagatānam pāṇānam evaṃ mahesakkho evaṃ mahānubhāvo || ||

7 Evam eva kho bhikkhave yadā Tathāgato loke uppajjati arahaṃ sammāsambuddho vijjācaraṇasampanno sugato lokavidū anuttaro purisadammasārathi satthā devamanussānaṃ Buddho Bhagavā so dhammaṃ deseti || Iti rūpam iti rūpassa samudayo iti rūpassa atthagamo || Iti vedanā || || Iti saññā || || Iti saṅkhārā || ||[5] Iti viññāṇaṃ iti viññāṇasamudayo iti viññāṇassa atthagamo || [6]

8 Ye pi te bhikkhave devā dīghāyukā vaṇṇavanto sukhabahulā uccesu vimānesu ciraṭṭhitikā te pi kho[7] Tathāgatassa dhammadesanaṃ sutvā yebhuyyena bhayaṃ saṃvegaṃ santāsaṃ āpajjanti || || Aniccā va kira bho mayaṃ samānā Niccamhāti amaññimha || addhuvā va kira bho mayaṃ samānā Dhuvamhā ti amaññimha || asassatā va kira bho mayaṃ samānā Sassatamhā ti amaññimha || mayaṃ hi[8] kira bho aniccā addhuvā asassatā sakkāyapariyāpannā ti || ||

9 Evam mahiddhiko kho bhikkhave Tathāgato sadevakassa lokassa evaṃ mahesakkho evam mahānubhāvo ti || ||

10 Idam avoca Bhagavā || idaṃ vatvāna[9] Sugato athāparam etad avoca satthā[10] || ||

---

[1] B inserts hi [2] S^{1-3} varattehi ; S^{1} adds bandhanehi
[3] S^{1-3} cajamānā [4] S^{1-3} °iddhiyo [5] Complete in B
[6] B adds iti [7] B omits kho
[8] B pi [9] S^{3} vatvā

[illegible] missing in B

11 Yadā buddho abhiññāya|| dhammacakkaṃ pavattayi||
sadevakassa lokassa|| satthā appaṭipuggalo|| 1 ||

Sakkāyassa nirodhaṃ ca|| sakkāyassa ca sambhavaṃ||
ariyaṃ caṭṭhaṅgikaṃ maggaṃ|| dukkhūpasamagāminaṃ|| 2 ||

Ye pi dīghāyukā devā|| vaṇṇavanto yasassino||
bhītā santā samāpāduṃ|| sīhassevitare migā|| 3 ||

Avītivattā sakkāyaṃ [1]|| aniccā kira bho mayaṃ||
Sutvā arahato vākyaṃ|| vippamuttassa [2] tādino ti|| 4 ||

79 (7) *Sīha* (2)

1–2 Sāvatthi|||| Tatra|| voca||||

3 Ye hi keci bhikkhave samaṇā vā brāhmaṇā vā anekavihitaṃ pubbenivāsaṃ anussaramānā [3] anussaranti|| sabbe te pañcupādānakkhandhe anussaranti etesaṃ vā aññataraṃ|||| [katame panca] [4]||||

4 Evaṃrūpo ahosiṃ atītam addhānanti|| iti vā hi bhikkhave anussaramāno rūpaññeva anussarati|||| Evaṃvedano ahosiṃ atītam addhānanti|| iti vā bhikkhave anussaramāno vedanaññeva anussarati|||| Evaṃsaññī [5] ahosiṃ atītam addhānanti|||| Evaṃsaṅkhāro ahosiṃ atītam addhānanti|||| Evaṃviññāṇo ahosiṃ atītam addhānanti|| iti vā hi bhikkhave anussaramāno viññāṇam eva anussarati||||

5 Kiñca bhikkhave rūpaṃ vadetha|||| Ruppatīti kho bhikkhave [6] tasmā rūpan ti vuccati|||| Kena ruppati|| sītena pi ruppati uṇhena pi ruppati jighacchāya pi ruppati pipāsāya pi ruppati ḍaṃsa-makasa-vātātapa-siriṃsapa-samphassena [7] pi ruppati|| ruppatīti kho bhikkhave tasmā rūpan ti vuccati||||

6 Kiñca bhikkhave vedanaṃ vadetha||||

Vediyantīti [8] kho bhikkhave tasmā vedanā ti vuccati|||| kiñca vediyati|| sukham pi vediyati dukkham pi vediyati

---

[1] S[1-3] omit ṃ
[2] B vimuttassa
[3] S[1] °saramānaṃ (S[3] -ṇaṃ)
[4] In B only
[5] B °sañño
[6] Missing in B
[7] B -arisapa°
[8] B vedaya° always

adukkhamasukham pi vediyati || vediyatīti kho bhikkhave tasmā vedanā ti vuccati ||

7 Kiñca bhikkhave saññaṃ vadetha ||

Sañjānātīti kho bhikkhave tasmā saññā ti vuccati || kiñca sañjānāti | nīlam pi sañjānāti pītakam pi sañjānāti lohitakam pi sañjānāti odātam pi sañjānāti | sañjānātīti kho bhikkhave tasmā saññā ti vuccati ||

8 Kiñca bhikkhave saṅkhāre vadetha ||| Saṅkhataṃ abhisaṅkharontīti bhikkhave tasmā saṅkhārā ti vuccanti [1] ||| Kiñca saṅkhatam abhisaṅkharonti | rūpaṃ rūpattāya saṅkhatam abhisaṅkharonti vedanaṃ vedanattāya saṅkhatam abhisaṅkharonti || saññaṃ saññattāya saṅkhatam abhisaṅkharonti | saṅkhāre saṅkhārattāya saṅkhatam abhisaṅkharonti | viññāṇaṃ viññāṇatthāya saṅkhatam abhisaṅkharonti || saṅkhatam abhisaṅkharontīti kho bhikkhave tasmā saṅkhārā ti vuccanti ||

9 Kiñca bhikkhave viññāṇaṃ vadetha ||| vijānātīti kho bhikkhave tasmā viññāṇan ti vuccati ||| Kiñca vijānāti | ambilam pi vijānāti | tittakam pi vijānāti | kaṭukam pi vijānāti madhukam [2] pi vijānāti || khārikam pi vijānāti | akhārikam pi vijānāti | loṇakam pi vijānāti | aloṇakam pi vijānāti | vijānātīti kho bhikkhave tasmā viññāṇan ti vuccati ||

10 Tatra bhikkhave sutavā ariyasāvako iti paṭisañcikkhati |||

11 Ahaṃ kho etarahi rūpena khajjāmi | atītam paham [3] addhānam evam eva rūpena khajjiṃ [4] seyyathāpi etarahi paccuppannena rūpena khajjāmi | ahaṃ ceva kho pana anāgataṃ rūpaṃ abhinandeyyaṃ anāgatam paham addhānaṃ evam eva rūpena khajjeyyaṃ seyyathāpi etarahi paccuppannena rūpena khajjāmīti || So iti paṭisaṅkhāya atītasmiṃ rūpasmiṃ anapekho hoti | anāgataṃ rūpaṃ nābhinandati | paccuppannassa rūpassa nibbidāya virāgāya nirodhāya paṭipanno hoti |

12 Ahaṃ kho etarahi vedanāya khajjāmi | atītaṃ paham addhānam evam eva vedanāya khajjim seyyathāpi etarahi

---

[1] [illegible]

[2] B. madhuraṃ

[3] [illegible]

[4] [illegible]

paccuppannāya vedanāya khajjāmi|| ahaṃ ceva kho pana anāgataṃ vedanam abhinandeyyaṃ anāgatam pahaṃ addhānam evam eva vedanāya khajjeyyaṃ seyyathāpi etarahi paccuppannāya vedanāya khajjāmīti||| So iti paṭisaṅkhāya atītāya vedanāya anapekho hoti|| anāgataṃ vedanaṃ nābhinandati paccuppannāya vedanāya nibbidāya virāgāya nirodhāya paṭipanno hoti|||

13 Ahaṃ kho etarahi saññāya khajjāmi|||

14 Ahaṃ kho[1] etarahi saṅkhārehi khajjāmi|| atītaṃ paham addhānam evam eva saṅkhārehi khajjiṃ seyyathāpi etarahi paccuppannehi saṅkhārehi khajjāmi|| ahaṃ ceva kho pana anāgate saṅkhāre abhinandeyyaṃ anagatam paham addhānam evam eva saṅkhārehi khajjeyyaṃ seyyathāpi etarahi paccuppannehi saṅkhārehi khajjāmīti||| So iti paṭisaṅkhāya atītesu saṅkhāresu anapekho hoti|| anāgate saṅkhāre nābhinandati|| paccuppannānaṃ saṅkhārānam nibbidāya virāgāya nirodhāya paṭipanno hoti|||

15 Ahaṃ kho etarahi viññāṇena khajjāmi|| atītam pi addhānam evam eva viññāṇena khajjiṃ seyyathāpī etarahi paccuppannena viññāṇena khajjāmi|| ahaṃ ceva kho pana anāgatam viññāṇam abhinandeyyam anāgatam paham addhānam evam eva viññāṇena khajjeyyaṃ seyyathāpi etarahi paccuppannena viññāṇena khajjāmīti||| So iti paṭisaṅkhāya atītasmiṃ viññāṇasmiṃ anapekho hoti|| anāgataṃ viññāṇaṃ nābhinandati|| paccuppannassa viññāṇassa nibbidāya virāgāya nirodhāya paṭipanno hoti|||

16 Taṃ kiṃ maññatha bhikkhave Rūpaṃ niccaṃ vā aniccam vā ti|||

Aniccam bhante|||

Yam panāniccaṃ dukkhaṃ vā taṃ sukhaṃ vāti|||

Dukkham bhante|||

Yam panāniccaṃ dukkham vipariṇāmadhammaṃ kallaṃ nu taṃ samanupassitum Etaṃ mama eso ham asmi eso me attāti|||

No etam bhante|||

17–19 Vedanā|| Saññā|| Saṅkhārā|||

---

[1] Missing in S[1-3]

20 Viññāṇaṃ niccaṃ vā aniccaṃ vā ti ||
Aniccam bhante ti ||
Yam panāniccaṃ dukkhaṃ va taṃ sukhaṃ vā ti ||
Dukkham bhante ||
Yam panāniccam dukkhaṃ vipariṇāmadhammaṃ kallaṃ nu tam samanupassituṃ Etaṃ mama eso ham asmi eso me attāti ||
No hetam bhante ||

21 Tasmātiha bhikkhave yaṃ kiñci rūpaṃ atītānāgatapaccuppannam ajjhattaṃ vā bahiddhā vā oḷārikaṃ vā sukhumaṃ vā hīnaṃ vā paṇītaṃ vā yaṃ dūre santike vā sabbaṃ rūpaṃ Netaṃ mama neso ham asmi na me so attāti || evaṃ etaṃ yathābhūtaṃ sammappaññāya daṭṭhabbam ||

22 Yā kāci vedanā || pe ||

23 Yā kāci saññā || ||

24 Ye keci saṅkhārā ||

25 Yaṃ kiñci viññāṇaṃ atītānāgatapaccupannaṃ || la || yaṃ dūre santike vā sabbaṃ viññāṇaṃ netam mama neso ham asmi na meso attāti || evam etaṃ yathābhūtaṃ sammappaññāya daṭṭhabbaṃ ||

26 Ayaṃ vuccati bhikkhave ariyasāvako apacināti[1] no ācināti[2] || pajahati na upādiyati || viseneti no usseneti[3] || vidhūpeti na sandhūpeti[4] ||

27 Kiñca apacināti no ācināti || Rūpaṃ apacināti no ācināti || Vedanaṃ || Saññaṃ || Saṅkhāre || Viññāṇaṃ apacināti no acināti ||

28 Kiñcā pajahati na upādiyati || Rūpaṃ pajahati na upādiyati || Vedanaṃ[5] || Saññaṃ[6] || Saṅkhāre[5] || Viññāṇaṃ pajahati na upādiyati ||

29 Kiñca viseneti na usseneti || Rūpaṃ viseneti na usseneti || Vedanaṃ || Saññaṃ || Saṅkhāre || Viññāṇaṃ viseneti na usseneti ||

---

1 S1-3 apacinati (or apacinti) almost always
2 S1 ācinati (or ācinti); S3 repeats apacinati
3 B visineti no ussineti always
4 B vidhu—sandhupeti always
5 Compl[illegible] [illegible] and further on

30 Kiñca vidhūpeti na sandhūpeti||| Rūpaṃ vidhūpeti na sandhūpeti| Vedanaṃ[1]|| Saññaṃ[2]|| Sāṅkhāre[1]|| Viññāṇam vidhūpeti na sandhūpeti|||

31 Evam passam bhikkhave[3] sutavā ariyasāvako rūpasmim pi nibbindati|| vedanāya pi|| saññāya pi|| saṅkhāresu pi| viññānasmim pi nibbindati||| Nibbindaṃ virajjati|| virāgā vimuccati vimuttasmiṃ vimuttam iti ñaṇaṃ hoti||| Khīṇā jāti vusitam brahmacariyam kataṃ karaṇīyaṃ nāparam itthattāyāti pajānāti|||

32 Ayaṃ vuccati bhikkhave bhikkhu nevācināti[4] na apacināti|| apacinitvā ṭhito neva pajahati na upādiyati|| pajahitvā ṭhito neva viseneti na usseneti|| visenetvā ṭhito neva vidhūpeti na sandhūpeti|||

33 Vidhūpetvā ṭhito kiñca nevācināti na apacināti|| apacinitvā ṭhito rūpaṃ nevācināti na apacināti|| apacinitvā ṭhito vedanaṃ|| saññaṃ[5]|| saṅkhāre[1]|| viññāṇaṃ nevācināti na apacināti|||

34 Apacinitvā ṭhito kiñca neva pajahati na upādiyati|| pajahitvā ṭhito rūpaṃ neva pajahati na upādiyati|| pajahitvā ṭhito vedanaṃ|| saññaṃ|| saṅkhāre|| viññāṇaṃ neva pajahati na upādiyati|||

35 Pajahitvā ṭhito kiñca neva viseneti na usseneti|| visenetvā ṭhito rūpaṃ neva vineseti na usseneti|| visenetvā ṭhito vedanaṃ|| saññaṃ|| saṅkhāre|| viññāṇaṃ neva viseneti na usseneti|||

36 Visenetvā ṭhito kiñca neva vidhūpeti na sandhūpeti|| vidhūpetvā ṭhito rūpaṃ neva vidhūpeti na sandhūpeti|| vidhūpetvā ṭhito vedanaṃ|| saññaṃ|| saṅkhāre|| viññāṇaṃ neva vidhūpeti na sandhūpeti|||

37 Vidhūpetva ṭhito evaṃ vimuttacittaṃ[6] kho bhikkhave bhikkhuṃ sa-indakādevā[7] sabrahmakā sapajāpatikā ārakā-va namassanti|||

---

[1] Complete in S¹⁻³ [2] Omitted by S¹⁻³
[3] S¹⁻³ bhikkhu [4] So S¹ only; S³ B novācināti
[5] S¹⁻³ vedanā saññā [6] S³ vimuttaṃ cittaṃ
[7] So S³; S¹ saindā; B saindadevā

38 Namo te purisājañña || namo te purisuttama |
Yassa tenābhijānāma | yam pi nissāya jhāyasīti || ||

80 (8) *Piṇḍolyam*

1 Ekaṃ samayaṃ Bhagavā Sakkesu viharati Kapilavatthusmiṃ Nigrodhārāme || ||

2 Atha kho Bhagavā kismiñcid[1] eva pakaraṇe bhikkhusaṅghaṃ paṇāmetvā pubbaṇhasamayaṃ nivāsetvā pattacīvaram ādāya Kapilavatthuṃ[2] piṇḍāya pāvisi || ||

3 Kapilavatthusmiṃ piṇḍāya caritvā pacchābhattaṃ piṇḍapātapatikkanto yena mahāvanaṃ tenupasaṅkami divāvihārāya || mahāvanam ajjhogahetvā veluvalaṭṭhitāya mūle divāvihāraṃ nisīdi || ||

4 Atha kho Bhagavato rahogatassa paṭisallīnassa evaṃ cetaso parivitakko udapādi || ||

5 Mayā kho bhikkhu saṅgho pavāḷho[3] || santettha bhikkhū navā acirapabbajitā adhunāgatā imaṃ dhammavinayaṃ || tesaṃ mamaṃ apassantānaṃ siyā aññathattaṃ siyā vipariṇāmo || || Seyyathāpi nāma vacchassa taruṇassa mātaraṃ apassantassa siyā aññathattam siyā vipariṇāmo || ||

6 Evam evaṃ santettha bhikkhū navā acirapabbajitā adhunāgatā imaṃ dhammavinayaṃ tesaṃ mamaṃ[4] apassantānaṃ siyā aññathattaṃ siyā vipariṇāmo || || Seyyathāpi nāma bījānam taruṇānaṃ udakam alabhantānaṃ siyā aññathattam siyā vipariṇāmo || ||

7 Evam eva santettha[5] || pa || tesaṃ mamaṃ[4] alabhantānaṃ dassanāya siyā aññathattaṃ siyā vipariṇāmo || || Yaṃ nūnāhaṃ yatheva mayā pubbe bhikkhusaṅgho anuggahīto evam eva[6] etarahi anuggaṇheyyaṃ bhikkhusaṅghanti || ||

8 Atha kho Brahmā sahampati Bhagavato cetasā cetoparivitakkaṃ aññāya seyyathāpi nāma balavā puriso sammiñjitam vā bāhaṃ pasāreyya pasāritam vā bāham sammiñjeyya || evam eva[7] Brahmaloke antarahito Bhagavato purato pātur ahosi || ||

---

[1] S¹⁻³ kismicid [2] S¹⁻³ °vatthusmiṃ [3] B pabāḷho
[4] S¹⁻³ mama [5] S¹⁻³ vantettha omitting evam eva
[6] [illegible] [7] [illegible]

9 Atha kho Brahmā sahampati ekaṃsaṃ uttarāsaṅgaṃ karitvā yena Bhagavā tenañjaliṃ paṇāmetvā Bhagavantam etad avoca|| || Evam etam Bhagavā evam etaṃ Sugata Bhagavatā bhante bhikkhusaṅgho pavāḷho|| ||

10 Santettha bhikkhū navā acirapabbajitā adhunāgatā imaṃ dhammavinayaṃ|| tesaṃ Bhagavantam apassantānaṃ siyā aññathattaṃ siyā vipariṇāmo|| || Seyyathāpi nāma vacchassa taruṇassa mātaram apassantassa siyā aññathattaṃ siyā vipariṇāmo|| ||

11 Evam eva santettha bhikkhū navā acirapabbajitā adhunāgatā imam dhammavinayaṃ|| tesaṃ Bhagavantam apassantānaṃ siyā aññathattaṃ siyā vipariṇāmo|| || Seyyathāpi nāma bījānam taruṇānaṃ udakaṃ alabhantānaṃ siyā aññathattaṃ siyā vipariṇāmo|| ||

12 Evam eva santettha bhikkhū navā acirapabbajitā adhunāgatā imaṃ dhammavinayaṃ|| tesaṃ Bhagavantam alabhantānaṃ dassanāya siyā aññathattaṃ siyā vipariṇāmo|| ||

13 Abhinandatu bhante Bhagavā bhikkhusaṅgham abhivadatu bhante Bhagavā bhikkhusaṅghaṃ|| yatheva bhante [1] Bhagavatā pubbe bhikkhusangho anuggahito evam evaṃ etarahi anugganhātu bhikkhusaṅghanti|| ||

14 Adhivāsesi Bhagavā tuṇhibhāvena|| ||

15 Atha kho Brahmā sahampati Bhagavato adhivāsanaṃ viditvā Bhagavantam abhivādetvā padakkhiṇaṃ katvā tatthevantaradhāyi|| ||[2]

16 Atha kho Bhagavā sāyaṇhasamayaṃ patisallānā vuṭṭhito yena Nigrodhārāmo tenupasaṅkami|| upasaṅkamitvā paññatte āsane nisīdi|| nisajja kho Bhagavā tathārūpam iddhābhisaṅkhāram abhisaṅkhāyi[3] yāthā te bhikkhū [ekavihakāya sārajjāyamānarūpā yenāhaṃ tenupasaṅkameyyuṃ||

17 Te bhikkhū[4]] ekavihakāya sārajjāyamānarūpā[5] yena

---

[1] In S3 only [2] S1-3 °dhāyiṃsu [3] B °saṅkharoti
[4] The part between [ ] is missing in S1-3
[5] So S1-3; B ekadīhikāyasārajjamāna°; S1 °mānaṃ

Bhagavā tenupasaṅkamiṃsu | upasaṅkamitvā Bhagavantam abhivādetvā ekam antaṃ nisīdiṃsu ||

11 Ekam antaṃ nisinne[1] kho te bhikkhū Bhagavā etad avoca || Antam idaṃ bhikkhave jīvikānaṃ yad idaṃ piṇḍolyam | abhisāpāyaṃ[2] lokasmiṃ piṇḍolo vicarasi pattapāṇīti[3] taṃ ca kho evaṃ bhikkhave kulaputtā upenti atthavasikā atthavasaṃ paṭicca | neva rājābhinītā na corābhinītā na iṇaṭṭhā na bhayaṭṭhā na jīvikā[4] pakatā | Api ca kho otiṇṇamhi[5] jātiyā jarāya[6] maraṇena sokehi paridevehi dukkhehi domanassehi upāyāsehi | dukkhotiṇṇo dukkhapareto[7] || appeva nāma imassa kevalassa dukkhakkhandhassa antarakiriyā paññāyethāti ||

19 Evam pabbajito cāyaṃ bhikkhave kulaputto so ca hoti abhijjālu kāmesu tibbasārāgo vyāpannacitto paduṭṭhamanasaṅkappo muṭṭhassati asampajāno asamāhito vibbhantacitto pākatindriyo || Seyyathāpi bhikkhave chavālātam[8] ubhato padittam majjhe gūthagataṃ neva gāme kaṭṭhattam[9] pharati nāraññe kaṭṭhattam pharati | tathūpamāham bhikkhave imaṃ puggalaṃ vadāmi gihibhogā ca parihīno sāmaññatthañca na paripūreti ||

20 Tayo me bhikkhave akusalavitakkā kāmavitakko vyāpādavitakko vihiṃsavitakko || ime ca kho bhikkhave tayo akusalavitakkā kva[10] aparisesā nirujjhanti || Catūsu vā[11] satipaṭṭhānesu supatiṭṭhita-citassa viharato animittaṃ vā samādhiṃ[12] bhāvayato ||

21 Yāvañcidaṃ bhikkhave alam eva animitto samādhi bhāvetuṃ | animitto bhikkhave samādhi bhāvito bahulīkato mahapphalo hoti mahānisaṃso ||

22 Dve mā bhikkhave diṭṭhiyo bhavadiṭṭhi ca[13] vibhava-

---

[1] S[1-3] nisinnā [2] S[1] °sāpoyyam ; S[3] °sāpeyyam
[3] B carasi pattapāṇī
[4] B ājivikā [5] B otiṇṇamba ; S[1-3] okiṇṇāmhi
[6] S[1-3] omit ya [7] B °tiṇṇā °paretā
[8] So S[1] ; S[3] jvalātam ; B savālataṃ (or chavo°)
[9] S[1-3] kaṭṭhaṭṭhaṃ further on kaṭṭhatthaṃ
[10] S[1] °vitakkataṃ ; S[3] °vitakkānam both omitting kva
[11] Mis[illegible] in S [illegible] [13] Missing in B

diṭṭhi ca || Tatra kho[1] bhikkhave sutavā ariyasāvako iti paṭisañcikkhati Atthi nu kho[2] kiñci lokasmiṃ yam aham upādiyamāno na vajjavā assan ti ||

23 So evam pajānāti Natthi nu kho taṃ kiñci lokasmiṃ yam aham upādiyamāno na vajjavā assam[3] || ahaṃ hi[4] rupaññeva upadiyamāno upādiyeyyaṃ || vedanaññeva[5] || saññaññeva[5] || saṅkhāre yeva[5] || viññāṇaññeva upādiyamāno upādiyeyyaṃ ||| Tassa me assa upādānapaccayā bhavo bhavapaccayā jāti jātipaccayā jarāmaraṇaṃ sokaparidevadukkhadomassupāyāsā sambhaveyyuṃ ||| Evam etassa kevalassa dukkhakkhandhassa samudayo assa |||

24 Taṃ kiṃ maññatha bhikkhave Rūpaṃ niccaṃ vā aniccaṃ vā ti |||

Aniccaṃ bhante |||

Yam panāniccaṃ dukkhaṃ vā taṃ sukhaṃ vā ti |||

Dukkhaṃ bhante |||

Yam panāniccaṃ dukkhaṃ vipariṇāmadhammaṃ kallaṃ nu taṃ samanupassituṃ Etam mama eso ham asmi eso me attā ti |||

No hetam bhante |||

25–28 Vedanā || Saññā || Saṅkhārā || Viññāṇam saṅkhittaṃ[6] || la ||

29–30 Tasmātiha bhikkhave[7] evam passaṃ || pa[8] || nāparaṃ itthattāyāti pajānāti |||

81 (9) *Pārileyya*

1 Ekaṃ samayaṃ Bhagavā Kosambiyaṃ[9] viharati Ghositārāme |||

2 Atha kho Bhagavā pubbaṇhasamayaṃ nivāsetvā pattacīvaram ādāya Kosambim[10] piṇḍāya pāvisi || Kosambiyam piṇḍāya caritvā pacchābhattaṃ piṇḍapātapatikkanto sāmaṃ

---

[1] Missing in S¹-³ [2] S¹-³ add taṃ
[3] S¹-³ assanti so evam pajānāti [4] S¹-³ ca
[5] Complete in S¹-³ [6] S¹-³ niccam vā° (complete)
[7] S¹-³ insert Yaṃ kiñci rūpam° daṭṭhabbaṃ (as in 7. 21–25) [8] S¹-³ insert sutavā ariyasārako° (as in 4 8–9)
[9] B kosambhi° always [10] S¹-³ kosambiyaṃ

senāsanaṃ saṃsāmetvā pattacīvaram ādāya anāmantetvā upaṭṭhāke anapaloketvā bhikkhusaṅghaṃ eko adutiyo cārikaṃ pakkāmi || ||

3 Atha kho aññataro bhikkhu acirapakkantassa Bhagavato yenāyasmā Ānando tenupasaṅkami | upasaṅkamitvā āyasmantam Ānandaṃ etad avoca | | Esāvuso Ānanda Bhagavā sāmaṃ senāsanaṃ saṃsāmetvā pattacīvaram ādāya anāmantetvā upaṭṭhāke anapaloketvā bhikkhusaṅgham eko cārikam[1] pakkanto ti || ||

4 Yasmiṃ āvuso samaye Bhagavā sāmaṃ senāsanaṃ saṃsāmetvā pattacīvaram ādāya anāmantetvā upaṭṭhāke anapaloketvā bhikkhusaṅghaṃ eko adutiyo cārikam pakkāmi[2] eko va Bhagavā tasmiṃ samaye viharitukāmo hoti na Bhagavā tasmiṃ samaye kenaci anubandhitabbo hotīti || ||

5 Atha kho Bhagavā anupubbena cārikaṃ caramāno yena Pārileyyakaṃ[3] tad avasari | tatra sudam Bhagavā Pārileyyake viharati bhaddasālamūle || ||

6 Atha kho sambahulā bhikkhū yenāyasmā Ānando tenupasaṅkamiṃsu | upasaṅkamitvā āyasmatā Ānandena saddhiṃ sammodiṃsu || sammodanīyaṃ kathaṃ sārāṇīyaṃ vītisāretvā ekamantaṃ nisīdiṃsu || ||

7 Ekam antaṃ nisinnā kho te bhikkhū āyasmantam Ānandam etad avocuṃ | | Cirassaṃ sutā kho[4] no āvuso Ānanda Bhagavato sammukhā dhammī kathā | icchāma mayaṃ āvuso Ānanda Bhagavato sammukhā dhammiṃ kathaṃ sotun ti || ||

8 Atha kho āyasmā Ānando tehi bhikkhūhi saddhiṃ yena Pārileyyakaṃ bhaddhasālamūlaṃ[5] yena Bhagavā tenupasaṅkami | upasaṅkamitvā Bhagavantam abhivādetvā ekam antaṃ nisīdi || ||

9 Ekam antam nisinne[6] kho te bhikkhū Bhagavā dhammiyā kathāya sandassesi samādapesi samuttejesi sampahaṃsesi || ||

---

[1] All this from pakkāmi is missing in S¹-³

[2] S¹ pakkami ; S³ pakkamati

[3] B pāli° always

[4] S¹-³ cirassutā, omitting kho

[5] S¹ °mūlaṃ ekam ; S³ °mūlakaṃ

[6] S¹-³ nisinnā

10 Tena kho pana samayena aññatarassa bhikkhuno evam cetaso parivitakko udapādi || || Kathaṃ nu kho jānato katham passato anantarā [1] āsavānaṃ khayo hotīti || ||

11 Atha kho Bhagavā tassa bhikkhuno cetasā ceto parivitakkam aññāya bhikkhū āmantesi || || Vicayaso desito bhikkhave mayā dhammo || vicayaso desitā cattāro satipaṭṭhānā | vicayaso desitā sammappadhānā || vicayaso desitā cattāro iddhipādā || vicayaso desitāni pañcindriyāni | vicayaso desitāni pañcabalāni | vicayaso desitāni [2] sattabojjhaṅgāni [2] || vicayaso desito ariyo aṭṭhaṅgiko maggo | Evaṃ vicayaso kho [3] desito bhikkhave [4] mayā dhammo || || [5]

12 Evam vicayaso desite kho bhikkhave mayā dhamme || [6] atha panidhekaccassa bhikkhuno evaṃ cetaso parivitakko udapādi || || Kathaṃ nu kho jānato [7] katham passato [7] anantarā āsavānaṃ khayo hotīti || ||

13 Kathaṃ ca bhikkhave jānato katham passato anantarā āsavānaṃ khayo hoti || ||

14 Idha bhikkhave assutavā puthujjano ariyānaṃ adassāvī ariyadhammassa akovido ariyadhamme avinīto sappurisānam adassavī || la || sappurisadhamme avinīto rūpam attato samanupassati || yā kho pana bhikkhave sā [8] samanupassanā saṅkhāro so [9] || || So pana saṅkhāro kiṃnidāno kiṃsamudayo kiṃjātiko kimpabhavoti || || Avijjāsamphassajena bhikkhave vedayitena phuṭṭhassa assutavato puthujjanassa uppannā taṇhā || tatojo [10] so saṅkhāro || || Iti kho bhikkhave so pi kho saṅkhāro anicco saṅkhato paṭiccasamuppanno || sā pi taṇhā aniccā saṅkhatā paṭiccasamuppannā || sā pi vedanā || [11] so pi phasso anicco saṅkhato paṭiccasamuppanno || sā pi avijjā aniccā saṅkhatā paṭiccasamup-

---

1 S[1-3] add ya 2 B omits ni 3 Missing in S[3]
4 Missing in S[1] 5 All the phrase is missing in B
6 S[1-3] have desito . . . dhammo a mere repetition of the preceding phrase 7 S[1-3] insert va
8 Missing in B 9 Missing in S[1-3] always
10 S[1-3] tatopojo here only 11 Complete in S[1-3]

paññā || Evam pi kho bhikkhave jānato evam passato anantarā āsavānaṃ khayo hoti ||

17 Na heva kho rūpam attato samanupassati || api ca kho rūpavantam attānaṃ samanupassati | yā kho pana sā bhikkhave samanupassanā saṅkhāro so || So pana saṅkhāro kiṃnidāno kiṃsamudayo kiṃjātiko kimpabhavo || Avijjāsamphassajena bhikkhave vedayitena phuṭṭhassa assutavato puthujjanassa uppannā taṇhā | tatojo so saṅkhāro || Iti kho bhikkhave so pi saṅkhāro anicco saṅkhato paticcasamuppanno || sā pi taṇhā | pe | sā pi vedanā | so pi phasso || sā pi avijjā aniccā saṅkhatā paṭiccasamuppannā || Evam pi kho bhikkhave jānato evam passato anantarā āsavānaṃ khayo hoti ||

18 Na heva kho rūpam attato samanupassati | na rūpavantam attānaṃ samanupassati | api ca kho attani rūpam samanupassati || yā kho pana sā bhikkhave samanupassanā saṅkhāro so || So pana sankhāro kiṃnidāno kiṃsamudayo kiṃjātiko kimpabhavo || Avijjāsamphassajena bhikkhave vedayitena puṭṭhassa assutavato puthujjanassa uppannā taṇhā | tatojo so sankhāro ||

Iti kho bhikkhave so pi saṅkhāro anicco saṅkhato paṭicca samuppanno || sā pi tāṇhā |[1] sā pi vedanā | so pi phasso | sā pi avijjā aniccā saṅkhatā paṭiccasamuppannā || Evam pi kho bhikkhave jānato evam passato anantarā āsavānaṃ khayo hoti ||

19 Na heva kho rūpam attato samanupassati || na rūpavantam attānaṃ samanupassati | na attani rūpaṃ samanupassati || api ca kho rūpasmiṃ attānaṃ samanupassati || Yā kho pana sā bhikkhave samanupassanā saṅkhāro so ||

So pana saṅkhāro kiṃnidāno kiṃsamudayo kiṃjātiko kimpabhavo || Avijjāsamphassajena bhikkhave vedayitena puṭṭhassa assutavato puthujjanassa uppannā taṇhā | tatojo so saṅkhāro || Iti kho bhikkhave so pi saṅkhāro anicco saṅkhato[2] paṭiccasamuppanno | sā pi

---

[1] S[1-3] add -pe

[2] [illegible] to saṅ

taṇhā || sā pi vedanā || so pi phasso || sā pi avijjā aniccā saṅkhatā paṭiccasamuppannā || || Evam pi kho bhikkhave jānato || la || āsavānaṃ khayo hoti || ||

20 Na heva kho rūpam attato samanupassati || na rūpavantam attānaṃ || na attani rūpam || na rūpasmiṃ attānaṃ samanupassati || ||

21 Api ca kho vedanam attato samanupassati || api ca kho vedanāvantam attānaṃ samanupassati || api ca kho attani vedanaṃ samanupassati || api ca kho vedanāya attānaṃ samanupassati || ||

22–23 Api ca kho saññaṃ || ||[1] Api ca kho saṅkhāre attato samanupassati || api ca kho saṅkhāravantam attānaṃ samanupassati || api ca kho attani saṅkhāre samanupassati || api ca kho saṅkhāresu attānaṃ samanupassati || ||

24 Api ca kho viññāṇam attato samanupassati || api ca kho viññāṇavantaṃ attānaṃ || api ca kho attani viññāṇam || api ca kho viññāṇasmiṃ attānaṃ samanupassati || || Yā kho pana sā bhikkhave samanupassanā saṅkhāro so || || So pana saṅkhāro kiṃnidāno || la || kimpabhavo || || Avijjāsamphassajena bhikkhave vedayitena puṭṭhassa assutavato puthujjanassa uppannā taṇhā || tatojo so saṅkharo || || Iti kho bhikkhave so pi saṅkhāro anicco saṅkhato paṭiccasamuppanno || sā pi taṇhā || pe || sā pi vedanā || so pi phasso || sā pi avijjā aniccā saṅkhatā paṭiccasamuppannā || || Evam pi[2] kho bhikkhave jānato evam passato anantarā āsavānaṃ khayo hoti || ||

25 Na heva kho rūpam attato samanupassati || na vedanam attato samanupassati || na saññaṃ || na saṅkhāre || na viññāṇam attato samanupassati || ||[3]

Api ca kho evaṃ diṭṭhi hoti || so attā so loko || so pecca bhavissāmi nicco dhuvo sassato avipariṇāmadhammo ti || ||

Yā kho pana sā bhikkhave sassatadiṭṭhi saṅkhāro so || so pāna saṅkhāro kiṃnidāno || pa || || Evam pi kho bhikkhave jānato evam passato anantarā āsavānaṃ khayo hoti || ||

26 Na heva kho rūpaṃ attato samanupassati || na

---

[1] Complete in S¹-³ [2] Missing in S¹-³

[3] All is complete in S¹-³

vedanaṃ | na saññaṃ || na saṅkhāre | na viññāṇam attato samanupassati || na pi hevaṃ diṭṭhi hoti So attā so loko so pecca bhavissāmi nicco dhuvo sassato avipariṇāmadhammo ti || [1] Api ca kho evaṃ diṭṭhi hoti No ca assaṃ no ca me siyā na bhavissāmi[2] na me bhavissatīti ||

27 Yā kho pana sā bhikkhave ucchedadiṭṭhi saṅkhāro so || so pana saṅkhāro kiṃnidāno kiṃsamudayo kiṃjātiko kiṃpabhavo || Avijjāsamphassajena bhikkhave vedayitena puṭṭhassa assutavato puthujjanassa uppannā taṇhā || tatojo so saṅkhāro || Iti kho bhikkhave so pi saṅkhāro anicco | la | Evam pi kho bhikkhave jānato evam passato anantarā āsavānaṃ khayo hoti ||

28 Na heva kho rūpaṃ attato samanupassati | na vedanaṃ na saññaṃ na saṅkkāre na viññāṇam attato samanupassati | la | na viññāṇasmiṃ attānaṃ[3] samanupassati ||

Na pi evaṃ diṭṭhi hoti So attā so loko so pecca bhavissāmi nicco dhuvo sassato avipariṇāmadhammoti || na pi evam diṭṭhi hoti No cassaṃ no ca me siyā na bhavissāmi na me bhavissatīti | Api ca kho kaṅkhī hoti vicikicchī[4] aniṭṭhaṅgato[5] saddhamme ||

29 Yā kho[6] pana sā bhikkhave kaṅkhitā vicikicchitā[7] aniṭṭhaṅgatā saddhamme saṅkhāro so || so pana saṅkhāro kiṃnidāno kiṃsamudayo kiṃjātiko kiṃpabhavo || Avijjā samphassajena bhikkhave vedayitena puṭṭhassa assutavato puthujjanassa uppannā taṇhā || tatojo so saṅkhāro || Iti[8] kho bhikkhave so pi sankhāro anicco saṅkhato paṭiccasamuppanno || sā pi taṇhā aniccā saṅkhatā paṭiccasamuppannā || sā pi vedanā aniccā saṅkhatā paṭiccasamuppannā || so pi phasso anicco saṅkhato paṭiccasamuppanno || sā pi avijjā aniccā saṅkhatā paṭiccasamuppannā ||

30 Evaṃ kho bhikkhave jānato evam passato anantarā āsavānaṃ khayo hotīti ||

---

[1] Much more complete in S^{1-3} and occupying a large place
[2] B nābhavissam always
[3] B attato
[4] S^1 vevikicchi ; S^3 veci°
[5] S^3 aniṭṭhāgato always
[6] Missing in S^{1-3}
[7] B [illegible] vicikicchitā [illegible] [8] B evaṃ

82 (10) *Puṇṇamā*

1 Ekaṃ samayaṃ Bhagavā Sāvatthiyaṃ viharati Pubbārāme Migāramātupāsāde mahatā bhikkhusaṅghena saddhiṃ ||

2 Tena kho pana samayena Bhagavā tadahuposathe pannarase[1] puṇṇamāya rattiyā bhikkhusaṅghaparivuto ajjhokāse nisinno hoti || ||

3 Atha kho aññataro bhikkhu uṭṭhāyāsanā ekaṃsaṃ uttarāsaṅgaṃ karitvā yena Bhagavā tenañjaliṃ paṇāmetvā Bhagavantam etad avoca || || Puccheyyāham bhante Bhagavantaṃ kiñcid eva desaṃ sace me Bhagavā okāsaṃ karoti pañhassa veyyākaraṇāyāti || ||

Tena hi tvaṃ bhikkhu sake āsane nisīditvā puccha yad ākaṅkhasīti || ||

4 Evam bhante ti kho so bhikkhu Bhagavato paṭissutvā sake āsane nisīditvā Bhagavantam etad avoca || || Ime nu kho bhante pañcupādānakkhandhā || seyyathīdaṃ rūpupādānakkhandho vedanupādānakkhandho saññupādānakkhandho saṅkhārupādānakkhandho viññānupādānakkhandhoti || ||

Ime kho bhikkhu pañcupādānakkhandhā || seyyathīdaṃ rūpupādānakkhandho || la || viññāṇupādānakkhandhoti || ||

5 Sādhu bhante ti kho so bhikkhu Bhagavato bhāsitam abhinanditvā anumoditvā Bhagavantam uttariṃ pañham apucchi || ||[2] Ime kho pana bhante pañcupādānakkhandhā kimmūlakā ti || ||

Ime kho bhikkhu pañcupādānakkhandhā chandamūlakā ti || ||

6 Pa ||[3] Taññeva nu kho bhante upādānaṃ te pañcupādānakkhandhā udāhu aññatra[4] pañcupādānakkhandehi[5] upādānan ti || ||

Na kho bhikkhu taññeva upādānaṃ te pañcupādānak-

---

[1] B inserts puṇṇāya
[2] B pucchi here only
[3] S[1-3] Sādhu° °apucchi
[4] S3 atthaññatra
[5] B pañcahi upa° always

khandhā nāpi aññatra[1] pañcupādānakkhandehi upādānaṃ || api ca yo tattha chandarāgo taṃ tattha upādānan ti || ||

7 Sādhu bhante ti kho so bhikkhu || la || uttariṃ pañhaṃ apucchi || || Siyā pana bhante pañcupādānakkhandhesu chandarāgavemattatā[2] ti || ||

Siyā bhikkhu ti Bhagavā avoca || || Idha bhikkhu ekaccassa evaṃ hoti || || Evaṃrūpo siyam anāgatam addhānaṃ || evaṃvedano siyam anāgatam addhānaṃ || evaṃsaññī siyam anāgatam addhānaṃ || evaṃsaṅkhāro siyaṃ anāgatam addhānaṃ || evaṃviññāṇo siyaṃ anāgatam addhānaṃ || || Evaṃ kho bhikkhu siyā pañcupādānakkhandhesu chandarāgavemattatā ti || ||

8 Sādhu bhante ti kho[3] so bhikkhu || pe || uttariṃ pañham apucchi || || Kittāvatā nu kho khandhānaṃ khandhādhivacanan ti || ||

Yaṃ kiñci bhikkhave rūpaṃ atītānāgatapaccuppannaṃ ajjhattaṃ vā bahiddhā vā oḷārikaṃ vā sukhumaṃ vā hīnaṃ vā paṇītaṃ vā yaṃ dūre santike vā ayaṃ vuccati rūpakkhandho || Yā kāci vedanā || yā kāci saññā || ye keci saṅkhārā || yaṃ kiñci viññāṇam atītānāgatapaccuppannam ajjhattam vā bahiddhā vā oḷārikaṃ vā sukhumaṃ vā hīnaṃ vā paṇītaṃ vā yaṃ dūre santike vā ayaṃ vuccati viññāṇakkhandho || || Ettāvatā kho bhikkhu khandhānaṃ khandhādhivacanan ti || ||

9 Sādhu bhante ti kho so bhikkhu || pe || apucchi || || Ko nu kho bhante hetu ko paccayo rūpakkhandhassa paññāpanāya || Ko hetu ko paccayo vedanākkhandhassa paññāpanāya || Ko hetu ko paccayo saññākkhandhassa paññāpanāya || Ko hetu ko paccayo saṅkhārakkhandhassa paññāpanāya || Ko hetu ko paccayo viññāṇakkhandhassa paññāpanāyāti || ||

Cattāro kho bhikkhu mahābhūtā hetu cattāro mahābhūtā paccayo rūpakkhandhassa paññāpanāya || || Phasso hetu phasso paccayo vedanākkhandhassa paññāpanāya || phasso hetu phasso paccayo saññākkhandhassa paññāpanāya ||

---

[1] S[1-3] napi aññattha [2] S[1-3] vemattā ti here only

[3] Missing in S[1-3]

phasso hetu phasso paccayo saṅkhārakkhandhassa paññāpanāya || Nāmarūpaṃ hetu nāmarūpam paccayo viññāṇakkhandhassa paññāpanāyāti || ||

10 Sādhu bhante ti kho so bhikkhu || pe || apucchi || || Katham nu kho bhante sakkāyadiṭṭhi[1] hotīti || ||

Idha bhikkhu assutavā puthujjano ariyānaṃ adassāvī ariyadhammassa akovido ariyadhamme avinīto sappurisānaṃ adassāvī sappurisadhammassa akovido sappurisadhamme[2] avinīto rūpam attato samanupassati || rūpavantaṃ vā attānaṃ attani vā rūpaṃ rūpasmiṃ vā attānaṃ || vedanaṃ || pe || saññaṃ || saṅkhāre || viññāṇam attato samanupassati || viññāṇavantaṃ vā attānam attani vā viññāṇaṃ viññāṇasmiṃ vā attānaṃ || || Evaṃ kho bhikkhu sakkāya diṭṭhi hotīti || ||

11 Sādhu bhante ti kho so bhikkhu || pe || apucchi || || Katham pana bhante sakkāyadiṭṭhi na hotīti || ||

Idha bhikkhu sutavā ariyasāvako ariyānaṃ dassāvī ariyadhammassa kovido ariyadhamme suvinīto sappurisānaṃ dassāvī sapurisadhammassa kovido sappurisadhamme suvinīto na rūpam attato samanupassati || na rūpavantaṃ vā[3] attānaṃ na attani vā rūpaṃ na rūpasmiṃ vā attānam || || na vedanaṃ || || na saññaṃ || || na saṅkhāre || || na viññāṇam attato samanupassati || na viññāṇavantaṃ vā attānaṃ na attani vā viññānaṃ na viññāṇasmiṃ vā attanaṃ || || Evaṃ kho bhikkhu sakkāyadiṭṭhi na hotīti || ||

12 Sādhu bhante ti kho so bhikkhu || pe || apucchi || || Ko nu kho bhante rūpassa assādo ko ādīnavo kiṃ nissaraṇaṃ || ko vedanāya || ko saññāya || ko saṅkhārānaṃ || ko viññāṇassa assādo ko ādīnavo kiṃ nissaraṇan ti || ||

Yaṃ kho bhikkhu rūpaṃ paṭicca uppajjati sukhaṃ somanassaṃ ayaṃ rūpassa assādo || yaṃ rūpam aniccaṃ dukkhaṃ vipariṇāmadhammam ayaṃ rūpassa ādīnavo || yo rūpasmiṃ chandarāgavinayo chandarāgapahānaṃ idaṃ rūpassa nissaraṇaṃ || || Yaṃ vedanaṃ paṭicca || ||[4] Yaṃ

---

[1] S¹-³ add vici (S¹ —vivi—) kicchi here only

[2] B inserts su

[3] S¹-³ omit vā everywhere

[4] Complete in S¹-³

saññaṃ paṭicca Ye saṅkhāre paṭicca [1] Yaṃ viññāṇam paṭicca uppajjati sukhaṃ somanassaṃ ayaṃ viññāṇassa assādo yaṃ viññāṇam aniccaṃ dukkhaṃ vipariṇāmadhammaṃ ayaṃ viññāṇassa ādīnavo yo viññāṇasmiṃ chandarāgavinayo chandarāgapahānaṃ idaṃ viññāṇassa nissaraṇan ti

13 Sādhu bhante ti kho so bhikkhu Bhagavato bhāsitam abhinanditvā anumoditvā Bhagavantaṃ uttariṃ pañham apucchi Kathaṃ nu kho bhante jānato kathaṃ passato imasmim ca saviññāṇake kāye bahiddhā ca sabbanimittesu ahaṅkāramamaṅkāramānānusayā na hontīti

Yaṃ kiñci bhikkhu rūpaṃ atītānāgatapaccuppannam ajjhattam vā bahiddhā vā oḷārikaṃ vā sukhumaṃ vā hīnaṃ vā paṇītaṃ vā yaṃ dūre santike vā sabbaṃ rūpaṃ netaṃ mama neso ham asmi na meso attā ti Evam etaṃ yathābhūtaṃ sammappaññāya passsati Yā kāci vedanā pe Yā kāci saññā Ye keci saṅkhārā Yaṃ kiñci viññāṇaṃ atītānāgatapaccuppannam ajjhattaṃ vā bahiddhā vā oḷārikaṃ vā sukhumaṃ vā hīnaṃ vā paṇītaṃ vā yaṃ dūre santike vā sabbaṃ viññāṇaṃ netam mama neso ham asmi na meso attā ti evam etaṃ yathābhūtaṃ sammappaññāya passati Evaṃ kho bhikkhu jānato evam passato imasmiṃ ca [2] saviññāṇake kāye bahiddhā ca sabbanimittesu ahaṅkāramamaṅkāramānānusayā na hontīti

14 Tena kho pana samayena aññatarassa bhikkhuno evaṃ cetaso parivitakko udapādi Iti kira bho rūpam anattā vedanā saññā saṅkhārā viññāṇam anattā anattakatāni kammāni katamattānaṃ [3] phusissantīti

15 Atha kho Bhagavā tassa bhikkhuno cetasā ceto parivitakkaṃ aññāya bhikkhū āmantesi Ṭhānaṃ kho panetaṃ bhikkhave vijjati yaṃ [4] idhekacco moghapuriso avidvā avijjāgato taṇhādhipateyyena [5] cetasā satthusāsanaṃ atidhāvitabbaṃ maññeyya Iti kira bho rūpam anattā vedanā saññā saṅkhārā viññāṇaṃ anattā anattakatāni

[1] Complete in S^{1-3}

[2] B inserts pana

[3] B kammattānaṃ

[4] Missing in S[illegible]

[5] S[illegible] taṇhādhigatena

kammāni katamattānaṃ[1] phusissanti|| [2] Paṭipucchā vinītā kho me tumhe bhikkhave tatra tatra tesu dhammesu|||

16 Taṃ kiṃ maññattha bhikkhave Rūpaṃ niccaṃ vā aniccaṃ vā ti|||

Aniccaṃ bhante|||

17–19 Vedanā| Saññā| Saṅkhārā|||

20 Viññāṇam niccaṃ vā aniccaṃ vā ti|||

Aniccaṃ bhante|||

Yam panāniccaṃ dukkhaṃ vā taṃ sukhaṃ vā ti|||

Dukkhaṃ bhante|||

Yam panāniccaṃ dukkhaṃ vipariṇāmadhammaṃ kallaṃ nu taṃ samanupassituṃ||| Etam mama eso ham asmi eso me āttāti|||

No hetam bhante|||

21 Tasmātiha|| la|| evaṃ passaṃ nāparam itthattāyāti pajānātīti|||

22 [Dve Khandhā Taññeva Siyaṃ||
Adhivacanam ca Hetunā||
Sattā yena duve vuttā||
Assāda-Viññāṇakena ca||
Ete dasavidhā vuttā||
Hoti bhikkhupucchāyāti||| [3]]

Khajjaniyavaggo tatiyo||
Tassuddānaṃ||| [4]

Assādo [5] dve Samudayā|| [6]
Arahantehi [7] apare dve
Sīhā [8] Khajjani Piṇḍolyaṃ|| [9]
Pārileyyena [10] Puṇṇamāti|||

---

[1] S[1-3] katamanattānaṃ ; B kappattānaṃ
[2] B phusissantīti
[3] In B only
[4] B Tatru°
[5] S[1-3] assādā
[6] B samudayo
[7] S[1-3] arahante (S[3] -ntā)
[8] S[3] Sīho
[9] S[1-3] piṇḍolyo
[10] B pāli°

Chapter IV Theravaggo Catuttho

83 (1) *Ānando*

1 Evam me sutaṃ || ekaṃ samayaṃ āyasmā Ānando Sāvatthiyaṃ viharati Jetavane Anāthapiṇḍikassa ārāme || ||[1]

2 Tatra kho āyasmā Ānando bhikkhū āmantesi Āvuso bhikkhavo ti || ||

Āvuso ti kho te bhikkhū āyasmato Ānandassa paccassosuṃ || ||

Āyasmā Ānando etad avoca || ||

3 Puṇṇo nāma āvuso āyasmā Mantāniputto[2] amhākaṃ navakānaṃ sataṃ bahūpakāro hoti || so amhe iminā ovādena ovadati Upādāya āvuso Ānanda asmīti hoti no anupādāya || ||

4 Kiñca upādāya asmīti hoti no anupādāya || ||

Rūpam upādāya asmīti hoti no anupādāya || || Vedanaṃ || Saññaṃ || Saṅkhāre || Viññāṇam upādāya asmīti hoti no anupādāya || ||

5 Seyyathāpi āvuso Ānanda itthi vā puriso vā daharo yuvā maṇḍanakajātiko[3] ādāse vā parisuddhe pariyodāte acche vā udakapatte[4] sakaṃ mukhanimittam paccavekkhamāno upādāya passeyya no anupādāya || || Evam eva kho āvuso Ānanda rūpaṃ upādāya asmīti hoti no anupādāya || vedanaṃ || saññaṃ || saṅkhāre || viññāṇaṃ upādāya asmīti hoti no anupādāya || ||

6 Taṃ kiṃ maññasi āvuso Ānanda Rūpaṃ niccaṃ vā aniccaṃ vā ti || ||

Aniccam āvuso || [5]

7–10 Vedanā || pe || Saññā || Saṅkhārā || Viññāṇaṃ niccaṃ vā aniccaṃ vā ti || ||

Aniccam avuso || [5]

11 Tasmātiha || pa ||

12 Evam passaṃ || pa || nāparam itthattāyāti pajānātīti || ||

13 Puṇṇo nāma āvuso āyasmā Mantāniputto amhākaṃ

---

[1] B sāvatthi only

[2] S1-3 Mantāṇi° always (S1 Mantāṇī° here only)

[3] B [illegible] S [illegible] ndaratt[illegible] S [illegible] yam par[illegible] niccaṃ°

navakānaṃ satam bahūpakāro hoti || So amhe iminā ovādena ovadati || idaṃ ca pana me āyasmato[1] Puṇṇassa Mantāniputtassa dhammadesanaṃ sutvā dhammo abhisameto ti || ||[2]

84 (2) *Tisso*

1 Savatthi | ārāme ||

2 Tena kho pana samayena āyasmā Tisso Bhagavato pitucchāputto sambahulānaṃ bhikkhūnaṃ evam āroceti || Api me āvuso madhurakajāto viya kāyo || disā pi me na pakkhāyanti || dhammā pi maṃ na paṭibhanti || thīnamiddhaṃ ca me cittaṃ pariyādāya tiṭṭhati || anabhirato ca brahmacariyaṃ carāmi hoti ca me dhammesu vicikicchā ti || ||

3 Atha kho sambahulā bhikkhū yena Bhagavā tenupasaṅkamiṃsu || upasaṅkamitvā Bhagavantam abhivādetvā ekam antaṃ nisīdiṃsu || ||

4 Ekam antaṃ nisinnā kho te bhikkhū Bhagavantam etad avocuṃ || || Āyasmā bhante Tisso Bhagavato pitucchāputto sambahulānaṃ bhikkhūnaṃ evam āroceti || || Api me āvuso madhurakajāto viya kāyo || disā pi me na pakkhāyanti || dhammā pi maṃ na paṭibhanti || thīnamiddhaṃ ca me cittaṃ pariyādāya tiṭṭhati || anabhirato ca brahmacariyaṃ carāmi || hoti ca me dhammesu vicikicchā ti || ||

5 Atha kho Bhagavā aññataram bhikkhum āmantesi || || Ehi tvam bhikkhu mama vacanena Tissaṃ bhikkhum āmantehi || Satthā taṃ āvuso Tissa āmantetīti || ||

6 Evam bhante ti kho so bhikkhu Bhagavato paṭissutvā yenāyasmā Tisso tenupasaṅkami || upasaṅkamitvā āyasmantam Tissam etad avoca || || Satthā tam āvuso Tissa āmantetīti || ||

7 Evam āvuso ti kho āyasmā Tisso tassa bhikkhuno paṭissutvā yena Bhagavā tenupasaṅkami || upasaṅkamitvā Bhagavantam abhivādetvā ekam antaṃ nisīdi || ||

8 Ekam antaṃ nisinnaṃ kho āyasmantaṃ Tissam Bhagavā etad avoca || Saccaṃ kira tvaṃ Tissaṃ sam-

---

[1] B panāyasmato [2] B °samitoti

bahulānaṃ bhikkhūnaṃ evaṃ ārocesi || Api me āvuso madhurakajāto viya kāyo | la | hoti ca me dhammesu vicikicchā ti ||

Evam bhante ||

9 Taṃ kiṃ maññasi Tissa rūpe avigatarāgassa [1] avigatachandassa [2] avigatapemassa avigatapipāsassa avigatapariḷāhassa avigatataṇhassa tassa rūpassa vipariṇāmaññathābhāvā uppajjanti sokaparidevadukkhadomanassupāyāsā ti ||

Evam bhante ||

10–13 Sādhu sādhu Tissa evaṃ hetaṃ Tissa hoti yathā taṃ rūpe avigatarāgassa [3] vedanāya | saññāya | saṅkhāresu avigatarāgassa | pe | tesaṃ saṅkhārānaṃ vipariṇāmaññathābhāvā uppajjanti sokaparidevadukkhadomanassupāyāsā ti ||

Evam bhante ||

14 Sādhu sādhu Tissa evaṃ hetaṃ Tissa hoti yathā taṃ [saṅkhāresu avigatarāgassa ,][4] viññāṇe avigatarāgassa [2] avigatachandassa avigatapemassa avigatapipāsassa avigatapariḷāhassa avigatataṇhassa tassa viññāṇassa vipariṇāmaññathābhāvā uppajjanti sokaparidevadukkhadomanassupāyāsā ti ||

Evam bhante ||

15 Sādhu sādhu Tissa evaṃ hetaṃ Tissa hoti yathā taṃ viññāṇe avigatarāgassa [5]

16 Taṃ kiṃ maññasi Tissa rūpe vigatarāgassa [6] vigatachandassa vigatapemassa vigatapipāsassa vigatapariḷāhassa vigatataṇhassa tassa rūpassa vipariṇāmaññathābhāvā uppajjanti sokaparidevadukkhadomanassupāyāsā ti ||

No hetam bhante ||

17 Sādhu sādhu Tissa evaṃ hetaṃ Tissa hoti yathā taṃ rūpe vigatarāgassa | vedanāya | saññāya | saṅkhāresu vigatarāgassa | viññāṇe vigatarāgassa vigatachandassa

---

1 S¹⁻³ avīta° 2 S³ avigata°
3 S³ avīta° 4 So all the MSS. (S³ has avīta°)
5 So all the MSS. without even one —pe— or | la | and further [illegible]

vigatapemassa vigatapipāsassa vigatapariḷāhassa vigatataṇhassa tassa viññāṇassa vipariṇāmaññathābhāvā uppajjanti sokaparidevadukkhadomanassupāyāsā ti|| ||

No hetam bhante|| ||

18 Sādhu sādhu Tissa evaṃ hetaṃ Tissa hoti yathā taṃ viññāṇe vigatarāgassa|| ||

19 Taṃ kiṃ maññasi Tissa rūpaṃ ṇiccaṃ vā aniccaṃ vā ti|| ||

Aniccam bhante|| ||

20-23 Vedanā|| pe|| Saññā|| Saṅkhārā|| Viññāṇaṃ niccaṃ vā aniccaṃ vā ti|| ||

Aniccam bhante|| ||[1]

24 Tasmā ti ha|| la||

25 Evam passam|| pa|| nāparaṃ itthattāyāti pajānāti||

26 Seyyathāpassa[2] Tissa dve purisā eko puriso amaggakusalo eko puriso maggakusalo|| || Tam enaṃ[3] so amaggakusalo puriso amum maggakusalam purisam maggam puccheyya|| so evaṃ vadeyya Evaṃ[4] bho purisa ayam maggo|| tena muhuttam gaccha|| tena muhuttam gantvā dakkhissasi dvidhāpathaṃ||[5] tattha vāmaṃ muñcitvā dakkhiṇaṃ gaṇhāhi|| tena muhuttam gaccha|| tena[6] muhuttaṃ gantvā dakkhissasi tibbam vanasaṇḍaṃ|| || Tena muhuttaṃ gaccha tena muhuttaṃ gantvā dakkhissasi mahantam ninnaṃ pallalaṃ|| || Tena muhuttam gaccha|| tena muhuttaṃ gantvā dakkhissasi sobbham papātaṃ|| || Tena muhuttaṃ gaccha|| tena muhuttaṃ gantvā dakkhissasi samam bhūmibhāgaṃ ramaṇīyaṃ|| ||

27 Upamā kho myāyaṃ[7] Tissa katā atthassa viññāpanāya ayaṃ cevettha attho|| ||

28 Puriso amaggakusalo ti kho Tissa puthujjanassetaṃ adhivacanaṃ|| || Puriso maggakusaloti kho Tissā Tathāgatassetam[8] adhivacanam arahato sammāsambuddhassa|| ||

29 Dvidhāpatho ti kho Tissa vicikicchāyetam adhivaca-

---

[1] Complete in S[1-3] [2] B seyyathāpi [3] S[1-3] ena
[4] B ehi [5] B dvedhā°
[6] S[1-3] gacchantena instead of gaccha|| tena
[7] S[1] omits ṃ [8] B °assa taṃ

naṃ || Vāmamaggo ti kho Tissa aṭṭhaṅgikassetam micchāmaggassa adhivacanaṃ seyyathīdam micchādiṭṭhiyā || la | micchāsamādhissa Dakkhiṇamaggo ti kho Tissa ariyassetam aṭṭhaṅgikassa maggassa adhivacanaṃ seyyathīdaṃ sammādiṭṭhiyā la sammāsamādhissa

30 Tibbo vanasaṇḍo ti kho Tissa avijjāyetaṃ adhivacanaṃ || Mahantaṃ ninnaṃ pallalanti kho Tissa kāmānaṃ etam adhivacanaṃ Sobbho papāto ti kho Tissa kodhūpāyāsassetam adhivacanaṃ [1] Samo bhūmibhāgo ramaṇīyo ti kho Tissa nibbānassetam adhivacanaṃ ||

31 Abhirama Tissa abhirama Tissa aham ovādena aham anuggahena aham anusāsaniyāti [2] |

32 Idam avoca Bhagavā attamano āyasmā Tisso Bhagavato bhāsitam abhinandīti |

85 (3) *Yamako*

1 Ekaṃ samayaṃ āyasmā Sāriputto Sāvatthiyaṃ viharati Jetavane Anāthapiṇḍikassa ārāme ||

2 Tena kho pana samayena Yamakassa nāma bhikkhuno evarūpam pāpakaṃ diṭṭhigataṃ uppannaṃ hoti || Tathāham Bhagavatā dhammaṃ desitaṃ ājānāmi|| yathā khīṇāsavo bhikkhu kāyassa bhedā ucchijjati vinassati na hoti param maraṇā ti ||

3 Assosuṃ kho sambahulā bhikkhū Yamakassa kira nāma bhikkhuno evarūpam pāpakaṃ diṭṭhigataṃ uppannaṃ || Tathāham || maraṇā ti || [3]

4 Atha kho te bhikkhū yenāyasmā Yamako tenupasaṅkamiṃsu|| upasaṅkamitvā āyasmatā Yamakena saddhiṃ sammodiṃsu | sammodanīyaṃ kathaṃ sārāṇīyaṃ vītisāretvā ekam antaṃ nisīdiṃsu ||

5 Ekam antam nisinnā kho te bhikkhū āyasmantaṃ Yamakam etad avocuṃ || Saccaṃ kira te āvuso Yamaka evarūpaṃ pāpakaṃ diṭṭhigatam upannaṃ || Tathāham

---

[1] S^3 kodhūpāyassetaṃ

[2] So S^{1-3} (S^3 °anuggehena) B °Tissa aham āmisāmamānussāsa[illegible] B

Bhagavatā dhammaṃ desitam ājānāmi yathā khīṇāsavo bhikkhu kāyassa bhedā ucchijjati vinassati na hoti param maraṇā ti|||

6 Evaṃ kho haṃ[1] āvuso Bhagavatā dhammaṃ desitam ājānāmi|| yathā khīṇāsavo bhikkhu kāyassa bhedā ucchijjati vinassati na hoti param maraṇā ti|||

7 Mā āvuso Yamaka evam avaca|| mā Bhagavantam abbhācikkhi|| na hi sādhu Bhagavato abbhakkhānaṃ||[2] na hi Bhagavā evaṃ vadeyya Khināsavo bhikkhu kāyassa bhedā ucchijjati vinassati na hoti param maraṇa ti|||

8 Evam pi kho āyasmā Yamako tehi bhikkhūhi vuccamāno thāmasāparāmāsā[3] abhinivissa voharati||| Tathāham[4] Bhagavatā dhammaṃ desitaṃ ājānāmi yathā khīṇāsavo bhikkhu kāyassa bhedā ucchijjati vinassati na hoti param maraṇā ti|||

9 Yato[5] kho te bhikkhū nāsakkhiṃsu āyasmantaṃ Yamakam etasmā pāpakā diṭṭhigatā vivecetuṃ|| atha kho[6] te bhikkhū uṭṭhāyāsanā yenāyasmā Sāriputto tenupasankamiṃsu|| upasaṅkamitvā āyasmantaṃ Sāriputtam etad avocuṃ||| Yamakassa nāma āvuso Sāriputta bhikkhuno evarūpam pāpakaṃ diṭṭhigatam uppannaṃ||| Tathāhaṃ Bhagavatā dhammaṃ desitam ājānāmi|| yathā khīṇāsavo bhikkhu kāyassa bhedā ucchijjati vinassati na hoti param maranāti||| Sādhāyasmā Sāriputto yena Yamako bhikkhu tenupasaṅkamatu anukampam upādāyāti|||

10 Adhivāsesi kho āyasmā Sāriputto tuṇhībhāvena|||

11 Atha kho āyasmā Sāriputto sāyaṇhasamayaṃ paṭisallāṇā vuṭṭhito yenāyasmā Yamako tenupasaṅkami|| upasaṅkamitvā āyasmatā Yamakena saddhiṃ sammodi || la|||

12 Ekam antaṃ nisinno kho āyasmā Sāriputto āyasmantaṃ Yamakam etad avoca||| Saccaṃ kira te āvuso Yamaka evarūpam pāpakaṃ diṭṭhigataṃ uppannaṃ||| Tathāham Bhagavatā dhammaṃ desitam ājānāmi|| yathā

---

[1] B Evaṃ byā kho ahaṃ°
[2] B abbhācikkhanahi° °abbhācikkhanaṃ
[3] S¹⁻³ parāmassa (S. p. 46 n. 1) [4] S¹⁻³ tathāhantaṃ
[5] S¹⁻³ yatho [6] Missing in S¹⁻³

khīṇāsavo bhikkhu kāyassa bhedā ucchijjati vinassati na hoti paraṃ maraṇā ti ||

13 Evaṃ khvāhaṃ [1] āvuso Bhagavatā dhammaṃ desitaṃ ājānāmi | yathā khīṇāsavo bhikkhu kāyassa bhedā ucchijjati vinassati na hoti paraṃ maraṇā ti ||

14 Taṃ kiṃ maññasi āvuso Yamaka [2] rupaṃ niccaṃ vā aniccaṃ vā |

Aniccaṃ āvuso || [3]

15–18 Vedanā | pe | saññā | saṅkhārā | viññāṇaṃ niccaṃ vā aniccaṃ vā ti ||

Aniccaṃ āvuso || [3]

19 Tasmātiha | pa |

20 Evaṃ passaṃ || la || nāparaṃ itthattāyā ti pajānāti ||

21 Taṃ kiṃ maññasi āvuso Yamaka rūpaṃ tathāgato ti samanupassasīti ||

No hetaṃ āvuso ||

22–26 Vedanaṃ || pe || [4] saññaṃ || saṅkhāre | viññāṇaṃ tathāgato ti samanupassasīti ||

No hetaṃ āvuso ||

27 Taṃ kiṃ maññasi āvuso Yamaka rūpasmiṃ tathāgato ti samanupassasīti ||

No hetaṃ āvuso ||

Aññatra rūpā tathāgato ti samanupassasīti ||

No hetaṃ āvuso ||

28 Vedanāya || aññatra vedanāya ||

29 Saññaya || aññatra saññāya ||

30 Saṅkhāresu [5] aññatra saṅkhārehi ||

31 Viññāṇasmiṃ tathāgatoti samanupassasīti ||

No hetaṃ āvuso ||

Aññatra viññāṇā tathāgato ti samanupassasīti ||

No hetaṃ āvuso ||

32 Taṃ kiṃ maññasi āvuso Yamaka | Rupā vedanā saññā saṅkhārā [6] viññāṇaṃ tathāgato ti samanupassasīti ||

No hetaṃ āvuso ||

---

[1] S^{1-3} evañcakhohaṃ [2] S^{1} inserts eva ; S^{3} evaṃ
[3] Complete in S^{1-3} [4] Complete in B [5] S^{1-3} saṅkhāre
[6] B rūpaṃ vedanaṃ saññaṃ saṅkhāre

33 Taṃ kiṃ maññasi āvuso Yamaka ayaṃ so arūpī avedano asaññī asaṅkhāro aviññāṇo tathāgato ti samanupassasīti || [1]

No hetaṃ āvuso ||

34 Ettha ca te [2] āvuso Yamaka diṭṭheva dhamme saccato thetato [3] tathāgato anupalabbhiyamāno || kallaṃ nu te taṃ veyyākaraṇam Tathāhaṃ Bhagavatā dhammaṃ desitam ājānāmi || yāthā khīṇāsavo bhikkhu kāyassa bhedā ucchijjati vinassati na hoti param maraṇā ti || ||

35 Ahu kho [4] me tam āvuso Sāriputta pubbe aviddasuno pāpakaṃ diṭṭhigatam idaṃ ca panāyasmato [5] Sāriputtassa dhammadesanaṃ sutvā taṃ ceva pāpakaṃ diṭṭhigatam pahīnaṃ dhammo ca me abhisameto ti || || [6]

36 Sace tam āvuso Yamaka evam puccheyyuṃ || || Yo so āvuso Yamaka bhikkhu arahaṃ khīṇāsavo so kāyassa bhedā param maraṇā kiṃ hotīti || evam puṭṭho tvam āvuso Yamaka kinti vyākareyyāsīti || ||

37 Sace maṃ āvuso evam puccheyyuṃ || Yo so° °kiṃ hotīti [7] evam puṭṭho ham [8] āvuso evaṃ vyākareyyaṃ || || Rūpaṃ kho āvuso aniccaṃ || yad aniccaṃ taṃ dukkham || yaṃ dukkhaṃ taṃ niruddhaṃ tam atthagataṃ || || Vedanā || Saññā || Saṅkhārā || Viññāṇam aniccaṃ || yad aniccaṃ taṃ dukkhaṃ || yaṃ dukkhaṃ taṃ niruddhaṃ tad atthagatan ti || ||

Evam puṭṭho aham āvuso evaṃ vyākareyyanti || ||

38 Sādhu sādhu āvuso Yamaka || tena hāvuso Yamaka upaman te karissāmi etasseva atthassa bhiyyosomattāya ñāṇāya || || [9]

39 Seyyathāpi āvuso Yamaka gahapati vā gahapatiputto vā aḍḍho [10] mahaddhano mahābhogo so ca ārakkhasampanno || tassa kocid eva puriso uppajjeyya anatthakāmo ahitakāmo ayogakkhemakāmo jīvitā voropetukāmo || tassa

---

1 S^{1-3} omit samanupassasī ti   2 S^3 etthavato

3 S^1 tathato ; S^3 tatthato

4 S^{1-3} omit param maraṇāti ahu kho

5 S^{1-3} paname āyas°   6 S^{1-3} omit me B abhisamito ti

7 Complete in B ; the whole from evam puṭṭho° is missing in S^{1-3} faulty, I think, not by abbreviation

8 B aham always   9 B °mattaññāṇāya   10 B addho

evam assa Ayaṃ kho gahapati vā gahapatiputto vā aḍḍho mahaddhano mahābhogo so ca ārakkhasampanno nāyaṃ sukaro[1] pasayha jīvitā voropetuṃ|| yaṃ nūnāhaṃ anupakhajja jīvitā voropeyyan ti|| || So taṃ gahapatiṃ vā gahapatiputtaṃ vā upasaṅkamitvā evaṃ vadeyya Upaṭṭhaheyyantaṃ bhanteti|| tam enaṃ so[2] gahapati vā gahapātiputto vā upaṭṭhāpeyya||[3] so upaṭṭhaheyya pubbuṭṭhayī[4] pacchānipātī kiṃkārapatissāvī manāpacārī pīyavādī|| || Tassa so gahapati vā gahapatiputto vā mittato[5] pi naṃ daheyya suhajjato pi naṃ daheyya tasmiñca vissāsaṃ āpajjeyya|| yadā kho āvuso tassa purisassa evam assa Saṃvissattho[6] kho myāyaṃ gahapati vā gahapatiputto vā ti|| atha naṃ rahogataṃ viditvā tiṇhena satthena jīvitā voropeyya|| ||

40 Taṃ kiṃ maññasi āvuso Yamaka|| Yadā pi[7] so puriso amuṃ gahapatiṃ vā gahapatiputtaṃ vā upasaṅkamitvā evam āha Upaṭṭhaheyyaṃ tam bhante ti|| tadā pi so vadhako va[8]|| vadhakañ ca pana santaṃ na aññāsi Vadhako me ti|| ||

41 Yadā pi so upaṭṭhāti pubbuṭṭhāyi pacchānipātī kiṃkārapaṭissāvī manāpacārī pīyavādī[9] tadā pi so vadhako va|| vadhakañca pana santam na aññāsi Vadhako me ti|| ||[10]

42 Yadā pi naṃ rahogataṃ viditvā tiṇhena satthena jīvitā voropeti tadā pi so vadhako va|| vadhakañca pana santaṃ na aññāsi Vadhako me ti|| ||

Evam āvuso ti|| ||

43 Evam eva kho āvuso assutavā puthujjano ariyānam adassāvī ariyadhammassa akovido ariyadhamme avinīto sappurisānam adassāvī sappurisadhammassa akovido sappurisadhamme avinīto rūpam attato samanupassati|| rūpavantaṃ vā attānaṃ attani vā rūpaṃ rūpasmiṃ vā attānaṃ|| || Vedanaṃ|| || Saññaṃ|| || Saṅkhāre|| || Viññāṇam

---

[1] S^{1-3} nabyāsukaro [2] S^{1-3} tameso
[3] S^{1-3} upaṭṭhaheyya [4] S^{1} pubbaṭṭhāyī here only
[5] $S^{1\ 3}$ cittato [6] B visāsaṃ° °vissaṭṭho [7] B hi
[8] S^{3} ca here and further on [9] S^{1-3} add ti
[10] This paragraph is repeated in B

attato samanupassati viññāṇavantam vā attānaṃ attani vā viññāṇam viññāṇasmiṃ vā attānam|| ||

44 So aniccaṃ rūpam Aniccaṃ rūpan ti yathābhūtam na pajānāti|| || aniccaṃ vedanaṃ Aniccā vedanāti yathābhūtaṃ na pajānāti|| || aniccaṃ saññaṃ|| || anicce saṅkhāre Aniccā saṅkhārāti yathābhūtam na pajānāti|| || aniccaṃ viññānaṃ Aniccaṃ viññāṇanti yathābhūtaṃ na pajānāti|| ||

45 Dukkham rūpaṃ Dukkham rūpanti yathābhūtam na pajānāti|| || dukkhaṃ vedanaṃ|| || dukkhaṃ saññaṃ|| || dukkhe saṅkhāre|| || dukkhaṃ viññāṇaṃ Dukkhaṃ viññāṇanti yathābhūtaṃ na pajānāti|| ||

46 Anattaṃ rūpam Anattaṃ [1] rupan ti yathābhūtam na pajānāti|| || anattaṃ vedanaṃ|| || anattaṃ saññaṃ|| || anatte saṅkhāre|| || anattaṃ viññāṇaṃ Anattaṃ vinnāṇanti yathābhūtaṃ na pajānāti|| ||

47 Saṅkhataṃ rūpaṃ Saṅkhataṃ rūpan ti yathābhūtaṃ na pajānāti|| || saṅkhataṃ vedanaṃ|| || saṅkhataṃ saññaṃ|| || saṅkhate saṅkhāre|| || saṅkhataṃ viññāṇaṃ Saṅkhataṃ viññāṇanti yathābhūtaṃ na pajānāti|| ||

48 Vadhakaṃ rupaṃ Vadhakaṃ rūpan ti yathābhūtam na pajānāti|| || vadhakaṃ vedanaṃ|| || vadhakaṃ saññaṃ|| vadhake sankhāre Vadhakā saṅkhārāti yathābhūtaṃ na pajānāti|| || vadhakaṃ viññāṇaṃ Vādhakaṃ viññāṇanti yathābhūtaṃ na pajānāti|| ||

49 So rūpaṃ upeti upādiyati adhiṭṭāti Attā me ti|| || vedanaṃ|| || saññaṃ|| || saṅkhāre|| || viññāṇaṃ upeti upādiyati adhiṭṭhāti Attā me ti|| || Tassime pañcupādānakkhandhā upetā [2] upādiṇṇā dīgharattaṃ ahitāya dukkhāya saṃvattanti|| ||

50 Sutavā ca kho āvuso ariyasāvako ariyānaṃ dassāvī|| la|| sappurisadhamme suvinīto na rūpam attato samanupassati|| na rūpavantam attānam|| na attani rūpam|| na rūpasmiṃ attānaṃ|| || Na vedanaṃ|| || Na saññaṃ|| || Na saṅkhāre|| || Na viññāṇaṃ attato samanupassati|| || na viññāṇavantaṃ attānaṃ|| na attani vā viññāṇaṃ|| na viññāṇasmiṃ attānaṃ|| ||

---

[1] B anattā [2] B upentā further on anupentā

51 So aniccaṃ rūpaṃ Aniccaṃ rūpan ti yathābhūtaṃ pajānāti||| Aniccaṃ vedanaṃ||| Aniccaṃ saññaṃ||| Anicce saṅkhāre||| Aniccam viññāṇam Aniccaṃ viññāṇanti yathābhūtaṃ pajānāti|||

52 Dukkhaṃ rūpaṃ Dukkhaṃ rūpan ti yathābhūtaṃ pajānāti||| Dukkhaṃ vedanaṃ||| Dukkhaṃ saññaṃ||| Dukkhe saṅkhāre||| Dukkham viññāṇaṃ Dukkhaṃ viññāṇanti yathābhūtam pajānāti|||

53 Anattaṃ rūpam Anattaṃ rūpan ti yathābhūtam pajānāti||| Anattam vedanaṃ||| Anattaṃ saññaṃ||| Anatte saṅkhāre||| Anattaṃ viññāṇam Anattā viññāṇanti yathābhūtaṃ pajānāti|||

54 Saṅkhataṃ rūpaṃ Saṅkhataṃ rūpan ti yathābhūtaṃ pajānāti||| Saṅkhataṃ vedanaṃ||| Saṅkhataṃ saññaṃ||| Saṅkhate saṅkhāre||| Saṅkhataṃ viññāṇam Saṅkhataṃ viññāṇanti yathābhūtam pajānāti|||[1]

55 Vadhakaṃ rūpaṃ Vadhakaṃ rupan ti yathābhutaṃ pajānāti||| Vadhakaṃ vedanaṃ||| Vadhakaṃ saññaṃ||| Vadhake saṅkhāre||| Vadhakaṃ viññāṇaṃ Vadhakaṃ viññāṇanti yathābhūtaṃ pajānāti|||

56 So rūpaṃ na upeti na upādiyati nādhiṭṭhāti[2] Attā me ti||| Vedanaṃ||| Saññaṃ||| Saṅkhāre||| Viññāṇaṃ na upeti na upādiyati nādhiṭṭhāti Attā me ti||| Tassime upādānakkhandhā anupetā anupadiṇṇā dīgharattaṃ hitāya sukhāya saṃvattantīti|||

57 Evaṃ hi te āvuso Sāriputta honti||[3] yesaṃ āyasmantānam tādisā sabrahmacārino[4] anukampakā atthakāmā ovādakā anusāsakā|| idañ ce pana me āyasmato Sāriputtassa dhammadesanaṃ sutvā anupādāya āsavehi cittaṃ vimuttanti|||

58 Idam avoca āyasmā Sāriputto|| attamano āyasmā Yamako āyasmato Sāriputtassa bhāsitam abhinandīti||[5]

---

[1] S^{1-3} omit 53, 54 without any sign of abbreviation; but their corresponding 46, 47 were in S^{1-3} as well as in B

[2] S^{1-3} na adhi° [3] B evam etaṃ āvuso° °hoti

[4] S^{1-3} yesamāyasmantā (S^{1}-taṃ) disāyabrahmacāriyo.

[5] This ending paragraph is not to be found in B

86 (4) *Anurādho*

1 Evaṃ me sutaṃ|| [1] ekaṃ samayaṃ Bhagavā Vesāliyaṃ viharati Mahāvane Kuṭāgārasālāyaṃ|| ||

2 Tena kho pana samayena āyasmā Anurādho Bhagavato avidūre araññakuṭikāyaṃ viharati|| ||

3 Atha kho sambahulā aññatitthiyā paribbājakā yenāyasmā Anurādho tenupasaṅkamiṃsu|| [2] upasaṅkamitvā āyasmatā Anurādhena saddhiṃ sammodiṃsu|| sammodanīyaṃ kathaṃ sārāṇīyaṃ vītisāretvā ekam antaṃ nisīdiṃsu|| ||

4 Ekam antaṃ nisinnā kho te aññatitthiyā paribbājakā āyasmantam Anurādham etad avocuṃ|| || Yo so āvuso Anurādha tathāgato uttamapuriso paramapuriso paramapattipatto taṃ tāthāgato [3] imesu catūsu [4] ṭhānesu paññāpayamāno paññāpeti|| || Hoti tathāgato param maraṇā ti vā na hoti tathāgato param maraṇā ti vā hoti ca na ca hoti tathāgato param maraṇa ti vā neva hoti na na hoti tathāgato param maraṇā ti vā|| ||

5 Evaṃ vutte [5] Anurādho te aññatitthiye paribbājake etad avoca|| || Yo so āvuso tathāgato uttamapuriso paramapuriso paramapattipatto taṃ tathāgato aññatra imehi [6] catūhi ṭhānehi paññāpayamāno paññāpeti|| || Hoti tathāgato param maraṇā ti vā na hoti tathāgato param maraṇā ti vā hoti ca na ca hoti tathāgato param maraṇā ti vā neva hoti na na hoti tathāgato param maraṇā ti vā ti|| ||

6 Evaṃ vutte te aññatitthiyā paribbājakā āyasmantam Anurādham etad avocuṃ|| || So [7] cāyam bhikkhu navo bhavissati acirapabbajito|| thero vā pana bālo avyatto ti|| ||

7 Atha kho [8] aññatitthiyā paribbājakā āyasmantam Anurādham navavādena ca bālavādena ca apasādetvā uṭṭhāyāsanā pakkāmiṃsu|| ||

---

[1] Missing in B [2] S1-3 °upasaṅkami [3] S1 insert na
[4] S1-3 insert pi [5] S3 vutto; the whole phrase missing in B
[6] S1-3 aññatrimehi [7] S1-3 Yo here and further on
[8] S3 inserts tesaṃ

8 Atha kho āyasmato Anurādhassa acirapakkantesu tesu aññatitthiyesu paribbājakesu etad ahosi || Sa ce kho maṃ te aññatitthiyā paribbājakā uttariṃ pañham puccheyyuṃ || [1] kathaṃ vyākaramāno nu [2] khvāhaṃ tesam aññatitthiyānam paribbājakānaṃ vuttavādī ceva Bhagavato assaṃ na ca Bhagavantam abhūtena abbhācikkheyyaṃ dhammassa cānudhammaṃ vyākareyyaṃ na ca koci sahadhammiko vādānupāto [3] gārayhaṃ ṭhānam āgaccheyyāti ||

9 Atha kho āyasmā Anurādho yena Bhagavā tenupasaṅkami || upasaṅkamitvā, la ||

10 Ekam antam nisinno kho āyasmā Anurādho Bhagavantam etad avoca || Idhāhaṃ bhante Bhagavato avidūre araññakuṭikāyaṃ viharāmi || Atha kho bhante sambahulā aññatitthiyā paribbājakā yenāhaṃ tenupasaṅkamiṃsu || la || mam etad avocuṃ || Yo so āvuso Anurādha tathāgato uttamapuriso paramapuriso paramapattipatto taṃ tathāgato imesu catūsu ṭhānesu paññāpayamāno paññāpeti Hoti tathāgato param maraṇā ti vā || pe || neva hoti na na hoti tathāgato param maraṇāti vā ti ||

11 Evam vuttāham bhante te [4] aññatitthiye paribbājake etad avoca || [5] Yo so āvuso tathāgato uttamapuriso paramapuriso paramapattipatto taṃ [6] tathāgato aññatra imehi catūhi ṭhānehi paññāyamāno paññāpeti Hoti tathāgato param maraṇā ti vā || pe || neva hoti na na hoti tathāgato param maraṇā ṭi vā ti ||

12 Evaṃ vutte bhante te aññatitthiyā paribbajakā mam etad avocuṃ || So cāyam bhikkhu navo bhavissati acirapabbajito thero vā pana bālo avyatto ti ||

13 Atha kho mam bhante te aññatitthiyā paribbājakā navavādena ca bālavādena ca apasādetvā uṭṭhāyāsanā pakkamiṃsu ||

---

[1] B uttaripuccheyyuṃ here and further on

[2] B na here and further on

[3] vādānuvādo here and further on

[4] Missing in S^{1-3}

[5] So B; S^{1-3} avocuṃ

Missing in S

14 Tassa mayham bhante acirapakkantesu tesu aññatitthiyesu paribbājakesu etad ahosi|| || Sa ce kho maṃ te aññatitthiyā paribbajakā uttariṃ pañham puccheyyuṃ|| kathaṃ vyākaramāno nu khvāhaṃ tesam aññatitthiyānaṃ paribbājakānam vuttavādī ceva Bhagavato assaṃ na ca Bhagavantam abbhācikkheyyaṃ dhammassa cānudhammaṃ vyākareyyaṃ na ca koci sahadhammiko vādānupāto gārayhaṃ ṭhānam āgaccheyyāti|| ||

15 Taṃ kiṃ maññasi Anurādha|| Rūpaṃ niccaṃ vā aniccaṃ vā ti|| ||

Aniccam bhante|| la|| ||

16 Tasmā ti ha|| pa||

17 Evam passam|| la|| nāparaṃ itthattāyāti pajānāti|| ||

18 Taṃ kiṃ maññasi Anurādha|| Rūpaṃ tathāgato ti samanupassasītī|| ||

No hetam bhante|| ||

Vedanaṃ|| pe|| || Saññaṃ|| || Saṅkhāre|| || Viññāṇaṃ tathāgato ti samanupassasīti|| ||

No hetam bhante|| ||

19 Taṃ kiṃ maññasi Anurādha|| Rūpasmiṃ tathāgatoti samanupassasīti|| ||

No hetam bhante|| ||

Aññatra rūpā tathāgato ti samanupassasīti|| ||

No hetam bante|| ||

Vedanāya|| pe|| aññatra vedanāya|| Saññāya|| pe|| aññatra saññāya|| || Saṅkhāresu|| aññatra saṅkārehi|| || Viññāṇasmiṃ tathāgato ti samanupassasīti|| ||

No hetam bhante|| ||

Aññatra viññāṇā tathagato ti samanupassasīti|| ||

No hetam bhante|| ||

20 Taṃ kiṃ maññasi Anurādha|| ayaṃ so arūpī avedano asaññī asaṅkhāro aviññāṇo tathāgato ti samanupassasīti|| ||

No hetam bhante|| ||

21 Ettha ca te Anurādha diṭṭhevadhamme saccato thetato tathāgato anupalabbhiyamāno|| kallaṃ nu te taṃ veyyākaraṇaṃ Yo so āvuso tathāgato uttamapuriso paramapuriso paramapattipatto taṃ tathāgato aññatra imehi

catūhi ṭhānehi paññāpayamāno paññāpeti[1] Hoti tathāgato param maraṇā ti vā|| na hoti|| hoti ca na ca hoti|| neva hoti na na hoti tathāgato param maraṇā ti vā ti||||[2]

No hetam bhante||||

22 Sādhu sādhu Anurādha pubbe cāham Anurādha etarahi ca dukkhañceva[3] paññāpemi dukkhassa ca nirodhanti||||

87 (5) *Vakkali*

1 Evam me sutaṃ|| ekaṃ samayam Bhagavā Rājagahe viharati Veḷuvane Kalandakanivāpe||||

2 Tena kho pana samayena āyasmā Vakkali kumbhakāranivesane viharati ābādhiko dukkhito bāḷhagilāno||||

3 Atha kho āyasmā Vakkali upaṭṭhāke āmantesi|||| Etha[4] tumhe āvuso yena Bhagavā tenupasaṅkamatha|| upasaṅkamitvā mama vacanena Bhagavato pāde sirasā vandatha|||| Vakkhali bhante bhikkhu ābādhiko dukkhito bāḷhagilāno|| so[5] Bhagavato pāde sirasā vandatīti|||| Evaṃ ca vadetha Sādhu kira bhante Bhagavā yena Vakkali bhikkhu tenupasaṅkamatu anukampam upādāyāti||||

4 Evam āvuso ti kho te bhikkhū āyasmato Vakkalissa paṭissutvā yena Bhagavā tenupasaṅkamiṃsu|||| Upasaṅkamitvā Bhagavantam abhivādetvā ekam antaṃ nisīdiṃsu||||

5 Ekam antaṃ nisinnā kho te bhikkhū Bhagavantam etad avocuṃ|||| Vakkali bhante bhikkhu ābādhiko dukkhito bāḷhagilāno|| so Bhagavato pāde sirasā vandati|| evañ ca pana[6] vadeti Sādhu kira bhante Bhagavā yena Vakkali bhikkhu tenupasaṅkamatu anukampam upādāyāti||||

Adhivāsesi Bhagavā tuṇhībhāvena||||

6 Atha kho Bhagavā nivāsetvā pattacīvaram ādāya yenāyasmā Vakkali tenupasaṅkami||||

---

[1] S¹⁻³ paññāpeyya
[2] More complete in S¹⁻³
[3] B dukkhasaccañca
[4] S¹⁻³ atha
[5] S¹⁻³ omit so
[6] S¹⁻³ omit pana

7 Addasā kho āyasmā Vakkali Bhagavantaṃ dūrato āgacchantaṃ|| disvāna mañcake samadhosi|||[1]

8 Atha kho Bhagavā āyasmantaṃ Vakkalim etad avoca||| Alaṃ Vakkali mā tvaṃ mañcake samadhosi|| santimāni āsanāni paññattāni tatthāhaṃ nisīdissamīti||| Nisīdi Bhagavā paññatte āsane|||

9 Nisajja kho Bhagavā āyasmantaṃ Vakkalim etad avoca||| Kacci te Vakkali khamanīyaṃ kacci yāpanīyaṃ kacci dukkhā vedanā paṭikkamanti no abhikkamanti|| paṭikkamosānaṃ paññāyati no abhikkamo ti|||

Na me bhante khamanīyaṃ na yāpanīyaṃ|| bāḷhā me dukkhā vedanā abhikkamanti no paṭikkamanti abhikkamosānam paññāyati no paṭikkamo ti|||

10 Kacci te Vakkali na kiñci kukkuccaṃ na koci vippaṭisāroti|||

Taggha me bhante anappakaṃ kukkuccaṃ anappako ca vippaṭisāro ti||

11 Kacci pana taṃ[2] Vakkali attā sīlato na upavadatīti|||

Na kho mam bhante attā sīlato[3] upavadatīti|||

12 No ce[4] kira tam Vakkali attā sīlato upavadati|| atha kiñci[5] te kukkuccaṃ ko ca vippaṭisāro ti|||

Cirapaṭikāham bhante Bhagavantaṃ dassanāya upasaṅkamitukāmo natthi ca me kāyasmiṃ tāvatikā balamattā|| yāyāhaṃ[6] Bhagavantaṃ dassanāya upasaṅkameyyan ti|||

13 Alaṃ Vakkali kiṃ te iminā pūtikāyena diṭṭhena||| Yo kho[7] Vakkali dhammam passati so mam passati|| yo maṃ passati so dhammam passati||| Dhammaṃ hi Vakkali passanto maṃ passati maṃ passanto dhammam passati|||

14 Taṃ kiṃ maññāsi Vakkali|| Rūpaṃ niccaṃ vā aniccaṃ vā ti|||

---

[1] So B; S[1] samañcopi, S[3] samavopi (S. p. 125, n. 2)
[2] S[1-3] tvaṃ
[3] S[3] inserts na here and further on
[4] B ca
[5] S[1-3] kasmiñca, and S[3] omits ko ca
[6] B yāvatāhaṃ
[7] Omitted by S[1-3]

Aniccaṃ bhante || || [1]

Vedanā || pe || Saññā || Saṅkhārā | Viññāṇaṃ niccaṃ va aniccaṃ vā ti || ||

Aniccaṃ bhante || || [2]

15–16 Tasmā ti || || Evam passaṃ || pe || nāparam itthattāyāti pajānātīti || ||

17 Atha kho Bhagavā āyasmantaṃ Vakkaliṃ iminā ovādena ovaditvā uṭṭhāyāsanā yena Gijjhakūṭo pabbato tena pakkāmi || || [3]

18 Atha kho āyasmā Vakkali acirapakkantassa Bhagavato upaṭṭhāke āmantesi || || Etha maṃ āvuso mañcakam āropetvā yena Isigilipassakālasilā[4] tenupasāṅkamatha || kathaṃ hi nāma mādiso antaraghare kālam kattabbaṃ maññeyyā ti || ||

19 Evam āvuso ti kho te bhikkhū āyasmato Vakkalissa paṭissutvā āyasmantaṃ Vakkalim mañcakam āropetvā yena Isigilipassakālasilā tenupasaṅkamiṃsu || ||

20 Atha kho Bhagavā taṃ ca rattiṃ taṃ ca divasāvasesaṃ[5] Gijjhakūṭe pabbate vihāsi || ||

21 Atha kho dve devatāyo abhikkantāya rattiyā abhikkantavaṇṇā kevalakappaṃ Gijjhakūṭaṃ obhāsetvā yena Bhagavā tenupasaṅkamiṃsu || la || ekam antam aṭṭhaṃsu || ||

22 Ekam antaṃ ṭhitā kho ekā devatā Bhagavantam etad avoca || || Vakkali bhante bhikkhu vimokkhāya cetetīti || ||

23 Aparā devatā Bhagavantam etad avoca || || So hi nūna[6] bhante suvimutto vimuccissatīti || ||

24 Idam avocuṃ tā devatāyo || || Idaṃ vatvā Bhagavantam abhivādetvā padakkhiṇaṃ katvā tatthevantaradhāyiṃsu || ||

25 Atha kho Bhagavā tassā rattiyā accayena bhikkhū āmantesi || || Etha tumhe bhikkhave yena Vakkali bhikkhu tenupasaṅkamatha || upasaṅkamitvā Vakkalim bhikkhum evaṃ vadetha || || Suṇāvuso[7] Vakkali Bhagavato vacanaṃ

---

[1] Complete in S[1-3] [2] Less abridged in B

[3] B tenupasaṅkami [4] B isigilipassaṃ always S[1-3] isigilissa

[5] B divāvasesaṃ [6] S[1-2] insert so always [7] B inserts tvaṃ

dvinnaṃ ca devatānaṃ|| imam āvuso rattiṃ dve devatāyo abhikkantāya rattiyā abhikkantavaṇṇā kevalakappam Gijjhakūṭam obhāsetvā yena Bhagavā tenupasaṇkamiṃsu|| upasaṇkamitvā Bhagavantam abhivādetvā ekam antam aṭṭhaṃsu|||| Ekam antaṃ ṭhitā kho āvuso ekā devatā Bhagavantam etad avoca|||| Vakkali bhante bhikkhu vimokkhāya cetetīti|||| Aparā devatā Bhagavantaṃ etad avoca|||| So hi nūna bhante vimutto vimuccissatīti|||| Bhagavā ca taṃ āvuso Vakkali evam āha|||| Mā bhāyi Vakkali mā bhāyi Vakkali apāpakaṃ te maraṇam bhavissati apāpikā kālakiriyāti||||

26 Evam bhante ti kho te bhikkhū Bhagavato paṭissutvā yenāyasmā Vakkali tenupasaṅkamiṃsu|| upasaṅkamitvā āyasmantaṃ Vakkalim etad avocuṃ|||| Suṇāvuso Vakkali Bhagavato vacanaṃ dvinnañ ca devatānan ti||||

27 Atha kho āyasmā Vakkali upaṭṭhāke āmantesi|||| Etha maṃ āvuso mañcakā oropetha kathaṃ hi nāma mādiso ucce āsane nisīditvā tassa Bhagavato sāsanam sotabbam maññeyā ti||||

28 Evam āvuso ti kho te bhikkhū āyasmato Vakkalissa paṭissutvā āyasmantaṃ Vakkalim mañcakā oropesuṃ [1]||||

29 Imaṃ āvuso rattim dve devatāyo abhikkantāya rattiyā|| la|| ekam antaṃ aṭṭhaṃsu|||| Ekam antaṃ ṭhitā kho āvuso ekā devatā Bhagavantam etad avoca|||| Vakkali bhante bhikkhu vimokkhāya cetetīti|||| Aparā devatā Bhagavantam etad avoca|||| So hi nūna bhante suvimutto vimuccissatīti|||| Bhagavā ca tam āvuso Vakkali [2] evam āha|||| Mā bhāyi Vakkali mā bhāyi apāpakan te maraṇam bhavissati [3] apāpikā kālakiriyā ti||||

30 Tena hāvuso mama vacanena Bhagavato pāde sirasā vandatha|||| Vakkali bhante bhikkhu ābādhiko dukkhito bāḷhagilāno so Bhagavato pāde sirasā vandati evañca vadeti [4] |||| Rūpam aniccaṃ tāham bhante na kaṅkhāmi|| yad aniccaṃ taṃ dukkhanti na vicikicchāmi|| yad aniccaṃ dukkhaṃ vipariṇāmadhammaṃ natthi me tattha chando vā rāgo vā pemaṃ vā ti na vicikicchāmi||||

---

[1] B voro° [2] B Vakkaliṃ [3] S[1-3] bhavissatīti [4] B vadetha

Vedanā aniccā tāham bhante na kaṅkhāmi || pe || || [1]
Saññā | Saṅkhārā || || [1]
Viññāṇām aniccaṃ tāham bhante na kaṅkhāmi || yad aniccaṃ taṃ dukkhanti na vicikicchāmi || yad aniccaṃ taṃ dukkhaṃ vipariṇāmadhammaṃ natthi me tattha chando vā rāgo vā pemaṃ vā ti na vicikicchāmīti || ||

31 Evam āvuso ti kho te bhikkhū āyasmato Vakkalissa paṭissutvā pakkamiṃsu || ||

32 Atha kho āyasmā Vakkali acirapakkantesu tesu bhikkhūsu sattham āharesi [2] || ||

33 Atha kho te bhikkhū yena Bhagavā tenupasaṅkamiṃsu, upasaṅkamitvā ekam antaṃ nisīdiṃsu || || [3] Ekam antaṃ nisinnā kho te bhikkhū Bhagavantam etad avocuṃ || || Vakkali bhante bhikkhu [4] ābādhiko dukkhito bāḷhagilāno so Bhagavato pāde sirasā vandati evaṃ ca vadeti || || Rūpam aniccaṃ tāham bhante na kaṅkhāmi || [5] yad aniccaṃ taṃ dukkhanti na vicikicchāmi || yad aniccam dukkhaṃ vipariṇāmadhammaṃ natthi me tattha chando vā rāgo vā pemaṃ vā ti na vicikicchāmī || || Vedanā || Saññā || || Saṅkhārā || || Viññāṇam aniccaṃ tāham bhante na kaṅkhāmi || yad aniccam taṃ dukkhanti na vicikicchāmi || yad aniccaṃ dukkhaṃ vipariṇāmadhammaṃ natthi me [6] tattha chando vā rāgo vā pemaṃ vā ti na vicikicchāmīti || ||

34 Atha kho Bhagavā bhikkhū āmantesi || || Āyāma bhikkhave yena Isigilipassakālasilā [7] tenupasaṅkamissāmi || [8] yattha Vakkalinā [9] kulaputtena satthaṃ āharitan ti || ||

Evam bhante ti kho te bhikkhū Bhagavato paccassosuṃ || ||

35 Atha kho Bhagavā sambahulehi bhikkhūhi saddhiṃ yena Isigilipassakālasilā tenupassaṅkami || ||

36 Addasā kho Bhagavā āyasmantaṃ Vakkaliṃ dūrato va mañcake vivattakkhandhaṃsemānaṃ || ||

---

[1] Complete in B [2] S1-3 āhāresi [3] Complete in S1-3 [4] Missing in B [5] B kamāmi; this part is abridged in S1-3 [6] S 1-3 te and S3 repeats natthite [7] S1-3 °passa° and in 35 °passaṃ° as B [8] B °issāma [9] B adds ma

37 Tena kho pana samayena dhumāyitattaṃ timirāyitattaṃ gacchateva purimaṃ disaṃ|| gacchati pacchimaṃ disaṃ gacchati uttaraṃ disaṃ gacchati dakkhiṇaṃ disaṃ gacchati uddham[1] gacchati adho[1] gacchati anudisaṃ|| ||[2]

38 Atha kho Bhagavā bhikkhū āmantesi|| || Passatha no tumhe bhikkhave etam[3] dhumāyitattam timirāyitattaṃ gacchateva purimaṃ disaṃ|| la|| gacchati anudisanti|| ||

Evam bhante|| ||

39 Eso kho bhikkhave Māro pāpimā Vakkalissa kulaputtassa viññāṇam samannesati[4] Kattha Vakkalissa kulaputtassa viññāṇam patiṭṭhitan ti|| ||

40 Apatiṭṭhitena ca bhikkhave viññāṇena Vakkali kulaputto parinibbuto ti|| ||

88 (6) *Assaji*

1 Ekaṃ samayam Bhagavā Rājagahe viharati Veḷuvane Kalandakanivāpe|| ||

2 Tena kho pana samayena āyasmā Assaji Kassapakārāme[5] viharati ābhādhiko dukkhito bāḷhagilāno|| ||

3 Atha kho āyasmā Assaji upaṭṭhāke āmantesi|| || Etha tumhe āvuso yena Bhagavā tenupasaṅkamatha|| upasaṅkamitvā mama vacanena Bhagavato pāde sirasā vandatha|| Assaji bhante bhikkhu ābādhiko dukkhito bāḷhagilāno|| so Bhagavato pāde sirasā vandati||[6] evañca vadetha Sādhu kira bhante Bhagavā yena Assaji bhikkhu tenupasaṅkamatu anukampam upādāyāti|| ||

4 Evam āvuso ti te bhikkhū āyasmato Assajissa paṭissutvā yena Bhagavā[7] tenupasaṅkamiṃsu|| upasaṅkamitvā Bhagavantam abhivādetvā ekam antaṃ nisīdiṃsu|| ||

5 Ekam antaṃ nisinnā kho te bhikkhū Bhagavantam etad avocuṃ|| || Assaji bhante bhikkhu ābādhiko|| pa|| Sādhu kira bhante Bhagavā yena Assaji bhikkhu tenupasaṅkamatu anukampam upādāyāti|| ||

Adhivāsesi Bhagavā tuṇhībhāvena|| ||

---

[1] B adds disaṃ [2] S[1-3] add gacchati [3] B evaṃ
[4] B samandesati [5] S[3] kassapa ārāme [6] S[1] vandatīti
[7] Missing in S[3] from etha tumhe āvuso (by mistake)

6 Atha kho Bhagavā sāyaṇhasamayaṃ patisallāṇā vuṭṭhito yenāyasmā Assaji tenupasaṅkami|| ||

7 Addasā kho āyasmā Assaji Bhagavantaṃ dūrato āgacchantaṃ|| disvāna mañcake [1] samadhosi|| ||[2]

8 Atha kho Bhagavā āyasmato Assajissa etad avoca|| || Alam Assaji mā tvaṃ mañcake samadhosi|| santimāni āsanāni paññattāni tatthāham nisīdissāmīti|| ||

9 Nisīdi Bhagavā paññatte āsane|| nisajja kho Bhagavā āyasmantam Assajim etad avoca|| || Kacci te Assaji khamanīyaṃ kacci yāpanīyaṃ|| la|| paṭikkamosānam paññāyati no abhikkamo ti|| ||

10 Na me bhante khamanīyaṃ|| la|| abhikkamosānaṃ paññāyati no paṭikkamo ti|| ||

11 Kacci te Assaji na kiñci kukkuccaṃ na koci vippaṭisāro ti|| ||

Taggha me bhante anappakaṃ kukkuccam anappako vippaṭisāroti|| ||

12 Kacci pana taṃ [3] Assaji attā sīlato na upavadatīti|| ||[4]

Na kho mam bhante attā sīlato upavadatīti|| ||

13 No ce kira tam Assaji attā sīlato upavadati atha kiñca te kukkuccaṃ ko ca vippaṭisāro ti|| ||

Pubbe khvāham [5] bhante gelaññaṃ [6] passambhetvā passambhetvā kāyasaṅkhāre vippatisārī [7] viharāmi|| so taṃ [8] samādhiṃ na paṭilabhāmi|| tassa mayham bhante taṃ samādhim appaṭilabhato evaṃ hoti no no [9] ca khvāham [10] parihāyāmīti|| ||

14 Ye te Assaji samaṇabrāhmaṇā samādhisārakā samādhisāmaññā tesan taṃ samādhiṃ [11] appaṭilabhataṃ evaṃ hoti no cassu mayam parihāyāmā ti|| ||

15-18 Taṃ kim maññasi Assaji rūpaṃ niccaṃ vā aniccaṃ vāti|| ||

Aniccam bhante|| || po||

---

[1] S^{1-3} mañcako here only

[2] S^{1-3} have distinctly samañcopi here and further on

[3] B kicci°; S^{1-3} °te [4] S^{1-3} upavadantīti [5] B svāham

[6] B gelaññe [7] Missing in B [8] B so haṃ

[9] S3 [illegible] [10] B svāham [11] S^{1-3} samādhi

19 Viññāṇaṃ‖ pa‖

20 Tasmātiha‖ pa‖

21 Evam passaṃ‖ pa‖ nāparam itthattāyāti pajānāti‖‖

22 So sukhaṃ ce vedanaṃ vediyati sā aniccāti pajānāti‖ anajjhositā ti [1] pajānāti‖ anabhinanditāti pajānāti‖‖ Dukkhaṃ ce vedanaṃ vediyati sā aniccāti pajānāti‖ anajjhositāti pajānāti‖ anabhinanditā ti pajānāti‖‖ Adukkham asukhaṃ ce vedanaṃ vediyati sā aniccā ti pajānāti‖ la‖ anabhinanditāti pajānāti‖‖

23 So sukhaṃ ce vedanaṃ vediyati visaññutto naṃ vediyati‖‖ Dukkhaṃ ce vedanaṃ vediyati visaññutto naṃ vediyati‖‖ Adukkham asukhaṃ ce vedanaṃ vediyati visaññutto naṃ vediyati‖‖

24 So kāyapariyantikaṃ [2] vedanaṃ vediyamāno kāyapariyantikaṃ vedanaṃ vediyāmīti pajānāti‖‖ Jīvitapariyantikaṃ vedanaṃ vediyamāno jīvitapariyantikaṃ vedanaṃ vediyāmīti pajānāti‖‖ Kāyassa bhedā uddhaṃ jīvitapariyādānā idheva sabbavedayitāni anabhinanditāni sītibhavissantīti pajānāti‖‖

25 Seyyathāpi Assaji telañca paṭicca vaṭṭiṃ ca paṭicca telapadīpo jhāyeyya‖ tasseva telassa ca vaṭṭiyā ca pariyādānā anāhāro nibbāyeyya‖‖ Evam eva kho Assaji bhikkhu kāyapariyantikaṃ vedanaṃ vediyamāno kāyapariyantikaṃ vedanaṃ vediyāmīti pajānāti‖ jīvitapariyantikaṃ vedanaṃ vediyamāno jīvitapariyantikaṃ vedanaṃ vediyāmīti pajānāti‖‖ Kāyassa bhedā uddhaṃ jīvitapariyādānā idheva sabbavedayitāni anabhinanditāni sītibhavissantīti pajānātīti‖‖

89 (7) *Khemo*

1 Ekaṃ samayaṃ sambahulā therā bhikkhū Kosambiyaṃ viharanti Ghositārāme‖‖

2 Tena kho pana samayena āyasmā Khemako Badarikārāme viharati ābādhiko dukkhito bāḷhagilāno [3] ‖‖

---

[1] S[1] anajjhāsitā always, S[3] here only [2] B inserts ce

[3] This word and the sequel is missing in S[3], which substitutes evam āhaṃsu kacci te avuso khamanīyam kacci yāpanīyam kacci dukkhā vedanā gilāno (mistake of copyist)

3 Atha kho therā bhikkhū sāyaṇhasamayam paṭisallāṇā vuṭṭhitā āyasmantaṃ Dāsakam āmantesuṃ || Ehi tvam āvuso Dāsaka yena Khemako bhikkhu tenupasaṅkama | upasaṅkamitvā Khemakam bhikkhum evaṃ vadehi || Therā taṃ āvuso evam āhamsa || Kacci te āvuso khamanīyam kacci yāpanīyaṃ kacci dukkhā vedanā paṭikammanti no abhikkamanti | paṭikammosānam paññāyati no abhikkamoti ||

4 Evam āvuso ti kho āyasmā Dasako therānam bhikkhūnaṃ paṭissutvā yenāyasmā Khemako tenupasaṅkami | upasaṅkamitvā āyasmantaṃ Khemakaṃ etad avoca || Therā taṃ āvuso Khemaka evam āhaṃsu || Kacci te āvuso khamanīyaṃ || la || no abhikkamo ti ||

5 Na me āvuso khamanīyaṃ na yāpanīyaṃ || la || abhikkamosānam paññāyati no paṭikkamo ti ||

6 Atha kho āyasmā Dāsako yena therā bhikkhū tenupasaṅkami || upasaṅkamitvā there bhikkhū etad avoca || Khemako avuso bhikkhu evam āha || Na me āvuso khamanīyam || la || abhikkamosānaṃ paññāyati no paṭikkamo ti ||

7 Ehi tvaṃ āvuso Dāsaka yena Khemako bhikkhu tenupasaṅkama ||[1] upasaṅkamitvā Khemakam bhikkhum evaṃ vadehi || Therā taṃ āvuso Khemaka evam ahaṃsu || Pañcime āvuso upādānakkhandhā vuttā Bhagavatā | seyyathīdaṃ rūpupādānakkhandho vedanupādānakkhandho saññupādānakkhandho saṅkhārupādānakkhandho viññāṇūpādānakkhaṇdho | imesu āyasmā Khemako pañcasu upādānakkhandhesu kiñci attānaṃ [2] vā attaniyaṃ vā samanupassasīti ||

8 Evam āvuso ti kho āyasmā Dāsako therānam bhikkhūnam paṭissutvā yenayasmā Khemako tenupasaṅkami | upasaṅkamitvā || la || Therā tam āvuso Khemaka evam āhaṃsu || Pañcime āvuso upādānakkhandhā vuttā Bhagavatā | seyyatthīdaṃ | rūpupādānakkhandho | pe | viññāṇupādānakkhandho | Imesu āyasmā Khemako pañcasu upādānakkhandhesu kiñci attānam vā attaniyaṃ vā samanupassatīti ||

[illegible]

9 Pañcime āvuso upādānakkhandhā vuttā Bhagavatā‖ seyyathīdaṃ rūpupādānakkhandho‖ pe‖ viññāṇupādānakkhandho‖ imesu khvāhaṃ[1] āvuso pañcasu upādānakkhandhesu na kiñci attānaṃ vā attaniyaṃ vā samanupassāmīti‖‖

10 Atha kho āyasmā Dāsako yena therā bhikkhū tenupasaṅkami‖ upasaṅkamitvā there bhikkhū etad avoca‖‖ Khemako āvuso bhikkhu evam āha‖‖ Pañcime āvuso upādānakkhandhā vuttā Bhagavatā‖ seyyathīdam rūpupādānakkhandho‖ pe‖ viññāṇupādānakkhandho‖ imesu khvāham āvuso pañcasu upādānakkhandhesu na kiñci attānaṃ va attaniyaṃ vā samanupassāmīti‖‖

11 Ehi tvaṃ āvuso Dāsaka yena Khemako bhikkhu tenupasaṅkama‖ upasankamītvā Khemakam bhikkhum evaṃ vadehi‖‖ Therā taṃ āvuso Khemaka evaṃ āhaṃsu‖ Pañcime āvuso upādānakkhandhā vuttā Bhagavatā‖ seyyathīdam rūpupādānakkhandho pe‖ viññāṇupādānakkhando‖‖ No ce kirāyasmā Khemako imesu pañcasu upādānakkhandhesu kiñci attānaṃ vā attaniyaṃ vā samanupassati‖ tenāyasmā Khemako arahaṃ khīṇāsavo ti‖‖

12 Evam āvuso ti kho āyasmā Dāsako therānaṃ bhikkhūnam paṭissutvā yenāyasmā Khemako‖ pa‖ therā taṃ āvuso Khemaka evam āhaṃsu‖‖ Pañcime āvuso upādānakkhandhā vuttā Bhagavatā‖ seyyathīdaṃ rūpupādānakkhandho‖ pe‖ viññāṇupādānakkhandho‖‖ No ce kirāyasmā Khemako imesu pañcasu upādānakkhandhesu kiñci attānam vā attaniyaṃ vā samanupassati‖ tenahāyasmā Khemako arahaṃ khīṇāsavo ti‖‖

13 Pañcime āvuso upādānakkhandhā vuttā Bhagavatā‖ seyyathīdaṃ rūpupādānakkhandho‖ pe‖ viññāṇupādānakkhandho‖ Imesu khvāham āvuso pañcasu upādānakkhandhesu na kiñci attānaṃ vā attaniyaṃ vā samanupassāmi‖[2] na camhi arahaṃ khīṇāsavo‖‖ Api ca me āvuso pañcasu upādānakkhandhesu asmīti adhigatam ayam aham[3] asmīti ca na[4] samanupassāmī ti‖‖

---

[1] S¹ khohaṃ ; S³ āyasmāhaṃ
[2] S¹⁻³ °ssāmīti
[3] S¹ ayamaham
[4] B na ca

14 Atha kho āyasmā Dāsako yena therā bhikkhū || pa || there bhikkhū etad avoca ||| Khemako āvuso bhikkhu evam āha ||| Pañcime āvuso upādānakkhandhā vuttā Bhagavatā seyyathīdaṃ rūpupādānakkhandho || pe | viññāṇupādānakkhandho || imesu khvāham āvuso pañcasu upādānakkhandhesu na kiñci attānaṃ vā attaniyaṃ vā samanupassāmi | na camhi arahaṃ khīṇāsavo ||| Api ca me āvuso pañcasu upādānakkhandhesu asmīti adhigataṃ ayam aham asmīti na ca samanupassāmiti |||[1]

15 Ehi tvaṃ āvuso Dāsaka yena Khemako bhikkhu tenupasaṅkama || upasaṅkamitvā Khemakam bhikkhum evaṃ vadehi ||| Therā tam āvuso Khemaka evam āhaṃsu ||| Yam etam āvuso Khemaka asmīti vadesi kim etam asmīti vadesi ||| Rūpam asmīti vadesi aññatra rūpā asmīti vadesi || Vedanam ||[2] Saññaṃ || Saṅkhāre ||[2] Viññāṇam asmīti vadesi aññatra viññāṇā asmīti vadesi ||| Yam etam āvuso Khemaka asmīti vadesi[3] kim etam asmīti vadesīti |||

16 Evam āvuso ti kho āyasmā Dāsako therānam bhikkhūnam paṭissutvā yenāyasmā Khemako tenupasaṅkami || upasaṅkamitvā āyasmantaṃ Khemakam etad avoca ||| Therā tam āvuso Khemaka evam ahaṃsu ||| Yam etam āvuso Khemaka asmīti vadesi kim etam asmīti vadesi ||| Rūpam asmīti vadesi aññatra rūpā asmīti vadesi | Vedanaṃ | Saññaṃ | Saṅkhare || Viññāṇam asmīti vadesi aññatra viññāṇā asmīti vadesi ||| Yam etam āvuso Khemaka asmīti vadesi kim etam asmīti vadesīti |||

17 Alaṃ āvuso Dāsaka kiṃ imāya sandhāvanikāya āharāvuso daṇḍam aham eva yena therā bhikkhū tenupasaṅkamissāmīti |||

18 Atha kho āyasmā Khemako daṇḍam olumbha yena therā bhikkhū tenupasaṅkami || upasaṅkamitvā therehi bhikkhūhi saddhiṃ sammodi | sammodanīyaṃ kathaṃ sārāṇīyam vītisāretvā ekam antaṃ nisīdi |||

---

[1] This paragraph exists in S3, but included between ( ), viz., erased from °passāmiti in the preceding till samanu [illegible] C[illegible] in S[illegible]

[illegible]

[illegible]

19 Ekam antaṃ nisinnaṃ kho āyasmantaṃ Khemakaṃ therā bhikkū etad avocuṃ|| || Yam etam āvuso Khemaka asmīti vadesi kim etam asmīti vadesi|| || Rūpam asmīti vadesi aññatra rūpā asmīti vadesi|| Vedanaṃ|| pe|| Saññaṃ|| Sankhāre|| Viññāṇam asmīti vadesi aññatra viññāṇā asmīti vadesi|| || Yam etam āvuso Khemaka asmīti vadesi kim etam asmīti vadesīti|| ||

20 Na khvāham āvuso rūpam asmīti vadāmi|| || Na vedanaṃ|| || Na saññaṃ|| || Na saṅkhāre|| || Na[1] viññāṇam|| napi aññatra viññāṇā asmīti vadāmi|| || Api ca me āvuso pañcasu upādānakkhandhesu asmīti adhigatam ayam aham asmīti ca na samanupassāmi|| ||[2]

21 Seyyathāpi āvuso uppalassa vā padumassa vā puṇḍarīkassa vā gandho[3]|| Yo nu kho evaṃ vadeyya Pattassa gandhoti Vaṇṇassa[4] gandho pi Kiñjakkhassa[5] gandho ti vā sammā nu kho so vadamāno vadeyyāti|| ||

No hetam āvuso|| ||

Yathā katham panāvuso sammāvyākaramāno vyākareyyāti|| ||

Pupphassa gandhoti kho āvuso sammāvyākaramāno vyākareyyāti|| ||

22 Evam eva khvāham āvuso na rūpam asmīti vadāmi na pi aññatra rūpā asmīti vadāmi|| || Na vedanam|| Na saññam|| Na saṅkhāre|| Na viññāṇam asmīti vadāmi na pi annatra viññāṇā asmīti vadāmi|| || Api ca me āvuso pañcasu upādānakkhandhesu asmīti adhigatam ayam aham asmīti ca na samanupassāmi|| ||

23 Kiñcāpi āvuso ariyasāvakassa pañcorambhāgiyāni saññojanāni pahīnāni bhavanti|| atha khvassa[6] hoti yeva pañcasu upādānakkhandhesu anusahagato[7] Asmīti māno Asmīti chando Asmīti anusayo asamūhato|| || so aparena samayena pañcasu upādānakkhandhesu udayabbayānupassī[8] viharati|| || Iti rūpam iti rūpassa samudayo iti

---

1 S^{1-3} insert pi   2 S^{1-3} omit samanu

3 Omitted by S^{1-3} 4 S^{1-3} vaṇṭassa, ṭ being erased in S^1

5 S^1 kijjhakkhassa ; B kiñcakkharāya

6 S^1 khoassa ; S^3 khossa   7 S^{1-3} aṇu° always

8 So B always ; S^1 udayabbyānu° ; S^3 udayabyānu° here;

rūpassa atthagamo || Iti vedanā || Iti saññā || Iti saṅkhārā || Iti viññāṇaṃ | iti viññāṇassa samudayo iti viññāṇassa atthagamo ti ||

24 Tassimesu pañcasu upādānakkhandhesu udayabbayānupassino viharato yo[1] pissa hoti pañcasu upādānakkhandhesu anusahagato Asmīti māno Asmīti chando Asmīti anusayo asamūhato so pi samugghātaṃ gacchati ||

25 Seyyathāpi āvuso vattham saṃkiliṭṭham malaggahitaṃ tam enaṃ sāmikā rajakassa anuppadajjuṃ | tam enaṃ rajako ūse[2] vā khāre vāgomaye vā samam madditvā[3] acche udake vikkhāleti ||

26 Kiñcāpi taṃ hoti vattham parisuddhaṃ pariyodātaṃ | atha khvassa hoti yo ca[4] anusahagato ūsagandho vā khāragandho vā gomayagandho vā asamūhato || tam enaṃ rajako sāmikānaṃ deti || tam enam sāmikā gandhaparibhāvite karaṇḍake nikkhipanti | yo pissa hoti anusahagato ūsagandho vā khāragandho vā gomayagandho vā asamūhato so pi samugghātaṃ gacchati ||

27 Evam eva kho āvuso kiñcāpi ariyasāvakassa pañcorambhāgiyāni saññojanāni pahīnāni bhavanti || atha khvassa hoti yo ca[5] pañcasu upādānakkhandhesu anusahagato Asmīti māno Asmīti chando Asmīti anusayo asamūhato || so aparena samayena pañcasu upādānakkhandhesu udayabbayānupassī viharati || Iti rūpaṃ iti rūpassa samudayo iti rūpassa atthagamo || Iti vedanā || Iti saññā || Iti saṅkhārā || Iti viññāṇaṃ iti viññāṇassa samudayo iti viññāṇassa atthagamo ti || Tassa imesu pañcasu upādānakkhandhesu udayabbayānupassino viharato yo pissa hoti pañcasu upādānakkhandhesu anusahagato Asmīti māno Asmīti chando Asmīti anusayo asamūhato so pi samugghātaṃ gacchati ||

28 Evaṃ vutte therā bhikkhū āyasmantaṃ Khemakam etad avocuṃ || Na kho pana mayaṃ āyasmantaṃ Khe-

further on, S[1] udayabyayānu; S[3] °byāyānu, the first ā being erased [illegible] [1] S[1-3] yo [illegible]

[2] [illegible]

[4] [illegible]

makam vihesā apekhā pucchimha||[1] api cāyasmā Khemako pahoti tassa Bhagavato sāsanaṃ vitthārena ācikkhituṃ desetuṃ paññāpetuṃ paṭṭhapetuṃ vivarituṃ vibhajituṃ uttānīkatuṃ|| ||

29 Tayidaṃ āyasmatā Khemakena tassa Bhagavato sāsanam vitthārena ācikkhitaṃ desitaṃ paññāpitaṃ paṭṭhapitam vivaṭaṃ vibhattaṃ [2] uttānīkatanti|| ||

30 Idam avoca āyasmā Khemako|| attamanā therā bhikkhū āyasmato Khemakassa bhāsitam abhinanduṃ|| ||

31 Imasmiñ ca pana veyyākaraṇasmiṃ bhaññamāne saṭṭhimattānam therānam bhikkhūnam anupādāya āsavehi cittāni mucciṃsu āyasmato Khemakassa cāti|| ||[3]

90 (8) *Channo*

1 Ekaṃ samayaṃ sambahulā therā bhikkhū Bārāṇasiyaṃ viharanti Isipatane Migadāye|| ||

2 Atha kho āyasmā Channo[4] sāyaṇhasamayaṃ paṭisallaṇā vuṭṭhito avāpuranam ādāya vihārena vihāram upasaṅkamitvā there bhikkhū etad avoca|| || Ovadantu mam āyasmanto therā anusāsantu mam āyasmantā therā karontu me āyasmanto therā dhammiṃ kathaṃ yathāhaṃ dhammam passeyyan ti|| ||

3 Evaṃ vutte therā bhikkhū āyasmantaṃ Channam[5] etad avocuṃ|| || Rūpaṃ kho āvuso Channa aniccaṃ|| vedanā aniccā|| saññā aniccā|| saṅkhārā aniccā|| viññāṇam aniccaṃ|| || Rūpam anattā|| vedanā|| saññā|| saṅkhārā|| viññāṇam anattā|| || Sabbe saṅkhārā aniccā sabbe dhammā anattā ti|| ||

4 Atha kho āyasmato Channassa etad ahosi|| || Mayham pi kho etam evaṃ hoti|| || Rūpam aniccaṃ|| vedanā|| saññā|| saṅkhārā|| viññāṇam aniccaṃ|| || Rūpaṃ anattā||

---

[1] So B; S[1-3] vihesāpekhā āpucchimhā
[2] B vivaritaṃ vibhajitaṃ
[3] S[1-3] Khemakassāti
[4] B Chando in the first six numbers, afterwards Channo
[5] S[1-3] puts therā bhikkhū after āyasmantaṃ Channaṃ

vedanā|| saññā|| saṅkhārā|| viññāṇam|||[1] Sabbe saṅkhārā aniccā sabbe dhammā anattā ti|||

5 Atha ca [2] pana me sabbasaṅkhārasamathe sabbūpadhipaṭinissagge taṇhakkhaye virāge nirodhe nibbāne cittaṃ na pakkhandati nappasīdati na santiṭṭhati na vimuccati [3] paritassanā|| upādānam uppajjati paccudāvattati mānasam|| atha ko [4] carahi me attāti|| na kho panetaṃ dhammam passato hoti [5]||| Ko nu kho me tathā dhammaṃ deseyya yathāhaṃ dhammam passeyyan ti|||

6 Atha kho āyasmato Channassa etad ahosi||| Ayaṃ kho āyasmā Ānando Kosambiyaṃ viharati Ghositārāme|| satthu ceva saṃvaṇṇito sambhāvito ca viññūnaṃ sabrahmacārīnaṃ|| pahoti ca me āyasmā Ānando tathā dhammaṃ desetuṃ yathāhaṃ dhammam passeyyaṃ||| Atthi ca me āyasmante Ānande tāvatikā visaṭṭhi [6] yaṃ nūnāham yenāyasmā Ānando tenupasaṅkameyyan ti|||

7 Atha kho āyasmā Channo senāsanaṃ saṃsāmetvā pattacīvaram ādāya yena Kosambi-Ghositārāmo yenāyasmā Ānando tenupasaṅkami|| upasaṅkamitvā āyasmatā Ānandena saddhiṃ sammodi|| pa|||

8 Ekam antaṃ nisinno kho āyasmā Channo āyasmantam Ānandam etad avoca||| Ekam idāham āvuso Ānanda samayam Bārāṇasiyaṃ viharāmi Isipatane Migadāye||| Atha khvāham āvuso sāyaṇhasamayaṃ paṭisallāṇā vuṭṭhito avāpūraṇam ādāya vihārena vihāram [7] upasaṅkamitvā there bhikkhū etad avocaṃ [8]||| Ovadantu mam āyasmanto therā dhammiṃ kathaṃ yathāhaṃ dhammam passeyyan ti|||

9 Evaṃ vutte mam āvuso therā bhikkhū etad avocuṃ||| Rūpaṃ kho āvuso Channa aniccaṃ|| vedanā|| saññā|| saṅkhārā|| viññāṇam aniccaṃ||| Rūpam anattā||| la||| viññāṇam anattā||| Sabbe saṅkhārā aniccā sabbe dhammā anattā ti|||

10 Tassa mayham āvuso etad ahosi||| Mayham pi kho

---

[1] S^{1-3} repeat aniccā and anattā every time
[2] Missing in S^{1-3} [3] B nādhimuccati [4] S^{1-3} kho always
[5] B na kho panevaṃ dhammaṃ passatoti [6] S^{1-3} visaṭṭhiṃ
[7] B inserts upasaṅkami [8] B avoca ; S^{1} avocuṃ

etam evam hoti Rūpam aniccam || pa || viññāṇam aniccaṃ || || Rūpam anattā || vedanā || saññā || saṅkhārā || viññāṇam anattā || sabbe saṅkhārā aniccā sabbe dhammā anattā ti || ||

11 Atha ca pana me sabbasaṅkhārasamathe sabbūpadhipaṭinissagge taṇhakkhaye virāge nirodhe nibbāne cittaṃ na pakkhandati nappasīdati [1] na santiṭṭhati na vimuccati paritassanā || upādānam uppajjati paccudāvattati mānasaṃ || atha ko carahi me attā ti || na kho panetaṃ dhammam passato hoti [2] || || Ko [3] nu kho me tathā dhammaṃ deseyya yathāhaṃ dhammam passeyyan ti || ||

12 Tassa mayham āvuso etad ahosi || || Ayaṃ kho āyasmā Ānanda Kosambiyaṃ viharati Ghositārāme || satthu ceva saṃvaṇṇito sambhāvito ca viññūnaṃ sabrahmacārīnaṃ pahoti ca me āyasmā Ānando tathā dhammaṃ desetuṃ yathāhaṃ dhammam passeyyaṃ || || Atthi ca me āyasmante Ānande tāvatikā visaṭṭhi yaṃ nunāhaṃ yenāyasmā Ānando tenupasaṅkameyyan ti || ||

13 Ovadatu maṃ āyasmā Ānando anusāsatu maṃ āyasmā Ānando karotu me āyasmā Ānando dhammiṃ kathaṃ yathāham dhammam passeyyan ti || ||

14 Ettakena pi mayam [4] āyasmato Channassa attamanā || api nāma tam [5] āyasmā Channo āvi [6] akāsi khilam pabhindi || odahāvuso Channa sotam || bhabbo [7] si [8] dhammaṃ viññātun ti || ||

15 Atha kho āyasmato Channassa tāvatakeneva [9] uḷāram pītipāmujjam uppajji [10] || || Bhabbo kirasmi dhammaṃ viññātun ti || ||

16 Sammukhā me taṃ āvuso Channa Bhagavato sutaṃ sammukhā ca [11] paṭiggahitaṃ Kaccānagottam bhikkhum ovadantassa || || Dvayanissito khvāyaṃ Kaccāna [12] loko

---

[1] S[1] nappassīdati ; S3 na saṃpasīdati
[2] B paneva dhammam passato
[3] S[1-3] kho
[4] B mayhaṃ
[5] S[1-3] abhiraddhāmakkham instead of apināmataṃ
[6] S[1-3] āvim
[7] B bhindi, perhaps chindi
[8] B tvaṃ
[9] S[1-3] tāvatakodeva
[10] B uppajjati
[11] Missing in S[1-3]
[12] S[1-3] Kaccāyana always

yebhuyyena atthi tañceva natthi tañ ca ‖‖ Lokasamudayaṃ kho Kaccāna yathābhūtam sammappaññaya passato yā loke natthitā sā na hoti ‖ loka nirodhaṃ kho [1] Kaccāna yathābhūtaṃ sammappaññāya passato yā loke atthitā sā [2] na hoti ‖‖ Upāyupādānābhinivesavinibandho khāyaṃ [3] Kaccāna loko yebhuyyena ‖ tañcāyam upāyupādānaṃ cetaso adhiṭṭhānābhinivesānusayā [4] na upeti na upādiyati ‖ nādhiṭṭhāti [5] Attā me ti ‖‖ Dukkham eva uppajjamānam uppajjati dukkhaṃ niruddhamānaṃ nirujjhatīti na kaṅkhati na vicikicchati aparapaccayā ñāṇam evassa ettha hoti ‖‖ Ettāvatā kho Kaccāna sammādiṭṭhi hoti ‖‖

17 Sabbam atthīti kho Kaccāna ayam eko anto ‖ Sabbam natthīti ayaṃ dutiyo anto ‖‖ Ete te Kaccāna ubho ante anupagamma majjhena Tathāgato dhammaṃ deseti ‖‖ Avijjāpaccayā saṅkhārā saṅkhārapaccayā viññāṇaṃ ‖ pa ‖ Evam etassa kevalassa dukkhakkhandhassa samudayo hoti ‖‖ Avijjāya tveva asesavirāganirodhā saṅkhāranirodho ‖ pa ‖ Evam etassa kevalassa dukkhakkhandhassa nirodho hoti ‖‖

18 Evam etam [6] āvuso Ānanda hoti [7] yesaṃ āyasmantānaṃ tādisā [8] sabrahmacāriyo anukampakā atthakāmā ovādakā anusāsakā ‖ idaṃ ca pana me āyasmato Ānandassa dhammadesanaṃ sutvā dhammo abhisameto ti ‖‖

91 (9) *Rāhulo* (1) [9]

1 Sāvatthi ‖ ārāme ‖‖

2 Atha kho āyasmā Rāhulo yena Bhagavā tenupasaṅkami ‖ upasaṅkamitvā ‖ pa ‖‖

3 Ekam antaṃ nisinno kho āyasmā Rāhulo Bhagavan-

---

[1] Missing in B [2] Missing in S1-3

[3] S1-3 °dānā (S3-danā-) vinivesanakhandho kho yaṃ

[4] B °nusayaṃ [5] S3 na adhiṭṭhāti [6] S1-3 Evañcato

[7] S1-3 honti [8] S1-2 āyasmantādisā

[9] This sūtra and the next are mere repetitions of the two last suttas (21 and 22) of the XVIIIth Saṃyutta (Rāhula) in the Nidāna-vaggo, entitled there A n u s a y a and A p a g a t a m (see Vol. II. pp. 252-3)

tam etad avoca || Kathaṃ nu kho bhante jānato katham passato imasmiñca saviññāṇake kāye bahiddhā ca sabbanimittesu ahaṃkāra-mamaṃkāramānānusayā na hontīti || ||

4 Yaṃ kiñci Rāhula rūpam atītānāgatapaccuppannam ajjhattam vā bahiddhā vā oḷārikaṃ vā sukhumaṃ vā hīnaṃ vā paṇītaṃ vā || yaṃ dūre santike vā sabbaṃ rūpaṃ Netam mama neso ham asmi na meso attāti || evam etaṃ yathābhūtaṃ sammappaññāya passati ||

5–7 Yā kāci vedanā || pe || || Yā kaci saññā || || Ye keci saṅkhārā || pe || ||

8 Yaṃ kiñci viññāṇam atītānāgatapaccuppannam ajjhattaṃ va bahiddhā va || pa || || Sabbaṃ viññāṇaṃ netam mama Neso ham asmi na meso attāti || evam etaṃ yathābhūtaṃ sammappaññāya passati || ||

9 Evaṃ kho Rāhula jānato evam passato imasmiṃ ca saviññāṇake kāye bahiddhā ca sabbanimittesu ahaṃkāra-mamaṃkāra-mānānusayā na hontīti || ||

92 (10) *Rāhulo* (2).

1–2 Sāvatthi || ārāme || ||

3 Ekam antaṃ nisinno kho āyasmā Rāhulo Bhagavantam etad avoca || || Kathaṃ nu kho bhante jānato katham passato imasmiñca saviññāṇake kāye bahiddhā ca sabbanimittesu ahaṃkara-mamaṃkara-mānāpagataṃ [1] mānasaṃ hoti vidhāsamatikkantaṃ santaṃ suvimuttan ti || ||

4 Yam kiñci Rāhula rūpaṃ || pe || [2] yam dūre santike vā sabbaṃ rūpaṃ Netam mama neso ham asmi na meso attāti evam etaṃ yathābhūtaṃ sammappaññāya disvā anupādā vimutto hoti || ||

5–7 Yā kāci vedanā || || Yā kāci saññā || || Ye keci saṅkhārā || ||

8 Yaṃ kiñci viññāṇam atītānagatapaccuppannam ajjhattaṃ vā bahiddā vā oḷārikaṃ vā sukhumaṃ vā hīnaṃ vā paṇītaṃ vā || yaṃ dūre santike vā sabbaṃ viññāṇaṃ Netam mama neso ham asmi na me so attāti || evam etaṃ

---

[1] S[1-3] omit ṃ

[2] Less abbreviated in B

yathābhūtaṃ sammappaññāya disvā anupādā vimutto hoti|| ||

9 Evaṃ kho Rāhula jānato evam passato imasmiñca saviññāṇake kāye bahiddhā ca [1] sabbanimittesu ahaṃkāra-mamaṃkāra-mānāpagatam [2] mānasaṃ hoti vidhāsamatikkantaṃ santaṃ suvimuttan ti|| ||

Theravaggo catuttho [3]||

Tatruddānam bhavati|| ||[4]

Ānando Tisso Yamako||
Anurādho ca Vakkali||
Assajī Khemako Channo||[5]
Rāhulo apare duve[6]||
Vaggo tena pavuccati|| ||[7]

CHAPTER V PUPPHAVAGGO[8] PAÑCAMO

93 (1) *Nadī*

1–2 Sāvatthi|| || Tatra|| || voca|| ||

3 Seyyathāpi bhikkhave nadī pabbateyyā ohāriṇī duraṅgamā sīghasotā|| || Tassā ubhosu tīresu [9] kāsā ce pi jātā assu|| te naṃ [10] ajjholambeyyuṃ|| || Kusā ce pi jātā assu|| te naṃ ajjholambeyyum|| || Babbajā [11] ce pi jātā assu|| te nam ajjholambeyyuṃ|| || Bīraṇā ce pi jātā assu|| te nam ajjholambeyyuṃ|| || Rukkhā ce pi jātā assu|| te nam ajjholambeyyuṃ|| ||

4 Tassā puriso sotena vuyhamāno kase ce pi gaṇheyya te palujjeyyuṃ|| so tato nidānaṃ anayavyasanam āpajjeyya|| || Kuse ce pi gaṇheyya|| ||[12] Babbaje ce pi gaṇheyya|| ||[12] Bīraṇe ce pi gaṇheyya|| ||[12] Rukkhe ce pi gaṇheyya|| te

[1] S^{1-3} vā [2] S^{1-3} ahiṃ° mamiṃ° here and before
[3] S^{1-3} °vaggo samatto [4] B Udānam instead of Tatr°
[5] B Assajī Khemo Dāsako Channo [6] S^{1-3} dveti
[7] S^{1-3} omit vaggo° °ti [8] B Buddha-vaggo
[9] S^{1-3} ubhato tīre [10] S^{1-3} na or naṃ
[11] B pabb[illegible] always [12] Complete in S^{1-3}

palujjeyyuṃ|| so tato nidānaṃ anayavyasanam āpajjeyya|| ||

5 Evam eva kho bhikkhave assutavā puthujjano ariyānam adassāvī ariyadhammassa akovido ariyadhamme avinīto sappurisānam adassāvī sappurisadhammassa akovido sappurisadhamme akovido sappurisadhamme avinīto rūpam attato samanupassati|| rūpavantaṃ vā attānam attani vā rūpam rūpasmiṃ vā attānaṃ|| || Tassa taṃ rūpam palujjati|| so tato nidānam anayavyasanam āpajjati|| ||

6–8 Vedanaṃ|| || Saññaṃ|| Saṅkhāre|| ||

9 Viññāṇam attato samanupassati|| viññāṇavantaṃ vā attānam attani vā viññāṇaṃ viññāṇasmiṃ vā attānaṃ|| || Tassa taṃ viññāṇam palujjati|| so tato nidānam anayavyasanam āpajjati|| ||

10 Taṃ kiṃ maññatha bhikkhave rūpaṃ niccaṃ vā aniccaṃ vā ti|| ||

Aniccam bhante|| ||[1]

11–14 Vedanā|| || Saññā|| || Saṅkhārā|| || Viññāṇaṃ niccaṃ vā aniccaṃ vā ti|| ||

Aniccam bhante|| ||

15 Tasmātiha bhikkhave|| pe||

16 Evam passaṃ|| || pe|| || nāparam itthattāyāti pajānātīti|| ||

94 (2) *Puppham* (or *Vaddham*)

1–2 Sāvatthi|| || Tatra|| || voca|| ||

3 Nāham bhikkhave lokena vivadāmi loko ca[2] mayā vivadati|| || Na bhikkhave dhammavādī kenaci lokasmiṃ vivadati|| ||

4 Yam bhikkhave natthi sammataṃ loke paṇḍitānam aham pi tam Natthī ti vadāmi|| || Yam bhikkhave atthi sammataṃ loke paṇḍitānam aham pi tam Atthīti vadāmi|| ||

5 Kiñca[3] bhikkhave natthi sammataṃ loke paṇḍitānaṃ yam ahaṃ[4] Natthīti vadāmi|| ||

---

[1] Complete in S[1-3] [2] B va; S[1-3] insert kho bhikkhave
[3] S[1-3] Kiñci [4] S[1] yaṃmyahaṃ; S[3] yaṃmayhaṃ

6 Rūpam bhikkhave niccaṃ dhuvaṃ sassataṃ aviparināmadhammaṃ natthi sammataṃ loke paṇḍitānaṃ || aham pi taṃ Natthīti vadāmi ||

7–9 Vedanā ||[1] Saññā | pe || Saṅkhārā || [1]

10 Viññāṇaṃ niccaṃ dhuvaṃ sassataṃ aviparināmādhammaṃ natthi sammataṃ loke paṇḍitānam aham pi taṃ Natthīti vadāmi |||

11 Idaṃ [2] kho bhikkhave natthi sammataṃ loke paṇḍitānam yam aham pi [3] Natthīti vadāmi |||

12 Kiñca bhikkhave atthi sammataṃ loke paṇḍitānam yam aham Atthīti vadāmi |||

13 Rūpaṃ bhikkhave aniccaṃ dukkhaṃ vipariṇamadhammam atthi sammataṃ loke paṇḍitānam aham pi taṃ Atthīti vadāmi |||

14–16 Vedanā aniccā || la |||

17 Viññāṇam aniccaṃ dukkhaṃ vipariṇāmadhammam atthi sammataṃ loke paṇḍitānam aham pi tam Atthīti vadāmi |||

18 Idaṃ [2] kho bhikkhave atthi sammataṃ loke paṇḍitānam yam aham pi [3] Atthīti vadāmi |||

19 Atthi bhikkhave loke lokadhammo yaṃ Tathāgato abhisambujjhati [4] abhisameti || abhisambujjhitvā abhisametvā [5] ācikkhati deseti paññāpeti paṭṭhapeti vivarati vibhajeti uttānīkaroti |||

20 Kiñca [6] bhikkhave loke lokadhammo yaṃ Tathāgato abhisambujjhati abhisameti || abhisambujjhitvā abhisametvā ācikkhati deseti paññāpeti paṭṭhapeti vivarati vibhajati uttānīkaroti |||

21 Rūpam bhikkhave loke lokadhammo taṃ Tathāgato abhisambujjhati abhisameti || abhisambujjhitvā abhisametvā ācikkhati deseti paññāpeti paṭṭhapeti vivarati vibhajati uttānī karoti ||| Yo bhikkhave Tathāgatena evam ācikkhiyamāne desiyamāne paññāpiyamāne paṭṭhiyamāne vivari-

[1] Complete in S[1-3] [2] B inserts ca
[3] B inserts taṃ here, omitting yaṃ
[4] S[1-3] abhisambuddhoti [5] B inserts taṃ
[6] B kiñci here only

yamāne vibhajiyamāne uttānīkayiramāne na jānāti na passati|| tam aham bhikkhave bālam puthujjanam andham acakkhukam ajānantam apassantaṃ kinti karomi|| ||

22 Vedanā bhikkhave loke lokadhammo|| pe||

23 Saññā bhikkhave loke lokadhammo|| ||

24 Saṅkhārā bhikkhave loke lokadhammo|| ||

25 Viññāṇam bhikkhave loke lokadhammo taṃ Tathāgato abhisambujjhati abhisameti|| abhisambujjhitvā abhisametvā ācikkhati deseti paññāpeti paṭṭhapeti vivarati vibhajati uttānīkaroti|| || Yo bhikkhave Tathāgatena evam ācikkhiyamāne desiyamāne paññāpiyamāne paṭṭhapiyamāne vivariyamāne vibhajiyamāne uttānīkayiramāne na jānāti na passati|| tam aham bhikkhave bālam puthujjanam andham acakkhukam ajānantam apassantam kinti karomi|| ||

26 Seyyathāpi bhikkhave uppalam vā padumaṃ vā puṇḍarīkaṃ vā udake jātam udake saṃvaddhaṃ[1] udakā accugggamma ṭhāti[2] anupalittam udakena|| ||

27 Evam eva kho bhikkhave Tathāgato loke saṃvaddho lokam abhibhuyya viharati anupalitto lokenāti|| ||

95 (3) *Pheṇam*

1 Ekaṃ samayam Bhagavā Ayojjhāyaṃ[3] viharati Gaṅgāya nadiyā tire|| ||

2 Tatra kho Bhagavā bhikkhū āmantesi|| ||[4]

3 Seyyathāpi bhikkhave ayaṃ Gaṅgā nadī mahantaṃ phenapiṇḍam āvaheyya[5]|| || tam enaṃ cakkhumā puriso passeyya nijjhāyeyya yoniso upaparikkheyya|| || Tassa tam[6] passato nijjhāyato yoniso upaparikkhato rittakaññeva khāyeyya tucchakaññeva khāyeyya asārakaññeva khāyeyya|| kiñhi siyā bhikkhave pheṇapiṇḍe sāro|| ||

4 Evam eva kho bhikkhave yaṃ kiñci rūpam atītānāgatam paccuppannam|| pe|| yaṃ dūre santike vā|| tam

---

[1] B °vuddham (or buddham), further on °vaddho; S[3] °vaṭṭaṃ [2] B ajjuggamma tiṭṭhantaṃ

[3] S[3] ayojjhāyayaṃ; B ayujjhāyaṃ [4] Complete in S[1-3]

[5] S[1-3] ava° [6] In B only always

bhikkhu passati nijjhāyati yoniso upaparikkhati||| Tassa tam passato nijjhāyato yoniso upaparikkhato rittakaññeva[1] khāyati tucchakaññeva khāyati|| asārakaññeva khāyati|| kiñhi bhikkhave rūpe sāro|||

5 Seyyathāpi bhikkhave saradasamaye thullaphusitake deve vassante udake bubbuḷam[2] uppajjati ceva nirujjhati ca|| tam enaṃ cakkhumā puriso passeyya nijjhāyeyya yoniso upaparikkheyya|| tassa tam passato nijjhāyato yoniso upaparikkhato rittakaññeva khāyeyya|| tucchakaññeva khāyeyya asārakaññeva khāyeyya|| kiñhi siyā bhikkhave udakabubbuḷe sāro|||

6 Evam eva kho bhikkhave yā kāci vedanā atītānāgatapaccuppannā|| pe|| yā dūre santike vā|| tam bhikkhu passati nijjhāyati yoniso upaparikkhati||| Tassa tam passato nijjhāyato yoniso upaparikkhato rittakaññeva khāyati tucchakaññeva khāyati asārakaññeva khāyati|| kiñhi siyā bhikkhave vedanāya sāro|||

7 Seyyathāpi bhikkhave gimhānaṃ pacchime māse ṭhite majjhantike kāle marīcikā[3]|| tam enaṃ cakkhumā puriso passeyya nijjhāyeyya yoniso upaparikkheyya||| Tassa tam passato nijjhāyato yoniso upaparikkhato rittakaññeva khāyeyya tucchakaññeva khāyeyya|| pa|| kiñhi siyā bhikkhave marīcikāya sāro|||

8 Evam eva kho bhikkhave yā kāci saññā|||

9 Seyyathāpi bhikkhave puriso sāratthiko sāragavesī sārapariyesanaṃ caramāno tiṇhaṃ kuṭhārim[4] ādāya vanam paviseyya|| so tattha passeyya mahantaṃ kadalikkhandham ujuṃ navaṃ akukkajātaṃ[5]|| tam enam mūle chindeyya mūle chetvā agge chindeyya agge chetvā pattavaṭṭiṃ vinibbhujeyya|| so tassa pattavaṭṭiṃ vinibbhujanto[6] pheggum pi nādhigaccheyya kuto sāraṃ|||

10 Tam enam cakkhumā puriso passeyya nijjhāyeyya yoniso upaparikkheyya|| tassa tam passato nijjhāyato yoniso

---

[1] S¹-³ rittaṃkaññeva [2] B pubbuḷham always

[3] B ṭhita° maricikā ; S¹-³ °marīci phandati

[4] [illegible]

[illegible]

upaparikkhato rittakaññeva khāyeyya tucchakaññeva khāyeyya asārakaññeva khāyeyya || kiñhi siyā bhikkhave kadalikkhandhe sāro || ||

11 Evam eva kho bhikkhave ye keci sankhārā atītānāgatapaccuppannā || pa || ye dūre santike vā tam bhikkhu passati nijjhāyati yoniso upaparikkhati || tassa tam passato nijjhāyato yoniso upaparikkhato rittakaññeva khāyati tucchakaññeva khāyati asārakaññeva khāyati || kiñhi siyā bhikkhave saṅkhāresu sāro || ||

12 Seyyathāpi bhikkhave māyākāro vā māyākārantevāsī vā mahāpathe[1] māyaṃ vidaṃseyya || tam enaṃ cakkhumā puriso passeyya nijjhāyeyya yoniso upaparikkheyya || || Tassa tam passato nijjhāyato yoniso upaparikkhato rittakaññeva khāyeyya tucchakaññeva khāyeyya asārakaññeva khāyeyya || kiñhi siyā bhikkhave māyāya sāro || ||

13 Evam eva kho bhikkhave yaṃ kiñci viññānaṃ atītānāgatapaccuppannam || pa || yaṃ dūre santike vā tam bhikkhu passati nijjhāyati yoniso upaparikkhati || || Tassa tam passato nijjhāyato yoniso upaparikkhato rittakaññeva khāyati tucchakaññeva khāyati asārakaññeva khāyati || kiñhi siyā bhikkhave viññāṇe sāro[2] || ||

14 Evam passam bhikkhave sutavā ariyasāvako rūpasmim pi nibbindati || vedanāya pi || saññāya pi || saṅkhāresu pi || viññaṇasmim pi nibbindati || || Nibbindaṃ virajjati virāgā vimuccati vimuttasmiṃ vimuttam iti ñaṇaṃ hoti || pe[3] || || Nāparam itthattāyāti pajānātīti ||

15 Idam avoca Bhagavā idaṃ vatvāna[4] Sugato athāparam etad avoca Satthā || ||

Pheṇapiṇḍūpamam rūpaṃ || vedanā bubbuḷupamā[5] ||
Marīcikūpamā saññā || saṅkhārā kadalūpamā ||
Māyūpamañca viññāṇaṃ || dīpitādiccabandhunā[6] || 1 ||

Yathā yathā nijjhāyati[7] || yoniso upaparikkhati ||
rittakaṃ tucchakaṃ hoti[8] || yo nam passati yoniso || 2 ||

---

1 S¹⁻³ cātummahāpathe
2 B adds || pa ||
3 More complete in S¹⁻³
4 S¹⁻³ vatva
5 B pubbuḷhasamā
6 B [illegible]sitādiccabandunā
7 S¹⁻³ taṃ nijjhāti
8 S¹⁻³ hohi

Imañca kāyam ārabbha [1] || bhūripaññena desitaṃ ||
pahānā [2] tiṇṇaṃ dhammānaṃ || rūpam passatha chaḍ-
ḍitaṃ [3] || 3 ||

Āyu usmāca viññāṇaṃ || yadā kāyaṃ jahantimaṃ ||
apaviddho tadā seti || parabhattam acetanaṃ || 4 ||

Etādisāyaṃ [4] santāno || māyāyam bālalāpinī ||
Vadhako eso akkhāto | sāro ettha na vijjati || 5 ||

Evaṃ khande avekkheyya [5] || bhikkhu āraddhavīriyo ||
divāvāya divārattiṃ || sampajāno paṭissato || 6 ||

Jaheyya sabbasaññogaṃ [6] || kareyya saraṇattano [7] ||
Careyyādittasīso va || patthayaṃ accutam padan ti [8] || 7 || ||

96 (4) *Gomayam*

1–2 Sāvatthi || ārāme || Atha kho aññataro° || nisīdi [9] || ||

3 Ekam antaṃ nisinno kho so bhikkhu Bhagavantam etad avoca || ||

4 Atthi nu kho bhante kiñci rūpaṃ yaṃ rūpam [10] niccaṃ dhuvaṃ sassatam avipariṇāmadhammaṃ sassatisamaṃ tatheva ṭhassati ||

5 Atthi nu kho bhante kāci vedanā yā vedanā [11] niccā dhuvā sassatā avipariṇāmadhammā sassatisamaṃ tatheva ṭhassati || ||

6 Atthi nu kho bhante kāci saññā yā saññā || pe || ||

7 Atthi nu kho bhante keci saṅkhārā ye saṅkārā niccā dhuvā sassatā avipariṇāmadhammā sassatisamaṃ [12] tatheva ṭhassanti || ||

8 Atthi nu kho bhante kiñci viññāṇaṃ yaṃ viññāṇaṃ

---

[1] S[1-3] Yoimañca kāyaṃ gārayhaṃ [2] B pahānaṃ
[3] B chaṭṭitam [4] S[1-3] °seyyaṃ [5] B pave°
[6] S[1-3] pajahe sabbasaṃyogaṃ [7] S[1-3] saraṇam attano
[8] S[1-3] padaṃ —ti (S[3] tī)— [9] B has Sāvatthi only
[10] Omitted by S[1-3] here and in 9
[11] [illegible]
[illegible]

niccam dhuvaṃ sassatam aviparināmadhammaṃ sassatisamaṃ tattheva ṭhassatīti|| ||

9 Natthi kho bhikkhu kiñci rūpaṃ yam rūpaṃ niccaṃ dhuvaṃ sassatam aviparināmadhammaṃ sassatisamaṃ tatheva ṭhassati|| ||

10–13 Natthi bhikkhu kāci vedanā|| || kāci saññā|| keci saṅkhārā[1]|| || kiñci viññāṇaṃ yaṃ viññāṇaṃ[2] niccaṃ dhuvaṃ sassatam aviparināmadhammaṃ sassatisamaṃ tatheva ṭhassatīti|| ||

14 Atha kho Bhagavā parittaṃ gomayapiṇḍaṃ pāṇinā gahetvā tam bhikkhum etad avoca|| ||

15 Ettako pi kho bhikkhu attabhāvapaṭilābho natthi nicco dhuvo sassato aviparināmadhammo sassatisamaṃ tatheva ṭhassati|| ||

16 Ettako ce pi bhikkhu attabhāvapaṭilābho abhavissa nicco dhuvo sassato aviparināmadhammo|| na yidam brahmacariyavāso paññāyetha sammādukkhakkhayāya|| || Yasmā ca kho bhikkhu ettako pi attabhāvapaṭilābho natthi nicco dhuvo sassato aviparināmadhammo|| tasmā brahmacariyavāso paññāyati sammādukkhakkhayāya|| ||

17 Bhūtapubbāham bhikkhu rājā ahosiṃ khattiyo muddhāvasitto|| tassa mayham bhikkhu rañño sato khattiyassa muddhāvasittassa catūrāsīti nagarasahassāni ahesuṃ Kusāvatīnāma-rājadhānipamukhāni|| ||

18 Tassa mayham bhikkhu rañño sato khattiyassa muddhāvasittassa caturāsīti pāsādasahassāni ahesuṃ Dhammapāsādapamukhāni|| ||

19 Tassa mayham bhikkhu rañño sato khattiyassa muddhāvasittassa caturāsīti kūṭāgārasahassāni ahesuṃ Mahābyūhakuṭāgārapamukhāni|| ||

20 Tassa mayham bhikkhu rañño sato khattiyassa muddhāvasittassa caturāsīti pallaṅkasahassāni ahesuṃ|| dantamayāni sāramayāni sovaṇṇamayāni rūpiyamayāni[3] goṇakatthatāni paṭikatthatāni paṭalikatthatāni[4] kadalimigapava-

---

[1] More complete in S[1-3] [2] S[1-3] omit yaṃ viññāṇaṃ

[3] Missing in B [4] Missing in S[1-3]

rapaccattharaṇāni sa-uttaracchadanāni [1] ubhato lohitakūpadhānāni || ||

21 Tassa mayham bhikkhu rañño sato khattiyassa muddhāvasittassa caturāsīti nāgasahassāni ahesuṃ || sovaṇṇālaṅkārāni sovaṇṇadhajāni hemajālapaṭicchannāni uposathanāgarājapamukhāni || ||

22 Tassa mayham bhikkhu rañño sato khattiyassa muddhāvasittassa caturāsīti assasahassāni ahesuṃ || sovaṇṇālaṅkarāni sovaṇṇadhajāni hemajālāpaṭicchannāni Valāhakaassarājapamukhāni || ||

23 Tassa mayham bhikkhu rañño sato khattiyassa muddhāvasittassa caturāsīti rathasahassāni ahesuṃ || sovaṇṇālaṅkārāni sovaṇṇadhajāni hemajālapaṭicchannāni Vejayantarathapamukhāni || ||

24 Tassa mayham bhikkhu rañño sato khattiyassa muddhāvasittassa caturāsīti maṇisahassāni ahesuṃ maṇiratanapamukhāni || ||

25 Tassa mayham bhikkhu || pa || caturāsīti itthisahassāni ahesuṃ || Subhaddādevīpamukhāni || ||

26 Tassa mayham bhikkhu || pa || caturāsīti khattiyasahassāni ahesuṃ anuyantāni [2] pariṇāyakaratanapamukhāni || ||

27 Tassa mayham bhikkhu || pa || caturāsīti dhenusahassāni ahesuṃ dukulasandanāni [3] kaṃsupadhāraṇani || ||

28 Tassa mayham bhikkhu || pa || caturāsīti vatthakoṭisahassāni ahesuṃ khomasukhumāni koseyyasukhumāni kambalasukhumāni kappāsikasukhumāni || ||

29 Tassa mayham bhikkhu || pa || caturāsīti thālipākasahassāni ahesuṃ || sāyam [4] pātam bhattābhihāro abhihariyittha || ||

30 Tesaṃ kho pana bhikkhu caturāsītiyā nagarasahassānam ekaññeva taṃ nagaraṃ hoti yam aham tena samayena ajjhāvasāmi Kusāvatī rājadhānī || ||

31 Tesaṃ kho pana bhikkhu caturāsītiyā pāsādasahas-

---

[1] B °chadāni [2] S[1-3] anuyuttāni

[3] S[1] dūlasandanāni; S[3] dukulasandatāni; B dukulasandhāni [4] S[1-3] sāya

sānam eko yeva so pāsādo hoti yam aham tena samayena ajjhāvasāmi Dhammo pāsādo|| ||

32 Tesaṃ kho pana bhikkhu caturāsītiyā kuṭāgārasahassānam ekaññeva taṃ[1] kūṭāgāraṃ hoti yam ahaṃ tena samayena ajjhāvasāmi Mahābyūhaṃ kūṭāgāraṃ[2]|| ||

33 Tesaṃ kho pana bhikkhu caturāsītiyā pallaṅkāsahassānam eko yeva so pallaṅko hoti yam ahaṃ tena samayena paribhuñjāmi dantamayo vā sāramayo vā sovaṇṇa mayo vā rūpiyamayo vā|| ||

34 Tesaṃ kho pana bhikkhu caturāsītiyā nāgasahassānam eko yeva so nāgo hoti|| yam aham tena samayena abhirūhāmi Uposatho nāgarājā|| ||

35 Tesaṃ kho pana bhikkhu caturāsītiyā assasahassānam eko yeva so asso hoti|| yam ahaṃ tena samayena abhirūhāmi Valāhaka-assarājā[3]|| ||

36 Tesaṃ kho pana bhikkhu caturāsītiyā rathasahassānam eko yeva so ratho hoti|| yam ahaṃ tena samayena abhirūhāmi Vejayanto ratho|| ||

37 Tesaṃ kho pana bhikkhu caturāsītiyā itthisahassānam ekā yeva sā itthi hoti|| yā maṃ[4] tena samayena paccupaṭṭhāti[5] Khattiyāni vā Velamikā vā[6]|| ||

38 Tesaṃ kho pana bhikkhu caturāsītiyā vatthakoṭisahassānam ekaññeva taṃ vatthayugam hoti yam ahaṃ tena samayena paridahāmi khomasukhumaṃ vā koseyyasukhumaṃ vā kambalasukhumam vā kappāsikasukhumaṃ vā|| ||

39 Tesaṃ kho pana bhikkhu caturāsītiyā thālipākasahassānam eko yeva so thālipāko hoti yato nāḷikodanaparamam bhuñjāmi tadūpiyañca supeyyaṃ|| ||

40 Iti kho bhikkhu sabbe te saṅkhārā atītā niruddhā vipariṇātā|| ||

41 Evam aniccā kho bhikkhu saṅkhārā evam adhuvā kho bhikkhu saṅkhārā evam anassāsikā kho bhikkhu saṅkhārā|| ||

---

[1] Missing in S[1-3] [2] S[1-3] °ro [3] S[1-3] valāho°
[4] S[1-3] yamahaṃ [5] S3 paccuṭṭhānāti
[6] So B; S[1-3] khattiyāvāvelamikā||

42 Yāvañcidam bhikkhu alam eva sabbesu saṅkhāresu nibbindituṃ alaṃ virajjituṃ alaṃ vimuccitun ti || ||

97 (5) *Nakhāsikam*

1–2 Sāvatthi || ||[1]

3 Ekam antam nisinno kho so bhikkhu Bhagavantam etad avoca || ||

4 Atthi nu kho bhante kiñci rūpaṃ yaṃ rūpaṃ niccaṃ dhuvaṃ sassataṃ aviparināmadhammaṃ sassatisamaṃ tatheva ṭhassati || ||

5 Atthi nu kho bhante kāci[2] vedanā || pe ||[3]

6 Atthi nu kho bhante kāci saññā || ||

7 Atthi nu kho bhante keci saṅkhārā || ||[3]

8 Atthi nu kho bhante kiñci viññāṇaṃ niccaṃ dhuvaṃ sassataṃ aviparināmadhammaṃ sassatisamaṃ tatheva ṭhassatīti || ||

9 Natthi kho bhikkhu kiñci rūpaṃ yaṃ rūpaṃ niccaṃ dhuvaṃ sassataṃ aviparināmadhammaṃ sassatisamaṃ tatheva ṭhassati || ||

10–13 Natthi kho bhikkhu kāci vedanā || pe || kāci saññā || || keci sankhārā || pe || kiñci viññāṇam yaṃ viññāṇaṃ niccaṃ dhuvaṃ sassatam aviparināmadhammaṃ sassatisamaṃ tatheva ṭhassatīti || ||

14 Atha kho Bhagavā parittaṃ nakhasikhāyam paṃsum āropetvā tam bhikkham etad avoca || ||

15 Ettakam pi kho bhikkhu rūpaṃ natthi niccaṃ dhuvaṃ sassatam aviparināmadhammaṃ sassatisamaṃ tatheva ṭhassati || || Ettakaṃ ce pi[4] bhikkhu rūpam abhavissa niccaṃ dhuvam sassataṃ aviparināmadhammaṃ || na yidam brahmacariyavāso paññāyetha sammādukkhakkhayāya || Yasmā ca kho bhikkhu ettakam pi rūpaṃ natthi niccaṃ dhuvaṃ sassatam aviparināmadhammaṃ || tasmā brahmacariyavāso paññāyati sammādukkhakkhayāya || ||

---

[1] S[1-3] taṃyevanidānaṃ   [2] S[3] kañci

[3] Complete in B   [4] S[1-3] etta (S[1] ettha-) kiñcāpi

16 Ettikā[1] pi kho bhikkhu vedanā natthi niccā dhuvā sassatā aviparināmadhammā sassatisamaṃ tatheva ṭhassati|| || Ettikā cepi[2] bhikkhu vedanā abhavissa niccā dhuvā sassatā avipariṇāmadhammā|| na yidam brahmacariyavāso paññāyetha sammādukkhakkhayāya|| || Yasmā ca kho bhikkhave ettikā pi vedanā natthi niccā dhuvā sassatā avipariṇāmadhammā|| tasmā brahmacariyavāso paññāyati sammādukkhakkhayāya|| ||

17 Ettikā pi kho bhikkhu saññā natthi|| pe||

18 Ettakā pi kho bhikkhu saṅkhārā natthi niccā dhuvā sassatā avipariṇāmadhammā sassatisamaṃ tatheva ṭhassanti|| ||[3] Ettakā ce pi bhikkhu saṅkhārā abhavissaṃsu[4] niccā dhuvā sassatā avipariṇāmadhammā|| nayidam brahmacariyavāso paññāyetha sammādukkhayāya|| || Yasmā ca kho bhikkhu ettakā pi saṅkhārā natthi niccā dhuvā sassatā avipariṇāmadhammā|| tasmā brahmacariyavāso paññāyati sammādukkhakkhayāya|| ||

19 Ettakam pi kho[5] bhikkhu viññāṇam natthi niccaṃ dhuvaṃ sassatam avipariṇāmadhammam sassatisamaṃ tatheva ṭhassati|| || Ettakaṃ ce pi kho[6] bhikkhu viññāṇam abhavissa niccaṃ dhuvaṃ sassataṃ avipariṇāmadhammaṃ nayidam brahmacariyavāso paññāyetha sammādukkhakkhayāya|| || Yasmā ca kho bhikkhu ettakam pi viññāṇam natthi niccaṃ dhuvaṃ sassatam aviparināmadhammam||[7] tasmā brahmacariyavāso paññāyati sammādukkhakkhayāya|| ||

20 Taṃ kiṃ maññasi bhikkhu|| || Rūpaṃ niccaṃ vā aniccaṃ vā ti|| ||

Aniccam bhante|| ||

Vedanā|| || Saññā|| || Saṅkhārā|| || Viññāṇaṃ niccaṃ vā aniccaṃ vā ti|| ||

---

[1] B ettakā always [2] Omitted by S[1-3] always
[3] B ṭhassati [4] S[1-3] abhaviṃsu
[5] Omitted by S[1-3] [6] B omits ce S[1-3] omits kho
[7] S[1] insert here sassatisamaṃ tatheva ṭhassati dukkhakkhāyāya, which in S[3] is reduced to sassatisamaṃ ṭhatheva ṭhassati (tasmā° being also omitted by S[3])

Aniccaṃ bhante|| ||

21 Tasmā ti ha bhikkhu|| ||

22 Evam passam|| pa|| nāparam itthattāyāti pajānātīti|| ||

98 (6) *Suddhikam* (or *Samuddakam*)

1–2 Savatthi||[1]

3 Ekam antaṃ nisinno kho so bhikkhu Bhagavantam etad avoca|| ||

4 Atthi nu kho bhante kiñci rūpaṃ yaṃ rupaṃ niccaṃ dhuvaṃ asssatam avipariṇāmadhammam sassatisamaṃ tatheva ṭhassati|| ||

5–8 Atthi nu kho bhante kāci vedanā|| pe|| kāci saññā|| || keci saṅkhārā|| ||

Kiñci viññāṇaṃ yaṃ viññāṇaṃ niccaṃ dhuvaṃ sassatam avipariṇāmadhammaṃ sassatisamaṃ tatheva ṭhassatīti|| ||

9 Natthi kho bhikkhu kiñci rūpam yaṃ rūpaṃ niccaṃ dhuvaṃ sassataṃ avipariṇāmadhammaṃ sattatisamam tatheva ṭhassati|| ||

10–13 Natthi kho bhikkhu kāci vedanā|| kāci saññā|| keci saṅkhārā|| kiñci viññāṇam yaṃ viññāṇaṃ niccaṃ dhuvaṃ sassataṃ avipariṇāmadhammaṃ sassatisamam tatheva ṭhassatīti|| ||

99 (7) *Gaddula* (or *Bhaddula*) (1)

1–2 Sāvatthi|| || Tatra|| voca|| ||[2]

3 Anamataggāyam bhikkhave saṃsāro pubbakoṭi na paññāyati avijjānīvaraṇānam sattānaṃ taṇhāsaṃyojanānaṃ sandhāvataṃ saṃsarataṃ|| ||

4 Hoti so bhikkhave samayo yaṃ mahāsamuddo ussussati vissussati na bhavati|| natvevāham bhikkhave avijjānīvaraṇānaṃ sattānaṃ taṇhāsaṃyojanānaṃ sandhāvataṃ saṃsarataṃ dukkhassa antakiriyaṃ vadāmi|| ||

5 Hoti so bhikkhave samayo yaṃ Sineru pabbatarājā ḍayhati[3] vinassati na bhavati|| na tvevāham bhikkhave

[1] Omitted by S¹⁻³

[2] Tatra-voca is in S¹⁻³ only here and further on

[3] S[illegible] and the next number

avijjānīvaraṇānaṃ sattānaṃ taṇhasaṃyojanānam sandhāvataṃ saṃsarataṃ dukkhassa antakiriyam vadāmi|| ||

6 Hoti so bhikkhave samayo yam mahāpathavī ḍayhati vinassati na bhavati|| na tvevāham bhikkhave avijjānīvaraṇānam sattānaṃ taṇhāsaṃyojanānaṃ sandhāvataṃ saṃsarataṃ dukkhassa antakiriyaṃ vadāmi|| ||

7 Seyyathāpi bhikkhave sā gaddulabaddho daḷhe khīle vā thambhe vā upanibaddho tam eva khīlaṃ vā thambhaṃ vā anuparidhāvati anuparivattati|| evam eva kho bhikkhave assutavā puthujjano ariyānam adassāvī|| la|| sappurisadhamme avinīto rūpam attato samanupassati|| la|| vedanaṃ|| saññaṃ|| saṅkhāre|| viññāṇam attato samanupassati|| viññāṇavantaṃ vā attānam attani vā viññāṇaṃ viññāṇasmiṃ vā attānaṃ|| || So rūpaññeva anuparidhāvati anuparivattati|| vedanaññeva|| la|| saññaññeva|| saṅkhāre yeva viññāṇaññeva anuparidhāvati anuparivattati|| || So rūpam anuparidhāvam anuparivattaṃ|| vedanaṃ|| la|| saññaṃ|| saṅkhāre|| viññāṇam anuparidhāvam anuparivattaṃ na parimuccati rūpamhā|| na parimuccati vedanāya|| na parimuccati saññāya|| na parimuccati saṅkhārehi|| na parimuccati viññāṇamhā|| na parimuccati jātiyā jarāmaraṇena sokehi paridevehi dukkhehi domanassehi upāyāsehi na parimuccati dukkhasmā ti vadāmi|| ||

8 Sutavā ca kho bhikkhave ariyasāvako ariyānaṃ dassāvī|| la|| sappurisadhamme suvinīto na rūpam attato samanupassati|| la|| na[1] vedanaṃ|| || na saññaṃ|| || na saṅkhāre|| || na viññāṇam attato samanupassati|| na viññāṇavantaṃ vā[1] attānam na attani vā[1] viññāṇaṃ na viññāṇasmiṃ vā[1] attānaṃ|| || So rūpaṃ nānuparidhāvati nānuparivattati|| vedanaṃ|| saññaṃ|| saṅkhare|| viññaṇam nānuparidhāvati nānuparivattati|| || So rūpam anuparidhāvaṃ anuparivattaṃ parimuccati rūpamhā parimuccati vedanāya parimuccati saññāya parimuccati saṅkhārehi parimuccati viññāṇamhā|| parimuccati jātiyā jarāmaraṇena sokehi paridevehi dukkhehi domanassehi upāyāsehi parimuccati dukkhasmā ti vadāmīti|| ||

---

[1] Omitted by S[1-3]

100 (8) *Gaddula* (2)

1–2 Sāvatthi||| Tatra|| voca||

3 Anamataggāyam bhikkhave saṃsāro pubbakoṭi na paññāyati avijjānīvaraṇānaṃ sattānam taṇhāsaṃyojanānaṃ sandhāvataṃ saṃsarātāṃ||

4 Seyyathāpi bhikkhave sā gaddulabaddho daḷho khīle vā thambe vā upanibaddho|| so gacchati ce pi tam eva khīlaṃ vā thambhaṃ vā upagacchati|| tiṭṭhati ce pi tam eva khīlaṃ vā thambaṃ vā upatiṭṭhati|| nisīdati ce pi taṃ eva khīlaṃ vā thambhaṃ vā upanisīdati|| nippajjati ce pi tam eva khīlam vā thambhaṃ vā upanippajjati|||[1]

5 Evam eva kho bhikkhave assutavā puthujjano Rūpam etam mama eso ham asmi eso me attāti samanupassati||| Vedanam|| Saññaṃ|| Saṅkhāre|| Viññāṇam etam mama eso ham asmi eso me attāti samanupassati||| So gacchati ce pi ime pañcupādānakkhandhe[2] upagacchati|| tiṭṭhati ce pi ime pañcupādānakkhandhe upatiṭṭhati|| nisīdati ce pi ime pañcupādānakkhandhe upanisīdati|| nippajjati ce pi ime pañcupādānakkhandhe upanippajjati||

6 Tasmātiha bhikkhave abhikkhaṇaṃ sakaṃ cittaṃ paccavekkhitabbaṃ Dīgharattam idaṃ cittaṃ saṃkiliṭṭham rāgena dosena mohenā ti|| Cittasaṃkilesā[3] bhikkhave sattā saṃkilissanti|| cittavodānā[4] sattā visujjhanti|||

7 Diṭṭhaṃ vo bhikkhave caraṇaṃ nāma cittanti|||

Evam bhante|||

Tam pi kho bhikkhave caranaṃ nāma[5] cittaṃ citteneva cintitaṃ|| tena pi kho bhikkhave caraṇena cittena cittaññeva cittataraṃ|||

8 Tasmātiha bhikkhave abhikkhaṇaṃ sakaṃ cittaṃ paccavekkhitabbaṃ|| Dīgharattam idam[6] cittaṃ saṅkiliṭṭhaṃ rāgena dosena mohenāti|| Cittasaṃkilesā[7] bhikkhave sattā saṃkilissanti cittavodānā sattā visujjhanti|||

---

[1] This phrase is omitted by S^{1-3} which have only nipajjati so written [2] S^{1-3} add va or ca

[3] S^{1-3} Cittaṃ saṃ° [4] S^{1} cittaṃ vo° [5] Omitted by S^{1-3}

[6] S^{1-3} cidaṃ [7] S^{1} citta saṃkilesā

9 Nāham bhikkhave aññam ekanikāyaṃ pi samanupassāmi evaṃcittaṃ yathayidam bhikkhave tiracchānagatā pāṇā te pi kho bhikkhave tiracchānagatā pāṇā citteneva cittatā|| ||[1] Tehi pi kho bhikkhave tiracchānagatehi pāṇehi cittaññeva cittataraṃ|| ||

10 Tasmātiha bhikkhave bhikkhunā[2] abhikkhaṇaṃ sakaṃ cittam paccavekkhitabbaṃ Dīgharattam idaṃ cittaṃ saṅkiliṭṭhaṃ rāgena dosena mohenāti|| || Cittasaṃkilesā bhikkhave sattā saṃkilissanti|| cittavodānā sattā visujjhanti|| ||

11 Seyyathāpi bhikkhave rajako vā cittakārako vā[3] rajanāya vā[3] lākhāya va haliddiyā vā nīliyā[4] vā mañjeṭṭhiyā[5] vā suparimaṭṭhe[6] phalake vā bhittiyā vā dussapaṭṭe vā itthirūpaṃ vā purisarūpaṃ vā[7] abhinimmineyya sabbaṅgapaccaṅgiṃ|| evam eva[8] kho bhikkhave assutavā puthujjano rūpaññeva abhinibbattento abhinibbatteti|| vedanaññeva|| pe|| saññaññeva|| saṅkhāreva||[9] viññāṇaṃ yeva abhinibbattento abhinibbatteti|| ||

12 Taṃ kiṃ maññatha bhikkhave|| || Rūpaṃ niccaṃ vā aniccaṃ vā ti|| ||

Aniccaṃ bhante|| ||

Vedanā| Saññā|| Saṅkhārā|| Viññāṇaṃ|| pa||

13–14 Tasmātiha bhikkhave|| pa|| nāparam itthattāyāti pajānātīti|| ||

101 (9) *Vāsijaṭam* (or *Nāva*)

1–2 Savatthi|| || Tatra|| voca || ||

3 Jānato ham bhikkhave passato āsavānaṃ khayaṃ vadāmi|| no ajānato apassato|| ||

4 Kiñ ca bhikkhave jānato kim passato āsavānaṃ khayo hoti|| || Iti rūpaṃ iti rūpassa samudayo iti rūpassa atthagamo || || Iti vedanā|| pe|| Iti saññā|| || Iti saṅkhārā|| || Iti viññāṇaṃ iti viññāṇassa samudayo iti viññā-

---

[1] B cittitā [2] S[1-3] insert nāsati [3] S[1] omits vā, S[3] yavā
[4] B paniliyā [5] B mañjaṭṭhāya [6] S[1-3] suparimaṭṭe
[7] B inserts koci [8] Missing in S[1-3]
[9] S[1-3] saññāyeva—saṅkhārāyeva

ṇassa [1] atthagamoti || Evaṃ kho bhikkhave jānato evaṃ passato āsavānaṃ khayo hoti ||

5 Bhāvanānuyogam ananuyuttassa bhikkhave bhikkhuno viharato kiñcāpi [2] evam icchā uppajjeyya Aho vata me anupādāya āsavehi cittaṃ vimucceyyāti atha khvassa neva anupādāya āsavehi cittaṃ vimuccati ||

6 Taṃ kissa hetu abhāvitattā tissa vacanīyaṃ || Kissa abhāvitattā | abhāvitattā catunnaṃ satipaṭṭhānānaṃ abhāvitattā catunnaṃ sammappadhānānam abhāvitattā catunnaṃ iddhipādānam abhāvitattā pañcannam indriyānam abhāvitattā pañcannaṃ balānam abhāvitattā sattannam bojjhaṅgānam abhāvitattā ariyassa aṭṭhaṅgikassa maggassa ||

7 Seyyathāpi bhikkhave kukkuṭiyā aṇḍāni aṭṭha vā dasa vā dvādasa vā tānassu kukkuṭiyā na sammā adhisayitāni na sammā pariseditāni na sammā paribhāvitāni ||

8 Kiñcāpi tassā kukkuṭiyā evam icchā uppajjeyya Aho vata me kukkuṭapotakā pādanakhasikhāya vā mukhatuṇḍakena vā aṇḍakosampadāletvā sotthinā abhinibbhijjeyyunti || atha kho abhabbā va te kukkuṭapotakā pādanakhasikhāya vā mukhatuṇḍakena vā aṇḍakosam padāletvā sotthinā abhinibbhijjituṃ ||

9 Taṃ kissa hetu || tathā hi pana [3] bhikkhave kukkuṭiyā aṇḍāni aṭṭha vā dasa vā dvādasa vā tāni kukkuṭiyā [4] na sammā adhisayitāni na sammā pariseditāni na sammā paribhāvitāni ||

10 Evam eva kho bhikkhave bhāvanānuyogam ananuyuttassa bhikkhuno viharato kiñcāpi evam icchā uppajjeyya || Aho vata me anupādāya āsavehi cittaṃ vimucceyyāti | atha khvassa [5] neva anupādāya āsavehi cittaṃ vimuccati ||

11 Taṃ kissa hetu abhāvitattā tissa vacanīyaṃ || Kissa abhāvitattā abhāvitattā catunnam satipaṭṭhānānaṃ | la atthaṅgikassa maggassa ||

12 Bhāvānuyogam anuyuttassa bhikkhave bhikkhuno

---

[1] S[1] omits iti viññāṇassa [2] S[1-3] kiñcipi

[3] S[1-3] tathāgamūti here and further on (No. 15)

[4] S[1-3] kukkuṭiyānaṃ [5] S[1-3] khvassa

viharato kiñcāpi na evam icchā uppajjeyya Aho vata me anupādāya āsavehi cittaṃ vimucceyyā ti|| atha khvassa anupādāya āsavehi cittaṃ vimuccati|||

13 Taṃ kissa hetu bhāvitattātissa vacanīyaṃ||| Kissa bhāvitattā|| bhāvitattā catunnam satipaṭṭhānānaṃ bhāvitattā catunnaṃ sammappadhānānaṃ bhāvitattā catunnam iddhipādānam bhāvitattā pañcannam indriyānam bhāvitattā pañcannam balānam bhāvitattā sattannam bojjhaṅgānam bhāvitattā ariyassa aṭṭhaṅgikassa maggassa|||

14 Seyyathāpi bhikkhave kukkuṭiyā aṇḍāni aṭṭha vā dasa vā dvādasa vā|| tānassu kukkuṭiyā sammā adhisayitāni sammā pariseditāni sammā paribhāvitāni|| kiñcāpi tassā kukkuṭiyā na evam icchā uppajjeyya Aho vata me kukkuṭapotakā pādanakhasikhāya vā mukhatuṇḍakena vā aṇḍakosam padāletvā sotthinā abhinibbhijjeyyunti|| atha kho bhabbā va te kukkuṭapotakṭā pādanakhasikhāya va mukhatuṇḍakena vā aṇḍakosam padāletvā sotthinā abhinibbhijjituṃ|||

15 Taṃ kissa hetu|| tathā hi pana bhikkhave kukkuṭiyā aṇḍāni aṭṭha vā dasa vā dvādasa vā tāni [1] kukkuṭiyā sammā adhisayitāni sammā pariseditāni sammā paribhāvitāni|||

16 Evam eva kho bhikkhave bhāvanānuyogam anuyuttassa bhikkhuno viharato kiñcāpi na evam icchā uppajjeyya Ahovata me anupādāya āsavehi cittaṃ vimucceyyāti|| atha khvassa anupādāya āsavehi cittaṃ vimuccati|||

17 Taṃ kissa hetu|| bhāvitattā tissa vacanīyaṃ||| kissa bhavitattā|| bhāvitattā catunnam satipaṭṭhānānam|| la|| bhāvitattā ariyassa aṭṭhaṅgikassa maggassa|||

18 Seyyathāpi bhikkhave phalagaṇḍassa vā phalagaṇḍante [2] vāsissa vā vāsijaṭe dissante aṅgulipadāni dissanti aṅguṭṭhapādā||[3] no ca khvassa evaṃ ñāṇaṃ hoti Ettakaṃ vata me [4] ajja vāsijaṭassa khīṇam ettakam hiyyo ettakam pareti|| atha khvassa khīṇam khīṇante va ñāṇaṃ hoti|||

19 Evaṃ eva kho bhikkhave bhāvanānuyogam anuyut-

---

[1] S[1-3] tānassu

[2] So S[1-3]; B phalabhaṇḍa°

[3] B °padaṃ

[4] B katame here only; S[1-3] vāme always

tassa bhikkhuno viharato kiñcāpi na evaṃ ñāṇaṃ hoti || Ettakaṃ vata me ajja āsavānaṃ khīṇam ettakam hiyyo ettakam pareti || athakhvassa khīṇe khīṇante va ñāṇaṃ hoti || ||

20 Seyyathāpi bhikkhave samuddikāya nāvāya vettabandhanabaddhāya chammāsāni[1] udake pariyādāya[2] hemantike[3] thalam ukkhittāya[4] vātātapaparetāni bandhanāni || tāni pāvussakena meghena abhippavaṭṭāni[5] appakasireneva paṭippassambhanti pūtikāni bhavanti || ||

21 Evam eva kho bhikkhave bhāvanānuyogam anuyuttassa bhikkhuno viharato appakasireneva saññojanāni paṭippassambhanti pūtikāni bhavantīti || ||

102 (10) *Aniccatā* (or *Saññā*)

1–2 Sāvatthi || Tatra voca || ||

3 Aniccasaññā bhikkhave bhāvitā bahulīkatā sabbaṃ kāmarāgam pariyādiyati sabbaṃ rūparāgam pariyādiyati sabbaṃ bhavarāgam pariyādiyati sabbam avijjam pariyādiyati || sabbam asmimānam pariyādiyati samūhanti[6] || ||

4 Seyyathāpi bhikkhave saradasamaye kasako mahānaṅgalena kasanto[7] sabbāni mūlasantānakāni sampadālento kasati || || Evam eva kho bhikkhave aniccasaññā bhāvitā bahulīkatā sabbaṃ kāmarāgam pariyādiyati || sabbaṃ rūparāgam pariyādiyati || sabbam bhavarāgam pariyādiyati || sabbam avijjam pariyādiyati || sabbam asmimānaṃ samūhanti || ||

5 Seyyathāpi bhikkhave pabbajalāyako pabbajaṃ lāyitvā agge gahetvā odhunāti niddhunāti nicchodeti ||[8] Evam eva kho bhikkhave aniccasaññā bhāvitā || pe[9]

6 Seyyathāpi bhikkhave ambapiṇḍiyā vaṇṭacchinnāya[10]

---

[1] B vassamāsāni [2] S^{1-3} pariyodātāya
[3] B adds na [4] B omits ya [5] B °ppavuṭṭhāni
[6] B samūhanati omitting the preceding pariyādiyati
[7] S^{1-3} kassako . . . kassanto [8] B nicchoṭeti
[9] This and the following paragraphs end in B by sabbam asmiṃmānaṃ samūhanati
[10] S^3 °chinnāya ; B vandacindāya

yāni tatra ambāni vaṇṭapaṭibaddhāni sabbāni tāni tadanvayāni[1] bhavanti|| evam eva kho bhikkhave aniccasaññā bhāvitā | pa||

7 Seyyathāpi bhikkhave kūṭāgārassa yā kāci gopānasiyo sabbā tā kūṭaṅgamā kūṭaninnā kūṭasamosaraṇā kūṭaṃ tāsam[2] aggam akkhāyati||| evam eva kho bhikkhave aniccasaññā bhāvitā|| pa|||

8 Seyyathāpi bhikkhave ye keci mūlagandhā kāḷānusārī[3] tesam aggam akkhāyati|| evam eva kho bhikkhave aniccasaññā|| pa||

9 Seyyathāpi bhikkhave ye keci sāragandhā lohitacandanaṃ tesam aggam akkhāyati|| evam eva kho bhikkhave aniccasaññā|| pa||

10 Seyyathāpi bhikkhave ye keci pupphagandhā vassikaṃ tesam aggam akkhāyati|| evam eva kho bhikkhave aniccasaññā|| pa||

11 Seyyathāpi bhikkhave ye keci kuḍḍarājāno[4] sabbe te rañño cakkavattissa anuyantā bhavanti|| rājā tesaṃ cakkavatti aggam akkhāyati|| evam eva kho bhikkhave aniccasaññā|| pe||

12 Seyyathāpi bhikkhave yā kāci tārakarūpānam pabhā sabbā tā candimapabhāya[5] kalaṃ nāgghanti[6] solasiṃ candappabhā tāsam aggam akkhāyati|| evam eva kho bhikkhave aniccasaññā|| pa|||

13 Seyyathāpi bhikkhave saradasamaye viddhe vigatavalāhake deve ādicco nabham abbhussukkamāno[7] sabbam ākāsagatam tamagatam abhivihacca bhāsate ca tapate ca virocati[8] ca|| evam eva kho bkikkhave aniccasaññā bhāvitā bahulīkatā sabbaṃ kāmarāgam pariyādiyati|| sabbaṃ rūparāgam pariyādiyati|| sabbam bhavarāgam pariyādiyati|| sabbam avijjam pariyādiyati|| sabbam asmimānaṃ samūhanti|||

14 Katham bhavitā ca bhikkhave aniccasaññā katham

---

[1] B tadamanvayāni [2] B tesaṃ [3] B kālānusarigandho
[4] So S3 ; S1 khuḍḍha° ; B kuṭṭarājāne
[5] S1-3 candiyāpabhāya (S3 yaṃ) [6] B nagghanti
[7] B abbhusākkamāno [8] B virocate

bahulīkatā sabbaṃ kāmarāgam pariyādiyati || pe || sabbam asmimānam samūhanti || ||

15 Iti rūpam iti rūpassa samudayo iti rūpassa atthagamo || || Iti vedanā || || Iti saññā || || Iti saṅkhārā || || Iti viññāṇam iti viññāṇassa samudayo iti viññāṇassa atthagamo ti || ||

16 Evam bhāvitā kho bhikkhave aniccasaññā evam bahulīkatā sabbaṃ kāmarāgam pariyādiyati || sabbaṃ rūparāgam pariyādiyati || sabbam bhavarāgam pariyādiyati || sabbam avijjam pariyādiyati || sabbam asmimānaṃ samūhantīti || ||

Pupphavaggo samatto ||[1]
Tatra uddānaṃ ||[2]

Nadī || Pupphañ ca[3] Pheṇaṃ ca ||
Gomayañ ca Nakhāsikhaṃ ||[4]
Suddhikam dve ca[5] gaddulā ||[6]
Vāsijaṭam Aniccatā ti ||[7]
Vaggo[8] Majjhimapaññāsako samatto || ||
Tassa Majjhimapaññāsakassa vagguddānaṃ ||[9]
Upāyo Arahanto ca Khajjanī Therasambhayaṃ
Pupphavaggena paññāsadutiyo tena vuccati || ||

SECTION III UPARIPAÑÑĀSAKA

CHAPTER I ANTAVAGGO PATHAMO

103 (1) *Ante*

1–2 Sāvatthi || || Tatra || voca || ||
3 Cattāro me bhikkhave antā || || Katame cattāro ||

---

[1] B Buddhavaggo pañcamo [2] Missing in B
[3] B vaddhañ ca [4] S3 °sikhā
[5] S1-3 sa (S3 sā-) muddakaṃ ceva
[6] S1-3 gaddulaṃ ; B bhaddulā [7] S1-3 nāva saññā te dasāti
[8] Missing in S1-3
[9] This uddānam is to be found in S1-3 only

Sakkāyanto sakkāyasamudayanto sakkāyanirodhanto sakkāyanirodhagāminipaṭipadanto || [1]

4 Katamo bhikkhave sakkāyanto || Pañcupādānakkhandhātissa vacanīyaṃ || Katame pañca | seyyathīdaṃ rūpupādānakkhandho vedanupādānakkhandho saññupādānakkhandho saṅkhārupādānakkhandho viññāṇupādānakkhandho | ayaṃ vuccati bhikkhave sakkāyanto ||

5 Katamo ca bhikkhave sakkāyasamudayanto || Yāyam taṇhā ponabbhavikā nandi rāgasahagatā tatra tatrābhinandinī | seyyathīdaṃ kāmataṇhā bhavataṇhā vibhavataṇhā ayaṃ vuccati bhikkhave sakkāyasamudayanto ||

6 Katamo ca bhikkhave sakkāyanirodhanto || Yo tassāyeva taṇhāya asesavirāganirodho cāgo paṭinissaggo mutti anālayo | ayaṃ vuccati bhikkhave sakkāyanirodhanto ||

7 Katamo ca bhikkhave sakkāyanirodhagāminipaṭipadanto || Ayam eva ariyo aṭṭhaṅgiko maggo || seyyathīdam sammādiṭṭhi | pa | sammāsamādhi || Ayaṃ vuccati bhikkhave sakkāyanirodhagāminipaṭipadanto ||

8 Ime kho bhikkhave cattāro antā ti ||

104 (2) *Dukkham*

1–2 Sāvatthi || Tatra | voca | ||

3 Dukkhañ ca vo bhikkhave desissāmi dukkhasamudayañ ca dukkhanirodhañ ca dukkhanirodhagāminipaṭipadañ [2] ca || tam suṇātha ||

4 Katamañ ca [3] bhikkhave dukkham || Pañcupādanakkhandhātissa vacanīyaṃ || Katame pañca | seyyathīdaṃ rūpupādānakkhandho || pe || viññāṇupādānakkhandho || Idaṃ vuccati bhikkhave dukkhaṃ ||

5 Katamo ca bhikkhave dukkhasamudayo || Yāyam taṇhā ponabbhavikā || pa || vibhavataṇhā || Ayaṃ vuccati bhikkhave dukkhasamudayo ||

6 Katamo ca bhikkhave dukkhanirodho || Yo tassāyeva taṇhāya asesavirāganirodho cāgo paṭinissaggo mutti anālayo || Ayaṃ vuccati bhikkhave dukkhanirodho ||

---

[1] S[1-3] °gāminī° always [2] S[1-3] °gāminiñca paṭipadaṃ
[3] B kathañca

7 Katamā ca bhikkhave dukkhanirodhagāminipaṭipadā || Ayam eva ariyo aṭṭhaṅgiko maggo | seyyathīdam sammādiṭṭhi | pe | sammāsamādhi || Ayaṃ vuccati bhikkhave dukkhanirodhagāminipaṭipadā ti || ||

105 (3) *Sakkāyo*

1–2 Sāvatthi || Tatra—voca ||

3 Sakkāyañ ca vo bhikkhave desissāmi sakkāyasamudayañ ca sakkāyanirodhañca sakkāyanirodhagāminiñ ca paṭipadaṃ taṃ [1] suṇātha ||

4 Katamo ca bhikkhave sakkāyo || Pañcupādānakkhandhā tissa vacanīyaṃ || || Katame pañca || Seyyathīdaṃ rūpupādānakkhandho | pe | [2] viññāṇupādānakkhandho || || Ayaṃ vuccati bhikkhave sakkāyo || ||

5 Katamo ca bhikkhave sakkāyasamudayo || || Yāyaṃ taṇhā ponabbhavikā | pa || Ayaṃ vuccati bhikkhave sakkāyasamudayo || ||

6 Katamo ca sakkāyanirodho || Yo tassāyeva taṇhāya || pa || Ayaṃ vuccati bhikkhave sakkāyanirodho ||

7 Katamā ca bhikkhave sakkāyanirodhagāminī paṭipadā || || Ayam eva ariyo aṭṭhaṅgiko maggo | seyyathīdaṃ sammādiṭṭhi || pa || sammāsamādhi ||

8 Ayaṃ vuccati bhikkhave sakkāyanirodhagāminī paṭipadā ti || ||

106 (4) *Pariññeyyā*

1–2 Sāvatthi || || Tatra | voca ||

3 Pariññeyye ca bhikkhave dhamme desissāmi pariññā ca pariññātāviñca [3] puggalaṃ | taṃ suṇātha ||

4 Katame [4] ca bhikkhave pariññeyyā dhammā || [5] Rūpam bhikkhave pariññeyyo dhammo | Vedanā | pa | Saññā | Saṅkhārā | Viññāṇam pariññeyyo dhammo || Ime vuccanti bhikkhave pariññeyyā dhammā ||

---

[1] Omitted by B and S[1]

[2] Complete in B

[3] S[1] °ññātapīca; S[3] °ññātapica

[4] S[1-3] katamo

[5] S[1-3] °ñeyyo dhammo

5 Katamā ca bhikkhave pariññā || || [1] Rāgakkhayo dosakkhayo mohakkhayo || || Ayaṃ vuccati bhikkhave pariññā || ||

6 Katamo ca bhikkhave pariññātāvī puggalo || || Arahātissa vacanīyaṃ || Yo yam āyasmā evāṃnāmo evaṃgotto || ayam vuccati bhikkhave pariññātāvī puggalo ti || ||

107 (5) *Samaṇā* (1)

1–2 Sāvatthi || || Tatra || voca || ||

3 Pañcime bhikkhave upādānakkhandhā || || Katame pañca || Seyyathīdaṃ rūpupādānakkhandho || pe || Viññāṇupādānakkhandho || ||

4–5 Ye hi keci bhikkhave samaṇā vā brāhmaṇā vā imesam pañcannam upādānakkhandhānam assādañca ādīnavañca nissaraṇañca yathābhūtam na pajānanti || pe || [2] pajānanti || sayam abhiññā sacchikatvā upasampajja viharantīti || ||

108 (6) *Samaṇā* (2)

1–2 Sāvatthi || ||

3 Pañcime bhikkhave upādānakkhandhā || || Katame pañca || Seyyathīdam rūpupādhānakkhandho || pe || [3]

4–5 Ye hi keci bhikkhave samaṇā vā brāhmaṇā vā imesam pañcannam upādānakkhandhānam samudayañca atthagamañca assādañca ādīnavañca nissaraṇañca yathābhūtaṃ na pajānanti || pe || pajānanti || sayam abhiññā sacchikatvā upasampajja viharantīti || ||

109 (7) *Sotāpanno*

1–2 Sāvatthi || ||

3 Pañcime bhikkhave upādānakkhandhā || || Katame pañca || Seyyathīdaṃ rūpupādānakkhandho || pe || viññāṇupādānakkhandho || ||

4 Yato ca [4] kho bhikkhave ariyasāvako imesam pañcannam upādānakkhandhānaṃ samudayañca atthagamañca

---

[1] S^{1-3} insert yo bhikkhave
[2] S^{1-3} na me te° (complete)
[3] Complete in B
[4] Missing in S^{1-3} always

assādañca ādīnavañca nissaraṇañca yathābhūtam pajānāti || ayaṃ vuccati bhikkhave ariyasāvako sotāpanno avinipātadhammo niyato sambodhiparāyano ti || ||

110 (8) *Arahaṃ*

1–2 Sāvatthi || ||

3 Pañcime bhikkhave upādānakkhandhā || Katame pañca || Seyyathīdaṃ || rūpupādānakkhandho || pe || viññāṇupādānakkhandho || ||

4 Yato ca kho bhikkhave bhikkhu imesam pañcannam upādānakkhandhānaṃ samudayañca atthagamañca assādañca ādīnavañca nissaraṇañca yathābhūtam viditvā anupādā vimutto hoti || ayaṃ vuccati bhikkhave bhikkhu arahaṃ khīṇāsavo vusitavā katakaraṇīyo ohitabhāro anuppattasadattho parikkhīṇabhavasaññojano sammadaññā vimutto ti || ||

111 (9) *Chandarāgī* (1)

1–2 Sāvatthi || ||

3 Rūpe bhikkhave yo chando yo rāgo yā nandi yā taṇhā tam pajahatha || evaṃ taṃ rūpam pahīnam bhavissati ucchinnamūlaṃ tālāvatthukatam anabhāvakataṃ āyatim anuppādadhammaṃ ||

4–6 Vedanāya || pe || Saññāya || Saṅkhāresu ||[1]

7 Viññāṇe yo chando yo rāgo yā nandi yā taṇhā tam pajahatha || evaṃ taṃ viññāṇam pahīnam bhavissati ucchinnamūlaṃ tālāvatthukataṃ anabhāvakatam āyatim anuppādadhamman ti || ||

112 (10) *Chandarāgī* (2)

1–2 Sāvatthi || ||

3 Rūpe bhikkhave yo chando yo rāgo yā nandi yā taṇhā ye upāyupādānā[2] cetaso adhiṭṭhānābhinivesānusayā te

---

[1] Complete in S1-3

[2] B upayu° always

pajahatha|| evaṃ taṃ rūpaṃ pahīnaṃ bhavissati ucchinnamūlam|| la|| pe||[1]

4-5 Vedanāya|| Saññāya|| ||

6 Saṅkhāresu yo chando|| pa|| evaṃ te saṅkhārā pahīnā bhavissanti ucchinnamūlā tālāvatthukatā anabhāvakatā āyatim anuppādadhammā|| ||

7 Viññāṇe yo chando yo rāgo yā nandi yā taṇhā ye upāyupādānā cetaso adhiṭṭhānābhinivesānusayā te pajahatha|| evaṃ taṃ viññāṇaṃam pahīnam bhavissati ucchinnamūlam tālāvatthukatam anabhāvakatam āyatim anuppādadhamman ti|| ||

Antavaggo samatto[2]||
Tatruddānaṃ|| ||

Ante[3] Dukkhañcā Sakkāyo||
Pariññeyyā Samaṇā dve||[4]
Sotāpanno Arahañca||
Dve ca Chandarāgiyo ti|| ||[5]

Chapter II Dhammakathika-vaggo dutiyo.

113 (1) *Avijjā*, or *Bhikkhu* (1)

1 Sāvatthi|| ārāme[6]|| ||

2 Atha kho aññataro bhikkhu yena Bhagavā tenupasaṅkami|| pa|| ||

3 Nisinno kho so bhikkhu Bhagavantam etad avoca|| || Avijjā avijjāti bhante vuccati|| katamā nu kho bhante avijjā kittāvatā ca avijjāgato hotīti|| ||

4 Idha bhikkhu assutavā puthujjano rūpaṃ na pajānāti rūpasamudayaṃ na pajānāti rūpanirodhaṃ na pajānāti rūpanirodhagāminim paṭipadaṃ na pajānāti|| ||

5-8 Vedanaṃ na pajānāti|| Saññam|| Saṇkhāre na pajānāti|| pa|| Viññāṇanirodhagāminim paṭipadaṃ na pajānāti|| ||[7]

---

[1] So in B, complete in S1-3 [2] In S3 only
[3] S1-3 antam [4] S1-3 Samaṇe; B duve
[5] B duve ca chandorāginoti [6] In S1-3 only
[7] More complete in S1-3

9 Ayaṃ vuccati bhikkhu avijjā ettāvatā ca avijjāgato hotīti|| ||

114 (2) *Vijjā*, or *Bhikkhu* (2)

1–3 Sāvatthi|| ||[1] Ekam antaṃ nisinno kho so bhikkhu Bhagavantam etad avoca|| ||

4 Vijjā vijjāti bhante vuccati|| || Katamā nu kho bhante vijjā kittāvatā ca vijjāgato hotīti|| ||

4 Idha bhikkhu sutavā ariyasāvako rūpam pajānāti|| rūpasamudayaṃ|| rūpanirodhaṃ|| rūpanirodhagāminim paṭipadam pajānāti|| ||

5–8 Vedanaṃ|| Saññaṃ|| Saṅkhāre pajānāti|| la|| Viññāṇanirodhagāminim paṭipadaṃ pajānāti|| ||

9 Ayaṃ vuccati bhikkhu vijjā ettāvatā ca vijjāgato hotīti|| ||

115 (3) *Kathika* (1)

1–2 Sāvatthi|| ||

3 Ekam antaṃ nisinno kho so bhikkhu Bhagavantam etad avoca|| || Dhammakathiko dhammakathiko ti bhante vuccati|| || Kittāvatā nu kho bhante dhammakathiko hotīti||

4 Rūpassa ce bhikkhu nibbidāya virāgāya nirodhāya dhammaṃ deseti Dhammakathiko bhikkhū ti alaṃ vacanāya|| || Rūpassa ce bhikkhu nibbidāya virāgāya nirodhāya paṭipanno hoti Dhammānudhammapaṭipanno bhikkhūti alaṃ vacanāya|| || Rūpassa ce bhikkhu nibbidā virāgā nirodhā anupādā vimutto hoti Diṭṭhadhamme nibbānappatto bhikkhū ti alaṃ vacanāya|| ||

5–7 Vedanāya ce bhikkhu|| pe|| Saññāya|| Saṅkhārānaṃ ce bhikkhu|| ||

8 Viññāṇassa ce bhikkhu nibbidāya virāgāya nirodhāya dhammaṃ deseti Dhammakathiko bhikkhūti alaṃ vacanāya|| || Viññāṇassa ce bhikkhu nibbidāya virāgāya nirodhāya paṭipanno hoti Dhammānudhammapaṭipanno bhikkhūti alaṃ vacanāya|| || Viññāṇassa ce bhikkhu nibbidā

[1] Omitted by [illegible] in this and the following suttas till [illegible]

virāgā nirodhā anupādā vimutto hoti Diṭṭhadhamme nibbanappatto bhikkhūti alaṃ vacanāyāti|| ||

116 (4) *Kathika* (2)

1 Sāvatthi|| ||

2 Ekam antaṃ nisinno kho so bhikkhu Bhagavantam etad avoca|| || Dhammakathiko dhammakathiko ti bhante vuccati|| kittāvatā nu kho bhante dhammakathiko hoti|| kittāvatā dhammānudhammapaṭipanno hoti|| kittāvatā diṭṭhadhammanibbānapatto hotīti|| ||

3 Rūpassa ce bhikkhu nibbidāya virāgāya nirodhāya dhammaṃ deseti Dhammakathiko bhikkhūti alam vacanāya|| || Rūpassa ce bhikkhu nibbidāya virāgāya nirodhāya paṭipanno hoti Dhammānudhammapaṭipanno bhikkhūti alam vacanāya|| || Rūpassa ce bhikkhu nibbidā virāgā nirodhā anupādā vimutto hoti Diṭṭhadhammanibbānapatto bhikkhūti alaṃ vacanaya|| ||

4–6 Vedanāya ce bhikkhu|| pe|| Saññāya ce bhikkhu|| || Saṅkhārānaṃ ce bhikkhu|| ||

7 Viññāṇassa ce bhikkhu nibbidāya virāgāya nirodhāya dhammaṃ deseti Dhammakathiko bhikkhūti alaṃ vacanaya|| || Viññāṇassa ce bhikkhu nibbidāya virāgāya nirodhāya paṭipanno hoti Dhammānudhammapaṭipanno bhikkhūti alaṃ vacanāya|| || Viññāṇassa ce bhikkhu nibbidā virāgā nirodhā anupādā vimutto hoti Diṭṭhadhammanibbānappatto bhikkhūti alaṃ vacanāyāti|| ||

117 (5) *Bandhanā*

1–2 Sāvatthi|| ||

3 Idha bhikkhave[1] assutavā puthujjano ariyānam adassāvī|| pe|| sappurisadhammesu avinīto rūpam attato samanupassati rūpavantaṃ vā attānaṃ attani vā rūpaṃ rūpasmiṃ vā attānaṃ|| || Ayam vuccati bhikkhave assutavā puthujjano rūpabandhanabaddho sāntarabāhirabandhanabaddho[2] atīradassī apāradassī baddho jāyati[3] baddho mīyati baddho asmā lokā paraṃ lokaṃ gacchati|| ||

---

[1] S[1-3] omit idha bhikkhave [2] B santara° always

[3] B jiyati

4 Vedanam attato samanupassati || pe || vedanāya vā attānaṃ || || Ayaṃ vuccati bhikkhave assutavā puthujjano vedanābandhanabaddho sāntarabāhirabandhanabaddho atīradassī apāradassī baddho jāyati baddho mīyati baddho asmā lokā paraṃ lokaṃ gacchatī || ||

5-6 Saññaṃ || Saṅkhāre || ||[1]

7 Viññāṇam attato samanupassatī || pa || || Ayaṃ vuccati bhikkhave assutavā puthujjano viññāṇabandhanabaddho sāntarabāhirabandhanabaddho atīradassī apāradassī baddho jāyati baddho mīyati baddho asmā lokā paraṃ lokaṃ gacchati || ||

8 Sutavā ca kho bhikkhave ariyasāvako ariyānam dassāvī || la[2] || sappurisadhammesu vinīto na rūpam attato samanupassati || na rūpavantaṃ vā attānaṃ na attani vā rūpaṃ na rūpasmiṃ vā attānanaṃ || || Ayaṃ vuccati bhikkhave sutavā ariyasāvako na rūpabandhanabaddho na sāntarabāhirabandhanabaddho tīradassī pāradassī || parimutto so [3] dukkhasmā ti vadāmi || ||

9 Na vedanam attato || la || ||

10 Na saññam attato || la || ||

11 Na saṅkhāre attato || la ||

12 Na viññāṇam attato samanupassati || pa || || Ayaṃ vuccati bhikkhave ariyasāvako na viññāṇabandhanabaddho na sāntarabāhirabandhanabaddho tīradassī pāradassī || parimutto so [3] dukkhasmā ti vadāmīti || ||

118 (6) *Parimucchita*

1 Sāvatthi || ||

2 Taṃ kim maññatha bhikkhave || || Rūpam etam mama eso ham asmi eso me attāti samanupassathāti || ||

No hetam bhante || ||

Sādhu bhikkhave || Rūpam bhikkhave netam mama neso ham asmi na meso attāti || evam etaṃ yathābhūtaṃ sammapaññāya daṭṭhabbaṃ || ||

3-5 Vedanaṃ || Saññaṃ || Saṅkhāre || ||

---

[1] Complete in S^{1-3} [2] S^{1-3} ari—pe—instead of || la ||
[3] Missing in S^{1-3}

6 Viññāṇam etam mama eso ham asmi eso me attāti samanupassathāti|| ||

No hetam bhante|| ||

Sādhu bhikkhave|| viññāṇam bhikkhave netam mama neso ham asmi na meso attāti evam etaṃ yathābhūtaṃ sammappaññāya daṭṭhabbaṃ|| ||[1]

7 Evam passaṃ|| pa|| nāparam itthattāyāti pajānātīti|| ||

119 (7) *Parimucchitā* (2)

1 Sāvatthi|| ||

2 Taṃ kiṃ maññatha bhikkhave Rūpaṃ netam mama neso ham asmi na me so attāti samanupassathāti|| ||

Evam bhante|| ||

Sādhu bhikkhave|| Rūpam bhikkhave netam mama neso ham asmi na meso attāti evam etaṃ yathābhūtaṃ sammappaññāya daṭṭhabbaṃ|| ||

3–5 Vedanaṃ|| Saññaṃ|| Saṅkhāre|| ||

6 Viññāṇaṃ netam mama neso ham asmi na meso attāti samanupassathāti|| ||

Evam bhānte|| ||

Sādhu bhikkhave|| Viññāṇam bhikkhave netam mama neso hamasmi na meso attāti|| evam etaṃ yathābhūtaṃ sammappaññāya daṭṭhabbaṃ|| ||

7 Evaṃ|| la|| nāparam itthattāyāti pajānātīti|| ||

120 (8) *Saññojanam*

1–2 Sāvatthi|| || Saññojanīye ca bhikkhave dhamme desissāmi saññojanaṃ ca|| taṃ suṇātha|| ||

3 Katame ca bhikkhave saññojaniyādhammā katamaṃ ca saññojanāṃ|| ||

4 Rūpaṃ bhikkhave saññojaniyo dhammo|| yo tattha chandarāgo taṃ tattha saññojanaṃ|| ||

5–7 Vedanā|| pa|| Saññā|| Saṅkhārā|| ||

---

[1] B adds || la||

8 Viññāṇaṃ saññojanīyo dhammo || yo tattha chandarāgo taṃ tattha saññojanaṃ ||

9 Ime vuccanti bhikkhave saññojanīyā dhammā || idaṃ saññojananti || ||

121 (9) *Upādānam*

1–2 Sāvatthi || || Upādāniye ca bhikkhave dhamme desissāmi upādānaṃ ca | taṃ suṇātha ||

4 Katame ca bhikkhave upādāniyā dhammā || katamam upādānaṃ || ||

5 Rūpam bhikkhave upādāniyo dhammo || yo tattha chandarāgo taṃ tattha upādānaṃ || |

6–8 Vedanā || pa || Saññā || Saṅkhārā || ||

9 Viññāṇam upādāniyo dhammo || yo[1] tattha chandarāgo taṃ tattha upādānaṃ || ||

10 Ime vuccanti bhikkhave upādāniyā dhammā || idam upādānan ti || ||

122 (10) *Sīlam*

1 Ekaṃ samayaṃ āyasmā ca Sāriputto āyasmā ca Mahā-Koṭṭhito[2] Bārāṇasiyaṃ viharanti Isipatane Migadāye || ||

2–3 Atha kho āyasmā Mahā-Koṭṭhito sāyaṇhasamayam paṭisallāṇā vuṭṭhito yenāyasmā Sāriputto tenupasaṅkami || pa || etad avoca || || Sīlavatāvuso Sāriputta bhikkhunā katame dhammā yoniso manasi kattabbāti || ||

4 Sīlavatāvuso Koṭṭhita bhikkhunā pañcupādānakkhandā aniccato dukkhato rogato gaṇḍato sallato aghato ābādhato parato palokato suññato anattato yoniso manasi kattabbā || ||

5 Katame pañca || || Seyyathīdaṃ rūpupādāpakkhando || pe || viññāṇupādānakkhandho || || Sīlavatāvuso Koṭṭhita bhikkhunā ime pañcupādānakkhandhā aniccato dukkhato || pe || anattato yoniso manasi kattabbā || ||

6 Ṭhānaṃ kho panetam āvuso vijjati || yaṃ sīlavā

---

[1] S[1-3] ye

[2] B Koṭṭhiko-ka always

bhikkhu ime pañcupādānakkhandhe aniccato dukkhato|| pe|| anattato yoniso manasi karonto sotāpattiphalam sacchikareyyāti|| ||

7 Sotāpannena panāvūso Sāriputta bhikkhunā katame dhammā yoniso manasikattabbāti|| ||

8 Sotāpannena pi kho āvuso Koṭṭhita bhikkhunā ime pañcupādānakkhandhā aniccato|| pe|| anattato manasi kattabbā|| ||

9 Ṭhānaṃ kho panetam āvuso vijjati|| yaṃ sotāpanno bhikkhu ime pañcupādānakkhandhe aniccato|| pe|| anattato yoniso manasi karonto sakadāgāmiphalaṃ sacchikareyyāti|| ||

10 Sakadāgāminā panāvuso[1] Sāriputta bhikkhunā katame ca[2] dhammā yoniso kattabbāti|| ||

11 Sakadāgāminā pi kho[3] āvuso Koṭṭhita bhikkhunā ime pañcupādānakkhandhā aniccato|| pe|| anattato manasi kattabbā|| ||

12 Ṭhānaṃ kho panetam āvuso vijjati|| yaṃ sakadāgāmi bhikkhu pañcupādānakkhandhe aniccato|| pe|| anattato yoniso manasi karonto anāgāmiphalaṃ sacchikareyyāti|| ||

13 Anāgāminā panāvuso Sāriputta bhikkhunā katame dhammā yoniso manasi kattabbā ti|| ||

14 Anāgāminā pi kho āvuso Koṭṭhita bhikkhunā ime[4] pañcupādānakkhandhā aniccato|| pe|| anattato yoniso manasi kattabbā|| ||

15 Ṭhānaṃ kho panetam āvuso vijjati|| yam anāgāmi bhikkhu ime pañcupādānakkhandhe aniccato|| pe|| anattato yoniso manasi karonto arahattaphalaṃ[5] sacchikareyyāti|| ||

16 Arahatā[6] panāvuso Sāriputta katame dhammā yoniso manası kattabbāti|| ||

17 Arahatā pi kho āvuso Koṭṭhita ime pañcupādānakkhande aniccato dukkhato rogato gaṇḍato sallato aghato ābādhato parato palokato suññato anattato yoniso manasi kattabbā|| ||

18 Natthi khvāvuso arahato uttarikaraṇīyaṃ katassa vā

---

[1] B omtis pan [2] Missing in B [3] S[1-3] sakadāgāmino kho
[4] S[1-3] insert ca [5] B arahattaṃ [6] S[1-3] insert pi

paṭiccayo[1] || api ca kho ime[2] dhammā bhāvitā bahulīkatā diṭṭhadhammasukhavihārāya ceva saṃvattanti satisampajaññāya[3] cāti || ||

123 (11) *Sutavā*

1 Bārāṇasi-nidānaṃ || ||[4]

124 (12) *Kappo* (1)

1 Sāvatthi || ārāme || ||

2 Atha kho āyasmā Kappo yena Bhagavā tenupasaṅkami[5] || ||

3 Ekam antaṃ nisinno kho āyasmā Kappo Bhagavantam etad avoca || || Kathaṃ nu kho bhante janato katham passato imasmiṃ ca saviññāṇake kāye bahiddhā ca sabbanimittesu ahaṃkāramaṃkāramānānusayā na hontī ti || ||

4 Yaṃ kiñci Kappa rūpam atītānāgatapaccuppannam ajjhattam vā bahiddhā vā oḷārikaṃ vā sukhumaṃ vā hīnam vā paṇītaṃ vā || yaṃ dūre santike vā sabbaṃ rūpaṃ netam mama neso ham asmi na meso attāti evam etaṃ yathābhutaṃ sammāppaññāya passati || ||

5–7 Yā kāci vedanā || pe || Yā kāci saññā || || Ye keci saṅkhārā || ||

8 Yaṃ kiñci viññāṇam atītānāgatapaccuppannam ajjhattaṃ vā bahiddhā vā oḷārikaṃ vā sukhumaṃ vā hīnaṃ vā paṇītaṃ vā || yaṃ dūre santike vā sabbaṃ viññāṇaṃ netam mama neso ham asmi na me so attāti evam etaṃ yathābhūtaṃ sammappaññāya passati || ||

9 Evaṃ kho Kappa jānato evam passato imasmiṃ ca saviññāṇake kāye bahiddhā ca sabbanimittesu ahaṃkāramamaṃkāramānānusayā na hontīti || ||

---

[1] S³ paticayo here and in the next sutta [2] S¹⁻³ apicame [3] S¹⁻³ omit ya

[4] Complete in B.—This sutta is exactly the same as the preceding; the word *sutavatā* being only put instead of *sīlavatā* [5] Complete in S¹⁻³

125 (13) *Kappo* (2)

1 Sāvatthi|| ||

2 Ekam antaṃ nisinno kho āyasmā Kappo Bhagavantam etad avoca|| || Kathaṃ nu kho bhante jānato katham passato imasmiṃ ca saviññāṇake kāye bahiddhā ca sabbanimittesu ahaṃkāramamaṃkāramānāpagataṃ [1] mānasaṃ hoti vidhāsamatikkantam [2] santam [3] suvimuttan ti|| ||

3 Yaṃ kiñci Kappa rūpam atītānāgatapaccuppannaṃ|| la|| sabbaṃ rūpaṃ netam mama neso ham asmi na meso attāti|| evam etaṃ yathābhūtaṃ sammappaññāya disvā anupādā vimutto hoti|| ||

4–6 Yā kāci vedanā|| || Yā kāci saññā|| || Ye keci saṅkhārā|| ||

7 Yaṃ kiñci viññāṇam atītānāgatapaccuppannam ajjhattaṃ vā bahiddhā vā oḷārikaṃ vā sukhumaṃ vā hīnaṃ vā paṇītaṃ vā|| yaṃ dūre santike vā sabbaṃ viññāṇaṃ netam mama neso ham asmi na meso attāti|| evam etaṃ yathābhūtaṃ sammappaññāya disvā anupādā vimutto hoti|| ||

8 Evaṃ kho Kappa jānato evam passato imasmiñ ca saviññāṇake kāye bahiddhā ca sabbanimittesu ahaṃkāramamaṃkāramānāpagatam mānasaṃ hoti vidhāsamatikkantam santaṃ suvimuttan ti|| ||

Dhammakathikavaggo samatto [4]|| ||
Avijjā Vijjā [5] dve Kathikā||
Bandhanā Parimuccitā duve [6]||
Saññojānaṃ Upādānaṃ [7]||
Sīlaṃ Sutavā [8] dve ca Kappenā ti [9]|| ||

Chapter III Avijjāvaggo tatiyo

126 (1) *Samudayadhamma* (1)

1 Sāvatthi|| ārāme|| ||

---

[1] S[1-3] °pagata° always [2] S[1-3] vidhāya° further on vidhā°
[3] Omitted by S[1-3] always [4] In S[1-3] only
[5] S[1-3] Dve bhikkū [6] S[1-3] Parimucchā dve
[7] S[1-3] °dānā [8] S[1] Sīla ; S[3] Sīlavā and omits Sutavā
[9] S[1-3] Kappināti

2 Atha kho aññataro bhikkhu yena Bhagavā tenupasaṅkami || upasaṅkamitvā || pa ||

3 Ekam antaṃ nisinno kho so bhikkhu Bhagavantam etad avoca ||| Avijjā avijjāti bhante vuccati || katamā nu kho bhante avijjā kittāvatā ca avijjāgato hotīti ||

4 Idha bhikkhu assutavā puthujjano samudayadhammaṃ rūpaṃ Samudayadhammaṃ rūpanti yathādhammaṃ na pajānāti || vayadhammaṃ rūpaṃ Vayadhammam rūpanti yathābhūtaṃ na pajānāti || samudayavayadhammaṃ rupaṃ Samudayavayadhammaṃ[1] rūpanti yathābhūtaṃ na pajānāti ||

5 Samudayadhammaṃ vedanaṃ Samudayadhammā vedanāti yathābhūtaṃ na pajānāti || vayadhammaṃ vedanaṃ Vayadhammā vedanā ti yathābhūtaṃ na pajānati || samudayavayadhammaṃ vedanaṃ Samudayavayadhammā vedanāti yathābhūtaṃ na pajānāti ||

6 Samudayadhammaṃ saññaṃ || pe ||

7 Samudayadhamme saṅkhāre Samudayadhammā saṅkhārāti yathābhūtaṃ na pajānāti || vayadhamme saṅkhāre Vayadhammā saṅkhārāti yathābhūtaṃ na pajānāti || samudayavayadhamme saṅkhāre Samudayavayadhammā saṅkhārāti yathābhūtaṃ na pajānāti |||

8 Samudayadhammaṃ viññāṇam Samudayadhammaṃ viññāṇanti yathābhūtaṃ na pajānāti || vayadhammaṃ viññāṇaṃ Vayadhammaṃ viññāṇanti yathābhūtaṃ na pajānāti || samudayavayadhammaṃ viññāṇaṃ Samudayavayadhammam viññāṇanti yathābhūtaṃ na pajānāti ||

9 Ayaṃ vuccati bhikkhu avijjā ettāvatā ca avijjāgato hotīti ||

10 Evaṃ vutte so bhikkhu Bhagavantam etad avoca || Vijjā vijjāti bhante vuccati || katamā nu kho bhante vijjā kittāvatā ca vijjāgato hotīti ||

11 Idha bhikkhu sutavā ariyasāvako samudayadhammaṃ rūpaṃ Samudayarūpanti yathābhūtam pajānāti || vayadhammaṃ rūpam Vayadhammaṃ rūpanti yathābhūtaṃ

[1] B and S [illegible] word here and further on

pajānāti|| samudayavayadhammaṃ rupaṃ Samudayavayadhammaṃ rūpanti yathābhūtaṃ pajānāti|||

12 Samudayadhammaṃ vedanaṃ|| pe||

13 Samudayadhammaṃ saññaṃ|| pe||

14 Samudayadhamme saṅkhāre|| pe|| [1]

15 Samudayadhammaṃ viññāṇaṃ Samudayadhammaṃ viññāṇanti yathābhūtam pajānāti|| vayadhammaṃ viññāṇaṃ Vayadhammaṃ viññāṇanti yathābhūtam pajānāti|| samudayavayadhammam viññāṇaṃ Samudayavayadhammaṃ viññāṇanti yathābhūtaṃ pajānāti

16 Ayaṃ vuccati bhikkhu vijjā ettāvatā vijjāgato hotīti|||

127 (2) *Samudayadhamma* (2)

1 Ekaṃ samayaṃ āyasmā Sāriputto āyasmā ca Mahā-Koṭṭhito[2] Bārāṇasiyaṃ viharati Isipatane Migadāye|||

2 Atha kho āyasmā Mahā-Koṭṭhito sāyaṇhasamayam patisallāṇā vuṭṭhito|| pa||

3 Ekam antaṃ nisinno kho āyasmā Mahā-Koṭṭhito āyasmantaṃ Sāriputtam etad avoca||| Avijjā avijjāti āvuso Sāriputta vuccati|| katamā nu kho āvuso avijjā kittāvatā ca[3] avijjāgato hotīti|||

4 Idhāvuso assutavā puthujjano samudayadhammam rūpam Samudayadhammaṃ rūpanti yathābhūtaṃ na pajānāti|| vayadhammaṃ rupaṃ|| pe|| samudayavayadhammaṃ rūpanti yathābhūtaṃ na pajānāti||

5 Samudayadhammam vedanaṃ|| pe||

6 Samudayadhammaṃ saññaṃ|||

7 Samudayadhamme saṅkhāre|||

8 Samudayadhammam viññāṇam|| pa[4]|| vayadhammaṃ viññāṇam|| pa|| Samudayavayadhammam[5] viññāṇanti yathābhūtaṃ na pajānāti|||

9 Ayaṃ vuccati āvuso[6] ettāvatā ca[7] avijjāgato hotīti|||

---

[1] 12 and 14 are more complete in B
[2] S3 omits Mahā
[3] Complete in B
[4] 5–8 are more complete in B
[5] B °viya° instead of °vaya°
[6] S1-3 vuccata vuso
[7] S1-3 omit ca

128 (3) *Samudayadhammā* (3)

1–2 Bārāṇasi nidānaṃ || [1]

3 Ekaṃ antaṃ nisinno kho āyasmā Mahā-Koṭṭhito āyasmantaṃ Sāriputtaṃ etad avoca || Vijjā vijjāti āvuso Sāriputta vuccati, katamā nu kho āvuso vijjā kittāvatā ca vijjāgato hotīti ||

4 Idhāvuso sutavā ariyasāvako samudayadhammaṃ rūpaṃ Samudayadhammaṃ rūpanti yathābhūtaṃ pajānāti | vayadhammaṃ rūpaṃ | pe | samudayavayadhammaṃ rūpaṃ Samudayavayadhammaṃ rūpanti yathābhūtaṃ pajānāti ||

5 Samudayadhammaṃ vedanaṃ | pe |

7 Samudayadhammaṃ saññaṃ ||

7 Samudayadhamme saṅkhāre ||

8 Samudayadhammaṃ viññāṇaṃ | samudayavayadhammaṃ viññāṇanti yathābhutaṃ pajānāti ||

9 Ayam vuccatāvuso vijjā ettāvatā ca vijjāgato hotīti ||

129 (4) *Assāda* (1)

1–2 Bārāṇasiyaṃ viharanti Isipatane Migadāye [2] ||

3 Ekaṃ antaṃ nisinno kho āyasmā Mahā-Koṭṭhito āyasmantaṃ Sāriputtaṃ etad avoca || Avijjā avijjāti āvuso Sāriputta vuccati, Katamā nu kho āvuso avijjā kittāvatā ca avijjāgato hotīti ||

4 Idhāvuso assutavā puthujjano rūpassa assādañca ādīnavañca nissaraṇanca yathābhūtaṃ na pajānāti ||

5–7 Vedanāya | Saññāya | Saṅkhārānaṃ ||

8 Viññāṇassa assādañca ādīnavanca nissaraṇañca yathābhūtaṃ na pajānāti ||

9 Ayaṃ vuccatāvuso avijjā ettāvatā ca avijjāgato hotīti ||

130 (5) *Assāda* (2)

1–2 Bārāṇasiyaṃ Isipatane Migadāye ||

---

[1] Complete in B

[2] S[1-3] taññeva nidānam—Ekam antaṃ nisīdi—and so on, [illegible]

3 Vijjā vijjāti āvuso Sāriputta vuccati|| || Katamā nu kho āvuso vijjā kittāvatā ca vijjāgato hotīti|| ||

4 Idhāvuso sutavā ariyasāvako rūpassa assādañca ādīnavañca nissaraṇañca yathābhūtam pajānāti||

5–7 Vedanāya|| || pe|| Saññāya|| || Saṅkhārānaṃ|| ||

8 Viññāṇassa assādañca ādīnavañca nissaraṇañca yathābhūtam pajānāti [1]||

9 Ayam vuccatāvuso vijjā ettāvatā ca vijjāgato hotīti|| ||

131 (6) *Samudaya* (1)

1–2 Bārāṇasiyaṃ viharanti Isipatane Migadāye|| pa|| ||

3 Avijjā avijjāti āvuso Sāriputta vuccati|| || Katamā nu kho āvuso avijjā kittāvatā ca avijjāgato hotīti|| ||

4 Idhāvuso assutavā puthujjano rūpassa samudayañca atthagamañca assādañca ādīnavañca nissaraṇañca yathābhūtaṃ na pajānāti|| ||

5–8 Vedanāya|| || Saññāya|| || Saṅkhārānam|| || Viññāṇassa samudayañca atthagamañca assādañca ādīnavañca nissaraṇañca yathābhūtaṃ na pajānāti|| ||

9 Ayaṃ vuccatāvuso avijjā ettāvatā ca avijjāgato hotīti|| ||

132 (7) *Samudaya* (2)

1–2 Bārāṇasiyaṃ viharanti Isipatane Migadāye|| ||

3 Ekam antaṃ nisinno kho āyasmā Mahā-Koṭṭhito āyasmantaṃ Sāriputtam etad avoca|| || Vijjā vijjāti avuso Sāriputta vuccati|| || Katamā nu kho āvuso vijjā kittāvatā ca vijjāgato hotīti|| ||

4 Idhāvuso sutavā ariyasāvako rūpassa samudayañca atthagamañca [2] nissaraṇañca yathābhūtam pajānāti|| ||

5–8 Vedanāya|| || Saññāya|| || Saṅkhārāṇaṃ|| || Viññāṇassa samudayañca atthagamañca [2] nissaraṇañca yathābhūtaṃ pajānāti|| ||

9 Ayaṃ vuccatāvuso vijjā ettāvatāca vijjāgato hotīti|| ||

---

[1] The numbers 5–7–8 are repeated in S^{1-3} (S^3 omitting saññāya)

[2] B inserts here assādañca ādīnavañca

133 (8) *Koṭṭhita* (1)

1 Bārāṇasiyaṃ viharanti Isipatane Migadāye|| ||

2 Atha kho Sāriputto sāyaṇhasamayaṃ[1] || pe ||

3 Ekam antaṃ nisinno kho āyasmā Sāriputto āyasmantam Mahā-Koṭṭhitam etad avoca|| || Avijjā avijjā ti āvuso Koṭṭhita vuccati | Katamā nu kho āvuso Koṭṭhita avijjā vuccati | kittavatā ca avijjāgato hotīti || ||

4 Idhāvuso assutavā puthujjano rūpassa assādañca ādīnavañca nissaraṇañca yathābhūtaṃ na pajānāti|| ||

5–8 Vedanāya|| || Saññāya || Saṅkhārānaṃ || || Viññāṇassa assādañca ādīnavañca nissaraṇañca yathābhūtaṃ na pajānāti|| ||

9 Ayaṃ vuccatāvuso avijjā ettāvatā ca avijjāgato hotīti[2]|| ||

10 Evam vutte āyasmā Sāriputto āyasmantam Mahā-Koṭṭhitam etad avoca|| || Vijjā vijjāti āvuso Koṭṭhita vuccati | katamā nu kho āvuso vijjā kittāvatā ca vijjāgato hotī ti || ||

11 Idhāvuso sutavā ariyasāvako rūpassa assādañca ādīnavañca nissaraṇañca yathābhūtaṃ pajānāti ||

12–14 Vedanāya || Saññāya || Saṅkhārānaṃ|| ||

15 Viññāṇassa assādañca ādīnavañca nissaraṇañca yathābhūtam pajānāti|| ||

16 Ayaṃ vuccati āvuso vijjā ettāvatā ca vijjāgato hotīti|| ||

134 (9) *Koṭṭhita* (2)

1–2 Bārāṇasiyaṃ viharanti Isipatane Migadāye|| ||

3 Avijjā avijjāti āvuso Koṭṭhita avijjā kittāvatā ca avijjāgato hotīti|| ||

4 Idhāvuso assutavā puthujjano rūpassa samudayañca atthagamañca assādañca ādīnavañca nissaraṇañca yathābhūtaṃ na pajānāti|| ||

5–7 Vedanāya|| || Saññāya|| || Saṅkhārānaṃ|| ||

8 Viññāṇassa samudayañca atthagamañca assādañca ādīnavañca nissaraṇañca yathābhūtaṃ na pajānāti|| ||

---

[1] S[1]- [illegible] nis[illegible]di [2] B. hoti

9 Ayaṃ vuccatāvuso avijjā ettāvatā ca avijjāgato hotīti|| ||

10 Evaṃ vutte āyasmā Sāriputto āyasmantam Mahā-Koṭṭhitam etad avoca|| || Vijjā vijjāti āvuso Koṭṭhita vuccati|| katamā nu kho āvuso vijjā kittāvatā ca vijjāgato hotīti|| ||

11 Idhāvuso sutavā ariyasāvako rūpassa samudayañca atthagamañca assādañca ādīnavañca nissaraṇañca yathābhūtam pajānāti|| ||

12–14 Vedanāya|| || Saññāya|| Saṅkhārānaṃ|| ||

15 Viññāṇassa samudayañca atthagamañca assādañca ādīnavañca nissaraṇañca yathābhūtam pajānāti|| ayam vuccatāvuso[1] vijjāgato hotīti[1]||

135 (10) *Koṭṭhita* (3)

1–2 Taññeva nidānaṃ|| ||

3 Ekam antaṃ nisinno kho āyasmā Sāriputto āyasmantaṃ Mahā-Koṭṭhitam etad avoca|| || Avijjā avijjāti āvuso Koṭṭhita vuccati|| || Katamā nu kho āvuso avijjā hoti kittāvatā ca avijjāgato hotī ti|| ||

4 Idhāvuso assutavā puthujjano rūpam na pajānāti|| rūpasamudayam na pajānāti|| rūpanirodham na pajānāti|| rūpanirodhagāminiṃ paṭipadam na pajānāti|| ||

5–7 Vedanaṃ na pajānāti|| pe|| Saññaṃ|| || Saṅkhāre|| ||

8 Viññāṇaṃ na pajānāti viññāṇasamudayaṃ na pajānāti viññāṇanirodhaṃ na pajānāti vinnāṇanirodhagāminim paṭipadaṃ na pajānāti|| ||

9 Ayaṃ vuccatāvuso avijjā ettāvatā avijjāgato hotīti|| ||

10 Evaṃ vutte āyasmā Sāriputto āyasmantam Mahā-Koṭṭhitam etad avoca|| || Vijjā vijjāti āvuso Koṭṭhita vuccati|| || Katamā nu kho āvuso vijjā kittāvatā ca vijjāgato hotīti|| ||

11 Idhāvuso sutavā ariyasāvako rūpam pajānāti rūpa-

---

[1] The second part (Nos. 10–15) of this sutta and the first part of the next (Nos. 1–9) are omitted in B

samudayam [1] pajānāti || rūpanirodham pajānāti rūpanirodhagāminiṃ paṭipadam pajānāti || ||

12–14 Vedanaṃ || || Saññaṃ || || Saṅkhāre || ||

15 Viññānaṃ pajānāti viññāṇassa samudayam pajānāti viññāṇanirodham pajānāti viññāṇanirodhagāminim paṭipadam pajānāti || ||

16 Ayam vuccatāvuso vijjā ettāvatā ca vijjāgato hotīti || ||

Avijjāvaggo || ||
Tatruddānam || ||

Samudayadhammena tīṇi [2] ||
Assāda apare duve [3] ||
Samudayena dve vuttā [4]
Koṭṭhitena [5] apare tayoti || ||

Chapter IV Kukkuḷa—vaggo catuttho

136 (1) *Kukkula*

1–2 Sāvatthi || || Tatra—voca || ||

3 Rūpam bhikkhave kukkuḷam || vedanā kukkuḷā [6] || saññā kukkuḷā [7] || saṅkhārā kukkuḷā [6] || viññāṇaṃ kukkuḷām || ||

4 Evam passam bhikkhave sutavā ariyasāvako rūpasmim pi nibbindati || vedanāya pi || saññāya pi || saṅkhāresu pi || viññāṇasmim pi nibbindati || ||

5 Nibbindaṃ virajjati || [8] nāparam itthattāyāti pajānātīti || ||

137 (2) *Aniccena* (1)

1 Sāvatthi || ||

2 Yam bhikkhave aniccaṃ tatra vo chando pahātabbo || || Kiñca bhikkhave aniccaṃ || ||

---

[1] B rūpassa sam° [2] S^{1-3} cetaso [3] S^{1-3} assādo° °dve
[4] B samudayeca ; S^{1-3} vutto [5] B koṭṭhike
[6] S^{1-3} kukkulo [illegible] Missing in S [illegible] Complete in B
[illegible]

3 Rūpam bhikkhave aniccaṃ‖ tatra vo chando pahātabbo‖‖

4–6 Vedanā aniccā‖‖ Saññā‖‖ Saṅkhārā‖‖

7 Viññāṇam aniccaṃ‖ tatra vo chando pahātabbo‖‖

8 Yam bhikkhave aniccaṃ tatra vo chando pahātabbo ti‖‖

138 (3) *Aniccena* (2)

1–2 Sāvatthi‖‖ Yam bhikkhave aniccam tatra vo rāgo pahātabbo‖‖ Kiñca bhikkhave aniccaṃ‖‖

3 Rūpam bhikkhave aniccaṃ tatra vo rāgo pahātabbo‖‖

4–7 Vedanā‖‖ Saññā‖‖ Saṅkhārā‖‖ Viññāṇaṃ aniccaṃ‖ tatra vo rāgo pahātabbo‖‖

8 Yam bhikkhave aniccaṃ tatra vo rāgo pahātabbo ti‖‖

139 (4) *Aniccena* (3)

1–2 Sāvatthi‖‖ Yam bhikkhave aniccaṃ tatra vo chandarāgo pahātabbo‖‖ Kiñca bhikkhave aniccaṃ‖‖

3 Rūpam bhikkhave aniccaṃ tatra vo chandarāgo pahātabbo‖‖

4–7 Vedanā‖‖ Saññā‖‖ Sankhārā‖‖ Viññāṇam aniccaṃ‖ tatra vo chandarāgo pahātabbo‖‖

8 Yam bhikkhave aniccaṃ tatra vo chandarāgo pahātabbo ti‖‖

140–142 (5–7) *Dukkhena* (1–3)

1–2 Sāvatthi‖‖

3–8 Yam bhikkhave dukkhaṃ tatra vo chando pahātabbo‖ pa‖

3–8 rāgo pahātabbo‖‖

3–8 chandarāgo pahātabbo ti [1]‖‖

143–145 (8–10) *Anattena* (1–3)

1–2 Sāvatthi‖‖

2 Yo bhikkhave anattā tatra vo chando pahātabbo‖‖

---

[1] Complete in S[1-3]

rāgo pahātabbo || chandarāgo pahātabbo || Ko ca bhikkhave anattā ||

3 Rūpaṃ bhikkhave anattā tatra vo chando pahātabbo || rāgo pahātabbo || chandarāgo pahātabbo ||

4–6 Vedanā anattā || Saññā || Saṅkhārā ||

7 Viññāṇaṃ anattā [1] tatra vo chando pahātabbo || rāgo pahātabbo || chandarāgo pahātabbo ||

8 Yo bhikkhave anattā tatra vo chando pahātabbo || rāgo pahātabbo || chandarāgo pahātabbo ti [2] ||

146 (11) *Kulaputtena dukkhā* (1)

1–2 Sāvatthi ||

3 Saddhāpabbajitassa bhikkhave kulaputtassa ayaṃ anudhammo hoti yaṃ rūpe nibbidā bahulaṃ vihareyya || Vedanāya || Saññāya || Saṅkhāresu || Viññāṇe nibbidā bahulaṃ vihareyya ||

4 So [3] rūpe nibbidā bahulaṃ viharanto || Vedanāya || Saññāya || Saṅkhāresu Viññāṇe nibbidā bahulaṃ viharanto rūpaṃ parijānāti || Vedanaṃ || Saññaṃ || Saṅkhāre || Viññaṇaṃ parijanāti ||

5 So rūpaṃ parijānaṃ vedanaṃ || saññaṃ || saṅkhāre || viññāṇaṃ parijānaṃ parimuccati rūpamhā parimuccati vedanāya parimuccati vedanāya parimuccati saññāya parimuccati saṅkhārehi parimuccati viññāṇamhā parimuccati jātiyā jarāmaraṇena sokehi paridevehi dukkhehi domanassehi upāyāsehi parimuccati dukkhasmā ti vadāmīti ||

147 (12) *Kulaputtena dukkhā* (2)

1–2 Sāvatthi ||

3 Saddhāpabbajitassa bhikkhave kulaputtassa ayaṃ anudhammo hoti || yaṃ rūpe aniccānupassī vihareyya || Vedanāya || Saññāya || Saṅkharesu || Viññāṇe aniccānupassī vihareyya || pa ||

---

[1] S[1-3] anattaṃ

[2] So S[1-3] where the three suttas are united: but divided in B

B 10

4–5 °parimuccati dukkhasmā ti vadāmīti[1]|| ||

148 (13) *Kulaputtena dukkhā* (3)

1–2 Sāvatthi|| ||

3 Saddhā pabbajitassa bhikkhave kulaputtassa ayam anudhammo hoti|| yaṃ rūpe anattānupassī vihareyya|| || Vedanāya|| || Saññāya|| || Saṅkhāresu|| || Viññāṇe anattānupassī vihareyya|| ||

4 So rūpe anattānupassī viharanto|| vedanāya|| saññāya|| saṅkhāresu|| viññāṇe anattānupassī viharanto rūpam parijānāti|| vedanaṃ|| saññaṃ|| saṅkhāre|| viññāṇam parijānāti|| ||

5 So rūpam parijānaṃ vedanaṃ|| saññam|| saṅkhāre|| viññāṇam parijānaṃ parimuccati rūpamhā parimuccati vedanāya pārimuccati saññāya parimuccati saṅkhārehi parimuccati viññāṇamhā parimuccati jātiyā jarāmaraṇena sokehi paridevehi dukkhehi domanassehi upāyāsehi parimuccati dukkhasmā ti vadāmīti|| ||

Kukkuḷavaggo[2] catuttho|| ||
Tassuddānam[3]|| ||

Kukkuḷā tayo Aniccena[4]|| ||
Dukkhena apare tayo||
Anattena tayo vuttā||
Kulaputtena dve[5] dukkhā ti|| ||

CHAPTER V DIṬṬHIVAGGO PAÑCAMO

149 (1) *Ajjhattikam*

1–2 Sāvatthi|| Tatra—voca|| ||

3 Kisminnu bhikkhave sati kim upādāya uppajjati Ajjhattaṃ sukhadukkhanti|| ||

---

[1] Complete in S^{1-3}; as in the preceding and the next

[2] S^3 kukkula° [3] S^{1-3} tatrud° [4] S^{1-3} aniccatā

[5] So all the MSS.; it ought to be tayo

4 Bhagavaṃmūlakā no bhante dhammā || pe ||

5 Rūpe kho bhikkhave sati rūpam upādāya uppajjati ajjhattaṃ sukhadukkhaṃ ||

6–8 Vedanāya sati || pa || Saññāya sati || Saṅkhāresu sati[1] ||

9 Viññāṇe sati viññāṇam upādāya uppajjati ajjhattaṃ[2] sukhadukkhaṃ ||

10 Taṃ kim maññatha bhikkhave rūpaṃ niccam aniccaṃ vā ti ||

Aniccam bhante ||

Yam panāniccaṃ dukkhaṃ vā taṃ sukhaṃ vā ti ||

Dukkham bhante

Yam panāniccaṃ dukkham vipariṇāmadhammam api nu tam anupādāya uppajjeyya ajjhattaṃ sukhadukkhanti ||

No hetam bhante ||

11–13 Vedanā || Saññā || Saṅkhārā ||

14 Viññāṇaṃ niccaṃ vā aniccaṃ vā ti ||

Aniccam bhante ||

Yam panāniccaṃ dukkhaṃ vā taṃ sukhaṃ vā ti ||

Dukkham bhante ||

Yam panāniccaṃ dukkhaṃ vipariṇāmadhammam api nu tam anupādāya uppajjeyya ajjhattaṃ sukhadukkhan ti ||

No hetam bhante ||

15 Evampassaṃ || pa || nāparam itthattāyā ti pajānātīti ||

150 (2) *Etam mama*

1–2 Sāvatthi ||

3 Kismiṃ nu kho bhikkhave sati kim upādāya kim abhinivissa Etam mama eso ham asmi eso me attā ti samanupassatīti ||

4 Bhagavaṃmūlakā no bhante dhammā || pe ||

5–9 Rūpe[3] kho bhikkhave sati rūpam upādāya rūpam

---

[1] Complete in S[1-3]; S[1] adding vābahiddhaṃ vā te ajjhattam [illegible] S [illegible] S [illegible] Rupam

abhinivissa||[1] la||| Viññāṇe sati viññāṇam upādāya viññaṇam abhinivissa Etam mama eso ham asmi eso me attā ti samanupassati|||[2]

10 Taṃ kim maññatha bhikkhave rūpaṃ niccam vā aniccaṃ vā ti|||

Aniccam bhante|| pa|| vipariṇāmadhammam api me tam anupādāya Etam mama eso ham asmi eso me attā ti samanupasseyyā ti|||

No hetam bhante|||

11–13 Vedanā||| Saññā||| Saṅkhārā|||

14 Viññāṇaṃ niccaṃ vā aniccaṃ vā ti|||

Aniccam bhante|| pa||| vipariṇāmadhammam api nu tam anupādāya Etam mama eso ham asmi eso me attāti samanupasseyyāti|||

No hetam bhante|||

15 Evam passaṃ|| pe|| nāparam itthattāyāti pajānatīti|||

151 (3) *Eso attā*[3]

1–3 Sāvatthi||| Kismiṃ nu kho bhikkhave sati kim upādāya kim abhinivissa evaṃ diṭṭhi uppajjati So attā so loko so pecca[4] bhavissāmi nicco dhuvo sassato avipariṇāmadhammoti|||

4 Bhagavammūlakā no bhante dhammā|| pe|||

5 Rūpe kho bhikkhave sati rūpam upādāya rūpam abhinivissa evaṃ ditthi uppajjati|| So attā so loko so pecca bhavissāmi nicco dhuvo sassato avipariṇāmadhammoti|||

6–9 Vedanāya|| Saññāya|| Saṅkhāresu|| Viññāṇe sati viññāṇam upādāya viññāṇam abhinivissa evaṃ diṭṭhi

---

[1] S[1-3] repeat Etaṃ° samanupassati ti and subjoin: bhikkhave sati rūpam upādāya rūpamabhinivissa evam diṭṭhiṃ (further on diṭṭhi) uppajjati No cassaṃ no ca me siyā na bhavissāmi na me bhavissatī ti

[2] Instead of Etam mama S[1-3] have Evam diṭṭhi uppajjati no cassaṃ (S[3] omit no cassaṃ) no ca me siyā na bhavissāmi na me bhavissatī ti

[3] This sutta, the third in B, is the fifth in S[1-3]

[4] B pacca always

uppajjati So attā so loko so pecca bhavissāmi nicco dhuvo sassato avipariṇāmadhammoti

10 Tam kim maññatha bhikkhave rūpaṃ niccaṃ vā aniccaṃ vā ti

Aniccam bhante

Yampanāniccam dukkhaṃ vā taṃ sukhaṃ vā ti

Dukkham bhante

Yam panāniccam dukkhaṃ vipariṇāmadhammam api nu tam anupādāya evaṃ diṭṭhi uppajjeyya So attā so loko so pecca bhavissāmi nicco dhuvo sassato avipariṇāmadhammoti

No hetam bhante

11–14 Vedanā Saññā Sankhārā Viññāṇaṃ niccaṃ vā aniccaṃ vāti

Aniccam bhante

Yam panāniccaṃ dukkhaṃ vā taṃ sukhaṃ vā ti

Dukkham bhante

Yam panāniccaṃ dukkhaṃ vipariṇāmadhammam api nu tam anupādāya evaṃ diṭṭhi uppajjeyya So attā so loko so pecca bhavissāmi nicco dhuvo sassato avipariṇāmadhammoti

No hetam bhante

15 Evam passaṃ pe nāparam itthattāyāti pajānātīti

152 (4) *No ca me siyā* [1]

1–2 Sāvatthi Kismiṃ nu kho bhikkhave sati kim upādāya kim abhinivissa evaṃ diṭṭhi uppajjati No cassaṃ no ca me siyā na bhavissāmi [2] na me bhavissatī ti

3 Bhagavammūlakā no bhante dhammā pe

4 Rūpe kho bhikkhave sati rūpam upādāya rūpam abhinivissa evam diṭṭhi uppajjati No cassaṃ no ca me siyā na bhavissāmi na me bhavissatīti

5–7 Vedanāya sati Saññāya sati Saṅkhāresu sati

---

[1] This sutta, the fourth in B, is the sixth in S[1-3]

8 Viññāṇe sati viññāṇam upādāya viññāṇam abhinivissa evam diṭṭhi uppajjati|| No cassaṃ no ca me siyā na bhavissāmi na me bhavissatī ti|| ||

9 Taṃ kim maññatha bhikkhave|| || Rūpaṃ niccam vā aniccam vā ti|| ||

Aniccam bhante|| ||

Yam panāniccaṃ dukkhaṃ vā taṃ sukhaṃ vā ti|| ||

Dukkham bhante|| ||

Yam panāniccam dukkhaṃ vipariṇāmadhammam api nu tam anupādāya evaṃ diṭṭhi uppajjeyya|| || No cassaṃ no me siyā na bhavissāmi na me bhavissatī ti|| ||

No hetam bhante|| ||

10–13 Vedanā|| Saññā|| Saṅkhārā|| Viññāṇaṃ niccaṃ vā aniccaṃ vā ti|| ||

Aniccam bhante|| ||

Yam panāniccam dukkhaṃ vipariṇāmadhammam anupādāya evaṃ diṭṭhi uppajjeyya No cassaṃ no ca me siyā na bhavissāmi na me bhavissatīti|| ||

No hetam bhante|| ||

Evam passaṃ|| pe|| naparam itthattayāti pajānātīti|| ||

153 (5) *Micchā*.

1–3 Sāvatthi|| || Kismiṃ nu kho bhikkhave sati kim upādāya kim abhinivissa micchādiṭṭhi uppajjatī ti|| ||

4 Bhagavammūlakā no bhante dhammā|| || pe||

5 Rūpe kho bhikkhave sati rūpam upādāya rūpam abhinivissa micchādiṭṭhi uppajjati|| ||

6–9 Vedanāya sati|| Saññāya sati|| Saṅkhāresu sati|| Viññāṇe sati viññāṇaṃ upādāya viññāṇam abhinivissa micchādiṭṭhi uppajjati|| ||

10 Taṃ kim maññatha bhikkhave Rūpaṃ niccaṃ vā aniccaṃ vā ti|| ||

Aniccam bhante|| ||

Yam panāniccam|| pa|| api nu tam anupādāya micchādiṭṭhi uppajjeyyā ti|| ||

No hetam bhante|| ||

11–14 Vedanā|| Saññā|| Saṅkhārā|| Viññāṇaṃ niccaṃ vā aniccaṃ vāti

Aniccam bhante ||

Yam panāniccaṃ dukkham vā taṃ sukhaṃ vā ti ||

Dukkham bhante ||

Yam panāniccam dukkhaṃ vipariṇāmadhammaṃ || api nu tam anupādāya micchādiṭṭhi uppajjeyyāti ||

No hetam bhante ||

15 Evam passaṃ || pe || nāparam itthattāyāti pajānātīti || ||

154 (6) *Sakkāya*

1–3 Sāvatthi || Kismiṃ nu kho bhikkhave sati kim upādāya kim abhinivissa sakkāyadiṭṭhi uppajjatīti ||

4 Bhagavammūlakā no bhante dhammā || pe ||

5 Rūpe kho bhikkhave sati rūpam upādāya rūpam abhinivissa sakkāyadiṭṭhi uppajjati ||

6–9 Vedanāya sati || Saññāya sati || Saṅkhāresu sati || Viññāṇe sati viññāṇam upādāya viññāṇam abhinivissa sakkāyadiṭṭhi uppajjati ||

10 Taṃ kim maññatha bhikkhave Rūpaṃ niccam aniccaṃ vā ti ||

Aniccam bhante ||

Yam panāniccam || pa || api nu tam anupādāya sakkāya diṭṭhi uppajjeyyā ti ||

No hetam bhante ||

11–14 Vedanā || Saññā || Saṅkhārā || Viññāṇam niccaṃ vā aniccaṃ vā ti ||

Aniccam bhante ||

Yam panāniccaṃ || pe || api nu tam anupādāya sakkāyadiṭṭhi uppajjeyyāti ||

No hetam bhante ||

15 Evam passaṃ || pe || nāparam itthattāyā ti pajānātīti || ||

155 (7) *Attānu*

1–3 Sāvatthi || Kismiṃ nu kho bhikkhave sati kim upādāya kim abhinivissa Attānudiṭṭhi uppajjatīti ||

4 Bhagavammūlakā no bhante dhammā || pe ||

5 Rūpe kho bhikkhave sati rūpam upādāya rūpam abhinivissa attānudiṭṭhi uppajjati

6-9 Vedanāya sati|| Saññāya sati|| Saṅkhāresu sati|| Viññāṇe sati viññāṇam upādāya viññāṇam abhinivissa attānudiṭṭhi uppajjati||||

10 Taṃ kim maññatha bhikkhave Rūpaṃ niccaṃ vā aniccaṃ vā ti||||

Aniccam bhante||||

Yam panāniccam|| pa|| api nu tam anupādāya attānudiṭṭhi uppajjeyyā ti||||

No hetam bhante||||

11-14 Vedanā|| Saññā|| Sankhārā|| Viññāṇaṃ niccaṃ vā aniccaṃ vā ti||||

Aniccam bhante||||

Yam panāniccam|| pa|| api nu tam anupādāya attānudiṭṭhi uppajjeyyāti||||

No hetam bhante||||

15 Evam passaṃ|| pe|| nāparam itthattāyā ti pajānātīti||||

156 (8) *Abhinivesa* (1)

1-3 Sāvatthi|||| Kismiṃ nu kho bhikkhave sati kim upādāya kim abhinivissa uppajjanti saññojanābhinivesavinibandhāti||||[1]

4 Bhagavammūlakā no bhante dhammā|| pe||||

5 Rūpe kho bhikkhave sati rūpam upādāya rūpaṃ abhinivissa uppajjanti saññojanābhinivesavinibandhā||||

6-9 Vedanāya sati|| Saññāya sati|| Saṅkhāresu sati|| Viññāṇe sati viññāṇam upādāya viññāṇam abhinivissa uppajjanti saññojanābhinivesavinibandhā||||

10 Taṃ kim maññatha bhikkhave Rūpaṃ niccaṃ vā aniccaṃ vā ti||||

Aniccam bhante||||

Yam panāniccam|| pa|| api nu tam anupādāya uppajjeyyuṃ saññojanābhinivesavinibandhā ti||||

No hetam bhante||||

11-14 Vedanā|| no hetam bhante||||[2]

15 Evam passam|| pe|| nāparam itthattāyāti pajānātīti||||

---

[1] S1-3 saññojanavinivesavinibaddhā always [2] In S1-3 only

157 (9) *Abhinivesa* (2)

1–3 Sāvatthi || Kismiṃ nu kho bhikkhave sati kim upādāya kim abhinivissa uppajjanti saññojanābhinivesavinibandhājjhosānā ti ||

4 Bhagavammūlakā no bhante dhammā || pe || [1]

158 (10) *Ānandena*

1 Sāvatthi || ārāme ||

2 Atha kho āyasmā Ānando yena Bhagavā tenupasaṅkami || upasaṅkamitvā || pa || Bhagavantam etad avoca ||

3 Sādhu me bhante Bhagavā saṅkhittena dhammaṃ desetu yam aham Bhagavato dhammam sutvā eko vūpakaṭṭho appamatto ātāpī pahitatto vihareyyanti ||

4 Taṃ kiṃ maññasi Ānanda || Rūpaṃ niccam vā aniccaṃ vā ti ||

Aniccam bhante ||

Yam panāniccaṃ dukkhaṃ vā taṃ sukhaṃ vā ti ||

Dukkham bhante ||

Yam panāniccaṃ dukkhaṃ vipariṇāmadhammaṃ kallaṃ nu tam anupassituṃ Etam mama eso ham asmi eso me attā ti ||

No hetam bhante ||

5–8 Vedanā || Saññā || Saṅkhārā || Viññāṇaṃ niccaṃ vā aniccaṃ vāti ||

Aniccam bhante ||

Yam panāniccam dukkhaṃ vāti sukhaṃ vā ti ||

Dukkhaṃ bhante ||

Yam panāniccaṃ dukkhaṃ vipariṇāmadhammaṃ || kallaṃ nu taṃ samanupassituṃ Etam mama eso ham asmi eso me attāti ||

9 Tasmā ti hānanda yaṃ kiñci rūpam atītānāgatapaccuppannam || [2]

---

[1] This sutta is the same as the preceding with the mere substitution of °vinibandhājjhosānā to °vinibandhā (S^{1-3} vinibaddhā)

[2] This paragraph is to be found in S^1 only

10 Evam passam| pa|| nāparam itthattāyāti pajānātīti|| ||[1]

Diṭṭhivaggo pañcamo|| ||[2]

Tassuddānaṃ|| ||[3]

Ajjhattikam Etam mama Eso me attā No ca me siyā||
Micchā Sakkāya Attānu[4] dve|| Abhinivesā Ānandenāti||[5]

[6] Uparipaññāsakuddānaṃ|| ||[7]

Antaṃ Vijjā Samudayañ ca||
Kukkulaṃ Diṭṭhi pañcamaṃ||
Tatiyo paññāsako vutto
Nipāto ti pavuccatīti|| ||[8]

Khandhasaṃyuttaṃ niṭṭhitaṃ|| ||[9]

BOOK II RĀDHA-SAṂYUTTA

CHAPTER I VAGGO PATHAMO

1 (1) *Māro*

1 Sāvatthi|| ārāme|| ||[10]

2 Attha kho āyasmā Rādho yena Bhagavā tenupasaṅ-

---

[1] B pajanāmīti [2] B omits pañcamo

[3] S[1-3] uddānam bhavati

[4] B sakkāyattānu; S[1-3] sakkāya attānaṃ

[5] S[1-3] vinivesā apare dve Ānandena pūrito vaggo

[6] S[1-3] Cullapaññāsako samatto—tassa vagguddānam

[7] This mention is to be found in S[1-3] only

[8] S[1-3] Antādhammā tatovijjā
kukkuḷo diṭṭhipañcamaṃ
gatiyo paññāsako vutto
nipāto tena (S[1] tona) vuccati

[9] S[1-3] Khandhavaggassa nipātaṃkelatīṇi (-ṇi being erased in S[1]) paññāsakaṃ samattaṃ

[10] In S[1-3] only, which omits even Sāvatthi in the sequel

kami || upasaṅkamitvā Bhagavantam abhivādetvā ekam antaṃ nisīdi || ||

3 Ekam antaṃ nisinno kho āyasmā Rādho Bhagavantam etad avoca || || Māro Māro ti vuccati || kittāvatā nu kho bhante Māro ti || || [1]

4 Rūpe kho Rādha sati Māro vā assa māretā vā yo vā pana mīyati || tasmāti ha tvaṃ Rādha rūpam Māro ti passa māretā ti passa mīyatīti passa rogoti passa gaṇḍo ti passa sallanti passa aghanti passa aghabhūtanti passa || || Ye nam evam passanti te sammāpassanti || ||

5–7 Vedanāya sati || || [2] Saññāya sati || || Saṅkhāresu sati || || [2]

8 Viññāṇe sati Māro vā assa māretā vā yo vā pana mīyati || tasmāti ha tvaṃ Rādha viññāṇam Māro ti passa māretā ti passa mīyatīti passa rāgo ti passa gaṇḍo ti passa sallanti passa aghanti passa aghabhūtanti passa || || Ye nam evam passanti te sammāpassantī ti || ||

9 Sammādassanam pana bhante kimatthiyanti || || [3]
Sammādassanaṃ kho Rādha nibbidatthaṃ || ||

10 Nibbidā pana bhante kimatthiyā ti || ||
Nibbidā kho Rādha virāgatthā || ||

11 Virāgo pana bhante kimatthiyoti || ||
Virāgo kho Rādha vimuttattho || || [4]

12 Vimutti [5] pana bhante kimatthiyāti || ||
Vimutti kho Rādha nibbānatthā || || [4]

13 Nibbānam pana bhante kimatthiyanti || ||
Assa [6] Rādha pañhaṃ nāsakkhi pañhassa pariyantaṃ gahetuṃ || || Nibbānogadhaṃ hi Rādha brahmacariyaṃ vussati nibbānaparāyanaṃ nibbānapariyosānan ti || ||

2 (2) *Satto*

1–2 Sāvatthi || ||

3 Ekam antaṃ nisinno kho āyasmā Rādho Bhagavantam

---

[1] S^{1-3} omit bhante and add vuccati

[2] More complete in S^{1-3}

[3] B kimatthaṃ

[4] B °atthaṃ

[5] S^{1-3} vimuttiṃ

[6] B [illegible]

etad avoca || || Satto satto ti vuccati || kittāvatā nu kho bhante satto ti vuccatīti || || [1]

4 Rūpe kho Rādha yo chando yo rāgo yā nandi yā taṇhā tatra satto tatra visatto tasmā satto ti vuccati || ||

5–7 Vedanāya || || Saññāya || || Saṅkhāresu || ||

8 Viññāṇe yo chando yo rāgo yā nandi yā taṇhā tatra satto tatra visatto tasmā satto ti vuccati || ||

9 Seyyathāpi Rādha kumārakā vā kumāriyo [2] vā paṃsvāgārakehi kīḷanti || || [3] Yāva kīvañca tesu paṃsvāgārakesu avītarāgā honti avigatachandā avigatapemā avigatapipāsā avigatapariḷāhā avigatataṇhā || tāva tāni paṃsvāgārakāni ālayanti keḷāyanti [4] manāyanti [5] mamāyanti || ||

10 Yato ca kho Rādha kumārakā vā kumāriyo vā tesu paṃsvāgārakesu vigatarāgā honti vigatachandā vigatapemā vigatapipāsā vigatapariḷāhā vigatataṇhā || atha kho [6] tāni paṃsvāgārakāni hatthehi ca pādehi ca vikiranti vidhamanti viddhaṃsenti vikīḷanikaṃ [7] karonti || ||

11 Evam eva kho Rādha tumhe rūpaṃ vikiratha vidhamatha viddhaṃsetha vikīḷanikaṃ karotha taṇhakkhayāya paṭipajjatha || ||

12–14 Vedanaṃ vikiratha || || Saññam vikiratha || || Saṅkhāre vikiratha || ||

15 Viññāṇaṃ vikiratha vidhamatha [8] viddhaṃsetha vikiḷanikaṃ karotha taṇhakkhayāya paṭipajjatha || || Taṇhakkhayo hi Rādha nibānan ti || ||

3 (3) *Bhavanetti*

1–2 Sāvatthi || ||

3 Ekam antaṃ nisinno kho āyasmā Rādho Bhagavantam etad avoca || || Bhavanettī [9] bhavanettīnirodho [10] ti bhante vuccati || katamā nu kho bhante bhavanettī katamo bhavanettīnirodho ti || || [11]

---

[1] S¹⁻³ vuccati [2] B kumārikāyo always
[3] S¹⁻³ °āgārakesuhi kīḷantā [4] S¹⁻³ allīyanti kelāyanti
[5] S¹⁻³ vanāyanti [6] S¹⁻³ omit kho [7] B vikiḷaniyaṃ always
[8] Omitted by S¹⁻³ [9] B adds nirodho [10] S¹⁻³ omit nirodho
[11] S¹⁻³ kasmā nu kho bhante bhavanettī ti nirodhoti

4 Rūpe kho Rādha yo chando yo rāgo yā nandi yā taṇhā ya upāyupādānā cetaso adhiṭṭhānābhinivesānusāyā || ayaṃ vuccati bhavanettī tesaṃ nirodhā[1] bhavanettīnirodho || ||

5–7 Vedanāya || || Saññāya || || Saṅkhāresu || ||

8 Viññāne yo chando || pa || adhiṭṭhānābhinivesānusayā || ayaṃ vuccati bhavanettī tesaṃ nirodhā bhavanettīnirodho ti || ||

4 (4) *Pariññeyyā*

1–2 Sāvatthi || ||

3 Ekam antaṃ nisinnaṃ kho āyasmantaṃ Rādham Bhagavā etad avoca || || Pariññeye ca dhamme desissāmi pariññañ ca[2] pariññātāvim puggalaṃ ca taṃ suṇohi || [3] pe ||

4 Bhagavā etad avoca || || Katame ca Rādha pariññeyyā dhammā || || Rūpaṃ kho Rādha pariññeyyo dhammo || Vedanā pariññeyyo dhammo || Saññā || Saṅkhārā pariññeyyo dhammo || Viññāṇaṃ pariññeyyo dhammo || || Ime vuccanti Rādha pariññeyyā dhammā || ||

5 Katamā ca Rādha pariññā || || Yo kho Rādha rāgakkhayo dosakkhayo mohakkhayo ayaṃ vuccati Rādha pariññā || ||

6 Katamo ca Rādha pariññātāvī[4] puggalo || || Arahātissa vacanīyaṃ || yoyam āyasmā evaṃnāmo evaṃgotto ayam vuccati Rādha pariññātāvī[4] puggalo ti || ||

5 (5) *Samaṇā* (1)

1–2 Sāvatthi || ||

3 Ekam antaṃ nisinnaṃ kho āyasmantaṃ Rādham Bhagavā etad avoca || ||

4 Pañcime Rādha upādānakkhandhā || || Katame pañca || seyyathīdam rūpūpādānakkhandho || pe || viññāṇupādānakkhandho || ||

5 Ye hi keci Rādha samaṇā vā brāhmaṇā vā imesaṃ

---

[1] B nirodho [2] B pariññā ca

[3] S[1-3] °pariññātavīca puggalaṃ taṃ suṇatha

[4] S[1] [illegible]

pañcannam upādānakkhandhānam assādañca ādīnavañca nissaraṇañca yathābhūtaṃ na pajānanti‖ na me te Rādha samaṇā vā brāhmaṇā vā samaṇesu vā samaṇasammatā brāhmaṇesu vā brāhmaṇasammatā‖ na ca pana te āyasmanto sāmaññattham vā brahmaññatthaṃ vā diṭṭheva dhamme sayam abhiññā sacchikatvā upasampajja viharanti‖‖

6 Ye ca kho keci Rādha samaṇā vā brāhmaṇā vā imesam pañcannam upādānakkhandhānam assādañca ādīnavañca nissaraṇañca yathābhūtam pajānanti‖ te kho[1] Rādha samaṇā vā brāhmaṇā vā samaṇesu ceva samaṇasammatā brāhmaṇesu ca brāhmaṇā sammatā‖ te ca panāyasmanto sāmaññatthañca brahmaññatthañca diṭṭheva dhamme sayam abhiññā sacchikatvā upasampajja viharantīti‖‖

6 (6) *Samaṇā* (2)

1–3 Sāvatthi‖‖ Ekam antaṃ nisinnaṃ kho āyasmantaṃ Rādham Bhagavā etad avoca‖‖

4 Pañcime Rādha upādānakkhandhā‖‖ Katame pañca‖‖ Seyyathīdam rūpūpadānakkhandho‖ pe‖ viññāṇūpādānakkhandho‖‖

5–6 Ye hi keci Rādha samaṇā vā brāhmaṇā vā imesam pañcannam upādānakkhandhānaṃ samudayañca atthagamañca assādañca ādīnavañca nissaraṇañca yathābhūtam na[2] pajānanti‖‖ pe‖‖ sayam abhiññā sacchi katvā upasampajja viharantīti‖‖

7 (7) *Sotāpanno*

1–3 Sāvatthi‖‖ Ekam antaṃ nisinnaṃ kho āyasmantam Rādham Bhagavā etad avoca‖‖

4 Pañcime Rādha upādānakkhandhā ‖‖ Katame pañca‖‖ Seyyathīdaṃ rūpūpādanakkhandho‖ pe‖ viññāṇūpādānakkhandho‖‖

---

[1] S^{1-3} add te

[2] S^3 omit na. Somewhat seems to be wanted in the MSS—napajananti in S^3; pajānanti in B

5 Yato ca kho Rādha ariyasāvako imesam pañcannam upādānakkhandhānam samudayañca atthagamañca assādañca ādīnavañca nissaraṇañcā yathābhūtam pajānāti|| ayam vuccati Rādha ariyasāvako Sotāpanno avinipātadhammo niyato sambodhiparāyano ti|| ||

8 (8) *Arahā*

1–3 Sāvatthi|| || Ekam antaṃ nisinnaṃ kho āyasmantaṃ Rādham Bhagavā etad avoca|| ||

4 Pañcime Rādha upādānakkhandhā|| || Katame pañca|| || Seyyathidaṃ rūpupādānakkhandho| pe|| viññāṇupādānakkhandho|| ||

5 Yato ca kho Rādha bhikkhu imesam pañcannam upādānakkhandhānam samudayañca atthagamañca assādañca ādīnavañca nissaraṇañca yathābhūtaṃ viditvā anupādā[1] vimutto hoti|| ayaṃ vuccati bhikkhu Arahaṇ khīṇāsavo vusitavā katakaraṇīyo ohitabhāro anuppattasadattho parikkhīṇa bhava saññojano sammad aññāvimutto ti|| ||

9 (9) *Chandarāga* (1)

1–3 Sāvatthi|| || Ekam antam nisinnaṃ kho āyasmantam Rādham Bhagavā etad avoca|| ||

4 Rūpe kho Rādha yo chande yo rāgo yā nandi yā taṇhā taṃ pajahatha|| || evaṃ taṃ rūpam pahīnam bhavissati ucchinnamūlaṃ tālāvatthukataṃ anabhāvakatam āyatim anuppādadhammaṃ|| ||

5 Vedanāya yo chando yo rāgo yā nandi yā taṇhā tam pajahatha|| evaṃ sā vedanā pahīnā bhavissati ucchinnamūlā tālāvatthukatā anabhāvakatā āyatim anuppādadhammā|| ||

6–7 Saññāya|| || Saṅkhāresu yo chando yo rāgo yā nandi yā taṇhā taṃ pajahatha|| evante saṅkhārā pahīnā bhavissanti ucchinnamūlā tālāvatthukatā anabhāvakatā āyatim anuppādadhammā|| ||

8 Viññāṇe yo chando yo rāgo yā nandi yā taṇhā tam pajahatha|| evaṃ taṃ viññāṇam bhavissati|| pa|| dhamman ti|| ||

10 (10) *Chandarāga* (2)

1–3 Sāvatthi|| || Ekam antaṃ nisinnaṃ kho āyasmantam Rādham Bhagavā etad avoca|| ||

4 Rūpe kho Rādha yo chando yo rāgo yā nandi yā taṇhā ye upāyupādānā cetaso adhiṭṭānābhinivesānusayā te pajahatha|| evan taṃ rūpam pahīnam bhavissati ucchinnamūlam tālāvatthukatam anabhāvakataṃ āyatim anuppādadhammaṃ|| ||

5 Vedanāya yo chando yo rāgo yā nandi yā tanhā ye upāyupādānā cetaso adhiṭṭhānābhinivesānusayā te pajahatha|| evaṃ sā vedanā pahīnā bhavissati ucchinnamūlā tālāvatthukatā|| pa|| āyatim anuppādadhammā|| ||

6–7 Saññāya|| || Saṅkhāresu yo chando yo rāgo yā nandi yā taṇhā ya upāyupādānā cetaso adhiṭṭhānābhinivesānusayā te pajahatha|| evante saṅkhārā pahīnā bhavissanti ucchinnamūlā|| pa|| āyatim anuppādadhammā|| ||

8 Viññāṇe yo chando yo rāgo yā nandi yā taṇhā ye upāyupādānā cetaso adhiṭṭhānābhinivesānusayā te pajahatha|| evantaṃ viññāṇam pahīnam bhavissati ucchinnamūlaṃ tālāvatthukatam anabhāvakatam āyatim anuppādadhamman ti|| ||

Rādhasaṃyuttassa paṭhamo vaggo|| || [1]
Tatruddānaṃ|| || [1]
Māro Satto Bhavanettī|| ||
Pariññeyyā Samaṇā duve|| [2]
Sotāpanno Arahā ca||
Chandarāgā apare duve ti|| || [3]

---

[1] B has only vaggo tassudānaṃ

[2] S[1-3] °ññeyyaṃ samaṇena dve

[3] S[1-3] dve chandarāgiyāti

CHAPTER II DUTIYO VAGGO

11 (1) *Māro*

1–3 Sāvatthi || || Ekam antaṃ nisinno kho āyasmā Rādho Bhagavantam etad avoca || || Māro Māro ti bhante[1] vuccati || || Katamo nu kho bhante Māroti || ||

4 Rūpaṃ kho Rādha Māro vedanā Māro saññā Māro saṅkhārā Māro viññānam Māro || ||

5 Evam passaṃ Rādha sutavā ariyasāvako rūpasmim pi nibbindati || pe ||[2] nāparam itthattāyāti pajānātīti || ||

12 (2) *Māradhammo*

1–3 Sāvatthi || || Ekam antaṃ nisinno kho āyasmā Rādho Bhagavantam etad avoca || || Māradhammo Māradhammo ti bhante vuccati || || Katamo nu kho bhante Māradhammo ti || ||

4 Rūpaṃ kho Rādha Māradhammo vedanā Māradhammo saññā Māradhammo saṅkhārā Māradhammo viññāṇam Māradhammo || ||

5 Evam passaṃ Rādha || pe || nāparam itthattāyāti pajānātīti || ||

13 (3) *Anicca* (1)

1–3 Aniccam aniccanti bhante vuccati || katamannu kho bhante aniccanti || ||[3]

4 Rupaṃ kho Rādha aniccaṃ || vedanā aniccā || sañña aniccā || saṅkhārā aniccā || viññāṇaṃ aniccaṃ || ||

5 Evam passaṃ || pe || nāparam itthattāyāti pajānātīti || ||

14 (4) *Anicca* (2)

1–3 Sāvatthi || || Ekam antaṃ nisinno kho āyasmā Rādho Bhagavantam etad avoca || || Aniccadhammo aniccadhammo ti bhante vuccati || || Katamo nu kho bhante aniccadhammo ti || ||

4 Rūpaṃ kho Rādha aniccadhammo || vedanā anicca-

---

[1] S¹⁻³ kho panetam instead of bhante

[2] Com[illegible] complete in B

dhammo|| saññā|| saṅkhārā aniccadhammo|| viññāṇam aniccadhammo|| ||

5 Evam passam|| pe|| nāparam itthattāyāti pajānātīti|| ||

15 (5) *Dukkha* (1)

1–3 Sāvatthi|| || Ekam antaṃ nisinno kho āyasmā Rādho Bhagavantam etad avoca|| || Dukkhaṃ dukkhanti bhante vuccati|| || Katamannu kho bhante dukkhanti|| ||

4 Rūpaṃ kho Rādha dukkhaṃ|| vedanā dukkhā|| saññā|| saṅkhārā dukkhā|| viññānaṃ dukkhaṃ|| ||

5 Evam passaṃ|| pe|| nāparam itthattāyāti pajānātīti|| ||

16 (6) *Dukkha* (2)

1–3 Sāvatthi|| || Ekam antaṃ nisinno kho āyasmā Rādho Bhagavantam etad avoca|| || Dukkhadhammo dukkhadhammoti bhante vuccati|| || Katamo nu kho bhante dukkhadhammoti|| ||

4 Rūpaṃ kho bhante dukkhadhammo|| vedanā dukkhadhammo|| saññā|| saṅkhārā dukkhadhammo|| viññāṇaṃ dukkhadhammo|| ||

5 Evam passaṃ|| pe|| nāparam itthattāyāti pajānātīti|| ||

17 (7) *Anatta* (1)

1–3 Sāvatthi|| || Ekam antaṃ nisinno kho āyasmā Rādho Bhagavantam etad avoca|| || Anattā anattā ti bhante vuccati|| || Katamo nu kho bhante anattāti|| ||

4 Rūpaṃ kho Rādha anattā|| vedanā anattā|| saññā|| saṅkhārā anattā|| viññāṇam anattāti|| ||

5 Evam passaṃ|| pe|| nāparam itthattāyāti pajānātīti|| ||

18 (8) *Anatta* (2)

1–3 Ekam antaṃ nisinno kho āyasmā Rādho Bhagavantam etad avoca|| || Anattadhammo anattadhammoti bhante vuccati|| || Katamo nu kho bhante anattadhammoti|| ||

4 Rūpaṃ kho Rādha anattadhammo|| vedanā anatta-

dhammo|| saññā|| saṅkhārā anattadhammo|| viññāṇam anattadhammo|| ||

5 Evam passaṃ|| pe|| nāparam itthattāyāti pajānātīti|| ||

19 (9) *Khaya*

1-3 Sāvatthi|| || Ekam antaṃ nisinno kho āyasmā Rādho Bhagavantam etad avoca|| || Khayadhammo khayadhammo ti bhante vuccati|| || Katamo nu kho bhante khayadhammoti|| ||

4 Rūpaṃ kho Rādha khayadhammo|| vedanā|| saññā|| saṅkhārā khayadhammo|| viññāṇaṃ khayadhammo|| ||

5 Evam passaṃ|| pe|| nāparam itthattāyati pajānātīti|| ||

20 (10) *Vaya*

1-3 Sāvatthi|| || Ekam antaṃ nisinno kho āyasmā Rādho Bhagavantam etad avoca|| || Vayadhammo vayadhammoti bhante vuccati|| || Katamo nu kho bhante vayadhammoti|| ||

4 Rūpaṃ kho Rādha vayadhammo|| vedanā vayadhammo|| saññā|| saṅkhārā vayadhammo|| viññāṇaṃ vayadhammo|| ||

5 Evam passaṃ|| pe|| nāparam itthattāyāti pajānātīti|| ||

21 (11) *Samudaya*

1-3 Sāvatthi|| || Ekam antaṃ nisinno kho āyasmā Rādho Bhagavantam etad avoca|| || Samudayadhammo samudayadhammoti bhante vuccati|| || Katamo nu kho bhante samudayadhammoti|| ||

4 Rūpaṃ kho Rādha samudayadhammo|| vedanā samudayadhammo|| saññā|| saṅkhārasamudayadhammo|| viññāṇaṃ samudayadhammo|| ||

5 Evam passaṃ|| pe|| nāparam itthattāyāti pajānātīti|| ||

22 (12) *Nirodhadhamma*

1-3 Sāvatthi|| || Ekam antaṃ nisinno kho āyasmā Rādho Bhagavantam etad avoca|| || Nirodhadhammo nirodhadhammoti|| || Katamo nu kho bhante nirodhadhammo ti|| ||

4 Rūpaṃ kho Rādha nirodhadhammo|| vedanā|| saññā|| saṅkhārā nirodhadhammo|| viññāṇaṃ nirodhadhammo|| ||

5 Evam passaṃ|| pe|| nāparam itthattāyāti pajānātīti|| ||

Vaggo dutiyo|| ||
Uddānam|| || [1]
Māro ca Māradhammo ca|| ||
Aniccehi pare duve|| [2]
Dukkhehi ca [3] dve vuttā||
Anattehi tatheva ca|| || [4]
Khaya-Vaya-Samudayaṃ|| [5]
Nirodhadhammena dvādasāti|| ||

Chapter III Āyācana-vaggo tatiyo

1–3 Sāvatthi|| || Ekam antaṃ nisinno kho āyasmā Rādho Bhagavantam etad avoca|| || Sādhu me bhante Bhagavā saṅkhittena dhammaṃ desetu|| pe|| [6] pahitatto vihareyyan ti|| ||

23 (1) *Māro*

4 Yo kho Rādha Māro tatra te chando pahātabbo|| ko ca Rādha Māro|| || Rūpam kho Rādha Māro|| tatra te chando pahātabbo|| || Vedanā Māro|| tatra te chando pahātabbo|| Saññā|| || Saṅkhārā Māro|| tatra te chando pahātabbo|| || Viññāṇam Māro|| tatra te chando pahātabbo|| ||

24 (2) *Māradhammo*

4 Yo kho Rādha Māradhammo tatra te chando pahātabbo rāgo pahātabbo chandarāgo pahātabbo|| ||

---

[1] B Vaggassudānaṃ ; omitting Vaggo dutiyo
[2] S^{1-3} aniccehiapare dve [3] S^{1-3} dukkhena
[4] S^{1-3} apare dve instead of tatheva ca ; S^3 puts anattā before anattehi
[5] S^{1-3} Khayadhammo vayadhammosamudayadhammo ca
[6] Complete in B

25–26 (3–4) *Anicca* (1–2)

4 Yaṃ kho Rādha aniccaṃ||

4 Yo kho Rādha aniccadhammo||

27–28 (5–6) *Dukkham* (1–2)

4 Yaṃ kho Rādha dukkhaṃ||

4 Yo kho Rādha dukkhadhammo||

29–30 (7–8) *Anatta* (1–2)

4 Yo kho Rādha anattā||

4 Yo kho Rādha anattadhammo||

31–32 (9–10) *Khaya-Vaya*

4 Yo kho Rādha khayadhammo||

4 Yo kho Rādha vayadhammo||

33 (11) *Samudaya*

4 Yo kho Rādha samudayadhammo tatra te chando pahātabbo rāgo pahātabbo chandarāgo pahātabbo|| ||

34 (12) *Nirodhadhammo*

1–3 Sāvatthi|| || Ekam antaṃ nisinno kho āyasmā Rādho Bhagavantam etad avoca|| || Sādhu me bhante|| pe|| vihareyyan ti|| ||

4 Yo kho Rādha nirodhadhammo tatra te chando pahātabbo rāgo pahātabbo chandarāgo pahātabbo|| || Ko ca Rādha nirodhadhammo|| || Rūpaṃ kho Rādha nirodhadhammo tatra te chando pahātabbo|| Vedanā nirodhadhammo tatra te chando pahātabbo|| Saññā|| || Saṅkhārā nirodhadhammo tatra te chando pahātabbo|| || Viññāṇaṃ nirodhadhammo tatra te chando pahātabbo|| ||

5 Yo kho Rādha nirodhadhammo tatra te chando pahātabbo|| rāgo pahātabbo|| chandarāgo pahātabbo ti|| ||

Āyācanavaggo tatiyo|| ||[1]

Tatruddānaṃ|| ||

---

[1] So S[1-3] (S[1] Āyātana°); B vaggo udānam; no title is given

Māro ca Māradhammo ca||
Aniccena apare duve||[1]
Dukkhehi ca [2] dve vuttā||
Anattehi apare dve [3]
Khaya-Vaya-Samudayaṃ|| [4]
Nirodhadhammena dvādasāti|| ||

Chapter IV Upanisinnavaggo Catuttho

35 (1) *Māro*

1-3 Sāvatthi|| || [5] Ekam antaṃ nisinnaṃ kho āyasmantam Rādham Bhagavā etad avoca|| ||

4 Yo kho Rādha Māro tatra te chando pahātabbo|| || Ko ca Rādha Māro|| || Rūpaṃ kho Rādha Māro|| tatra te chando pahātabbo|| pa|| Viññāṇam Māro|| tātra te chando pahātabbo|| || Yo kho Rādha Māro tatra te chando pahātabbo ti|| ||

5 Yo kho Rādha Māro tatra te rāgo pahātabbo|| pe||

6 Yo kho Rādha Māro tatra te chandarāgo pahātabbo||

36 (2) *Māradhammo*

4 Yo kho Rādha Māradhammo tatra te chando pahātabbo|| ||

5 Yo kho Rādha Māradhammo tatra te rāgo pahātabbo|| ||

6 Yo kho Rādha Māradhammo tatra te chandarāgo pahātabbo|| ||

37-38 (3-4) *Aniccam* (1-2)

4-6 Yaṃ kho Rādha aniccaṃ|| ||

4-6 Yo kho Rādha aniccadhammo|| ||

---

[1] S^{1-3} aniccehi° °dve

[2] Omitted by S^{1-3}

[3] B anattāhi tatheva ca

[4] S^{1-3} add dhammo after khaya, vaya, omitting samuayam

[5] More complete in S^{1-3}

39-40 (5-6) *Dukkhaṃ* (1-2)

4-6 Yaṃ kho Rādha dukkhaṃ|||
4-6 Yaṃ kho Rādha dukkhadhammaṃ||

41-42 (7-8) *Anatta* (1-2)

4-6 Yo kho Radha anattā||
4-6 Yo kho Rādha anattadhammo||

43-45 (9-11) *Khaya-Vaya-Samudaya*

4-6 Yo kho Rādha khayadhammo||
4-6 Yo kho Rādha vayadhammo||
4-6 Yo kho Rādha samudayadhammo tatra te chando pahātabbo|| rāgo pahātabbo|| chandarāgo pahātabboti|||

46 (12) *Nirodhadhamma*

1-3 Sāvatthi||| Ekam antaṃ nisinnaṃ kho āyasmantaṃ Rādham Bhagavā etad avoca||| Yo kho Rādha nirodhadhammo tatra te chando pahātabbo|| rāgo pahātabbo|| chandarāgo pahātabbo||| Ko ca Rādha nirodhadhammo|||

4-6 Rūpaṃ kho Rādha nirodhadhammo|| tatra te chando pahātabbo|| tatra te rāgo pahātabbo|| tatra te chandarāgo pahātabbo||| Vedanā||| Saññā||| Saṅkhārā||| Viññāṇaṃ nirodhadhammo|| tatra te chando pahātabbo|| rāgo pahātabbo|| chandarāgo pahātabbo|||

7 Yo kho Rādha nirodhadhammo|| tatra te chando pahātabbo|| rāgo pahātabbo|| chandarāgo pahātabbo ti|||

Upanisinnavaggo catuttho|||
Tatruddānaṃ|||

Māro ca Māradhammo ca|| Aniccā aparena dve||
Dukkhaṃ ca dve vuttā|| dve Anattehi aṭṭhamaṃ||
Khaya-Vaya-Samudayaṃ|| Nirodhadhammena dvādasāti|||
Rādha-Saṃyuttaṃ|| [1]

---

[1] So B. In S[1-3] the end is thus: Evam Mārosuttāni vitthāretabbāni [illegible] Evaṃ nirodhadhammena chattiṃsaveyyā-

BOOK III DIṬṬHI-SAṂYUTTAṂ

Chapter I Sotāpattivaggo

1 (1) *Vātaṃ*

1–2 Sāvatthi[1]|| || Kismiṃ nu kho bhikkhave sati kim upādāya kim abhinivissa evam diṭṭhi upajjati|| Na vātā vāyanti na najjo sandanti na gabbhiniyo vijāyanti na candimasūriyā udenti vā apenti vā esikaṭṭhāyiṭṭhitā ti|| ||

3 Bhagavammūlakā no bhante|| pe|| ||[1]

4 Rūpe kho bhikkhave sati rūpam upādāya rūpam abhinivissa evam diṭṭhi uppajjati|| Na vātā vāyanti na najjo sandanti na gabbhiniyo vijāyanti na candimasūriyā udenti vā apenti vā esikaṭṭhāyiṭṭhitā|| ||

5–7 Vedanāya sati|| || Saññāyasati|| || Saṅkhāresu sati || ||

8 Viññāṇe sati viññāṇam upādāya viññāṇam abhinivissa evaṃ diṭṭhi uppajjati|| Nā vātā vāyanti na najjo sandanti na gabbhiniyo vijāyanti na candimasūriyā udenti vā apenti vā esikaṭṭhāyiṭṭhitā|| ||

9 Taṃ kim maññatha bhikkhave|| Rūpaṃ niccaṃ vā aniccaṃ vā ti|| ||

Aniccam bhante|| ||

Yam panāniccam dukkham vā taṃ sukhaṃ vāti||

Dukkham bhante|| ||

Yam panāniccaṃ dukkhaṃ vipariṇāmadhammam api nu tam anupādāya evam diṭṭhi uppajjeyya Na vātā vāyanti na najjo sandanti na gabbhiniyo pi jāyanti na candimasūriyā udenti vā apenti vā esikaṭṭhāyiṭṭhitā ti|| ||

---

karaṇāni vitthāretabbāni—Evaṃ Rādhasaṃyutta (S[1]—aṃ) piṇḍite catunavuti veyyākaraṇāni honti—Rādhasaṃyuttaṃ samattaṃ — Tatruddānaṃ — Māro ca Māradhammo ca Aniccehi apare dve Dukkhena dve vuttā Anattehi ca apare dve Khayadhammo Vayadhammo Samudayadhammo Nirodhadhammena dvādasāti—Upanisinnavaggo samatto

[1] Complete in B

No hetam bhante || ||

10–12 Vedanā || Saññā || Saṅkhārā || ||

13 Viññāṇaṃ niccaṃ vā aniccaṃ vā ti ||

Aniccam bhante || ||

Yam panāniccaṃ dukkhaṃ vā taṃ sukhaṃ vā ti || ||

Dukkham bhante ||

Yam panāniccaṃ dukkhaṃ vipariṇāmadhammam api nu tam anupādāya evaṃ diṭṭhi uppajjeyya | Na vātā vāyanti || na najjo sandanti || na gabbhiniyo vijāyanti na candimasūriyā udenti vā apenti vā esikaṭṭhāyiṭṭhitā ti || ||

No hetam bhante || ||

14 Yam pidam diṭṭhaṃ sutam mutaṃ viññātam pattam pariyesitam anuvicaritam manasā tam pi niccam vā aniccaṃ vā ti || ||

Aniccam bhante || ||

Yam panāniccaṃ dukkhaṃ taṃ sukhaṃ vā ti || ||

Dukkham bhante || ||

Yam panāniccaṃ dukkhaṃ vipariṇāmadhammam api nu tam anupādāya evaṃ diṭṭhi uppajjeya || Na vātā vāyanti na najjo sandanti na gabbhiniyo vijāyanti na candimasūriyā udenti vā apenti vā esikaṭṭhāyiṭṭhitā ti || ||

No hetam bhante || ||

15 Yato kho bhikkhave ariyasāvakassa imesu chasu[1] ṭhānesu kaṅkhā pahīnā hoti || dukkhe pissa kaṅkhā pahīnā hoti || dukkhasamudaye pissa kaṅkhā pahīnā hoti || dukkhanirodhe pissa kaṅkhā pahīnā hoti || dukkhanirodhagāminiyā paṭipadāya pissa kaṅkhā pahīnā hoti[2] ayaṃ vuccati bhikkhave ariyasāvako sotāpanno avinipātadhammo niyato sambodhiparāyano ti ||

2 (2) *Etam mamam*

1–2 Sāvatthi || Kismiṃ nu kho bhikkhave sati kim upādāya kim abhinivissa evaṃ diṭṭhi uppajjati Etam mama eso ham asmi eso me attā ti || ||

3 Bhagavammūlakā no bhante dhammā || pe ||

---

[1] B ca [illegible]

4 Rūpe kho bhikkhave sati rūpam upādāya rūpam abhinivissa evam diṭṭhi uppajjati Etam mama eso ham asmi eso me attāti|| ||

5–7 Vedanāya sati|| || Saññāya sati|| || Saṅkhāresu sati|| ||

8 Viññāṇe sati viññāṇam upādāya viññāṇam abhinivissa evaṃ diṭṭhi uppajjati Etam mama eso ham asmi eso me attāti|| ||

9 Taṃ kim maññatha bhikkhave|| Rūpaṃ niccaṃ vā aniccaṃ vā ti|| ||

Aniccam bhante|| la|| ||

10–12 Vedanā|| || Saññā|| || Saṅkhārā|| ||

13 Viññāṇam niccam aniccaṃ vā ti|| ||

Aniccam bhante|| pa||

Api nu tam upādāya evaṃ diṭṭhi uppajjeyya Etam mama eso ham asmi eso me attāti|| ||

No hetam bhante|| ||

14 Yam pidaṃ[1] diṭṭhaṃ sutam mutaṃ viññātam pattaṃ pariyesitam anuvicaritam manasā tam pi niccaṃ va aniccaṃ vā ti|| ||

Aniccam bhante|| ||

Yam panāniccaṃ dukkhaṃ vā taṃ sukkhaṃ vā ti|| ||

Dukkham bhante|| ||

Yam panāniccaṃ dukkhaṃ vipariṇāmadhammam api nu tam anupādāya evaṃ diṭṭhi uppajjeyya Etam mama eso ham asmi eso me attāti|| ||

No hetam bhante|| ||

15 Yato kho[2] bhikkhave ariyasāvakassa imesu chasu ṭhānesu kaṅkhā pahīnā hoti|| dukkhe pissa kaṅkhā pahīnā hoti|| la|| dukkhanirodhagāminiyā paṭipadāya pissa kaṅkhā pahīnā hoti|| ayaṃ vuccati bhikkhave ariyasāvako sotāpanno avinipātadhammo niyato sambodhiparāyano ti|| ||

3 (3) *So attā*

1–2 Sāvatthi|| || Kismiṃ nu kho sati kim upādāya kim abhinivissa evaṃ diṭṭhi uppajjati So attā so loko so pecca bhavissāmi nicco dhuvo sassato avipariṇāmadhammoti|| ||

---

[1] B pi here and in the next sutta [2] Missing in S^{1-3}

3 Bhagavammūlakā no bhante dhammā || ||

4 Rūpe kho bhikkhave sati rūpam upādāya rūpam abhinivissa evaṃ diṭṭhi uppajjati So attā so loko so pecca bhavissāmi nicco dhuvo sassato avipariṇāmadhammo || ||

5–7 Vedanāya sati || || Saññāya sati || || Saṅkhāresu sati || ||

8 Viññāṇe sati viññāṇam upādāya viññāṇam abhinivissa evaṃ diṭṭhi uppajjati || So attā so loko so pecca bhavissāmi nicco dhuvo sassato avipariṇāmadhammo || ||

9–13 Taṃ kim maññatha bhikkhave rūpaṃ niccaṃ vā aniccaṃ vāti || ||

Aniccam bhante || ||[1]

Api nu tam anupādāya evam diṭṭhi uppajjeyya So attā || la || avipariṇāmadhammo ti || ||

No hetam bhante || ||

14 Yam pidaṃ diṭṭhaṃ sutam mutaṃ viññātam pattam pariyesitam anuvicaritam manasā tam piniccaṃ va aniccaṃ vā ti || ||

Aniccam bhante || ||[1]

Api nu tam anupādāya evaṃ diṭṭhi uppajjeyya So attā so loko so pecca bhavissāmi nicco dhuvo sassato avipariṇāmadhammoti || ||

No hetam bhante || ||

15 Yato kho bhikkhave ariyasāvakassa imesu chasu ṭhānesu kaṅkhā pahīnā hoti || dukkhe pissa kaṅkhā pahīnā hoti || pe || dukkhanirodhagāminiyā paṭipadāya pissa kaṅkhā pahīnā hoti || ayaṃ vuccati bhikkhave ariyasāvako sotāpanno avinipātadhammo niyato sambodhiparāyanoti || ||

4 (4) *No ca me siyā*

1–2 Sāvatthi || || Kismiṃ nu kho sati kim upādāya kim abhinivissa evaṃ diṭṭhi uppajjati No cassaṃ no ca me siyā na bhavissāmi[2] na me bhavissatīti || ||

3 Bhagavaṃ-mūlakā no bhante dhammā || ||

4 Rūpe kho bhikkhave sati rūpam upādāya rūpam abhi-

[1] Comp... [illegible]

nivissa evaṃ diṭṭhi uppajjati No cassaṃ no ca me siyā na bhavissāmi na me bhavissatīti|| ||

5-7 Vedanāya sati|| || Saññāya sati|| || Saṅkhāresu sati|| ||

8 Viññāṇe sati viññāṇam upādāya viññāṇam abhinivissa evaṃ diṭṭhi uppajjati No cassaṃ no ca me siyā na bhavissāmi na me bhavissatīti|| ||

9 Taṃ kim maññatha bhikkhave rūpaṃ niccaṃ vā aniccaṃ vā ti|| ||

Aniccam bhante|| || pe||

Api nu tam anupādāya evaṃ diṭṭhi uppajjeyya No cassaṃ no ca me siyā na bhavissāmi na me bhavissatīti|| ||

No hetam bhante|| ||

10-13 Vedanā|| Saññā|| Saṅkharā|| Viññāṇam|| ||[1]

14 Yam pidaṃ diṭṭhaṃ sutaṃ mutaṃ viññātam pattam pariyesitam anuviracitam manasā tam pi niccaṃ va aniccaṃ vā ti|| ||

Aniccam bhante|| || pe||

Api nu tam anupādāya evam diṭṭhi uppajjeyya No cassaṃ no ca me siyā na bhavissami na me bhavissatīti|| ||

No hetam bhante|| ||

15 Yato kho bhikkhave ariyasāvakassa imesu chasu ṭhānesu kaṅkhā pahīnā hoti|| dukkhe pissa kaṅkha pahīnā hoti|| pe|| dukkhanirodhagāminiyā paṭipādāya pissa kaṅkhā pahīnā hoti|| ayaṃ vuccati bhikkhave ariyasāvako sotāpanno avinipātadhammo niyato sambodhiparāyano ti|| ||

5 (5) *Natthi*

1-2 Sāvatthi|| || Kismiṃ nu kho bhikkhave sati kim upādāya kim abhinivissa evaṃ diṭṭhi uppajjati Natthi dinnam natthi yiṭṭhaṃ natthi hutaṃ natthi sukaṭadukkaṭānaṃ kammānam phalaṃ vipāko natthi ayaṃ loko natthi paraloko natthi mātā natthi pitā natthi sattā opapātikā natthi loke samaṇa-brāhmaṇā sammaggatā[2] sammā paṭipannā ye imañca lokam paraṃ ca lokaṃ sayam abhiññā sacchikatvā pavedenti|| || Catummahābhūtiko ayam[3] puriso

---

[1] More complete in B [2] S[1-3] samagga (S[3] ṃ) tā

[3] B yaṃ

yadā kālaṃ karoti pathavīpathavīkāyam anupeti anupagacchati ‖[1] āpoāpokāyam anupeti anupagacchati ‖ tejo tejokāyam anupeti anupagacchati ‖ vāyovāyokāyam anupeti anupagacchati ‖ ākāsam indriyāni saṅkamanti āyanti[2] pañcamā[3] purisā matam ādāya gacchanti yāva āḷāhanāpādāni paññāyanti kāpotakāni atthīni bhavanti bhasmantāhūtiyo[4] dattupaññattam idaṃ dānaṃ nāma tesaṃ tucchaṃ musāvilāpo ye keci atthikavādaṃ vadanti bāle ca paṇḍite ca kāyassa bhedā ucchijjanti vinassanti na honti param maraṇā ti ‖ ‖

3 Bhagavammūlakā no bhante dhammā ‖ pe ‖ ‖

4 Rūpe kho bhikkhave sati rūpam upādāya rūpam abhinivissa evaṃ diṭṭhi upajjati ‖ Natthi dinnaṃ natthi yiṭṭhaṃ ‖ pe ‖ kāyassa bhedā ucchijjanti vinassanti na honti param maraṇā ‖ ‖

5–7 Vedanāya sati ‖ ‖ Saññāya sati ‖ ‖ Saṅkhāresu sati ‖ ‖

8 Viññāṇe sati viññāṇam upādāya viññāṇam abhinivissa evaṃ ditthi uppajjati ‖ Natthi dinnaṃ natthi yiṭṭhaṃ ‖ pe ‖ Kāyassa bhedā ucchijjanti vinassanti na honti param maraṇā ‖ ‖

9 Taṃ kim maññatha bhikkhave ‖ Rūpam niccaṃ vā aniccaṃ vā ti ‖ ‖

Aniccam bhante ‖ ‖

Api nu tam anupādāya evam diṭṭhi uppajjeyya natthi dinnaṃ natthi yiṭṭhaṃ ‖ pa ‖ kāyassa bhedā ucchijjanti vinassanti na honti param maraṇā ti ‖ ‖[5]

No hetam bhante ‖ ‖

10–13 Vedanā ‖ Saññā ‖ Saṅkhārā ‖ Viññāṇam niccaṃ vā aniccaṃ vā ti ‖ ‖

Aniccam bhante ‖ pe ‖ ‖

Dukkhaṃ vipariṇāmadhammam api nu tam anupādāya evam diṭṭhi uppajjeyya Natthi dinnaṃ natthi yiṭṭhaṃ ‖ pe ‖

---

[1] S¹⁻³ anupigacchati always

[2] So S¹⁻³; further on āsanti ; B āsandi

[3] S¹ pañcavā here only [4] B bhasmantā āhutiyo

[5] [illegible]

kāyassa bhedā ucchijjanti vinassanti na honti param maraṇā ti|| ||

No hetam bhante|| ||[1]

14 Yam pidaṃ diṭṭhaṃ sutaṃ mutaṃ viññātaṃ pattam pariyesitam anuvicaritam manasā tam pi niccaṃ vā aniccaṃ vā ti|| ||

Aniccam bhante|| || pe|| ||

Dukkhaṃ vipariṇāmadhammam api nu tam anupādāya evaṃ diṭṭhi uppajjeyya Natthi dinnaṃ natthi yiṭṭhaṃ|| pa||[2] ye keci atthikavādaṃ vadanti bāle ca paṇḍite ca kāyassa bhedā ucchijjanti vinassanti na honti param maraṇā ti|| ||

No hetam bhante|| ||

15 Yato kho bhikkhave ariyasāvakassa imesu chasu ṭhānesu kaṅkhā pahīnā hoti[3]|| dukkhe pissa kaṅkhā pahīnā hoti|| pe|| dukkhanirodhagāminiyā paṭipadāya pissa kaṅkhā pahīnā hoti|| ayaṃ vuccati bhikkhave ariyasāvako sotāpanno avinipātadhammo sambodhiparāyano ti|| ||

6 (6) *Karoto*

1–2 Sāvatthi|| || Kismiṃ nu kho bhikkhave sati kim upādāya kim abhinivissa evaṃ diṭṭhi uppajjati|| Karato[4] kārayato[5] chindato chedāpayato vadhato vadhāpayato[6] socato[7] socayato kilamato[8] kilamapāyato phandato phandāpayato pāṇam atimāpayato adinnam ādiyato[9] sandhiṃ chindato[10] nillopam harato ekāgārikaṃ karonto paripanthe tiṭṭhato paradāraṃ gacchato musābhaṇato karato na kariyati[11] pāpaṃ|| || Khurapariyantena ce pi cakkena yo imissā pathaviyā pāṇe ekaṃ maṃsakhalam ekam maṃsapuñjam kareyya|| natthi tato nidānam pāpaṃ natthi pāpassa āgamo|| || Dakkhiṇam ce pi Gaṅgāya tīraṃ gaccheyya

---

[1] S^{1-3} repeat here Vedanā-sañña-saṅkhārā-viññāṇam niccaṃ vā aniccaṃ vā [2] Complete in S^{1-3} [3] B honti

[4] So B always; S^{1-3} here only, further on karoto

[5] Omitted by S^{1-3}

[6] S^{1-3} pacato (S^3 pañcato) pācayato instead of vadhato°

[7] Omitted by S^{1-3} always [8] S^{1-3} kilamayato

[9] B omits adinnam ādiyāto [10] S^{1-3} chindayato

[11] S^{1-3} kareyyati

hananto ghātento chindanto chedāpento pacanto pācento | natthi tato nidānam pāpaṃ natthi pāpassa [1] āgamo || | Uttaraṃ ce pi Gaṅgāya [2] tīraṃ gaccheyya dadanto dāpento yajanto yājento [3] | natthi tato nidānam puññaṃ natthi puññassa āgamo | dānena damena saṃyamena saccavajjena natthi puññaṃ natthi puññassa āgamo ti || |

4 Bhagavammūlakā no bhante dhammā | pe || |

5 Rūpe kho bhikkhave sati rūpam upādāya rūpam abhinivissa evam diṭṭhi uppajjati | Karato kārayato | pa | natthi puññaṃ natthi puññāssa āgamo || |

6–8 Vedanāya sati || | Saññāya sati || | Saṅkhāresu sati || |

9 Viññāṇe sati viññāṇam upādāya viññāṇam abhinivissa evam diṭṭhi uppajjati || | Karato kārayato | pe | natthi puññaṃ natthi puññassa āgamo || |

10 Taṃ kim maññatha bhikkhave | Rūpaṃ niccaṃ vā aniccaṃ va ti || |

Aniccam bhante | pe || |

Api nu tam anupādāya evaṃ diṭṭhi uppajjeyya Karato kārayato | pe | natthi puññaṃ natthi puññassa āgamo ti || |

No hetam bhante |

11–14 Vedanā | Saññā | Saṅkhārā | Viññāṇaṃ || | [4]

15 Yam pidaṃ diṭṭham sutaṃ mutaṃ viññātaṃ pattam pariyesitam anuvicaritam manasā tam pi niccam vā aniccaṃ vā ti || |

Aniccam bhante || |

Api nu tam anupādāya evaṃ diṭṭhi uppajjeyya Karato kārayato | pa | natthi puññaṃ natthi puññassa āgamo ti || |

No hetam bhante | |

16 Yato kho bhikkhave ariyasāvakassa imesu chasu ṭhānesu kaṅkhā pahīnā hoti dukkhe pissa kaṅkhā pahīnā hoti || pe | dukkhanirodhagāminiyā paṭipadāya pissa kaṅkhā pahīnā hoti | ayaṃ vuccati bhikkhave ariyasāvako sotāpanno avinipātadhammo niyato sambodhiparāyano ti || |

[1] [illegible]
[2] S [illegible]
[3] B yaj. [illegible]
[4] Complete in B

7 (7) *Hetu*

1–2 Sāvatthi||| Kismiṃ nu kho bhikkhave sati kim upādāya kim abhinivissa evaṃ diṭṭhi uppajjati||| Natthi hetu natthi paccayo sattānaṃ saṅkilesāya|| ahetu-apaccayā sattā saṃkilissanti||| Natthi hetu natthi paccayo sattānaṃ vissuddhiyā|| ahetu-apaccayā sattā visujjhanti||| Natthi balam natthi viriyaṃ natthi purisathāmo natthi purisaparakkamo|| sabbe sattā sabbe pāṇā sabbe bhūtā sabbe jīvā avasā abalā aviriyā niyatisaṅgatibhāvapariṇatā chasvevābhijātisu [1] sukhadukkham paṭisamvedentīti|||

3 Bhagavammūlakā no bhante dhammā|||

4 Rūpe kho bhikkhave sati rūpam upādāya rūpam abhinivissa evaṃ diṭṭhi uppajjati Natthi hetu natthi paccayo|| la|| sukhadukkhaṃ patisamvedentīti|||

5–7 Vedanāya sati||| Saññāya sati||| Saṅkhāresu sati|||

8 Viññāṇe sati viññāṇam upādāya viññāṇam abhinivissa evaṃ diṭṭhi uppajjati||| Natthi hetu natthi paccayo|| pe|| sukhadukkham paṭisaṃvedentīti|||

9 Taṃ kiṃ maññatha bhikkhave|| Rūpaṃ niccaṃ vā aniccaṃ vā ti|||

Aniccam bhante|| pe|| vipariṇāmadhammam api nu tam auupādāya evaṃ diṭṭhi uppajjeyya|| Natthi hetu natthi paccayo|| pe|| sukhadukkham paṭisaṃvedentīti|||

No hetam bhante|||

10–13 Vedanā|| Saññā| Saṅkhāra|| Viññāṇaṃ [2]|||

14 Yam pidam diṭṭhaṃ sutam mutaṃ viññātam pattam pariyesitam anuvicaritam manasā tam pi niccaṃ vā aniccaṃ vā ti|||

Aniccam bhante|| pe || dukkham vipariṇāṃadhammam api nu tam anupādāya evaṃ diṭṭhi uppajjeyya|| natthi hetu natthi paccayo|| pa|| sukhadukkham paṭisaṃvedentīti|||

No hetam bhante|||

15 Yato ca kho bhikkhave ariyasāvakassa imesu chasu ṭhānesu kaṅkhā pahīnā hoti|| dukkhe pissa kaṅkhā pahīnā

[1] B chalevabhi°

[2] More complete in B

hoti || pe || dukkhanirodhagāminiyā paṭipadāya pissa kaṅkhā pahīnā hoti || ayaṃ vuccati bhikkhave ariyasāvako || pe || sambodhiparāyano ti || ||

8 (8) (*Mahā*) *Diṭṭhena*

1–2 Sāvatthi || || Kismiṃ nu kho bhikkhave sati kim upādāya kim abhinivissa evaṃ diṭṭhi uppajjati || Sattime kāyā akaṭā akaṭavidhā animmitā animmātā[1] vañjhā kuṭaṭṭhā esikaṭṭhāyiṭṭhitā te na iñjanti na vipariṇāmenti[2] na aññamaññam vyābādhenti || nālam aññamaññassa sukhāya vā dukkhāya vā sukhadukkhāya vā[3] || ||

3 Katame satta || || Pathavīkāyo apokāyo tejokāyo vāyokāyo || sukhe dukkhe jīve || || Sattime[4] kāyā akaṭā akaṭavidhā animmitā animmātā vañjhā kuṭaṭṭhā esikaṭṭhāyiṭṭhitā te na iñjanti na vipariṇāmenti na aññamaññaṃ vyābādhenti || nālam aññamaññāssa sukhāya vā dukkhāya vā sukhadukkhāya vā || ||

4 Yo pi tiṇhena satthena sīsaṃ chindati na koci taṃ[5] jīvitā voropeti || sattannaṃ tveva kāyānam antarena sattham vivaram anupavisati[6] || ||

5 Cuddasa kho[7] panimāni yonipamukhasatasahassāni[8] saṭṭhi ca satāni cha ca satāni || pañca kammasatāni[9] pañca ca kammāni tīni ca kammāni kamme ca aḍḍhakamme ca dvaṭṭhipaṭipadā dvaṭṭhantarakappā chaḷābhijātiyo aṭṭhapurisabhūmiyo ekūnapaññāsa ājīvakasate ekūnapaññāsa paribbājakasate ekūnapaññāsanāgavāsasate vīse indriyasate tiṃse niriyasate chattiṃsa[10] rajodhātuyo satta saññīgabbhā satta asaññīgabbhā satta nigaṇṭhigabbhā[11] satta

---

[1] B omits animmātā always   [2] S[1-3] °ṇāmanti always

[3] B omits sukhadukkhāya vā always

[4] S[1] inserts ime satta ; S[3] satta only

[5] S[1] omit taṃ ; S[3] has kimi

[6] S[1] anupatti ; S[3] anupatita—perhaps both to be read anupatati [illegible]

[9] S[1-3] [illegible]

dibbā [1] satta mānusā satta pesācā [2] satta sarā [3] satta pavudhā [4] satta papātā satta ca papātasatāni satta supinā satta ca supinasatāni cullāsīti mahākappuno [5] satasahassāni [6] bāle ca paṇḍite ca sandhāvitvā saṃsaritvā dukkhassantaṃ karissanti|| ||

6 Tattha natthi Imināhaṃ [7] sīlena vā vatena vā tapena vā brahmacariyena vā aparipakkaṃ vā kammam paripācessami paripakkaṃ vā kammam phussa [8] phussa vyantikarissamīti hevam natthi|| doṇamite sukhadukkhe pariyantakate saṃsāre natthi hāyanavaḍḍhane [9] natthi ukkhaṃsāvakaṃse|| ||

7 Seyyathāpi nāma suttaguḷe khitte nibbeṭhiyamānam eva paleti [10] evam evam bāle ca paṇḍite ca nibbeṭhiyamānā [11] sukhadukkham palentīti [10]|| ||

8 Bhagavammūlakā no bhante dhammā|| ||

9 Rūpe kho bhikkhave sati rūpaṃ upādāya rūpam abhinivissa evaṃ diṭṭhi uppajjati Sattime kāyā akaṭā akaṭavidhā ||pe|| sukhadukkham palentīti|| ||

10–16 Vedanāya sati|| ||

17–22 Saññāya sati|| ||

23–28 Saṅkhāresu sati|| ||

29–34 Viññāṇe sati viññāṇam upādāya viññāṇam abhinivissa evaṃ diṭṭhi uppajjati|| || Sattime kāyā akaṭā akaṭavidhā|| pe|| sukhadukkham palenti|| ||

35–40 Taṃ kim maññatha bhikkhave|| Rūpaṃ niccaṃ vā aniccaṃ vā ti|| ||

Aniccam bhante|| ||

Yam panāniccaṃ [12] dukkhaṃ viparināmadhammam api nu tam anupādāya evaṃ diṭṭhi uppajjeyya Sattime kāyā akaṭā akaṭavidhā|| pa [13]|| sukhaṃ dukkham palentīti|| ||

---

[1] B devā [2] B pisācā ; S[1] posāvā [3] S[1-3] saññā
[4] B saputā [5] B °kappīno [6] B inserts yāni
[7] S[1-3] omit haṃ [8] S[1] passa phassa
[9] S[1-3] gāyanā, the last ā being erased in S[3]
[10] B nibbedhi° ; S[1-3] phaleti phalenti both always
[11] So S[1-3] ; B °mānameva, further on °mānā
[12] S[1-3] omit yam panāniccaṃ
[13] S[1-3] rehearse here all the preceding development

No hetam bhante|| ||

41–46 Yam pi diṭṭhaṃ sutam mutaṃ viññātam pattam pariyesitam anuvicaritam manasā tam pi niccaṃ vā aniccaṃ vā ti|| ||

Aniccam bhante|| ||

Api nu tam anupādāya evaṃ diṭṭhi uppajjeyya Sattime kāyā akaṭā akaṭavidhā|| la[1]|| nibbeṭhiyamānā[2] sukhadukkham palentīti|| ||

47 Yato[3] kho bhikkhave ariyasāvakassa imesu chasu ṭhānesu kaṅkhā pahīnā hoti|| dukkhapissa kaṅkhā pahīnā hoti|| la|| dukkhanirodhagāminiyā paṭipadāya pissa kaṅkhā pahīnā hoti|| ayaṃ vuccati bhikkhave ariyasāvako sotāpanno avinipātadhammo niyato sambodhiparāyano ti|| ||

9 (9) *Sassato loko*

1–2 Sāvatthi|| || Kismiṃ nu kho bhikkhave sati kim upādāya kim abhinivissa evaṃ diṭṭhi uppajjati Sassato loko ti|| ||

3 Bhagavammūlakā no bhante dhammā|| ||

4 Rūpe kho bhikkhave sati rūpam upādāya rūpam abhinivissa evam diṭṭhi uppajjati Sassato loko ti|| ||

5–8 Vedanāya sati|| || Saññāya sati|| || Saṅkhāresu sati|| || Viññāṇe sati viññāṇam upādāya viññāṇam abhinivissa evaṃ diṭṭhi uppajjati Sassato loko ti|| ||

9 Tam kim maññatha bhikkhave Rūpaṃ niccaṃ vā aniccaṃ vā ti|| ||

Aniccam bhante|| || pe|| ||

Dukkhaṃ vipariṇāmadhammam api nu tam anupādāya evam diṭṭhi uppajjeyya Sassato loko ti|| ||

No hetam bhante|| ||

10–13 Vedanā|| Saññā|| Saṅkhārā|| Viññāṇaṃ|| ||[4]

14 Yam pidaṃ diṭṭham sutam mutaṃ viññātam pattam pariyesitam anuvicaritam manasā tam pi niccaṃ vā aniccaṃ vā ti|| ||

Aniccam bhante|| || pe|| ||

---

[1] S^{1-3} repeat here once more the same development

[2] S^{3} mānā here only [3] S^{1-3} insert ca

[4] More complete in S...

Dukkhaṃ vipariṇāmadhammaṃ api nu taṃ anupādāya evaṃ diṭṭhi uppajjeyya Sassato loko ti|| ||

No hetaṃ bhante|| ||

15 Yato kho bhikkhave ariyasāvakassa imesu chasu ṭhānesu kaṅkhā pahīnā hoti|| dukkhe pissa kaṅkhā pahīnā hoti|| la|| dukkhanirodhagāminiyā paṭipadāya pissa kaṅkhā pahīnā hoti|| ayaṃ vuccati bhikkhave ariyasāvako sotāpanno avinipātadhammo niyato sambodhiparāyano ti|| ||

10 (10) *Asassato loko*

1–2 Sāvatthi|| || Kismiṃ nu kho bhikkhave sati kiṃ upādāya kiṃ abhinivissa evaṃ diṭṭhi uppajjati Asassato loko ti|| ||

3 Bhagavammūlakā no bhante dhammā|| ||

4–13 Rūpe kho bhikkhave sati|| pa|| Viññāṇaṃ niccaṃ aniccaṃ vā ti|| ||

Aniccaṃ bhante|| pa|| ||

Api nu taṃ anupādāya evaṃ diṭṭhi uppajjeyya Asassato loko ti|| ||

No hetaṃ bhante|| ||

14 Yam pi diṭṭhaṃ sutaṃ mutaṃ viññātaṃ pattaṃ pariyesitaṃ anuvicaritaṃ manasā tam pi niccaṃ va aniccaṃ vāti|| ||

Aniccaṃ bhante|| ||

Dukkhaṃ vipariṇāmadhammaṃ api nu taṃ anupādāya evaṃ diṭṭhi uppajjeyya Asassato loko ti|| ||

No hetaṃ bhante|| ||

15 Yato ca kho bhikkhave ariyasāvakassa|| || pe[1]|| || niyato sambodhiparāyano ti|| ||

11 (11) *Antavā*

1–2 Sāvatthi|| || Kismiṃ nu kho bhikkhave sati kiṃ upādāya kiṃ abhinivissa evaṃ diṭṭhi uppajjati|| Antavā loko ti|| ||

3–15 Bhagavammūlakā no bhante dhammā|| la|| niyato sambodhiparāyano ti|| ||

---

[1] More complete in B

12 (12) *Anantavā*

1–2 Sāvatthi || || Kismiṃ nu kho bhikkhave sati kim upādāya kim ābhinivissa evaṃ diṭṭhi uppajjati Anantavā loko ti || ||

3–15 Bhagavammūlakā no bhante dhammā || || la || niyato samparāyano ti || ||

13 (13) *Taṃ jīvaṃ taṃ sarīram*

1–2 Sāvatthi || || Kismiṃ nu kho bhikkhave sati kim upādāya kim abhinivissa evaṃ diṭṭhi uppajjati || Taṃ jīvaṃ taṃ sariranti || ||

3–15 Bhagavammūlakā no bhante dhammā || || pa || niyato sambodhiparāyano ti || ||

14 (14) *Aññam jīvaṃ aññaṃ sarīsaṃ*

1–2 Sāvatthi || || Kismiṃ nu kho bhikkhave sati kim upādāya kim abhinivissa evaṃ diṭṭhi uppajjati Aññaṃ jīvaṃ aññaṃ sarīranti || ||

3–15 Bhagavammūlakā no bhante dhammā || la || niyato sambodhiparāyano ti || ||

15 (15) *Hoti tathāgato*

1–2 Sāvatthi || || Kismiṃ nu kho bhikkhave sati kim upādāya kim abhinivissa evaṃdiṭṭhi uppajjati Hoti Tathāgato param maranā ti || ||

3–15 Bhagavammūlakā no bhante dhammā || pa || niyato sambodhiparāyano ti || ||

16 (16) *Na hoti Tathāgato*

1–2 Sāvatthi || || Kismiṃ nu kho bhikkhave sati kim upādāya kim abhinivissa evaṃditthi uppajjati Na hoti tathāgato param maraṇā ti || ||

3–15 Bhagavammūlakā no bhante dhammā || pa || niyato sambodhiparāyano ti || ||

17 (17) *Hoti ca na ca hoti tathāgato*

1–2 Sāvatthi || || Kismiṃ nu kho bhikkhave sati kim

upādāya kim abhinivissa evaṃ diṭṭhi uppajjati Hoti ca na ca hoti tathāgato param maraṇā ti|| ||

3-15 Bhagavammūlakā no bhante dhammā|| pa|| niyato sambodhipārāyano ti|| ||

18 (18) *Neva hoti na na hoti tathāgato*

1-2 Sāvatthi|| || Kismiṃ nu kho bhikkhave sati kiṃ upādāya kim abhinivissa evaṃ diṭṭhi uppajjati|| Neva hoti na na hoti tathāgato param maraṇā ti|| ||

3 Bhagavammūlakā no bhante dhammā|| pe|| ||

4-8 Rūpe kho bhikkhave sati rūpam upādāya rūpam abhinivissa evaṃ diṭṭhi uppajjati Neva hoti na na hoti tathāgato param maraṇa ti|| pa|| ||

9 Tam kim maññatha bhikkhave Rūpaṃ niccam vā aniccaṃ vā ti|| ||

Aniccam bhante|| pe||

Dukkham vipariṇāmadhammam api nu tam anupādāya evaṃ diṭṭhi uppajjeyya Neva hoti na na hoti tathāgato paraṃ maraṇā ti|| ||

No hetam bhante|| ||

10-13 Vedanā|| Saññā|| Saṅkhārā|| Viññāṇaṃ|| ||

14 Yam pidaṃ diṭṭhaṃ sutaṃ mutaṃ viññātām pattam pariyesitam anuvicāritam manasā tam pi niccaṃ vā aniccaṃ vā ti|| ||

Aniccam bhante|| ||

Yam panāniccaṃ dukkhaṃ vā tam sukhaṃ vā ti|| ||

Dukkham bhante|| ||

Yam panāniccam dukkhaṃ vipariṇāmadhammam api nu tam anupādāya evaṃ diṭṭhi uppajjeyya Neva hoti na na hoti tathāgato param maraṇā ti|| ||

No hetam bhante|| ||

Yato ca kho bhikkhave ariyasāvakassa imesu chasu ṭhānesu kaṅkhā pahīnā hoti|| dukkhe pissa kaṅkhā pahīnā hoti|| dukkhasamudaye pissa kaṅkhā pahīnā hoti|| dukkhanirodhe pissa kaṅkhā pahīnā hoti|| dukkhanirodhagāminiyā paṭipadāya pissa kaṅkhā pahīnā hoti|| ayaṃ vuccati bhikkhave ariyasāvako sotāpanno avinipātadhammo niyato sambodhiparāyano ti|| ||

Sotāpanno ariyasāvakābhavayoni - aṭṭhārasasuttantaṃ niṭṭhitam [1] || ||

Uddānam bhavati || ||

Vātam Etammamaṃ
So attā No ca me siyā
Natthi Karoto Hetu ca
Mahādiṭṭhena ca aṭṭhamaṃ || ||

Sassato loko ca Assato ca Antavā ca
Anantavā ca Taṃ jīvaṃ taṃ sarīranti
Aññaṃ jīvam aññaṃ sarīranti ca
Hoti tathāgato parammaraṇā ti
Na hoti tathāgato param maraṇāti [2]
Neva hoti na na hoti tathāgato param maraṇā ti || ||

Chapter II 1 Purimagamanam (*aṭṭhārasa-veyyākaraṇāni*)

19 (1) *Vātā*

1–2 Sāvatthi || Tatra—voca || ||

3 Kismiṃ nu kho bhikkhave sati kiṃ upādāya kim abhinivissa evam diṭṭhi uppajjati Na vātā vāyanti na najjo sandanti na gabbhiniyo vijāyanti na candimasūriyā udenti vā apenti vā esikaṭṭhāyiṭṭhitāti || ||

4 Bhagavaṃmūlakā no bhante dhammā || ||

5 Rūpe kho bhikkhave sati rūpam upādāya rūpam abhinivissa evaṃ diṭṭhi uppajjati Na vātā vāyanti || pa || esikaṭṭhāyiṭṭhitā || ||

6–9 Vedanāya sati || || Saññāya sati || || Saṅkhāresu sati || || Viññāṇe sati viññāṇam upādāya viññāṇam abhinivissa evam diṭṭhi uppajjati Na vātā vāyanti || pe || esikaṭṭhāyiṭṭhitā ti || ||

10–15 Taṃ kiṃ maññatha bhikkhave Rūpaṃ niccaṃ vā aniccaṃ vā ti || ||

---

[1] B Sotāpattivaggo aṭṭhārasa-veyyākaraṇaṃ niṭṭhitaṃ || || and nothing more; the overplus is to be found in S[1].[3]

[2] The title Hoti ca na ca hoti tathāgato param maraṇā ti is omitt[illegible] restored

Aniccaṃ bhante || pe || ||[1]

Vipariṇāmadhammaṃ api nu taṃ anupādāya evaṃ diṭṭhi uppajjeyya Na vātā vāyanti || pe || esikaṭṭhāyiṭṭhitā ti || ||

No hetaṃ bhante

16 Iti kho bhikkhave dukkhe sati dukkhaṃ upādāya dukkhaṃ abhinivissa evaṃ diṭṭhi uppajjati[2] Na vātā vāyanti na najjo sandanti na gabbhiniyo vijāyanti na candimasūriyā udenti vā apenti vā esikaṭṭhāyiṭṭhitā ti || ||

20–35 (2–17)

Purimagamanāhi aṭṭhārasaveyyākaraṇāni vitthārānīti[3] || ||

36 (18) *Neva hoti na na hoti*

1–3 Sāvatthi || || Kismiṃ nu kho bhikkhave sati kiṃ upādāya kiṃ abhinivissa evaṃ diṭṭhi uppajjati Neva hoti na na hoti tathāgato paraṃ maraṇā ti || ||

4 Bhagavaṃmūlaka no bhante dhammā || ||

5 Rūpe kho bhikkhave sati rūpaṃ upādāya rūpaṃ abhinivissa evaṃ diṭṭhi uppajjati Neva hoti na na hoti tathāgato paraṃ maraṇā ti || ||

6–9 Vedanāya sati || Saññāya sati || Saṅkhāresu sati || Viññāṇe sati viññāṇaṃ upādāya viññāṇaṃ abhinivissa evaṃ diṭṭhi uppajjati Neva hoti tathāgato na na hoti tathāgato paraṃ maraṇā ti || || pe || ||[4]

2 Dutiyagamanaṃ (*or Dutiyavāro*)

37 (19) *Rūpī attā*

1–3 Sāvatthi || || Kismiṃ nu kho bhikkhave sati kiṃ

---

[1] More abridged in S1-3 than in B [2] B uppajjeyya

[3] So B; S1-3 —pe— kismiṃ nu bhikkhave sati kiṃ upādāya kiṃ abhinivissa evaṃ diṭṭhi uppajjati evaṃ (S3 etaṃ) taṃ mama eso haṃ asmi eso (me) attāti Bhagavaṃmūlakā no bhante dhammā—pe—yathā purimadasasuttantaṃ evaṃ vitthāretabbaṃ so attā° so loko; and repeat the beginning of each sutta [4] So S3; more complete in B less in S1

upādāya kim abhinivissa evaṃ diṭṭhi uppajjati || Rūpī attā hoti arogo param maraṇā ti || ||

4 Bhagavaṃmūlakā no bhante dhammā || ||

5 Rūpe kho bhikkhave sati rūpam upādāya rūpam abhinivissa evaṃ diṭṭhi uppajjati | Rūpī attā hoti arogo param maraṇā ti || ||

6–9 Vedanāya sati || pe | Saññāya sati || Saṅkhāresu sati || Viññāṇe sati viññāṇam upādāya viññāṇam abhinivissa evam diṭṭhi uppajjati || Rūpī attā hoti arogo param maraṇā ti || ||

10 Taṃ kiṃ maññatha bhikkhave Rūpaṃ niccaṃ vā aniccaṃ vā ti || ||

Aniccam bhante || pa ||

Vipariṇāmadhammam api nu tam anupādāya evaṃ diṭṭhi uppajjeyya Rūpī attā hoto arogo param maraṇā ti || ||

No hetam bhante || ||

11–14 Vedanā || pa || No hetam bhante || ||

15 Iti kho bhikkhave dukkhe sati dukkham upādāya dukkham abhinivissa evam diṭṭhi uppajjati Rūpī attā hoti arogo param maraṇā ti || ||

38 (20) *Arūpī attā*

1–3 Sāvatthi || || Kismiṃ nu kho bhikkhave sati kim upādāya kim abhinivissa evaṃ diṭṭhi uppajjati Arūpī attā hoti arogo param maraṇā ti || || peyyālo || ||[1]

39 (21) *Rūpī ca arūpī ca*

3 Rūpī ca arūpī ca attā hoti arogo param maraṇā ti || ||[2]

40 (22) *Neva rūpī nārūpī*

3 Neva rūpī nārūpī attā hoti arogo param maraṇā ti || ||

41 (23) *Ekantasukhī*

3 Ekantasukhī attā hoti arogo param maraṇā ti || ||[3]

---

[1] S^{1-3} add soyeva before and vitthāretabbo after peyyālo

[2] B. [illegible] Sāvatthi

[3] The phrase is omitted in B.

42 (24) *Ekantadukkhī*

3 Ekantadukkhī attā hoti arogo param maraṇā ti|| ||

43 (25) *Sukhadukkhī*

3 Sukhadukkhī attā hoti arogo param maraṇā ti|| ||

44 (26) *Adukkhamasukhī*

3 Adukkhamasukhī attā hoti arogo param maraṇā ti|| ||

4 Bhagavammūlakā no bhante dhammā|| ||

5 Rūpe kho bhikkhave sati rūpam upādāya rūpam abhinivissa evaṃ diṭṭhi uppajjati Adukkhamasukhī attā hoti arogo param maraṇā ti|| ||

6-9 Vedanāya sati|| Saññāya sati|| Saṅkhāresu sati|| Viññāṇe sati viññāṇam upādāya viññāṇam abhinivissa evaṃ diṭṭhi uppajjati adukkhamasukhī attā hoti arogo param maraṇā ti|| ||

10 Taṃ kiṃ maññatha bhikkhave Rūpaṃ niccaṃ vā aniccaṃ vāti|| pe|| vipariṇāmadhammam api nu tam anupādāya evaṃ diṭṭhi uppajjeyya|| Adukkhamasukhī attā hoti arogo param maraṇā ti|| ||

No hetam bhante|| ||

Iti kho bhikkhave dukkhe sati dukkham upādāya dukkham abhinivissa evaṃ diṭṭhi uppajjati|| Adukkham asukhī attā hoti arogo param maraṇā ti||

11-14 Vedanā|| Saññā|| Saṅkhārā|| Viññāṇam niccaṃ vā aniccaṃ vāti|| pe|| vipariṇāmadhammam api nu taṃ anupādāya evaṃ diṭṭhi uppajjeyya Adukkhamasukhī attā hoti arogo param maraṇā ti|| ||

No hetam bhante|| ||

15 Iti kho bhikkhave dukkhe sati dukkham upādāya dukkham abhinivissa evaṃ diṭṭhi uppajjati Adukkham asukhī attā hoti arogo param maraṇā ti|| || Dutiya-peyyālo|| ||

Uddānaṃ|| ||

Vātaṃ Etammamaṃ So attā No ca me siyā Natthi Karoto[1] Hetuyā[2] Mahādiṭṭhena aṭṭhamaṃ — Sassato

---

[1] S[1] karoto [2] S[1] hetuyo; S[3] hetuṃyā

Asassato ceva Antānantā ca vuccati—Taṃjīvaṃ Aññaṃjīvañca Tathāgatena cattāro Rūpī attā hoti Arūpī ca[1] attā hoti Rupī cā arūpī ca attā hoti Neva rūpī nārūpī attā hoti Ekantasukhī attā hoti Ekantadukkhī attā hoti Sukhadukkhī attā hoti Adukkhamasukhī attā hoti arogo[2] paraṃ maraṇā ti—Ime chabbīsati suttā dutiyavārena desitā[3] ||

Chapter III Tatiyagamanam

45 (1)

1–3 Sāvatthi || Kismiṃ nu kho bhikkhave sati kiṃ upādāya kiṃ abhinivissa evaṃ diṭṭhi uppajjati Na vātā vāyanti na najjo sandanti na gabbhiniyo vijāyanti || na candimasūriyā udenti vā apenti vā esikaṭṭhāyiṭṭhitā ||

4 Bhagavaṃmūlakā no bhante dhammā || pe ||

5 Rūpe kho bhikkhave sati rūpaṃ upādāya rūpaṃ abhinivissa evaṃ diṭṭhi uppajjati Na vātā vāyanti || pe || esikaṭṭhāyiṭṭhitā ||

6–9 Vedanāya sati | Saññāya sati || Saṅkhāresu sati || Viññāṇe sati viññāṇaṃ upādāya viññāṇaṃ upādāya viññāṇaṃ abhinivissa evaṃ diṭṭhi uppajjati || Na vātā vāyanti || pe || esikaṭṭhāyiṭṭhitā ti ||

10 Taṃ kiṃ maññatha bhikkhave Rūpaṃ niccaṃ vā aniccaṃ vā ti || pe || [4] vipariṇāmadhammaṃ api nu taṃ anupādāya evaṃ diṭṭhi uppajjeyya Na vātā vāyanti || pe || esikaṭṭhāyiṭṭhitā ti ||

No hetaṃ bhante ||

Iti kho bhikkhave yad aniccaṃ taṃ dukkhaṃ tasmiṃ sati tad upādāya evaṃ diṭṭhi uppajjati Na vātā vāyanti || pe || esikaṭṭhāyiṭṭhitā ti ||

46–69 (2–25)

Evaṃ vitthāretabbaṃ || [5]

---

[1] Omitted by S1 [2] S3 ārogo always

[3] This [illegible] is not to be found in B

[4] Comp[illegible] in B [illegible] bbāni

70 (26)

1–3 Sāvatthi||| Kismiṃ nu kho bhikkhave sati kim upādāya kim abhinivissa evaṃ diṭṭhi uppajjati|| Adukkhamasukhī attā hoti arogo param maraṇā ti|||

4 Bhagavammūlakā no bhante dhammā|||

5 Rūpe kho bhikkhave sati rūpam upādāya rūpam abhinivissa evaṃ diṭṭhi uppajjati|| Adukkhamasukhī attā hoti arogo param maraṇā ti|||

6–9 Vedanāya sati|| Saññāya sati|| Saṅkhāresu sati|| Viññāṇe sati viññāṇam upādāya viññāṇam abhinivissa evaṃ diṭṭhi uppajjati Adukkhamasukhī attā hoti arogo param maraṇā ti|||

10 Taṃ kim maññatha bhikkhave Rūpaṃ niccaṃ vā ti|| pe|| vipariṇāmadhammam api nu tam anupādāya evaṃ diṭṭhi uppajjeyya|| Adukkhamasukhī attā hoti arogo param maraṇā ti|||

No hetam bhante|||

Iti kho bhikkhave yad aniccaṃ taṃ dukkhaṃ|| tasmiṃ sati tad upādāya tam abhinivissa [1] evaṃ diṭṭhi uppajjati|| Adukkhamasukhī attā hoti arogo param maraṇā ti|||

11–14 Vedanā|| Saññā|| Saṅkhārā|| Viññāṇam niccaṃ vā ti|| pe|| vipariṇāmadhammam api nu tam anupādāyā evaṃ diṭṭhi uppajjeyya Adukkham asukhī attā hoti arogo param maraṇā ti|||

No hetam bhante|||

Iti kho bhikkhave yad aniccaṃ taṃ dukkhaṃ|| tasmiṃ sati tad upādāya tam abhinivissa evaṃ diṭṭhi uppajjati|| Adukkham asukhī attā hoti arogo param maraṇā ti|||[2]

Tatiyo peyyālo||| Chabbīsati suttantā vitthāretabbā|||[3]

Chapter IV Catutthagamanam

71 (1)

1–3 Sāvatthi|||

Kismiṃ nu kho bhikkhave sati kim upādāya kim abhinivissa evaṃ diṭṭhi uppajjati|| Na vātā vāyanti na najjo

---

[1] B omit taṃ abhinivissa always

[2] 11–14 are missing in S[1] [3] B omits cha° °vitthāretabbā

sandanti na gabbhiniyo vijāyanti na candimasuriyā udenti vā apenti vā esikaṭṭhāyiṭṭhitā ti || ||

4 Bhagavammūlakā no bhante dhammā || ||

5 Rūpe kho bhikkhave sati rūpam upādāya rūpam abhinivissa evaṃ diṭṭhi uppajjati || Na vātā vāyanti || pa || esikaṭṭhāyiṭṭhitā || ||

6–9 Vedanāya sati || Saññāya sati || Saṅkhāresu sati || Viññāṇe sati viññāṇam upādāya viññāṇam abhinivissa evaṃ diṭṭhi uppajjati || Na vāta vāyanti || pe || esikaṭṭhāyiṭṭhitā || ||

10 Taṃ kim maññatha bhikkhave Rūpaṃ niccaṃ vā aniccaṃ vāti || pe [1] vipariṇāmadhammaṃ kallaṃ nu taṃ samanupassituṃ Etam mama eso ham asmi eso me attā ti || ||

No hetam bhante || ||

11–14 Vedanā || Saññā || Saṅkharā || Viññāṇaṃ niccaṃ vā aniccaṃ vā ti || pe ||[1] vipariṇāmadhammaṃ kallaṃ nu tam samanupassituṃ Etam mama eso ham asmi eso me attā ti || ||

No hetam bhante || ||

15 Tasmātiha bhikkhave yaṃkiñci rūpam atītānāgatapaccuppannaṃ ajjhattaṃ vā bahiddhā vā oḷārikaṃ vā sukhumaṃ vā hīnaṃ vā paṇitaṃ vā yam dūre santike vā sabbaṃ rūpaṃ Netaṃ mama neso ham asmi na meso attā ti || evam etaṃ yathābhūtaṃ sammapaññāya daṭṭhabbaṃ || ||[3]

16 Evaṃ passaṃ || pe || nāparam itthattāyati pajānātīti || ||

96 (26)

1–3 Sāvatthi || || Kismiṃ nu kho bhikkhave sati kim upādāya kim abhinivissa evaṃ diṭṭhi uppajjati || || Adukkhamasukhī attā hoti arogo param maraṇā ti || ||

4 Bhagavammūlakā no bhante dhammā || pe || ||

5 Rūpe kho bhikkhave sati rūpam upādāya rūpam abhinivissa evaṃ diṭṭhi uppajjati || Adukkhamasukhī attā hoti arogo param maraṇā ti || ||

6–9 Vedanāya sati || Saññāya sati || Saṅkhāresu sati || Viññāṇe sati viññāṇam upādāya viññāṇam abhinivissa evaṃ diṭṭhi uppajjati || Adukkhamasukhī attā hoti arogo param maraṇā ti || ||

---

[1] Com[illegible]

10 Taṃ kiṃ maññatha bhikkhave Rūpaṃ niccaṃ vā aniccaṃ vā ti|| ||

Aniccam bhante|| pe|| ||[1] vipariṇāmadhammaṃ kallaṃ nu taṃ samanupassituṃ Etam mama eso ham asmi eso me attā ti|| ||

No hetam bhante|| ||

11-14 Vedanā|| Saññā|| Saṅkhārā|| Viññāṇam niccaṃ vā aniccaṃ vā ti|| pe|| vipariṇāmadhammaṃ kallaṃ nu tam samanupassitum Etam mama eso ham asmi eso me attā ti|| ||

No etam bhante|| ||

15 Tasmātiha bhikkhave yaṃ kiñci rūpaṃ atītānāgatapaccuppannam ajjhattaṃ vā bahiddhā vā oḷārikaṃ vā sukhumaṃ vā pahīnaṃ vā paṇītaṃ vā|| yaṃ dūre santike vā sabbaṃ rūpaṃ netam mama neso ham asmi na me so attāti|| evam etaṃ yathābhūtaṃ sammappaññāya daṭṭhabbam||[2]

16-19 Yā kāci vedanā|| Yā kāci saññā|| Ye keci saṅkhārā|| Yaṃ kiñci viññāṇaṃ atītanāgatapaccuppannaṃ|| pe||[1] sammappaññāya daṭṭhabbaṃ|| ||

20 Evam passam bhikkhave sutavā ariyasāvako rūpasmiṃ[3] nibbindati vedanāya nibbindati saññāya nibbindati saṅkhāresu nibbindati viññaṇasmiṃ nibbindati|| || Nibbindaṃ virajjati virāgā vimuccati vimuttasmi vimuttam iti ñāṇaṃ hoti|| || Khīṇā jāti vusitam brahmacariyaṃ kataṃ karaṇīyam nāparam itthattāyāti pajānāmīti|| ||

Purimagamanaṃ aṭṭhārasa veyyākaraṇā[ni]||
Dutiyagamanaṃ chabbīsaṃ vitthāretabbāni||
Tatiyagamanaṃ chabbīsaṃ vitthāretabbāni||
Catutthagamanaṃ chabbīsaṃ vitthāretabbāni|| ||[4]

Diṭṭhi-saṃyuttaṃ niṭṭhitaṃ|| ||[5]

---

[1] Complete in B [2] Abbreviated in S[1-3] [3] S[3] adds pi

[4] These four lines are to be found in B only

[5] So B: S[1-3] have so: Catutthakapeyyale chabbīsati suttantā hi te parivaṭṭavitthārāti—Diṭṭhi saṃyuttaṃ samattaṃ—Vātā etam mama ° (as above) adukkhamasukhī sahāti

BOOK IV OKKANTIKA-SAṂYUTTA

1 *Cakkhu*

1–2 Sāvatthi‖ pe‖‖ Tatra‖ pe‖ voca‖

3 Cakkhum bhikkhave aniccaṃ vipariṇāmim aññathābhāvi[1]‖ Sotam aniccaṃ vipariṇāmim aññathābhāvi‖ Ghānam aniccaṃ vipariṇāmim aññathābhāvi‖ Jivhā aniccā vipariṇāmī aññathābhāvī‖ Kāyo anicco vipariṇāmī āññathābhāvī‖ Mano anicco vipariṇāmī aññathābhāvī‖‖

4 Yo bhikkhave ime dhamme evaṃ saddahati adhimuccati‖ ayaṃ vuccati saddhānusārī okkanto sammattaniyāmaṃ sappurisabhūmim okkanto vītivatto puthujjanabhūmiṃ‖ abhabbo taṃ kammaṃ kātuṃ yaṃ kammaṃ katvā nirayaṃ vā tiracchānayonim vā pettivisayaṃ vā uppajjeyya‖ abhabbo ca[2] tāva kālaṃ kātuṃ yāva na sotāpattiphalaṃ sacchikaroti‖‖

5 Yassa kho bhikkhave ime dhammā evam paññāya mattaso nijjhānaṃ khamanti[3]‖ ayaṃ vuccati dhammānusārī okkanto sammattaniyāmaṃ sappurisabhūmim okkanto vītivatto puthujjanabhūmiṃ‖ abhabbo taṃ kammaṃ kātum yaṃ kammaṃ katvā nirayaṃ vā tiracchānayoniṃ vā pettivisayaṃ vā uppajjeyya‖ abhabbo ca tāva kālaṃ kātuṃ yāva na sotāpattiphalaṃ sacchikaroti‖‖

6 Yo bhikkhave ime dhamme evaṃ jānāti[4] passati ayaṃ vuccati sotāpanno avinipātadhammo niyato sambodhiparāyano ti‖‖

2 *Rūpa*

1–3 Sāvatthi‖‖ Rūpā bhikkhave aniccā vipariṇāmino aññathābhāvino‖ saddā aniccā vipariṇāmino aññathābhāvino‖ gandhā aniccā vipariṇāmino aññathābhāvino‖ rasā aniccā vipariṇāmino aññathābhāvino‖ phoṭṭhabbā aniccā vipariṇāmino aññāthābhāvino‖ dhammā aniccā vipariṇāmino aññathābhāvino‖‖

---

[1] B °ṇāmī °bhāvī always; S^{1-3} °nāmiṃ, °bhāvi, sometimes °nāmi °bhāviṃ

[2] S^{1-3} va always

[3] B nijjh[illegible] [illegible]khamanti

[4] B pajānāti

4 Yo bhikkhave ime dhamme evaṃ saddahati adhimuccati|| ayaṃ vuccati saddānusārī okkanto sammattaniyāmaṃ sappurisabhūmiṃ okkanto vītivatto puthujjanabhūmiṃ|| abhabbo taṃ kammaṃ kātuṃ yaṃ kammaṃ katvā nirayaṃ vā tiracchāyoniṃ vā pettivisayaṃ vā uppajjeyya|| abhabbo ca tāva kālaṃ kātuṃ yāva na sotāpattiphalaṃ sacchikaroti|| ||

5 Yassa kho bhikkhave ime dhammā|| °yāva na sotapattiphalaṃ sacchi karoti|| || [1]

6 Yo [2] bhikkhave ime dhamme evaṃ jānāti evam [3] passati|| ayaṃ vuccati sotāpanno avinipātadhammo niyato sambodhiparāyano ti|| ||

3 *Viññāṇam*

1–3 Sāvatthi|| || Cakkhuviññāṇam bhikkhave aniccam vipariṇamiṃ aññathābhāvi|| || Sotaviññāṇam|| || Ghānaviññāṇaṃ|| || Jivhāviññāṇaṃ|| || Kāyaviññāṇaṃ|| Manoviññāṇaṃ aniccam vipariṇāmiṃ aññathābhāvi|| ||

4–6 Yo bhikkhave|| la|| sambodhiparāyano ti||

4 *Phasso*

1–3 Sāvatthi|| || Cakkhusamphasso bhikkhave anicco vipariṇāmī aññathābhāvī|| || Sotasamphasso|| || Ghānasamphasso|| || Jivhāsamphasso|| || Kāyasamphasso|| || Manosamphasso anicco vipariṇāmī aññathābhāvī|| ||

4–6 Yo bhikkhave ime dhamme|| pe|| sambodhiparāyano ti|| ||

5 *Vedanāya*

1–3 Sāvatthi|| || Cakkhusamphassajā bhikkhave vedanā [4] aniccā vipariṇāmī aññathābhāvī|| Sotasamphassajā vedanā|| pa|| || Jivhāsamphassajā vedanā|| pa|| Manosamphassajā vedanā aniccā vipariṇāmī aññathābhāvī|| ||

4–6 Yo bhikkhave ime dhamme|| pe|| sambodhiparāyano ti|| ||

---

[1] This paragraph is complete in B, missing in S[1-3]

[2] S[1-3] add hi

[3] Omitted by S[1-3]

[4] S[1-3] vedanā bhikkhave

6 *Saññā*

1–3 Sāvatthi|| || Rūpasaññā bhikkhave aniccā vipariṇāmī aññathābhāvī|| || Saddasaññā|| || Gandhasaññā|| || Rasasaññā|| || Poṭṭhabbasaññā|| || Dhammasaññā aniccā vipariṇāmī aññathābhāvī|| ||

4–6 Yo bhikkhave ime dhamme|| pe|| sambodhiparāyano ti|| ||

7 *Cetanā*

1–3 Sāvatthi|| || Rūpasañcetanā bhikkhave[1] aniccā vipāriṇāmī aññathābhāvī|| || Saddasañcetanā|| Gandhasañcetanā|| Rasasañcetanā|| Poṭṭhabbasañcetanā|| Dhammasañcetanā aniccā vipariṇāmī aññathābhāvī|| ||

4–6 Yo bhikkhave ime dhamme|| pe|| sambodhiparāyano ti|| ||

8 *Taṇhā*

1–3 Sāvatthi|| || Rūpataṇhā bhikkhave aniccā vipariṇāmi aññathābhāvī|| || Saddataṇhā|| Gandhataṇhā|| || Rasataṇhā|| Phoṭṭhabbataṇhā|| Dhammataṇhā aniccā viparināmī aññathābhāvī|| ||

4–6 Yo bhikkhave ime dhamme|| pe|| saṃbodhiparāyano ti|| ||

9 *Dhātu*

1–3 Sāvatthi|| || Pathavīdhātu bhikkhave aniccā vipariṇāmī aññathābhāvī|| || Āpodhātu|| || Tejodhātu|| || Vāyodhātu|| || Ākāsadhātu[2] aniccā vipariṇāmī aññāthābhāvī|| ||

4–6 Yo bhikkhave ime dhamme|| pe|| sambodhiparāyano ti|| ||

10 *Khandhena*

1–3 Sāvatthi|| || Rūpaṃ bhikkhave aniccaṃ vipariṇāmi aññathābhāvi|| || Vedanā aniccā vipariṇāmī aññathābhāvī|| Saññā aniccā vipariṇāmī aññathabhāvī|| Viññāṇam aniccam vipariṇāmi aññathābhāvi|| ||

4 Yo bhikkhave ime dhamme evaṃ saddahati adhimuccati ayaṃ vuccati saddhānusārī okkanto sammattaniyā-

---

[1] Omitted by S [illegible] [2] [illegible] adds [illegible]dhātu

maṃ sappurisabhūmiṃ okkanto vītivatto puthujjanabhūmiṃ|| abhabbo taṃ kammaṃ kātuṃ yaṃ kammaṃ katvā nirayaṃ vā tiracchānayoniṃ[1] vā pettivisayaṃ vā uppajjeyya|| abhabbo ca tāva kālaṃ kātuṃ yāva na sotāpattiphalaṃ sacchikaroti|| ||

5 Yassa kho bhikkhave ime dhamme evaṃ paññāya mattaso nijjhānaṃ khamanti|| ayaṃ vuccati dhammānusārī okkanto sammattaniyāmam sappurisabhumiṃ okkanto vītivatto puthujjanabhūmiṃ|| abhabbo taṃ kammaṃ kātuṃ yaṃ kammaṃ katvā nirayaṃ vā tiracchayoniṃ vā pettivisayaṃ vā uppajjeyya|| abhabbo ca tāva kālaṃ kātuṃ yāva na sotāpattiphalaṃ sacchikaroti|| ||

6 Yo bhikkhave ime dhamme evam jānāti evam passati ayaṃ vuccati sotāpanno avinipātadhammo niyato sambodhiparāyano ti|| ||

Okkantika-saṃyuttaṃ[2]|| ||

Tassuddānaṃ|| ||[3]

Cakkhu Rūpañca[4] Viññāṇaṃ||
Phasso Vedanāya ca||
Saññā Cetanā Taṇhā||
Dhātu Khandhena[5] te dasā ti|| ||

BOOK V UPPĀDA-SAṂYUTTA

1 *Cakkhu*

1–3 Sāvatthi|| || Yo bhikkhave cakkhussa uppādo ṭhiti abhinibbatti pātubhāvo|| dukkhasseso uppādo rogānaṃ ṭhiti jarāmaraṇassa pātubhāvo|| ||

4–7 Yo sotassa|| Yo ghānassa|| Yo jivhāya|| Yo kāyassa|| ||

8 Yo manassa uppādo ṭhiti abhinibbatti pātubhāvo||

---

[1] S¹⁻³ °yoniyaṃ [2] S¹⁻³ okkanta- [3] Omitted by B [4] B rūpāca [5] S¹⁻³ rūpena

dukkhasseso uppādo rogānaṃ ṭhiti jarāmaraṇassa pātubhāvo|| ||

9 Yo ca bhikkhave cakkhussa nirodho vūpasamo atthagamo|| dukkhasseso nirodho rogānaṃ vūpasamo jarāmaraṇassa atthagamo|| ||

10–13 Yo sotassa nirodho|| || Yo ghānassa nirodho|| || Yo jivhāya nirodho|| Yo kāyassa nirodho|| ||

14 Yo manassa nirodho vūpasamo atthagamo|| dukkhasseso nirodho rogānaṃ vūpasamo jarāmaraṇassa atthagamo ti|| ||

2 *Rūpaṃ*

1–3 Sāvatthi|| || Yo bhikkhave rūpānam uppādo ṭhiti abhinibbatti pātubhāvo|| dukkhasseso uppādo rogānaṃ ṭhiti jarāmaraṇassa pātubhāvo||

4–8 Yo saddānaṃ|| || Yo gandhānaṃ|| Yo rasānaṃ|| || Yo phoṭṭhabbānaṃ|| || Yo dhammānam uppādo ṭhiti abhinibbatti pātubhāvo dukkhasseso uppādo rogānaṃ ṭhiti jarāmaraṇassa pātubhāvo|| ||

9 Yo bhikkhave rūpānaṃ nirodho vūpasamo atthagamo dukkhasseso nirodho rogānaṃ vūpasamo jarāmaraṇassa atthagamo|| ||

10–13 Yo saddānaṃ|| || Yo gandhānaṃ|| Yo rasānaṃ|| Yo poṭṭhabbānaṃ|| ||

14 Yo dhammānaṃ nirodho vūpasamo atthagamo dukkhasseso nirodho rogānaṃ vūpasamo jarāmaraṇassa atthagamo ti|| ||

3 *Viññāṇaṃ*

1–8 Sāvatthi|| || Yo bhikkhave cakkhuviññāṇassa uppādo ṭhiti|| pe|| Yo manoviññāṇassa uppādo ṭhiti|| pe|| jarāmaraṇassa pātubhāvo|| ||

9–14 Yo ca kho bhikkhave cakkhuviññāṇassa nirodho|| pe|| Yo[1] manoviññāṇassa nirodho|| pe|| jarāmaraṇassa atthagamo ti|| ||[2]

---

[1] S[1-3] add ca

[2] This sutta and the following ones are more abridged in S[1-3] than in B; I give the shortest text, but in the last sutta

4 *Phasso*

1-8 Sāvatthi|| || Yo bhikkhave cakkhusamphassassa uppādo ṭhiti|| pe|| Yo manosamphassassa uppādo ṭhiti jarāmaraṇassa pātubhāvo|| ||

9-14 Yo ca kho bhikkhave cakkhusamphassassa nirodho|| pe|| Yo manosamphassassa nirodho|| pe|| jarāmaraṇassa atthagamo ti|| ||

5 *Vedanāya*

1-8 Sāvatthi|| || Yo[1] bhikkhave cakkhusamphassajāya vedanāya uppādo ṭhiti|| pe|| || Yo manasamphassajāya vedanāya uppādo ṭhiti||pe|| jarāmaraṇassa pātubhāvo|| ||

9-14 Yo ca kho bhikkhave cakkhusamphassajāya vedanāya nirodho vūpasamo|| pe|| Yo manosamphassajāya vedanāya nirodho vūpasamo|| pe|| jarāmaraṇassa atthagamo ti|| ||

6 *Saññāya*

1-8 Sāvatthi|| || Yo bhikkhave rūpasaññāya uppādo ṭhiti|| pe|| Yo dhammasaññāya uppādo ṭhiti|| pe|| jarāmaṇassa pātubhāvo|| ||

9-14 Yo ca kho bhikkhave rūpasaññāya nirodho|| pe|| Yo dhammasaññāya nirodho vūpasamo|| pe|| jarāmaraṇassa atthagamo ti|| ||

7 *Cetanā*

1-8 Sāvatthi|| || Yo bhikkhave rūpasañcetanāya uppādo ṭhiti|| pe|| Yo dhammasañcetanāya uppādo ṭhiti|| pe|| jarāmaraṇassa pātubhāvo|| ||

9-14 Yo ca kho bhikkhave rūpasañcetanāya nirodho vūpasamo|| pe|| Yo dhammasañcetanāya nirodho vūpasamo|| jarāmaraṇassa atthagamo ti|| ||

8 *Taṇhā*

1-8 Sāvatthi|| || Yo bhikkhave rūpataṇhāya uppādo ṭhiti|| pe|| || Yo dhammataṇhāya uppādo ṭhiti|| pe|| jarāmaraṇassa pātubhāvo|| ||

---

[1] B adds kho here and in 6, 7

9–14 Yo ca kho[1] bhikkhave rūpataṇhāya nirodho vūpasamo|| pe|||| Yo dhammataṇhāya nirodho vūpasamo|| || jarāmaraṇassa atthagamo ti|| ||

9 *Dhātu*

1–8 Sāvatthi|| || Yo bhikkhave pathavīdhātuyā uppādo ṭhiti|| pe|| || Yo āpodhātuyā|| || Yo tejodhātuyā|| || Yo vāyodhātuyā|| Yo ākāsadhātuyā|| Yo viññāṇadhātuyā uppādo ṭhiti|| pe|| jarāmaraṇassa pātubhāvo|| ||

9–14 Yo ca kho bhikkhave paṭhavīdhātuyā nirodho vūpasamo|| pe|| || Yo viññāṇadhātuyā nirodho vūpasamo|| pe|| jarāmaraṇassa atthagamo ti|| ||

10 *Khandhena*

1–3 Sāvatthi|| || Yo kho bhikkhave rūpassa uppādo ṭhiti abhinibbatti pātubhāvo dukkhasseso uppādo rogānaṃ ṭhiti jarāmaraṇassa pātubhāvo|| ||

4–6 Yo vedanāya|| Yo saññāya|| Yo saṅkhārānaṃ|| ||

7 Yo viññāṇassa uppādo ṭhiti abhinibbatti pātubhāvo dukkhasseso uppādo rogānaṃ ṭhiti jarāmaraṇassa pātubhāvo|| ||

8 Yo ca[2] bhikkhave rūpassa nirodho vūpasamo atthagamo dukkhasseso nirodho rogānaṃ vūpasamo jarāmaraṇassa atthagamo|| ||

9–11 Yo vedanāya|| Yo saññāya|| || Yo saṅkhārānaṃ|| ||

12 Yo viññāṇassa nirodho vūpasamo atthagamo|| dukkhasseso nirodho rogānaṃ vūpasamo jarāmaraṇassa atthagamo ti|| ||

Uppāda-saṃyuttaṃ samattaṃ|| ||
Tassuddānaṃ|| ||

Cakkhu Rupañca Viññāṇaṃ||
Phasso ca[3] Vedanāya ca||
Saññāya|| Cetanā|| Taṇhā||
Dhātu Khandhena te dasā ti|| ||

---

[1] S[1] omit [illegible] [illegible] S[illegible] omit [illegible]

BOOK VI KILESA-SAṂYUTTA

1 *Cakkhu*

1-2 Sāvatthi|| || Tatra|| pe|| etad avoca|| ||

3 Yo bhikkhave cakkhusmiṃ chandarāgo cittasseso upakkileso|| ||

4-7 Yo sotasmiṃ chandarāgo|| || Yo ghānasmiṃ chandarāgo|| Yo jivhāya chandarāgo|| Yo kāyasmiṃ chandarāgo||

8 Yo manasmiṃ chandarāgo cittasseso upakkileso|| ||

9 Yato kho bhikkhave bhikkhuno imesu chasu ṭhānesu cetaso upakkileso pahīno hoti|| nekkhammaninnam cassa cittaṃ hoti|| nekkhammaparibhāvitaṃ cittam kammaniyam khāyati abhiññā sacchikaraṇiyesu [1] dhammesūti|| ||

2 *Rūpam*

1-3 Sāvatthi|| || Yo bhikkhave rūpesu chandarāgo cittasseso upakkileso|| ||

4-8 Yo saddesu|| || Yo gandhesu|| || Yo rasesu|| || Yo poṭṭhabbesu|| || Yo dhammesu chandarāgo cittasseso upakkileso|| ||

9 Yato kho bhikkhave bhikkhuno imesu chasu ṭhānesu cetaso upakkileso pahīno hoti|| nekkhammaninnaṃ cassa cittaṃ hoti|| nekkhammaparibhāvitaṃ cittam kammaniyaṃ khāyati abhiññā sacchikaraṇīeysu [2] dhammesū ti|| ||

3 *Viññāṇam*

1-3 Sāvatthi|| || Yo bhikkhave cakkhuviññāṇasmiṃ chandarāgo cittasseso upakkileso|| ||

4-8 Yo sotaviññāṇasmiṃ|| Yo ghānaviññāṇasmiṃ|| Yo jivhāviññāṇasmiṃ|| Yo kāyaviññānasmiṃ|| Yo manoviññāṇasmiṃ chandarāgo cittasseso upakkileso|| ||

9 Yato kho bhikkhave bhikkhuno imesu chasu ṭhānesu cetaso upakkileso pahīno hoti|| nekkhammaninnaṃ cassa

---

[1] S3 abhiññāyacasacchi° [2] S1 abhiññāyasacchi°

cittaṃ hoti nekkhammaparibhāvitaṃ cittaṃ kammaniyaṃ khāyati abhiññāsacchikaraṇīyesu dhammesūti || ||[1]

4 *Phasso*

1–3 Sāvatthi || || Yo bhikkhave cakkhusamphassasmiṃ chandarāgo cittasseso upakkileso || ||

4–8 Yo sotasamphassasmiṃ || Yo ghānasamphassasmiṃ || Yo jivhāsamphassasmiṃ || Yo kāyasamphassasmiṃ || Yo manosamphassasmiṃ chandarāgo cittasseso upakkileso || ||

9 Yato kho bhikkhave bhikkhuno || pe ||[2] abhiññāsacchikaraṇīyesu dhammesūti || ||

5 *Vedanāya*

1–3 Sāvatthi || || Yo bhikkhave cakkhusamphassajāya vedanāya chandarāgo citasseso upakkileso || ||

4–8 Yo sotasamphassajāya vedanāya || || Yo ghānasamphassajāya vedanāya || Yo jivhāsamphassajāya vedanāya || Yo kāyasamphassajāya vedanāya || Yo manasamphassajāya vedanāya chandarāgo cittasseso upakkileso || ||

9 Yato kho bhikkhave bhikkhuno || pe || abhiññāsacchikaraṇīyesu dhammesūti || ||

6 *Saññāya*

1–3 Sāvatthi || || Yo bhikkhave rūpasaññāya chandarāgo citasseso upakkileso || ||

4–8 Yo saddasaññāya || || Yo gandhasaññāya || || Yo rasasaññāya || || Yo poṭṭhabbasaññāya || Yo dhammasaññāya chandarāgo citasseso upakkileso || ||

9 Yato kho bhikkhave bhikkhuno || pe || abhiññāsacchikaraṇīyesu dhammesūti || ||

7 *Cetanā*

1–3 Sāvatthi || || Yo bhikkhave rūpasañcetanāya chandarāgo cittasseso upakkileso || ||

4–8 Yo saddasañcetanāya || || Yo gandhasañcetanāya ||

---

[1] This sutta is missing in B [illegible] B. [illegible] yeva peyyalo |

Yo rasasañcetanāya|| Yo phoṭṭhabbasañcetanāya|| Yo dhammasañcetanāya chandarāgo cittasseso upakkileso|| ||

9 Yato kho bhikkhave bhikkhuno|| pe|| abhiññāsacchikaraṇīyesu [1] dhammesūti|| ||

8 *Taṇhā*

1–3 Sāvatthi|| || Yo bhikkhave rūpataṇhāya chandarāgo cittasseso upakkileso|| ||

4–8 Yo saddataṇhāya|| Yo gandhataṇhāya|| Yo rasataṇhāya|| Yo phoṭṭhabbataṇhāya|| Yo dhammataṇhāya chandarāgo cittasseso upakkileso|| ||

9 Yato kho bhikkhave bhikkhuno|| pe|| abhiññāsacchikaraṇīyesu dhammesūti|| ||

9 *Dhātu.*

1–3 Sāvatthi|| || Yo bhikkhave patthavīdhātuyā chandarāgo cittasseso upakkileso||

4–8 Yo āpodhātuya|| Yo tejodhātuyā|| Yo vāyodhātuya|| Yo ākāsadhātuyā|| Yo viññāṇadhātuyā chandarāgo cittasseso upakkileso|| ||

9 Yato kho bhikkhave bhikkhuno imesu chasu ṭhānesu cetaso upakkileso pahīno hoti|| nekkhammaninnaṃ cassa cittaṃ hoti nekkhamma paribhāvitaṃ cittaṃ kammaniyaṃ khāyati abhiññāsacchikaranīyesu dhammesūti|| ||

10 *Khandena*

1–7 Sāvatthi|| || Yo bhikkhave rūpasmiṃ chandarāgo cittasseso uppakileso|| la|| Yo viññāṇasmiṃ chandarāgo cittasseso upakkileso|| ||

8 Yato kho bhikkhave bhikkhuno imesu pañcasu ṭhānesu cetaso upakkileso pahīno hoti|| nekkhammaninnaṃ cassa cittaṃ hoti|| nekkhammaparibhāvitaṃ cittaṃ kammaniyaṃ khāyati abhiññāsacchikaraṇīyesu [2] dhammesūti|| ||

Kilesa-saṃyuttaṃ [3]|| ||
Tassuddānaṃ [4]|| ||

[1] S[1-3] abhiññāyasacchi° [2] S[1] abhiññāyasacchi°
[3] S[1-3] add pañcamaṃ, S3 inserting samattaṃ
[4] B omits tass

Cakkhu Rūpañca Viññāṇaṃ ||
Phasso [1] ca Vedanāya ca ||
Saññāya Cetanā Taṇhā ||
Dhātu Khandhena [2] te dasā ti || ||

BOOK VII SĀRIPUTTA-SAṂYUTTA

1 *Vivekam*

1 Ekaṃ samayaṃ āyasmā Sāriputto Sāvatthiyaṃ viharati Jetavane Anāthapiṇḍakassa ārāme || ||

2 Atha kho āyasmā Sāriputto pubbaṇhasamayaṃ nivāsetvā pattacīvaram ādāya Sāvatthim [3] piṇḍāya pāvisi || ||

3 Sāvatthiyaṃ piṇḍāya caritvā pacchābhattam piṇḍapātapaṭikkhanto yena andhavanaṃ tenupasaṅkami divāvihārāya || ||

4 Andhavanam ajjhogahetvā aññatarasmiṃ rukkhamūle divāvihāram nisīdi || ||

5 Atha kho āyasmā Sāriputto sāyaṇhasamayaṃ paṭisallāṇā vuṭṭhito yena Jetavanam Ānāthapiṇḍikassa ārāmo tenupasaṅkami || ||

6 Addasā kho āyasmā Ānando āyasmantaṃ Sāriputtaṃ durato va āgacchantam || disvāna āyasmantaṃ Sāriputtam etad avoca || || Vippasannāṇi kho te āvuso Sāriputta indriyāni parisuddho mukhavaṇṇo pariyodāto || katamenāyasmā Sārīputto ajja vihārena vihāsīti || ||

7 Idhāham āvuso vivicceva [4] kāmehi vivicca akusalehi dhammehi savitakkaṃ savicāraṃ vivekajam pītisukham pathamajjhānam [5] upasampajja viharāmi || tassa mayham āvuso na evaṃ hoti Aham pathamajjhānaṃ samāpajjāmīti vā Aham pathamajjhānam samāpanno ti vā Aham pathamajjhānā [6] vuṭṭhito ti vā ti [7] || ||

---

[1] S[1-3] saṃphasso [2] S[1-3] dhātukkhandena

[3] S[1-3] sāvatthiyaṃ [4] S[1] viviccehi

[5] B pathamaṃ jhānam, and further on pathamā jhānā always. Likewise in the following suttas

[6] S[1-3] [illegible] S [illegible] omit ti

8 Tathā hi panāyasmato[1] Sāriputtassa dīgharattaṃ ahaṃkāra-mamaṃkāra-mānānusayā susamūhatā|| tasmā āyasmato Sāriputtassa na evaṃ hoti Aham pathamajjhānaṃ samāpajjāmīti vā Aham pathamajjhānaṃ samāpanno ti vā Ahaṃ pahatmajjhānā vuṭṭhito ti vā ti|| ||

2 *Avitakkam*

1–5 Sāvatthi[2]|| || Taṃ yeva-nidānaṃ[3]||

6 Addasā kho āyasmā Ānando āyasmantaṃ Sāriputtaṃ dūrato va āgacchantaṃ|| disvāna āyasmantaṃ Sāriputtam etad avoca|| || Vippasannāni kho te avuso Sāriputta indriyāni parisuddho mukhavaṇṇo pariyodāto|| katamenāyasmā Sāriputto ajja vihārena vihāsīti|| ||

7 Idhāham āvuso vitakkavicārānam vūpasamā ajjhattaṃ sampasādānaṃ cetaso ekodibhāvam avitakkam avicāraṃ samādhijam pītisukhaṃ dutiyajjhānam upasampajja viharāmi|| tassa mayham āvuso na evaṃ hoti Ahaṃ dutiyajjhānam samāpajjāmīti vā Ahaṃ dutiyajjhānaṃ samāpanno ti vā Ahaṃ dutiyajjhānā[4] vuṭṭhito ti vā ti|| ||

8 Tathā hi panāyasmato Sāriputtassa dīgharattam ahaṃkāra-mamaṃkāra - mānānusayā susamūhatā|| tasmā āyasmato Sāriputtassa na evaṃ hoti Ahaṃ dutiyajjhānaṃ samāpajjāmīti vā Ahaṃ dutiyajjhānaṃ samāpannoti vā Ahaṃ dutiyajjhānā vuṭṭhito ti vā ti|| ||

3 *Pīti*

1–6 Sāvatthi|| || Addasā kho āyasmā Ānando|| pe|' vippasannāni kho te āvuso Sāriputta indriyāni parisuddho mukhavaṇṇo pariyodāto|| katamenāyasmā[5] Sāriputto ajja vihārena vihāsīti|| ||

7–8 Idhāham āvuso pītiyā ca virāgā upekkhako ca viharāmi[6] sato ca sampajāno sukhañca kāyena paṭisaṃvedemi yantaṃ ariyā ācikkhanti upekkhako satimā sukha-

---

1 S1-3 tathā pahīnāyasmato 2 In B only 3 In S1-3 only
4 S1 °jhānam ; S3 °jhānaṃ corrected to °jhānā here and further on 5 S1-3 katamenapanā° 6 B vihāsiṃ

vihārīti tatiyajjhānaṃ upasampajja viharāmi || so yeva peyyālo [1] || ||

4 *Upekkhā*

1–6 Sāvatthi || || Addasā kho āyasmā Ānando || pe || Vippasannāni kho te āvuso Sāriputta indriyāni parisuddho mukhavaṇṇo pariyodāto || katamenāyasmā Sāriputto ajja vihārena [2] vihāsīti || ||

7 Idhāham āvuso sukhassa ca pahānā dukkhassa ca pahānā pubbeva somanassa-domanassānam atthagamā adukkham asukham upekkhā satipārisuddhim catutthaṃ jhānam upasampajja viharāmi || ||

8 Tassa mayham || pe || vuṭṭhito ti vā ti || || [3]

5 *Akāsa*

1–6 Sāvatthi || || Addasā kho āyasmā Ānando || pe || || [4]

7–8 Idhāham āvuso sabbaso rūpasaññānaṃ samatikkamā paṭighasaññānam atthagamā nānattasaññānam amanasikārā Ananto ākāso ti ākāsañcāyatanam upasampajja viharāmi || pa [5] || vuṭṭhito ti vā ti || ||

6 *Viññāṇaṃ*

1–6 Sāvatthi || || Addasā kho āyasmā Ānando || pe || || [6]

7–8 Idhāham āvuso sabbaso ākāsānañcāyatanaṃ samatikkamma Anantaṃ viññāṇanti [7] viññāṇañcāyatanam upasampajja viharāmi || pa || [8] vuṭṭhito ti vā ti || ||

7 *Akiñcañña*

1–6 Sāvatthi || || Atha kho āyasmā Sāriputto || pe || ||

7–8 Idhāham āvuso sabbaso viññāṇañcāyatanaṃ samatikkamma Natthi kiñcīti ākiñcaññāyatanam upasampajja viharāmi || pe || vuṭṭhito ti [9] vā ti || ||

---

[1] So S¹⁻³; complete in B   [2] B inserts na

[3] Complete in B   [4] More complete in S¹⁻³

[5] So B; S¹⁻³ soyevapeyyālo

[6] S¹⁻³ Atha kho āyasmā sāriputto || pe || ||

[7] B omits Anantaṃ viññāṇanti

[8] S[illegible] [illegible]   [9] [illegible] S¹ omit ti

8 *Saññī*

1-6 Sāvatthi||| Atha kho āyasmā Sāriputto|| pe|||

7-8 Idhāham āvuso sabbaso[1] ākiñcaññāyatanaṃ samatikkamma nevasaññānāsaññāyatanam upasampajja vihārāmi||| pe||| vuṭṭhito ti vā ti|||

9 *Nirodho*

1-6 Sāvatthi||| Atha kho āyasmā Sāriputto|| pa|||

7 Idhāham āvuso sabbaso nevasaññānāsaññāyatanaṃ samatikkamma saññāvedayitanirodham upasampajja vihārāmi|| tassa mayhaṃ āvuso na evaṃ hoti Aham saññavedayitanirodhaṃ samāpajjāmīti vā Aham saññāvedayitanirodhaṃ samāpanno ti vā Ahaṃ saññāvedayitanirodhā vuṭṭhito ti vā ti|||

8 Tathāhi panāyasmato Sāriputtassa dīgharattam ahaṃkāra-mamaṃkāra-mānānusayā susamūhatā|| tasmā āyasmato Sāriputtassa evaṃ hoti Ahaṃ saññāvedayitanirodhaṃ samāpajjāmīti vā Ahaṃ saññāvedayitanirodhaṃ samāpanno ti vā Ahaṃ saññāvedayitanirodhā vuṭṭhito hoti vā ti|||[2]

10 *Sucimukhī*

1 Ekaṃ samayam āyasmā Sāriputto Rājagahe viharati Veḷuvane Kalandakanivāpe|||

2 Atha kho āyasmā Sāriputto pubbaṇhasamayaṃ nivāsetvā pattacīvaram ādāya Rājagahe piṇḍāya pāvisi|| Rājagahe sapadānaṃ piṇḍāya caritvā taṃ piṇḍapātam aññataraṃ kuḍḍam[3] nissāya paribhuñjati|||

3 Atha kho Sucimukhī paribbājikā yenayasmā Sāriputto tenupasaṅkami|| upasaṅkamitvā āyasmantaṃ Sāriputtam etad avoca|||

4 Kiṃ nu kho samaṇa adhomukho bhuñjasīti|||
Na khvāham bhagini adhomukho bhuñjāmīti|||

5 Tena hi samaṇa ubbhamukho bhuñjāsīti|||
Na khvāham bhagini ubbhamukho bhuñjāmīti|||

---

[1] Missing in B [2] 8 is missing in S[1-3]
[3] B kuṭṭa (or kuṭṭu ?) mūlaṃ

6 Tena hi samaṇa disāmukho bhuñjasīti ||
Na khvāham bhagini disāmukho bhuñjāmīti || ||
7 Tenahi samaṇa vidisāmukho bhuñjasīti || ||
Na khvāham bhagini vidisāmukho bhuñjāmīti || ||

8 Kiṃ nu samaṇa Adhomukho bhuñjasīti iti puṭṭho samāno Na khvāhaṃ bhagini adhomukho bhuñjāmīti vadesi || tena hi samaṇa Ubbhamukho bhuñjasīti iti puṭṭho samāno Na khvāham bhagini ubbhamukho bhuñjāmīti vadesi || tena hi samaṇa Disāmukho bhuñjasīti iti puṭṭho samāno Na khvāham bhagini disāmukho bhuñjāmīti vadesi || tena hi samaṇa Vidisāmukho bhuñjasīti iti puṭṭho samāno Na khvāham bhagini vidisāmukho bhuñjāmīti vadesi || || Kathañcarahi samaṇa [1] bhuñjasīti || ||

9 Ye hi keci bhagini samaṇabrāhmaṇā [2] vatthuvijjā tiracchānavijjāya micchājīvena jīvikam [3] kappenti || ime vuccanti bhagini samaṇabrāhmaṇā adhomukhā bhuñjantīti [4] || ||

10 Ye hi keci bhagini samaṇabrāhmaṇā nakkhattavijjā tiracchānavijjāya micchājīvena jīvikam kappenti || ime vuccanti bhagini samaṇabrāhmaṇā ubbhamukhā bhuñjantīti || ||

11 Ye hi keci bhagini samaṇabrāhmaṇā dūteyyapahiṇagamanānuyogā micchājīvena [5] jīvikaṃ kappenti || ime vuccanti bhagini samaṇabrāhmanā disāmukhā bhuñjantīti || ||

12 Ye hi keci bhagini samaṇabrāhmaṇā aṅgavijjātiracchānavijjāya micchājīvena jīvikaṃ kappenti || ime vuccanti bhagini samaṇabrāhmanā vidisāmukhā bhuñjantīti || ||

13 So khvāhaṃ bhagini na vatthuvijjātiracchānavijjāya micchājīvena jīvikaṃ kappemi || na nakkhattavijjātiracchānavijjāya micchājīvena jīvikaṃ kappemi || na dūteyyapahiṇagamanānuyogamicchājīvena jīvikaṃ kappemi || na aṅgavijjātiracchānavijjāya micchājīvena jīvikaṃ kappemi || || Dhammena bhikkham pariyesāmi dhammena bhikkham pariyesitvā bhuñjāmīti || ||

---

[1] S[1-3] samaṇehi [2] S[1-3] samaṇā vā brāhmaṇā va

[3] B jīvitaṃ always [4] S[1-3] bhuñjanti always

[5] S[3] duteyya° always. S[1] B here only: S[3] °gamanā° always; B [illegible] on

14 Atha kho Sucimukhī paribbājikā Rājagahe rathiyāya rathiyaṃ siṅghāṭakena[1] siṅghāṭakam upasaṅkamitvā evam ārocesi|| Dhammikaṃ samaṇā sakyaputtiyā āhāram āhārenti anavajjaṃ[2] samaṇā sakyaputtiyā āhāram āhārenti|| detha samaṇānaṃ sakyaputtiyāṇam piṇḍan ti|| ||

Sāriputta-saṃyuttaṃ[3]|| ||
Tatruddānaṃ|| ||

Vivekam Avitakkaṃ ca||
Pīti Upekkhā catutthakaṃ||
Ākāsam ceva Viññāṇaṃ||
Akiñcaññeva Saññinā||
Nirodhenagahe vutto||
Dasamaṃ Sucimukhī cāti|| ||[4]

BOOK VIII NĀGA-SAṂYUTTA

1 (1) *Suddhikam*

1–2 Sāvatthi|| || Tatra—voca—

3 Catasso imā bhikkhave nāgayoniyo|| || Katamā catasso|| || Aṇḍajā nāgā jalābujā nāgā saṃsedajā nāgā opapātikā nāgā|| || Imā kho bhikkhave catasso nāgayoniyo ti|| ||

2 (2) *Paṇitataraṃ*

1–3 Sāvatthi° °opapātikā nāgā|| ||[5]

---

[1] B inserts vā [2] B anavajjena [3] S¹-³ add chaṭṭhaṃ
[4] S¹-³ Vivekajaṃ Avitakkam
Pīti Upekhāya ca Ākāsaṃ
Viññāṇaṃ ceva Akiñcaññā
Neva saññā ca Nirodho
Sucimukhī navāti (S³ °na cāti)
[5] In B only

4 Tatra bhikkhave aṇḍajehi nāgehi jalābujā ca[1] saṃsedajā ca[1] opapātikā ca[1] nāgā paṇītatarā || ||

5 Tatra bhikkhave aṇḍajehi ca jalābujehi ca nāgehi saṃsedajā ca opapātikā ca nāgā paṇītatarā || ||

6 Tatra bhikkhave aṇḍajehi ca jalābujehi ca saṃsedajehi ca nāgehi opapātikā nāgā[2] paṇītatarā || ||

7 Imā kho bhikkhave catasso nāgayoniyo ti || ||

3 (3) *Uposatha*

1 Ekaṃ samayaṃ° Sāvatthiyaṃ° ārāme || ||[3]

2 Atha kho aññataro bhikkhu yena Bhagavā tenupasaṅkami || upasaṅkamitvā Bhagavantam abhivādetvā ekam antaṃ nisīdi || ||

3 Ekam antaṃ nisinno kho so bhikkhu Bhagavantam etad avoca || || Ko nu kho bhante hetu ko paccayo yenamidhekacce aṇḍajā nāgā uposatham upavasanti ossaṭṭhakāyā ca bhavantīti || ||

4 Idha bhikkhu ekaccānam aṇḍajānaṃ nāgānaṃ evaṃ hoti || || Mayaṃ kho pubbe kāyena dvayakārino ahumha vācāya dvayakārino manasā dvayakārino || te mayaṃ kāyena dvayakārino vācāya dvayakārino manasā dvayakārino kāyassa bhedā param maraṇā aṇḍajānaṃ nāgānaṃ sahavyatam upapannā || ||[4]

5 Sacajja mayaṃ kāyena sucaritaṃ careyyāma vācāya sucaritaṃ careyyāma manasā sucaritaṃ careyyāma || evaṃ mayaṃ kāyassa bhedā paraṃ maraṇā sugatiṃ saggaṃ lokaṃ upapajjeyyāma[5] || ||

6 Handa mayam etarahi kāyena sucaritaṃ carāma vācāya sucaritaṃ carāma manasā sucaritaṃ carāmāti || ||

7 Ayaṃ kho bhikkhave hetu ayam paccayo yenamidhekacce aṇḍajā nāgā uposatham upavasanti ossaṭṭhakāyā ca bhavantīti || ||

---

[1] S¹⁻³ omit ca [2] S¹⁻³ omit nāgā [3] In B only
[4] S¹⁻³ uppannā always [5] S¹⁻³ uppajji° always

4 (4) *Uposatha* (2)

1-2 Sāvatthi|| || Atha kho aññataro bhikkhu yena Bhagavā|| pa|| ||[1]

3 Ekam antaṃ nisinno kho so bhikkhu Bhagavantam etad avoca|| || Ko nu kho bhante hetu ko paccayo yenamidhekacce jalābujā nāgā uposatham upavasanti ossaṭṭhakāyā ca bhavantīti|| ||

4-6 Sabbaṃ vitthāretabbaṃ[2] || ||

7 Ayaṃ kho bhikkhu hetu ayam paccayo yenamidhekacce jalābujā nāgā uposatham upavasanti ossaṭṭhakāyā ca bhavantīti.

5 (5) *Uposatha* (3)

12 Sāvatthi|| ||

3 Ekam antaṃ nisinno kho so bhikkhu Bhagavantam etad avoca|| || Ko nu kho bhante hetu ko paccayo yenamidhekacce saṃsedajā nāgā uposatham upavasanti ossaṭṭhakāyā ca bhavantīti|| ||

4-6 Sabbaṃ vitthāretabbaṃ|| ||

7 Ayaṃ kho bhikkhu hetu ayam paccayo|| yenamidhekacce saṃsedajā nāgā uposatham upavasanti ossaṭṭhakāyā ca bhavantīti.

6 (6) *Uposatha* (4)

1-2 Sāvatthi|| ||

3 Ekam antaṃ nisinno kho so bhikkhu Bhagavantam etad avoca|| || Ko nu kho bhante hetu ko paccayo yenamidhekacce opapātikā nāgā uposatham upavasanti ossaṭṭhakāyā ca bhavantīti|| ||

4 Idha bhikkhu ekaccānam opapātikānaṃ nāgānam evaṃ hoti|| || Mayaṃ kho pubbe kāyena dvayakārino ahumha vācāya dvayakārino manasā dvayakārino|| te mayaṃ kāyena dvayakārino vācāya dvayakārino manasā dvayakārino kāyassa bhedā parammaraṇā opapātikānaṃ nāgānaṃ sahavyataṃ upapannā|| ||

---

[1] 1-2 are missing in S[1-3] [2] S[1-3] So yeva peyyālo

5 Sacajja mayaṃ kāyena sucaritaṃ careyyāma vācāya sucaritaṃ careyyāma[1] manasā sucaritaṃ careyyāma|| evam mayāṃ kāyassa bhedā param maraṇā sugatiṃ saggaṃ lokaṃ upapajjeyāma|| ||

6 Handa mayam etarahi kāyena sucaritaṃ carāma vācāya sucaritaṃ carāma[1] manasā sucaritaṃ carāmāti|| ||

7 Ayaṃ kho bhikkhu hetu ayam paccayo yenamidhekacce opapātikā nāgā uposathaṃ upavasanti ossaṭṭhakāyā bhavantīti|| ||

7 (7) *Tassa sutam* (1)

1-2 Sāvatthi|| ||

3 Ekam antaṃ nisinno kho so bhikkhu Bhagavantam etad avoca|| || Ko nu kho bhante hetu ko paccayo yenamidhekacco kāyassa bhedā aṇḍajānaṃ nāgānaṃ sahavyatam upapajjatīti|| ||

4 Idha bhikkhu ekacco kāyena dvayakārī hoti vācāya dvayakārī hoti manasā dvayakārī hoti|| tassa sutaṃ hoti Aṇḍajā nāgā dīghāyukā vaṇṇavanto sukhabahulā ti|| ||

5 Tassa evaṃ hoti Ahovatāhaṃ kāyassa bhedā param maraṇā aṇḍajānaṃ nāgānam sahavyataṃ upapajjeyyanti|| ||

6 So kāyassa bhedā param maraṇā aṇḍajānaṃ nāgānaṃ sahavyatam upapajjati|| ||

7 Ayaṃ kho bhikkhu hetu ayam paccayo yenamidhekacco kāyassa bhedā parammaraṇā aṇḍajānaṃ nāgānaṃ sahavyatam upapajjatīti|| ||

8 (8) *Tassa sutam* (2)

1-2 Sāvatthi|| ||

3 Ekam antaṃ nisinno kho so bhikkhu Bhagavantam etad avoca|| || Ko nu kho bhante hetu ko paccayo yenamidhekacco kāyassa bhedā param maraṇā jalābujānaṃ nāgānaṃ sahavyatam upapajjatīti|| ||

4-6 Idha bhikkhu ekacco kāyena dvayakārī|| So yeva peyyalo|| ||[2]

[1] B omits sucaritaṃ ca°

[2] B h[illegible] only ca after upapajjati

7 Ayaṃ kho bhikkhu hetu ayam paccayo yenamidhekacco kāyassa bhedā parammaraṇā jalābujānaṃ sahavyatam upapajjatīti|| ||

9 (9) *Tassa sutam* (3)

1–3 Sāvatthi|| || Ekam antaṃ nisinno kho so bhikkhu Bhagavantam etad avoca|| || Ko nu kho bhante hetu ko paccayo yenamidhekacco kāyassa bhedā param maraṇā saṃsedajānam nāgānaṃ sahavyatam upapajjatīti|| ||
4–6 Idha bhikkhu ekacco kāyena dvayakārī hoti|| So yeva peyyālo|| ||
7 Ayaṃ kho bhikkhu hetu ayam paccayo yenamidhekacco kāyassa bhedā param maraṇā saṃsedajānam nāgānaṃ sahavyatam upapajjatīti|| ||

10 (10) *Tassa sutam* (4)

1–3 Sāvatthi|| || Ekam antaṃ nisinno kho so bhikkhu Bhagavantam etad avoca|| || Ko nu kho bhante hetu ko paccayo yenamidhekacco kāyassa bhedā param maraṇā opapātikānaṃ nāgānaṃ sahavyatam upapajjatīti|| ||
4 Idha bhikkhu ekacco kāyena dvayakārī hoti vācāya dvayakārī manasā dvayakārī|| tassa sutaṃ hoti Opapātikā nāgā dīghāyukā vaṇṇavanto sukhabahulāti|| ||
5 Tassa evaṃ hoti|| || Ahovatāhaṃ kāyassa bhedā parammaraṇā opapātikānaṃ nāgānaṃ sahavyatam upapajjeyyanti|| ||
6 So kāyassa bhedā parammāraṇā opapātikānam nāgānam sahavyatam upapajjati|| ||
7 Ayaṃ kho bhikkhu hetu ayam paccayo yenamidhekacco kāyassa bhedā param maraṇā opapātikānaṃ nāgānaṃ sahavyatam upapajjatīti|| ||

11–20 (11) *Dānupakāra* (1)

1–3 Ekam antaṃ nisinno kho so bhikkhu Bhagavantam etad avoca|| || Ko nu kho bhante hetu ko paccayo yenamidhekacco kāyassa bhedā parammaraṇā aṇḍajānaṃ nāgānaṃ sahavyatam upapajjatīti|| ||

4 Idha bhikkhu ekacco kāyena dvayakārī hoti vācāya dvayakārī manasā dvayakārī|| tassa sutaṃ hoti Aṇḍajā nāgā dīghāyukā vaṇṇavanto sukhabahulā ti|| ||

5 Tassa evam hoti Ahovatāhaṃ kāyassa bhedā param maraṇā aṇḍajānaṃ nāgānaṃ sahavyatam upapajjeyyan ti|| ||

6 So annaṃ deti||[1] pānaṃ deti|| vatthaṃ deti|| yānaṃ deti|| mālaṃ deti|| gandhaṃ deti|| vilepanaṃ deti|| seyyaṃ deti|| avasatham deti|| padīpeyyaṃ deti|| so kāyassa bhedā parammaraṇā aṇḍajānaṃ nāgānaṃ sahavyatam upapajjati|| ||

7 Ayaṃ kho bhikkhu hetu ayam paccayo yenamidhekacco kāyassa bhedā parammaraṇā aṇḍajānaṃ nāgānaṃ sahavyatam upapajjatīti|| ||

21-50 (12-14) *Dānupakāra* (2, 3, 4)

1-3 Sāvatthi|| || Ekam antaṃ nisinno kho so bhikkhu Bhagavantam etad avoca|| || Ko nu kho bhante hetu ko paccayo yenamidhekacco kāyassa bhedā parammaraṇā Jalābujānaṃ nāgānam|| pa||

Saṃsedajānam nāgānam||

Opapātikānaṃ nāgānaṃ sahavyatam upapajjatīti|| ||

4 Idha bhikkhu ekacco kāyena dvayakārī hoti vācāya dvayakārī manasā dvayakārī|| tassa sutaṃ hoti Opapātikā nāgā dīghāyukā vaṇṇavanto sukhabahulā ti||

5 Tassa evaṃ hoti Ahovatāham kāyassa bhedā param maraṇā opapātikānaṃ nāgānaṃ sahavyataṃ upapajjeyyan ti||

6 So annaṃ deti|| pānaṃ deti|| la|| opapātikānam nāgānaṃ sahavyatam upapajjati|| ||

7 Ayaṃ kko bhikkhu hetu ayam paccayo yena-

---

[1] S[1-3] add So kāyassa° °uppajjati and the first words of the number 7 till paccayo ; moreover they repeat So before pānaṃ vatth... ...

midhekacco kāyassa bhedā param maraṇā opapatikānam nāgānaṃ sahavyataṃ uppapajjatīti|||| [1]

Evam [2] iminā peyyālena [3] dasa suttantā kātabbā|| [4]

Evaṃ catusu yonisu cattārīsa veyyākaraṇāni kātabbāni|||| [5]

Dasa suttantā honti paññāsa suttantā ceti|||| [6]

Nāga-saṃyuttaṃ|||| [7]
Tatruddānaṃ [8]||||

Suddhikañca Paṇītataraṃ||
Caturo ca Uposathā||
Tassasutaṃ caturo ca||
Dānupakārā caturo||
Nāgehi supakāsitā ti|||| [9]

BOOK IX SUPAṆṆA-SAṂYUTTAM

1 (1) *Suddhakam*

1–2 Sāvatthi|||| Tatra|| voca||||

3 Catasso imā bhikkhave supaṇṇayoniyo|||| Katamā catasso|||| Aṇḍajā supaṇṇā jalābujā supaṇṇā saṃsedajā supaṇṇā opapātikā supaṇṇā|||| Imā kho bhikkhave catasso supaṇṇayoniyo ti||||

---

[1] 7 is to be found in S^{1-3} only [2] Omitted by B always

[3] B inserts saha [4] B vitthārā [5] B veyyakaraṇā kātabbā

[6] Instead of this phrase, S^{1-3} have Evaṃ piṇḍakena nāgasaṃyuttaṃ paññāsaṃ suttantaṃ hoti

[7] S^{1-3} add samattaṃ [8] S^{1-3} add bhavati

[9] So B ; S^{1-3}—
Suddhakaṃ Paṇītataraṃ cattāro
Uposatha (S^{1} -thaṃ) pucchakā
Tassasutaṃ cattāro
caturo Sucaritena
Danupakāraṃ cattāro
Nāgesu pakāsitāti

2 (2) *Haranti*

1-2 Sāvatthi || ||

3 Catasso imā bhikkhave supaṇṇayoniyo || || Katamā catasso || || Aṇḍajā || pa | Imā kho bhikkhave catasso supaṇṇayoniyo || ||

4 Tatra bhikkhave aṇḍajā supaṇṇā aṇḍaje[1] nage haranti | na jalābuje | na saṃsedaje | na opapātike || ||

5 Tatra bhikkhave jalābujā supaṇṇā aṇḍaje ca jalābuje ca nāge haranti | na saṃsedaje na opapātike || ||

6 Tatra bhikkhave saṃsedajā supaṇṇā aṇḍaje ca jalābuje ca saṃsedaje ca nāge haranti | na opapātike || ||

7 Tatra bhikkhave opapātika supaṇṇā aṇḍaje ca jalābuje ca saṃsedaje ca opapātike ca nāge haranti || ||

8 Imā kho bhikkhave catasso supaṇṇayoniyo ti || ||

3 (3) *Dvayakāri* (1)

1 Sāvatthi || ārāme || ||

2 Atha kho aññataro bhikkhu yena Bhagavā tenupasaṅkāmi || upasaṅkamitvā Bhagavantam abhivādetvā ekam antaṃ nisīdi || ||

3 Ekam antaṃ nisinno kho so bhikkhu Bhagavantam etad avoca || || Ko nu kho bhante hetu ko paccayo yenamidhekacco kāyassa bhedā param maraṇā aṇḍajānaṃ supaṇṇānaṃ sahavyatam upapajjatīti || ||

4 Idha bhikkhu ekacco kāyena dvayakārī hoti vācāya dvayakārī manasā dvayakārī | tassa sutaṃ hoti Aṇḍajā supaṇṇā dīghāyukā vaṇṇavanto sukhabahulā ti || ||

5 Tassa evaṃ hoti Ahovatāham kāyassa bhedā param maraṇā aṇḍajānam supaṇṇānam sahavyatam upapajjeyyanti || || So kāyassa bhedā param maraṇā aṇḍajānaṃ supaṇṇānam sahavyatam upapajjati || ||

6 Ayaṃ kho bhikkhu hetu ayam paccayo yenamidhekacco kāyassa bhedā param maraṇā aṇḍajānaṃ supaṇṇānam sahavyatam upapajjatīti || ||

4-6 (4-6) *Dvayakārī* (2-4)

1-3 Sāvatthi || Ekam antaṃ nisinno kho so bhikkhu

[1] B. add. [illegible]

Bhagavantam etad avoca||| Ko nu kho bhante hetu ko paccayo yenamidhekacco kāyassa bhedā param maraṇā Jalābujānaṃ supaṇṇānaṃ|| la||
Saṃsedajānaṃ||
Opapātikānaṃ supaṇṇānam sahavyatam upapajjatīti|||
4 Idha bhikkhu ekacco kāyena dvayakārī hoti vācāya dvayakārī manasā dvayakārī|| tassa sutaṃ hoti Opapātikā supaṇṇā dīghāyukā vaṇṇavanto sukhabahulāti|||
5 Tassa evaṃ hoti Ahovatāham kāyassa bhedā param maraṇā opapātikānam supaṇṇānam sahavyatam upapajjeyyanti||| So kāyassa bhedā param maraṇā opapātikānaṃ supaṇṇānaṃ sahavyatam upapajjati|||
6 Ayaṃ kho bhikkhu hetu ayam paccayo yenamidhekacco kāyassa bhedā param maraṇā opapātikānaṃ supaṇṇānaṃ sahavyatam upapajjatīti|||

7-16 (7) *Dānupakārā* (1)

1-3 Sāvatthi||| Ekam antaṃ nisinno kho so bhikkhu Bhagavantam etad avoca||| Ko nu kho bhante hetu ko paccayo yenamidhekacco kāyassa bhedā param maraṇā aṇḍajānam supaṇṇānaṃ sahavyatam upapajjatīti|||
4 Idha bhikkhu ekacco kāyena dvayakārī hoti vācāya dvayakārī manasā dvayakārī|| tassa sutaṃ hoti Aṇḍajā supaṇṇā dīghāyukā vaṇṇavanto sukhabahulā ti|||
5 Tassa evaṃ hoti Ahovatāhaṃ kāyassa bhedā param maraṇā aṇḍajānaṃ supaṇṇānaṃ sahavyatam upapajjeyyan ti|||
6 So annaṃ deti|| pānaṃ deti|| vattham deti|| yānaṃ deti|| mālaṃ deti|| gandham deti|| vilepanaṃ deti|| seyyaṃ deti|| āvasathaṃ deti|| padīpeyyaṃ deti|| so kāyassa bhedā param maraṇā aṇḍajānaṃ supaṇṇānaṃ sahavyatam upapajjati|||
7 Ayaṃ kho bhikkhu ayam paccayo yenamidhekacco kāyassa bhedā param maraṇā aṇḍajānam supaṇṇānaṃ sahavyatam upapajjatīti|||

17-46 (8-10) *Dānupakāra* (2-4)

1-3 Sāvatthi||| Ekam antaṃ nisinno kho so bhikkhu

Bhagavantam etad avoca || || Ko nu kho bhante hetu ko paccayo yenamidhekacco kāyassa bhedā param maraṇā jalābujānaṃ supaṇṇānaṃ || pe || saṃsedajānaṃ supaṇṇanāṃ || pe || opapātikānaṃ supaṇṇānaṃ sahavyatam upapajjatīti || ||

4 Idha bhikkhu ekacco kāyena dvayakārī hoti vācāya dvayakārī manasā dvayakārī || tassa sutaṃ hoti Opapātikā supaṇṇā dīghāyukā vaṇṇavanto sukhabahulā ti || ||

5 Tassa evaṃ hoti Ahovatāham kāyassa bhedā param maraṇā opapātikānaṃ supaṇṇānaṃ sahavyatam upapajjeyyanti || ||

6 So annaṃ deti || pa || padīpeyyaṃ deti || so kāyassa bhedā param maraṇā opapātikānaṃ supaṇṇānaṃ sahavyatam upapajjati || ||

7 Ayaṃ kho bhikkhu hetu ayam paccayo yenamidhekacco kāyassa bhedā param maraṇā opapātikānaṃ supaṇṇānam sahavyatam upapajjatīti || ||

Evaṃ piṇḍakena [1] cha cattālīsa suttantā honti || || [2]

Supaṇṇa-saṃyuttaṃ || ||[3]
Tatruddānaṃ || ||[4]

Suddhakaṃ Haranti [5] ceva ||
Dvayakārī [6] caturo [7] ca ||
Dānupakārā [8] ca cattāro ||
Supaṇṇā supakāsitā [9] ti || ||

BOOK X GANDHABBAKĀYA-SAṂYUTTAM

1 (1) *Suddhikam*

1–2 Sāvatthi || Tatra || voca || ||[10]

---

[1] B piṇḍikena

[2] So S[3]; B suttantam hoti; S[1] °cattālīsaṃ suttantā honti

[3] S[1-3] add aṭṭhamaṃ

[4] S[1-3] Uddānaṃ bhavati

[5] B harati

[6] S[1-3] dayakārī

[7] B inserts pi

[8] S[1.] [illegible] kāro [illegible] S[illegible] supp[illegible] More complete in B

3 Gandhabbakāyike [1] vo bhikkhave deve desissāmi|| taṃ suṇātha||

4 Katame ca bhikkhave gandhabbakāyikā devā|||

Santi bhikkhave mūlagandhe adhivatthā devā|| santi bhikkhave sāragandhe adhivatthā devā|| santi bhikkhave pheggugandhe adhivatthā devā|| santi bhikkhave tacagandhe adhivatthā devā|| santi bhikkhave papatikagandhe [2] adhivatthā devā|| santi bhikkhave pattagandhe adhivatthā devā|| santi bhikkhave pupphagandhe adhivatthā devā|| santi bhikkhave phalagandhe adhivatthā devā|| santi bhikkhave rasagandhe adhivatthā devā|| santi bhikkhave gandhagandhe adhivatthā devā|||

5 Ime vuccanti bhikkhave gandhabbakāyikā devā ti|||

2 (2) *Sucaritam*

1–3 Sāvatthi|| ārāme|||

4 Ekam antaṃ nisinno kho so bhikkhu Bhagavantam etad avoca||| Ko nu kho bhante hetu ko paccayo yenamidhekacco kāyassa bhedā param maraṇā gandhabbakāyikānaṃ devānaṃ sahavyatam upapajjatīti|||

5 Idha bhikkhu [3] ekacco kāyena sucaritaṃ carati vācāya sucaritam carati manasā sucaritaṃ carati|| tassa sutaṃ hoti Gandhabbakāyikā devā dīghāyukā vaṇṇavanto sukhabahulā ti|||

6 Tassa evaṃ hoti Ahovatāham kāyassa bhedā param maraṇā gandhabbakāyikānaṃ devānaṃ sahavyatam upapajjeyyanti||| So kāyassa bhedā param maraṇā gandhabbakāyikānaṃ devānam sahavyatam upapajjati|||

7 Ayaṃ kho bhikkhu hetu ayam paccayo yenamidhekacco kāyassa bhedā param maraṇā gandhabbakāyikānaṃ devānaṃ sahavyataṃ upapajjatīti|||

3 (3) *Dātā* (1)

1–4 Sāvatthi||| Ekam antaṃ nisinno kho so bhikkhu

---

1 S¹⁻³ °kāyiko

2 S¹⁻³ papaṭikā° here only

3 S¹⁻³ bhikkhave

Bhagavantam etad avoca || Ko nu kho bhante hetu ko paccayo yenamidhekacco kāyassa bhedā param maraṇā mūlagandhe adhivatthānaṃ devānam sahavyatam upapajjatīti || ||

5 Idha bhikkhu ekacco kāyena sucaritaṃ carati vācāya sucaritaṃ carati manasā sucaritaṃ carati | tassa sutaṃ hoti Mūlagandhe adhivatthā devā dīghāyukā vaṇṇavanto sukhabahulā ti || ||

6 Tassa evaṃ hoti Ahovatāham kāyassa bhedā param maraṇā mūlagandhe adhivatthānaṃ devānaṃ sahavyatam upapajjeyyanti || So dātā hoti mūlagandhānam | So kāyassa bhedā param maraṇā mūlagandhe adhivatthānaṃ devānaṃ sahavyatam upapajjati || ||

7 Ayaṃ kho bhikkhu hetu || pa || yena midhekacco kāyassa bhedā param maraṇā mūlagandhe adhivatthānaṃ devānaṃ sakavyatam upapajjatīti || ||

4-12 (4-12) *Dātā* (2-10)

1-4 Sāvatthi || Ekam antaṃ nisinno kho so bhikkhu Bhagavantam etad avoca || Ko nu kho bhante hetu ko paccayo yenamidhekacco kāyassa bhedā param maraṇā sāraghandhe adhivatthānaṃ devānaṃ sahavyatam upapajjatīti || || [1]

5 Idha bhikkhu ekacco kāyena sucaritaṃ carati vācāya sucaritaṃ carati manasā sucaritaṃ carati || Tassa sutaṃ hoti Sāragandhe adhivatthā devā dīghāyukā vaṇṇavanto sukhabahulā ti || ||

6 Tassa evaṃ hoti Ahovatāhaṃ kāyassa bhedā param maraṇā sāragandhe adhivatthānaṃ devānam sahavyatam upapajjeyyanti || So dātā hoti sāragandhānaṃ || ||

So yeva peyyalo || || [2]

So dātā hoti pheggugandhānaṃ || ||
So dātā hoti tacagandhānaṃ || ||

---

[1] B, instead of sahavyatam upapajjati, has || pa || pheggugandhe° °gandhagandhe adhivatthānam° °upapajjatīti

[2] In S only; complete in B

So dātā hoti papaṭikagandhānaṃ|| ||
So dātā hoti pattagandhānaṃ||
So dātā hoti pupphagandhānaṃ|| ||
So dātā hoti phalagandhānaṃ|| ||
So dātā hoti rasagandhānaṃ|| ||
So dātā hoti gandhagandhānaṃ|| ||

So kāyassa bhedā param maraṇā gandhagandhe adhivatthānaṃ devānaṃ sahavyatam upapajjati|| ||

7 Ayaṃ kho bhikkhu hetu ayam paccayo yenamidhekacco kāyassa bhedā param maraṇā gandhagandhe adhivatthānam devānaṃ sahavyatām upapajjatīti|| ||

13–22 (13) *Dānupakāra* (1)

1–4 Sāvatthi|| ||[1] Ekam antaṃ nisinno kho so bhikkhu Bhagavantam etad avoca|| || Ko nu kho bhante hetu ko paccayo yenamidhekacco kāyassa bhedā param maraṇā mūlagandhe adhivatthānaṃ devānaṃ sahavyatam upapajjatīti|| ||

5 Idha bhikkhu ekacco kāyena sucaritaṃ carati vācāya sucaritaṃ carati manasā sucaritam carati|| tassa sutaṃ hoti Mūlagandhe adhivatthā devā dīghāyukā vaṇṇavanto sukhabahulā ti|| ||

6 Tassa evaṃ hoti Aho vatāhaṃ kāyassa bhedā param-maraṇā mūlagandhe adhivatthānaṃ devānaṃ sahavyataṃ upapajjeyyanti|| || So annaṃ deti|| pānaṃ deti|| vatthaṃ deti|| yānaṃ deti|| mālaṃ deti|| gandhaṃ deti|| vilepanaṃ deti|| seyyaṃ deti|| āvasathaṃ deti|| padīpeyyaṃ deti|| || So kāyassa bhedā param maraṇā mūlagandhe adhivatthānaṃ devānaṃ sahavyataṃ upapajjatīti|| ||

7 Ayaṃ kho bhikkhu ayam paccayo yenamidhekacco kāyassa bhedā param maraṇā mūlagandhe adhivatthānaṃ devānaṃ sahavyatam upapajjatīti|| ||

---

[1] More complete in S[1]; missing in S[3] which omits the end of the preceding and the beginning of this sutta, owing, I think, to the leaving out of a line

23-112 (14–23) *Dānupakārā* (2–10)

1–4 Sāvatthi || Ekam antaṃ nisinno kho so bhikkhu Bhagavantam etad avoca || Ko nu kho bhante hetu ko paccayo yenamidhekacco kāyassa bhedā parammaraṇā sāragandhe adhivatthānam devānam | pa | pheggugandhe adhivatthānam devānam | [1] tacagandhe adhivatthānam devānam | papaṭikagandhe adhivatthānam devānaṃ | pattagandhe adhivatthānaṃ devānam | pupphagandhe adhivatthānam devānaṃ || phalagandhe adhivatthānaṃ devānaṃ || rasagandhe adhivatthānaṃ devānaṃ | gandhagandhe adhivatthānaṃ devānaṃ sahavyatam uppajjatīti ||

5 Idha bhikkhu ekacco kāyena sucaritaṃ carati vācāya sucaritaṃ carati manasā sucaritaṃ carati | tassa sutaṃ hoti Gandhagandhe adhivatthā devā dīghāyukā vaṇṇavanto sukhabahulā ti ||

6 Tassa evaṃ hoti Ahovatāhaṃ kāyassa bhedā parammaraṇā gandhaghande adhivatthānaṃ devānaṃ sahayvyatam uppajjeyanti || So annaṃ deti | pānaṃ deti | vatthaṃ deti | yānaṃ deti | mālaṃ deti | gandhaṃ deti | vilepanaṃ deti | seyyaṃ deti | āvasathaṃ deti | padīpeyyaṃ deti | So kāyassa bhedā param maraṇā gandhagandhe adhivatthānaṃ devānaṃ sahavyataṃ upapajjati ||

7 Ayaṃ kho bhikkhu hetu ayam paccayo yenamidhakacco kāyassa bhedā param maraṇā gandhagandhe adhivatthānaṃ devānaṃ sahavyatam upappajjatīti ||

Evampiṇḍakena [2] ekasatañ ca dvādasa suttaṃ || [3]
Gandhabbakāyasaṃyuttam niṭṭhitaṃ [4] ||
Tatruddānaṃ ||

Suddhikaṃ ca Sucaritaṃ |
Dātā hi apare dasa [5] |
Dānupakārā dasamā [6] |
Gandhabbā supakāsitā ti ||

---

[1] S1-3 omit pheggu° [2] B Ekapiṇḍakena
[3] S1-3 ekasatañca bārasañca suttantā bhavanti (S3 suttanto bhavati) [4] S1-3 samattaṃ
[illegible]

BOOK XI VALAHA-SAṂYUTTAM

1 (1) *Desanā*

1–2 Sāvatthi||| Tatra|| voca|||

3 Valāhakakāyike[1] bhikkhave deve desissāmi|| taṃ suṇātha|||

4 Katame ca bhikkhave valāhakakāyikā devā||| Santi bhikkhave[2] sītavalāhakādevā|| santi uṇhavalāhakā devā|| santi abbhavalāhakā devā|| santi vātavalāhakā devā|| santi vassavalāhakā devā|||

5 Ime vuccanti bhikkhave valāhakakāyikā devā ti|||

2 (2) *Sucaritaṃ*

1–3 Sāvatthi|||[3] Ekam antaṃ nisinno kho so bhikkhu Bhagavantam etad avoca||| Ko nu kho bhante hetu ko paccayo yenamidhekacco kāyassa bhedā param maraṇā valāhakakāyikānaṃ devānaṃ sahavyatam upapajjatīti|||

4 Idha bhikkhu ekacco kāyena sucaritaṃ carati vācāya sucaritaṃ carati manasā sucaritaṃ carati|| tassa sutaṃ hoti Valāhakakāyikā devā dīghāyukā vaṇṇavanto sukhabahutā ti|||

5 Tassa evaṃ hoti|| Ahovatāhaṃ kāyassa bhedā param maraṇā valāhakakāyikānaṃ devānaṃ sahavyatam uppajjeyyanti|||[4] So kāyassa bhedā paraṃ maraṇā valāhakakāyikānaṃ devānaṃ sahavyatam uppajjatīti|||

6 Ayaṃ kho bhikkhu hetu ayam paccayo yenamidhekacco kāyassa bhedā paraṃ maraṇā valāhakakāyikānam devānaṃ sahavyatam upapajjatīti|||

3–22 (3) *Dānupakārā* (1)

1–3 Sāvatthi||| Ekam antaṃ nisinno kho so bhikkhu

---

[1] S[1-3] °kāyikā vo; S[1] valāha° instead of valāhaka° always [2] S[1-3] repeat bhikkhave every time

[3] S[1-3] omit Sāvatthi, otherwise more complete

[4] B inserts here so annaṃ deti° °padīpeyyaṃ deti

Bhagavantam etad avoca || || Ko nu kho bhante hetu ko paccayo yenamidhekacco kāyassa bhedā paraṃ maraṇā sītavalāhakānaṃ [1] devānaṃ sahavyataṃ uppajjatīti || ||

4 Idha bhikkhu ekacco kāyena sucaritaṃ carati vācāya sucaritaṃ carati manasā sucaritaṃ carati || tassa sutaṃ hoti Sītavalāhakā devā dīghāyukā vaṇṇavanto sukhabahulā ti || ||

5 Tassa evaṃ hoti || || Ahovatāham kāyassa bhedā paraṃ maranā sītavalāhakānaṃ devānaṃ sahavyatam upapajjeyyanti || so annaṃ deti || pa || padīpeyyaṃ deti || || So kāyassa bhedā paraṃ maraṇā sītavalāhakānaṃ devānaṃ sahavyataṃ upapajjati || ||

6 Ayaṃ kho bhikkhu hetu ayam paccayo yenamidhekacco kāyassa bhedā paraṃ maraṇā Sītavahālakānaṃ devānaṃ sahavyatam upapajjatīti || ||

23–52 (4–7) *Dānupakārā* (2–5)

1–3 Sāvatthi || || Ekam antaṃ nisinno kho so bhikkhu Bhagavantam etad avoca || || Ko nu kho bhante hetu ko paccayo yenamidhekacco kāyassa bhedā parammaraṇā Uṇhavalāhakānaṃ devānaṃ || ||

Abbhavalāhakānam devānam ||

Vātavalāhakānaṃ devānaṃ ||

Vassavalāhakānaṃ devānaṃ sahavyatam upapajjatīti || ||

4 Idha bhikkhu ekacco kāyena sucaritaṃ carati vācāya sucaritaṃ carati manasā sucaritaṃ carati || tassa sutaṃ hoti Vassavalāhakā deva dīghāyukā vaṇṇavanto sukhabahulā ti || ||

5 Tassa evaṃ hoti || Ahovatāhaṃ kāyassa bhedā param maraṇā vassavalāhakānaṃ devānam sahavyataṃ uppajjeyyanti || So annaṃ deti || pa || padīpeyyaṃ deti || So kāyassa bhedā parammaraṇā vassavalāhakānaṃ devānaṃ sahavyatam upapajjatīti || ||

6 Ayaṃ kho bhikkhave hetu ayam paccayo yenamidhekacco kāyassa bhedā parammaraṇā vassavalāhakānaṃ devānaṃ sahavyatam upapajjatīti || ||

---

[1] S[1-3] Sītavalāhakāyikānaṃ here and further on

53 (8) *Sītam*

1-3 Sāvatthi||| Ekam antaṃ nisinno kho so bhikkhu Bhagavantam etad avoca||| Ko nu kho bhante hetu ko paccayo yenekadā sītaṃ hotīti|||

4 Santi bhikkhu Sītavalāhakā nāma devā||| Tesaṃ yadā evaṃ hoti Yaṃ nuna mayaṃ sakāya ratiyā rameyyāmāti[1] ||| tesantaṃ cetopaṇidhim anvāya sītaṃ hoti|||

5 Ayaṃ kho bhikkhu hetu ayam paccayo yenekadā sītaṃ hotīti||

54 (9) *Uṇhaṃ*

1-3 Sāvatthi||| Ekam antaṃ nisinno kho so bhikkhu Bhagavantam etad avoca||| Ko nu kho bhante hetu ko paccayo yenekadā uṇhaṃ hotīti|||

4 Santi bhikkhu Uṇhavalāhakā nāma devā||| Tesaṃ yadā hoti Yaṃ nuna mayaṃ sakāya ratiyā rameyyāmāti|| tesantaṃ cetopaṇidhim anvāya uṇhaṃ hoti|||

5 Ayaṃ kho bhikkhu hetu ayam paccayo yenekadā uṇhaṃ hotīti|||

55 (10) *Abbham*

1-3 Sāvatthi||| Ekam antaṃ nisinno kho so bhikkhu Bhagavantam etad avoca||| Ko nu kho bhante hetu ko paccayo yenekadā abbhaṃ[2] hotīti|||

4 Santi bhikkhu Abbhavalāhakā nāma devā||| Tesaṃ yadā evaṃ hoti|| Yaṃ nuna mayaṃ sakāya ratiyā rameyyāmāti|| tesantaṃ cetopaṇidhim anvāya abbhaṃ hotīti|||

5 Ayaṃ kho bhikkhu hetu ayam paccayo yenekadā abbhaṃ hotīti|||

56 (11) *Vātā*

1-3 Sāvatthi||| Ekam antaṃ nisinno kho so bhikkhu Bhagavantam etad avoca||| Ko nu kho bhante hetu ko paccayo yenekadā vāto[3] hotīti|||

4 Santi bhikkhu Vātavalāhakā nāma devā||| Tesaṃ

---

[1] B vaseyyāmāti always [2] B abbhā always

[3] S^{1-3} vātaṃ here only

yadā evaṃ hoti || Yaṃ nuna mayaṃ sakāya ratiyā rameyyāmāti || tesantaṃ cetopaṇidhim anvāya vāto hoti || ||

5 Ayaṃ kho bhikkhu hetu ayam paccayo yenekadā vāto hotīti || ||

57 (12) *Vassa*

1–3 Sāvatthi || || Ekam antaṃ nisinno kho so bhikkhu Bhagavantam etad avoca || || Ko nu kho bhante hetu ko paccayo yenekadā devo vassatīti || ||

4 Santi bhikkhu Vassavalāhakā nāma devā || || Tesaṃ yadā evaṃ hoti Yaṃ nuna mayaṃ sakāya ratiyā rameyyāmāti || tesantaṃ cetopaṇidhim anvāya devo vassati || ||

5 Ayaṃ kho bhikkhu hetu ayam paccayo yenekadā devo vassatīti || ||

Valāha-saṃyuttaṃ || ||
Vitthārena sattapaññāsa suttantā bhavanti || ||
Tassuddānaṃ || [1]

Desanā Sucaritañca [2] ||
Dānupakārā pañcakaṃ [3] ||
Sītaṃ Uṇhañca Abbhañca ||
Vāta-Vassa-valāhakā ti [4] || ||

BOOK XII VACCHAGOTTA-SAṂYUTTAṂ

(1) 1 *Aññāṇā* (1)

1–2 Sāvatthi [5] || || Atha kho Vacchagotto paribbājako yena Bhagavā tenupa-saṅkami || upasaṅkamitvā Bhagavatā saddhiṃ sammodi || sammodanīyaṃ kathaṃ sārāṇiyam vītisāretvā ekam antaṃ nisīdi || ||

3 Ekam antaṃ nisinno kho Vacchagotto paribbājako

---

[1] B valahasaññuttaṃ sattapaññāsasuttantaṃ niṭṭhitaṃ || tatrudānaṃ || [2] S^{1-3} sucaritāpañca

[3] S^{1-3} [illegible] Complete in B

[illegible]

Bhagavantam etad avoca||| Ko nu kho bho Gotama hetu ko paccayo yānimāni anekavihitāni diṭṭhigatāni loke uppajjanti||| Sassato loko ti vā Asassato loko ti vā|| Antavā loko ti vā Anantavā loko ti vā|| Taṃ jīvam taṃ sarīranti vā Aññaṃ jīvam aññaṃ sarīranti va|| Hoti tathāgato param maraṇā ti vā|| Na hoti tathāgato param maraṇā ti vā [1] || Hoti ca [1] na ca hoti tathagato param maraṇā ti vā|| Neva hoti na na hoti tathāgato param maraṇa ti vā ti|||

4 Rūpe [2] kho Vaccha aññāṇā rūpasamudaye aññāṇā rūpanirodhe aññāṇā rūpanirodhagaminiyā paṭipadāya aññāṇā|| evam imāni anekavihitāni diṭṭhigatāni loke uppajjanti|| Sassato loko ti vā|| pe|| Neva hoti na na hoti tathāpato paraṃ maraṇāti vā ti||| Ayaṃ kho Vaccha hetu ayam paccayo yena anekavihitāni diṭṭhigatāni loke uppajjanti||| Sassato loko ti vā Asassato loko ti vā|| pe|| Neva hoti na na hoti tathāgato paraṃ maraṇāti|||

2 *Aññāṇā* (2)

1–3 Sāvatthi||| Ekam antaṃ nisinno kho Vacchagotto paribbājako Bhagavantam etad avoca||| Ko nu kho bho Gotama hetu ko paccayo yānimāni anekavihitāni diṭṭhigatāni loke uppajjanti|| Sassato loko ti vā|| pe|| Neva hoti na na hoti tathāgato param maraṇā ti vā ti|||

4 Vedanāya kho Vaccha aññāṇā vedanāsamudaye aññāṇā vedanānirodhe aññāṇā vedanānirodhagāminiyā paṭipadāya aññāṇā||| Evam imāni [3] anekavihitāni diṭṭhigatāni loke uppajjanti||| Sassato loko ti vā Asassato loko ti vā|| pe|| Neva hoti na na hoti tathāgato param maraṇā ti vā ti|||

5 Ayaṃ kho Vaccha hetu ayam paccayo yānimāni anekavihitāni diṭṭhigatāni loke uppajjanti Sassato loko ti vā Asassato loko ti vā|| pe|| Neva hoti na na hoti tathāgato param maraṇā ti vā ti|||

3 *Aññāṇā* (3)

1–3 Sāvatthi||| Ekam antaṃ nisinno kho Vacchagotto

---

[1] Omitted by S[1-3] [2] S[1-3] rūpaṃ
[3] S[1-3] evimani here and further on

paribbājako Bhagavantaṃ etad avoca|| || Ko nu kho bho Gotama hetu ko paccayo yānimāni anekavihitāni diṭṭhigatāni loke uppajjanti|| Sassato loko ti vā|| pe|| Neva hoti na na hoti tathāgato param maraṇā ti vā ti|| ||

4 Saññāya kho Vaccha aññāṇā saññāsamudaye aññāṇā saññānirodhe aññāṇā saññānirodhagāminiyā paṭipadāya aññāṇā|| evam imāni anekavihitāni diṭṭhigatāni loke uppajjanti|| Sassato loko ti vā Asassato loko ti vā|| pe|| Neva hoti na na hoti tathāgato param maraṇā ti vā ti[1] || ||

5 Ayaṃ kho[2] Vaccha hetu ayam paccayo yānimāni anekavihitāni diṭṭhigatāni loke uppajjanti|| Sassato loko ti vā Asassato loko ti vā|| pe|| Neva hoti na na hoti tathāgato param maraṇā ti vā ti|| ||

4 *Aññāṇā* (4)

1–3 Sāvatthi|| || Ekam antaṃ nisinno kho Vacchagotto paribbājako Bhagavantam etad avoca|| || Ko nu kho bho Gotama hetu ko paccayo yānimāni anekavihitāni diṭṭhigatāni loke uppajjanti|| Sassato loko ti vā|| pe|| Neva hoti na na hoti tathāgato param maraṇā ti vā ti|| ||

4 Saṅkhāresu[3] kho Vaccha aññāṇā saṅkhārasamudaye aññāṇā saṅkhāranirodhe aññāṇā saṅkhāranirodhagāminiyā paṭipadāya aññāṇā evam[4] imāni anekavihitāni diṭṭhigatāni loke uppajjanti|| Sassato loko ti vā Asassato loko ti vā|| pe|| Neva hoti na na hoti tathāgato param maraṇā ti vā ti|| ||

5 Ayaṃ kho Vaccha hetu ayam paccayo yānimāni anekavihitāni diṭṭhigatāni loke uppajjanti Sassato loko ti vā Asassato loko ti vā|| pe|| Neva hoti tathāgato na na hoti tathāgato param maraṇā ti vā ti|| ||

5 *Aññāṇā* (5)

1–3 Sāvatthi|| || Ekam antaṃ nisinno kho Vacchagotto paribbājako Bhagavantam etad avoca|| || Ko nu kho bho Gotama hetu ko paccayo yānimāni anekavihitāni diṭṭhigatāni loke uppajjanti|| || Sassato loko ti vā Asassato loko ti

---

[1] S[1-3] omit vā ti [2] Omitted by B

[3] [illegible] [4] [illegible]

vā|| pe|| Neva hoti na na hoti tathāgato param maraṇā ti vā ti|| ||

4 Viññāṇe kho Vaccha aññāṇā viññāṇasamudaye aññāṇā viññāṇanirodhe aññāṇā viññāṇanirodhagāminiyā patipadāya aññāṇā evam imāni anekavihitāni diṭṭhigatāni loke uppajjanti Sassato loko ti vā Asassato loko ti vā|| pe|| Neva hoti na na hoti tathāgato param maraṇā ti vā ti|| ||

5 Ayaṃ kho Vaccha hetu° °param maraṇā ti vā ti|| ||

(2) 6–10 *Adassanā* (1–5)

1–3 Sāvatthi|| || Ekam antaṃ nisinno kho Vacchagotto paribbājako Bhagavantam etad avoca|| || Ko nu kho bho Gotama hetu ko paccayo yānimāni anekavihitāni diṭṭhigatāni loke uppajjanti Sassato loko ti vā Asassato loko ti vā|| pe|| || Neva hoti na na hoti tathāgato param maranā ti vā ti|| ||

4 (6) Rupe kho Vaccha adassanā|| So yeva peyyālo|| || (7) Vedanāya|| || (8) Saññāya|| || (9) Saṅkhāresu|| || (10) Viññāṇe Vaccha adassanā|| pa|| viññāṇanirodhagāminiyā patipadāya adassanā|| pe|| ||

[Yathā purimagamanaṃ evam pañca pi khandhā pañcahi gamanehi vitthāretabbo] [1]

(3) 11–15 *Anabhisamayā* (1–5)

(11) Sāvatthi|| ||[2] Rūpe kho Vaccha anabhisamayā|| pe|| rūpanirodhagaminiyā patipadāya anabhisamayā|| ||

(12) Sāvatthi|| || Vedanāya kho Vaccha anabhisamayā|| pa|| ||

(13) Sāvatthi|| || Saññāya kho Vaccha anabhisamayā|| pa|| ||

(14) Sāvatthi|| || Saṅkhāresu kho Vaccha anabhisamayā|| pa|| ||

(15) Sāvatthi|| || Viññāṇe kho Vaccha anabhisamayā|| pa|| || [3]

---

[1] Missing in B; S3 after evam pañca has sikhati na na hoti tathāgato parammaraṇātivāti

[2] So B S3; S1 adds ekamantaṃ° paramaranāti vā ti

[3] 12–15 are omitted in S1-3

(4) 16–20 *Ananubodhā*[1] (1–5)

(16) 1–4 Sāvatthi || Ekaṃ antaṃ nisinno kho Vacchagotto paribbājako Bhagavantaṃ etad avoca || Ko nu kho bho Gotama hetu ko paccayo || pa ||

5 Rūpe kho Vaccha ananubodhā, pa rūpanirodhagāminiyā paṭipadāyo ananubodhā pa ||

(17) Sāvatthi || Vedanāya kho Vaccha || pa ||

(18) Sāvatthi || Saññāya kho Vaccha || pa ||

(19) Sāvatthi || Saṅkhāresu kho Vaccha || pa ||

(20) Sāvatthi || Viññāṇe kho Vaccha ananubodhā || pa || viññāṇanirodhagāminiyā paṭipadāya ananubodhā || ||

(5) 21–25 *Appativedhā* (1–5)

Sāvatthi || Ko nu kho bho Gotama hetu ko paccayo || pa ||

Rūpe kho Vaccha appativedhā || pa ||

Viññāṇe kho Vaccha appativedhā || pa ||

(6) 26–30 *Asallakkhaṇā* (1–5)

Sāvatthi || Rūpe kho Vaccha asallakkhaṇā || pa || Viññāṇe kho Vaccha asallakkhaṇā ||

(7) 31–35 *Anupalakkhaṇā* (1–5)

Sāvatthi || Rūpe kho Vaccha anupalakkhaṇā || pa || Viññāṇe kho Vaccha anupalakkhaṇā ||

(8) 36–40 *Apaccupalakkhaṇā* (1–5)

Sāvatthi || Rūpe kho Vaccha apaccupalakkhaṇā || pa || Viññāṇe kho Vaccha apaccupalakkhaṇā || pa ||

(9) 41–45 *Asamapekkhaṇā*

Sāvatthi || Rūpe kho Vaccha asamapekkhaṇā || pe || Viññāṇe kho Vaccha asamapekkhaṇā || pa ||

---

[1] The suttas 16–50 are more abridged in S[1-3], which give only [illegible] kho Vaccha [illegible] pe —

(10) 46-50 *Apaccupekkhaṇā* [1] (1-5)

Sāvatthi||| Rūpe kho Vaccha apaccupekkhaṇā|| pa|| Viññāṇe kho Vaccha apaccupekkhaṇā|| pe||

(11) 51 *Apaccakkhakammaṃ* (1)

1-2 Sāvatthi||| Atha kho Vacchagotto paribbājako yena Bhagavā tenupasaṅkami|| upasaṅkamitvā Bhagavatā saddhiṃ sammodi sammodanīyaṃ kathaṃ sārāṇīyam vītisāretvā ekam antaṃ nisīdi|||

3 Ekam antaṃ nisinno kho Vacchagotto paribbājako gavantam etad avoca||| Ko nu kho hetu ko paccayo yānimāni anakavihitāni diṭṭhigatāni loke uppajjanti Sassato loko ti vā|| pa||| Neva hoti na na hoti tathāgato param maraṇā ti vā ti|||[2]

4 Rūpe kho Vaccha apaccakkhakammā[3]|| rūpasamudaye apaccakkhakammā rūpanirodhe apaccakkhakammā rūpanirodhagāminiyā paṭipadāya apaccakkhakammā yānimāni|| pe|||

52-54 *Apaccakkhakammam* (2-4)

(52) Sāvatthi||| Vedanāya kho Vaccha apaccakkhakammā|| pe||

(53) Sāvatthi||| Saññāya kho Vaccha apaccakkhakammā|| pe|||

(54) Sāvatthi||| Saṅkhāresu kho Vaccha apaccakkhakammā|| pe

55 *Apaccakkhakammam* (5)

1-4 Sāvatthi||| Viññāṇe kho Vaccha apaccakkhakammā viññāṇasamudaye apaccakkhakammā viññāṇanirodhe apaccakkhakammā viññāṇanirodhagāminiyā paṭipadāya apaccakkhakammā|| evam imāni anekavihitāni diṭṭhigatāni loke

---

[1] Omitted by S[1-3]

[2] S[1-3] omit the numbers 1-2, and put 3 before the sutta 2 (=52)

[3] S[1-3] °kammaṃ always

upajjanti Sassato loko ti vā Asassato loko ti vā || pe || Neva hoti na na hoti tathāgato param maraṇā ti vā ti || ||

5 Ayaṃ kho Vaccha hetu ayam paccayo yānimāni anekavihitāni diṭṭhigatāni loke uppajjanti || Sassato loko ti vā Asassato loko ti vā || Antavā loko ti vā Anantavā loko ti vā || Taṃ jīvaṃ taṃ sarīranti vā Aññaṃ jīvam aññaṃ sarīranti vā || Hoti tathāgato param maraṇā ti vā Na hoti tathāgato param maraṇā ti || Hoti ca na ca hoti tathāgato param maraṇāti vā Neva hoti na na hoti tathāgato param maraṇā ti vā ti || ||

Vacchagotta-saṃyuttaṃ samattaṃ || ||
Ekapiṇḍakena pañcapaññāsasuttantā bhavanti || ||
Tassuddānaṃ || ||[1]

Aññāṇā Adassanaṃ ceva |
Anabhisamayā Ananubodhā ||[2]
Appaṭivedhā[3] Asallakkhaṇā ||
Anupalakkhaṇena || Apaccupalakkhaṇā ||
Asamapekkhaṇā Apaccupekkhaṇā ||[4]
Apaccakkhakamman ti || ||

BOOK XIII JHĀNA- (OR SAMĀDHI-) SAṂYUTTAṂ

1 *Samādhi-samāpatti*

1–2 Sāvatthi || || Tatra kho—voca || ||
3 Cattaro me bhikkhave jhāyī || || Katame cattāro || ||

---

[1] B pañcapaññāsasaññuttantassudānaṃ || (without ekapiṇḍakena)

[2] B anusambodhā; but in the text ananubodhā

[3] S[1-3] appaṭibodho; and between this word and the preceding they insert asambodhā, which is not to be found in the text

[4] Missing in S[1-3], in the Uddāna as well as in the text, and being put, it seems, instead of the above asambodhā, which, however, [illegible]

4 Idha bhikkhave ekacco jhāyī samādhismiṃ samādhikusalo hoti na samādhismiṃ samāpattikusalo|| ||

5 Idha pana bhikkhave ekacco jhāyī samādhismiṃ samāpattikusalo hoti|| na samādhismiṃ samādhikusalo[1]|| ||

6 Idha pana bhikkhave ekacco jhāyī neva samādhismiṃ samādhikusalo hoti na samādhismiṃ samāpattikusalo[2]|| ||

7 Idha pana ekacco jhāyī samādhismiṃ samādhikusalo ca hoti samādhismiṃ samāpattikusalo ca[3]|| ||

8 Tatra bhikkhave yvāyaṃ jhāyī samādhismiṃ samādhikusalo ca samādhismiṃ samāpattikusalo ca|| ayam imesaṃ catunnaṃ jhāyinam aggo ca seṭṭho ca mokkho ca uttamo ca pavaro ca|| ||

9 Seyyatthāpi bhikkhave gavā khīraṃ khīramhā dadhi dadimhā navanītam navanītamha sappi sappimhā sappimaṇḍo tatra aggam akkhāyati|| evam eva kho bhikkhave yvāyaṃ[4] jhāyī samādhismiṃ samādhikusalo ca samādhismiṃ samāpattikusalo ca ayam imesaṃ catunnaṃ jhāyinam aggo ca seṭṭho ca mokkho ca uttamo ca pavaro cāti|| ||

2 *Ṭhiti*

1–3 Sāvatthi[5]|| || Cattāro me bhikkhave jhāyī|| || Katame cattāro|| ||

4 Idha bhikkhave ekacco jhāyī samādhismiṃ samādhikusalo hoti na samādhismiṃ ṭhitikusalo|| ||

5 Idha pana[6] bhikkhave ekacco jhāyī samādhismiṃ ṭhitikusalo hoti na samādhismiṃ samādhikusalo|| ||

5 Idha pana bhikkhave ekacco jhāyi neva[7] samādhismiṃ samādhikusalo hoti na samādhismiṃ ṭhitikusalo|| ||

7 Idha pana bhikkhave ekacco jhāyī samādhismiṃ samādhikusalo ca hoti samādhismiṃ ṭhitikusalo ca|| ||

8 Tatra kho[6] bhikkhave yvāyaṃ[4] jhāyī samādhismiṃ samādhikusalo ca hoti samādhismiṃ ṭhitikusalo ca|| ayam

---

[1] S^{1-3} samāpatti kusalo
[2] S^{1-3} add hoti
[3] S^{1-3} omit ca
[4] S^{1-3} svāyaṃ
[5] S^{1-3} omit Sāvatthi always
[6] Omitted by S^{1-3}
[7] B na ca

imesaṃ catunnaṃ jhāyīnaṃ aggo ca seṭṭho ca mokkho ca uttamo ca pavaro ca ||

9 Seyyathāpi bhikkhave gavā khīraṃ khīramhā dadhi dadhimhā navanītaṃ navanītamhā sappi sappimhā sappimaṇḍo tatra aggam akkhāyati | evam eva kho bhikkhave yvāyaṃ jhāyī samādhismiṃ samādhikusalo ca | pe || pavaro cāti || ||[1]

3 *Vuṭṭhāna*

1–3 Cattāro me bhikkhave jhāyī | Katame cattāro || ||

4 Idha bhikkhave ekacco jhāyī samādhismiṃ samādhikusalo hoti na samādhismiṃ vuṭṭhānakusalo | |

5 Idha pana bhikkhave ekacco jhāyī samādhismiṃ vuṭṭhānakusalo hoti na samādhismiṃ samādhikusalo || ||

6 Idha pana bhikkhave ekacco jhāyī neva[2] samādhismiṃ samādhikusalo hoti na ca[3] samādhismiṃ vuṭṭhānakusalo || ||

7 Idha pana bhikkhave ekacco jhāyī samādhismiṃ samādhikusalo ca hoti samādhismiṃ vuṭṭhānakusalo ca || ||

8 Tatra bhikkhave yvāyaṃ jhāyī samādhismiṃ samādhikusalo ca samādhismiṃ vuṭṭhānakusalo ca | ayam imesaṃ catunnaṃ jhāyīnaṃ aggo ca seṭṭho ca mokkho ca uttamo ca pavaro ca || ||

9 Seyyathāpi bhikkhave gavā khīraṃ | pa | pavaro cāti || ||[4]

4 *Kallavā*

1–3 Sāvatthi || || Cattāro me bhikkhave jhāyī | Katame cattāro || ||

4 Idha bhikkhave ekacco jhāyī samādhismiṃ samādhikusalo hoti na samādhismiṃ kallakusalo || ||[5]

5 Idha pana bhikkhave ekacco jhāyī samādhismiṃ kallakusalo hoti na samādhismim samādhikusalo || ||[6]

---

[1] Complete in B [2] B na [3] Omitted by S[1-3]

[4] S[3] has vitthāretabbaṃ instead of pa°, S[1] neither

[5] B kallavākusalo always

[6] The end of this number from hoti na° and the numbers 6, 7 are missing in S[1], the copier, I think, having left out a line

6 Idha pana bhikkhave ekacco jhāyī neva samādhismiṃ samādhikusalo hoti na samādhismiṃ kallakusalo|| ||

7 Idha pana bhikkhave ekacco jhāyī samādhismiṃ samādhikusalo ca hoti samādhismiṃ kallakusalo ca|| ||

8 Tatra bhikkhave yvāyaṃ jhāyī samādhismiṃ samādhikusalo ca samadhismiṃ kallakusalo[1] ca|| ayam imesaṃ catunnaṃ jhāyīnaṃ aggo ca seṭṭho ca mokkho ca uttamo ca pavaro ca|| ||

9 Seyyathāpi bhikkhave gavā khīraṃ|| pa|| pavaro cāti|| ||[2]

5 *Ārammaṇa*

1-3 Sāvatthi|| || Cattāro me bhikkhave jhāyī|| || Katame cattāro|| ||

4 Idha bhikkhave ekacco jhāyī samādhismiṃ samādhikusalo hoti na samādhismiṃ ārammaṇakusalo|| ||

5 Idha pana bhikkhave ekacco jhāyī samādhismiṃ ārammaṇakusalo hoti na samādhismiṃ samādhikusalo|| ||

6 Idha pana bhikkhave ekacco jhāyī neva samādhismiṃ samādhikusalo hoti na samādhismiṃ ārammaṇakusalo|| ||

7 Idha pana bhikkhave ekacco jhāyī samādhismiṃ samādhikusalo ca hoti samādhismim ārammaṇakusalo ca|| ||

8 Tatra bhikkhave yvāyaṃ jhāyī samādhismiṃ samādhikusalo ca samādhismiṃ ārammaṇakusalo ca|| ayam imesaṃ catunnaṃ jhāyīnaṃ aggo ca seṭṭho ca mokkho ca uttamo ca pavaro ca||

9 Seyyathāpi bhikkhave gavā khīraṃ|| pa|| pavaro cāti|| ||

6 *Gocaro*

1-3 Sāvatthi|| || Cattāro me bhikkhave jhāyī|| || Katame cattāro|| ||

4 Idha bhikkhave ekacco jhāyī samādhismiṃ samādhikusalo hoti na sāmādhismiṃ gocarakusalo||

5 Idha pana bhikkhave ekacco jhāyī samādhismiṃ gocarakusalo hoti na samādhismiṃ samādhikusalo|| ||

---

[1] S1-3 kallana(or kallata-)kusalo here only

[2] More developed in S1-3

6 Idha pana bhikkhave ekacco jhāyī neva samādhismiṃ samādhikusalo hoti na samādhismiṃ gocarakusalo ||

7 Idha pana bhikkhave ekacco jhāyī samādhismiṃ samādhikusalo ca hoti samādhismiṃ gocarakusalo ca[1] ||

8 Tatra bhikkhave yvāyaṃ jhāyī samādhismiṃ samādhikusalo ca samādhismiṃ gocarakusalo ca | ayam imesaṃ catunnaṃ jhāyīnaṃ aggo ca seṭṭho ca mokkho ca uttamo ca pavaro ca ||

9 Seyyathāpi bhikkhave gavā[1] khīraṃ | pe | pavaro cāti ||

7 *Abhinīhāro*

1–3 Sāvatthi ||| Cattāro me bhikkhave jhāyī || Katame cattāro ||

4 Idha bhikkhave ekacco jhāyī samādhismiṃ samādhikusalo hoti na samādhismiṃ abhinīhārakusalo ||

5 Idha pana[2] bhikkhave ekacco jhāyī samādhismiṃ abhinīhārakusalo hoti na samādhismiṃ samādhikusalo ||

6 Idha pana[2] bhikkhave ekacco jhāyī neva samādhismiṃ samādhikusalo hoti na samādhismiṃ abhinīhārakusalo ||

7 Idha pana[2] bhikkhave ekacco jhāyī samādhismiṃ samādhikusalo ca hoti samādhismiṃ abhinīhārakusalo ca ||

8 Tatra bhikkhave yvāyam jhāyī samādhismiṃ samādhikusalo ca samādhismim abhinīhārakusalo ca | ayam imesaṃ catunnaṃ jhāyinaṃ aggo ca seṭṭho ca mokkho ca uttamo ca pavaro ca ||

9 Seyyathāpi bhikkhave gavā khīraṃ | pe | pavaro cāti ||

8 *Sakkacca*

1–3 Sāvatthi ||| Cattāro me bhikkhave jhāyī || Katame cattāro ||

4 Idha bhikkhave ekacco jhāyī samādhismiṃ samādhikusalo hoti na samādhismiṃ sakkaccakārī ||

5 Idha pana bhikkhave ekacco jhāyī samādhismiṃ sakkaccakārī hoti na samādhismiṃ samādhikusalo ||

6 Idha pana bhikkhave ekacco jhāyī neva samādhismiṃ samādhikusalo hoti na samādhismiṃ sakkaccakārī ||

---

[1] Missing in B [illegible] Missing in S

7 Idha pana bhikkhave ekacco jhāyī samādhismiṃ samādhikusalo ca hoti samādhismiṃ sakkaccakārī ca|| ||

8 Tatra bhikkhave yvāyaṃ jhāyī samādhismiṃ samādhikusalo ca samādhismiṃ sakkaccakārī ca [1]|| ayam imesaṃ catunnaṃ jhāyīnaṃ aggo ca seṭṭho ca mokkho ca uttamo ca pavaro ca|| ||

9 Seyyathāpi bhikkhave gavā khīraṃ|| pe|| pavaro cāti|| ||

9 *Sātaccakārī*

1–3 Sāvatthi|| || Cattāro me bhikkhave jhāyī|| || Katame cattāro|| ||

4 Idha bhikkhave ekacco jhāyī samādhismiṃ samādhikusalo hoti na samādhismiṃ sātaccakārī|| ||

5 Idha pana bhikkhave ekacco jhāyī samādhismiṃ sātaccakārī hoti na samādhismiṃ samādhikusalo|| ||

6 Idha pana bhikkhave ekacco jhāyī neva samādhismiṃ samādhikusalo hoti|| na samādhismiṃ sātaccakārī|| ||

7 Idha pana bhikkhave ekacco jhāyī samādhismiṃ samādhikusalo ca hoti samādhismiṃ sātaccakārī ca|| ||

8 Tatra bhikkhave yvāyam jhāyī samādhismiṃ samādhikusalo ca samādhismiṃ sātaccakārī ca|| ayam imesaṃ catunnaṃ jhāyīnam aggo ca seṭṭho ca mokkho ca uttamo ca pavaro ca|| ||

9 Seyyathāpi bhikkhave gavā khīraṃ|| pe|| pavaro cā ti|| ||

10 *Sappāyam*

1–3 Sāvatthi|| || Cattāro me bhikkhave jhāyī|| || Katame cattāro|| ||

4 Idha bhikkhave ekacco jhāyī samādhismim samādhikusalo hoti na saṃādhismim sappāyakārī|| ||

5 Idha pana bhikkhave ekacco jhāyī samādhismiṃ sappāyakārī hoti na samādhismiṃ samādhikusalo|| ||

6 Idha pana bhikkhave ekacco jhāyī neva samādhismiṃ samādhikusalo hoti na samādhismim sappāyakārī|| ||

---

[1] Omitted by S[1-3]

7 Idha pana bhikkhave ekacco jhāyī samādhismiṃ samādhikusalo ca hoti samādhismiṃ sappāyakārī ca || ||

8 Tatra bhikkhave yvāyaṃ jhāyī samādhismiṃ samādhikusalo ca samādhismiṃ sappāyakārī ca | ayaṃ imesaṃ catunnaṃ jhāyīnam aggo ca seṭṭho ca mokkho ca uttamo ca pavaro ca |

9 Seyyathāpi bhikkhave gavā khīraṃ | pe [1] pavaro cāti || ||

11 (*Samāpatti-ṭhiti*)

1–3 Sāvatthi || Cattāro me bhikkhave jhāyī || Katame cattāro || ||

4 Idha bhikkhave ekacco jhāyī samādhismiṃ samāpattikusalo hoti na samādhismiṃ ṭhitikusalo || ||

5 Idha pana bhikkhave ekacco jhāyī samādhismiṃ ṭhitikusalo hoti na samādhismiṃ samāpattikusalo || ||

6 Idha pana bhikkhave ekacco jhāyī neva samādhismiṃ samāpattikusalo hoti na samādhismiṃ ṭhitikusalo || ||

7 Idha pana bhikkhave ekacco jhāyī samādhismiṃ samāpattikusalo ca hoti samādhismiṃ ṭhitikusalo ca || ||

8 Tatra bhikkhave yvāyaṃ jhāyī samādhismiṃ samāpattikusalo ca samādhismiṃ ṭhitikusalo ca || ayam imesaṃ catunnaṃ jhāyīnam aggo ca seṭṭho ca mokkho ca uttamo ca pavaro ca || ||

9 Seyyathāpi bhikkhave gavā khīraṃ | pa | pavaro cāti || ||

12 (*Samāpatti-vuṭṭhāna*)

1–3 Sāvatthi || Cattāro me bhikkhave jhāyī || Katame cattāro || ||

4 Idha bhikkhave ekacco jhāyī samādhismiṃ samāpattikusalo hoti na samādhismiṃ vuṭṭhānakusalo || ||

5 Idha pana bhikkhave ekacco jhāyī samādhismiṃ vuṭṭhānakusalo hoti na samādhismiṃ samāpattikusalo || ||

6 Idha pana bhikkhave ekacco jhāyī neva samādhismiṃ samāpattikusalo hoti na samādhismiṃ vuṭṭhānakusalo [2] || ||

7 Idha pana bhikkhave ekacco jhāyī samādhismiṃ

---

[1] [illegible]

samāpattikusalo ca [1] hoti samādhismiṃ vuṭṭhānakusalo ca|| ||

8-9 Tatra bhikkhave yvāyaṃ jhāyī|| la|| pavaro cāti|| ||

13 *Samāpatti-kallita*

1-3 Sāvatthi|| || Cattāro me bhikkhave jhāyī|| || Katame cattāro|| ||

4 Idha bhikkhave ekacco jhāyī samādhismiṃ samāpattikusalo hoti na samādhismim kallitakusalo [2] || ||

5 Idha pana bhikkhave ekacco jhāyī samādhismim kallitakusalo hoti na samādhismiṃ samāpattikusalo|| ||

6 Idha pana bhikkhave ekacco jhāyī neva samādhismiṃ samāpattikusalo hoti na samādhismim kallitakusalo [3]|| ||

7 Idha pana bhikkhave ekacco jhāyī samādhismiṃ samāpattikusalo ca hoti samadhismiṃ kallitakusalo ca|| ||

8-9 Tatra|| pa|| pavaro cāti|| ||

14 (*Samāpatti-ārammaṇa*)

1-3 Sāvatthi|| || Cattāro me bhikkhave jhāyī|| || Katame cattāro|| ||

4 Idha bhikkhave ekacco jhāyī samādhismiṃ samāpattikusalo hoti na samādhismiṃ ārammaṇakusalo|| ||

5 Idha pana bhikkhave ekacco jhāyī samādhismim ārammaṇakusalo hoti na samādhismiṃ samāpattikusalo|| ||

6 Idha pana bhikkhave ekacco jhāyī neva samādhismiṃ samāpattikusalo hoti na samādhismim ārammaṇakusalo|| ||

7 Idha pana bhikkhave ekacco jhāyī samādhismiṃ samāpattikusalo ca hoti samādhismim ārammaṇakusalo ca|| ||

8-9 Tatra|| pa|| pavaro cāti|| ||

15 (*Samāpatti-gocara*)

1-3 Sāvatthi|| || Cattāro me bhikkhave jhāyī|| || Katame cattāro|| ||

4-7 Idha bhikkhave ekacco jhāyī samādhismiṃ samāpat-

---

[1] Omitted by S[1-3] [2] or kallina°; B kallavā as above, always
[3] S[1] omit the number 5, 6

tikusalo hoti na samādhismiṃ gocarakusalo || catukoṭikaṃ vitthāretabbaṃ[1] ||| °samāpattikusalo ca hoti samādhismiṃ gocarakusalo ca ||

8–9 Tatra || pa || pavaro cāti |||

16 (*Samāpatti-abhinīhāra*)

1–3 Sāvatthi || Cattāro me bhikkhave jhāyī ||| Katame cattāro |||

4–7 Idha bhikkhave ekacco jhāyī samādhismim samāpattikusalo hoti na samādhismim abhinīhārakusalo |||[2] [catukoṭikaṃ vitthāretabbaṃ] ||| samādhismiṃ samāpattikusalo ca hoti samādhismiṃ abhinīhārakusalo ca |||

8–9 Tatra || pa || pavaro cāti ||

17 (*Samāpatti-Sakkacca*)

1–3 Sāvatthi || Cattāro me bhikkhave jhāyī || Katame cattāro |||

4–7 Idha bhikkhave ekacco jhāyī samādhismiṃ samāpattikusalo hoti na samādhismiṃ sakkaccakārī ||| [catukoṭikaṃ vitthāritabbaṃ] °samādhismiṃ samāpattikusalo hoti samādhismiṃ sakkaccakārī ca |||

8–9 Tatra || pa || pavaro cāti ||

18 (*Samāpatti-Sātaccakārī*)

1–3 Sāvatthi || Cattāro me bhikkhave jhāyī || Katame cattāro |||

4–7 Idha bhikkhave ekacco jhāyī samādhismiṃ samāpattikusalo hoti na samādhismiṃ sātaccakārī ||| [catukoṭikaṃ vitthāretabbaṃ] || samādhismiṃ samāpattikusalo ca hoti samādhismiṃ sākaccakārī ca ||

8–9 Tatra || pa || pavaro cāti

19 (*Samāpatti-sappāyakārī*)

1–3 Sāvatthi || Cattāro me bhikkhave jhāyī ||| Katame cattāro |||

---

[1] So S[1-3]; complete in B

[2] Ending here in S[1-3]; complete in B: and so on in the followin -u:t t-

4 Idha bhikkhave ekacco jhāyī samādhismiṃ samāpatti kusalo hoti na samādhismim sappāyakārī|| ||

5 Idha pana bhikkhave ekacco jhāyī samādhismiṃ sappāyakārī hoti|| na samādhismiṃ samāpattikusalo|| ||

6 Idha pana bhikkhave ekacco jhāyī neva samādhismiṃ samāpattikusalo hoti|| na samādhismiṃ sappāyakārī|| ||

7 Idha pana bhikkhave ekacco jhāyī samādhismiṃ samāpattikusalo ca hoti samādhismiṃ sappāyakārī ca|| ||

8 Tatra bhikkhave yvāyaṃ jhāyī samādhismiṃ samāpattikusalo ca hoti samādhismiṃ sappāyakārī ca|| ayam imesaṃ catunnaṃ jhāyīnam aggo ca siṭṭho ca mokkho ca uttamo ca pavaro ca|| ||

9 Seyyathāpi bhikkhave gavā khīraṃ khīramhā dadhi dadhimhā navanītaṃ navanītamhā sappi sappimhā sappimaṇḍo tatra aggam akkhāyati|| || Evam eva kho bhikkhave yvāyaṃ samādhismiṃ samāpattikusalo ca hoti samādhismiṃ sappāyakārī ca|| ayam imesaṃ catunnaṃ jhāyīnam aggo ca settho ca mokkho ca uttamo ca pavaro cāti|| ||

Imehi paṭṭhāya upari aṭṭhavārā itaṇḍuvaṇṇiyato vaṭṭavitthārena kira|| ||[1]

20 (*Ṭhiti-vuṭṭhāna*)

1–3 Sāvatthi|| || Cattāro me bhikkhave jhāyī|| || Katame cattāro|| ||

4 Idha bhikkhave ekacco jhāyī samādhismiṃ ṭhitikusalo hoti na samādhismiṃ vuṭṭhānakusalo|| ||

5 Idha pana bhikkhave ekacco jhāyī samādhismiṃ vuṭṭhānakusalo hoti na samādhismiṃ ṭhitikusalo|| ||

6 Idha pana bhikkhave ekacco jhāyī neva samādhismiṃ ṭhitikusalo hoti na samādhismiṃ vuṭṭhānakusalo|| ||

7 Idha pana bhikkhave ekacco jhāyī samādhismiṃ ṭhitikusalo ca hoti samādhismiṃ vuṭṭhānakusalo ca|| ||

8–9 Tatra bhikkhave yvāyaṃ jhāyī|| la|| uttamo ca pavaro cāti|| ||

---

[1] This phrase is to be found in B only and the sutta 19 is much more abbreviated in S[1-3] which after jhāyīnaṃ puts only vitthāretabbaṃ

21–27 (*Ṭhiti-āramamṇa*—)

(21) Cattāro me bhikkhave jhāyī[1]|| || Katame cattāro|| || Idha bhikkhave ekacco jhâyī samādhismiṃ ṭhitikusalo hoti na samādhismiṃ kallinakusalo|| || Vitthā retabbam|| ||

(22) Samādhismiṃ ṭhitikusalo hoti na samādhismim ārammaṇakusalo|| ||

(23) Samādhismiṃ ṭhitikusalo hoti na samādhismim gocarakusalo|| ||

(24) Samādhismiṃ ṭhitikusalo hoti na samādhismim abhinīhārakusalo|| ||

(25) Samādhismiṃ ṭhitikusalo hoti na samādhismiṃ sakkaccakārī|| ||[2]

(26) Samādhismiṃ ṭhitikusalo hoti na samādhismiṃ sātaccakārī|| ||

(27) 1–4 Samādhismiṃ ṭhitikusalo hoti na samādhismim sappāyakārī|| ||

5 Idha pana bhikkhave ekacco jhāyī samādhismiṃ sappāyakārī hoti na samādhismiṃ ṭhitikusalo|| ||

6 Idha pana bhikkhave ekacco jhāyī neva samādhismiṃ ṭhitikusalo hoti na samādhismiṃ sappāyakārī|| ||

7 Idha pana bhikkhave ekacco jhāyī samādhismiṃ ṭhitikusalo ca hoti samādhismiṃ sappāyakārī ca|| ||

8 Tatra bhikkhave yvāyaṃ jhāyī samādhismim ṭhitikusalo ca samādhismiṃ sappāyakārī ca ayam imesaṃ catunnaṃ jhāyīnaṃ aggo ca|| pe|| ||[3]

28 (*Vuṭṭhāna-kallita*—)

1–3 Sāvatthi|| || Cattāro me bhikkhave jhāyī|| Katame cattāro|| ||

4 Idha bhikkhave ekacco jhāyī samādhismiṃ vuṭṭhānakusalo hoti na[4] samādhismiṃ kallitakusalo|| ||

---

[1] S[1-3] jhāyino

[2] Between 25 and 26 the MSS. insert samâdhismim ṭhitikusalo hoti na samâdhismiṃ ārammaṇakusalo—which I think to be a blunder

[3] 21–2[illegible]

5–7 Samādhismiṃ kallitakusalo hoti na samādhismiṃ vuṭṭhānakusalo|| ||

Neva samādhismiṃ vuṭṭhanakusalo hoti na samādhismiṃ kallitakusalo|| ||

Samādhismim vuṭṭhānakusalo ca hoti samādhismiṃ kallitakusalo ca|| ||[1]

8–9 Tatra bhikkhave yvāyam jhāyī|| pa|| uttamo ca pavaro cāti|| ||

29-34 (*Vuṭṭhana*—)

(29) Cattāro me bhikkhave jhāyī|| || Katame cattāro|| || Idha bhikkhave ekacco jhāyī samādhismiṃ vuṭṭhānakusalo hoti na samādhismiṃ ārammaṇakusalo hoti|| ||

Vitthāretabbaṃ|| ||

30 Samādhismiṃ vuṭṭhānakusalo hoti na samādhismiṃ gocara kusalo|| ||

31 Samādhismiṃ vuṭṭhānakusalo hoti na samādhismim abhinīhārakusalo|| ||

32 Samādhismiṃ vuṭṭhānakusalo hoti na samādhismiṃ sakkaccakārī|| ||

33 Samādhismiṃ vuṭṭhānakusalo hoti na samādhismiṃ sātaccakārī|| ||

34. 4 Samādhismiṃ vuṭṭhānakusalo hoti na samādhismiṃ sappāyakārī|| ||

5 Idha pana bhikkhave ekacco jhāyī samādismiṃ sappāyakārī hoti na samādhismiṃ vuṭṭhānakusalo|| ||

6 Idha pana bhikkhave ekacco jhāyī neva samādhismiṃ vuṭṭhānakusalo hoti na samādhismiṃ sappāyakārī|| ||

7 Idha pana bhikkhave ekacco jhāyī samādhismiṃ vuṭṭhānakusalo hoti samādhismiṃ sappāyakārī ca|| ||

8–9 Tatra bhikkhave yvāyam jhāyī samādhismiṃ vuṭṭhānakusalo samādhismiṃ sappāyakārī ca ayam imesaṃ catunnaṃ jhāyīnaṃ|| ||

Vitthāretabbaṃ|| ||[2]

---

[1] Less abbreviated in S^{1-3}

[2] So S^{1-3}; 29-34 are missing in B

35 *Kallita—ārammaṇa*)

1–4 Sāvatthi || Samādhismiṃ kallitakusalo hoti na samādhismiṃ ārammaṇakusalo || ||

5 Samādhismim ārammaṇakusalo hoti na samādhismiṃ kallitakusalo || ||

6 Neva samādhismiṃ kallitakusalo hoti na samādhismiṃ ārammaṇakusalo || ||

7 Samādhismiṃ kallitakusalo hoti samādhismim ārammaṇakusalo ca || ||

8–9 Tatra bhikkhave yvāyaṃ jhāyī || pa || uttamo ca pavaro cā ti || ||

36–40 (*Kallita—*)

36 Cattāro me bhikkkave jhāyī || katame cattāro || Idha bhikkhave ekacco jhāyī samādhismiṃ kallitakusalo hoti na samādhismiṃ gocarakusalo || pe ||

37 Samādhismiṃ kallitakusalo hoti na samādhismim abhinīhārakusalo || pe || ||

38 Samādhismiṃ kallitakusalo hoti na samādhismiṃ sakkaccakārī || ||

39 Samādhismiṃ kallitakusalo hoti na samādhismiṃ sātaccakārī || pe || [1]

40 Samādhismiṃ kallitakusalo hoti na samādhismiṃ sappāyakārī || pe || [2]

41 (*Ārammaṇa—*)

1–6 Sāvatthi || || Samādhismim ārammaṇakusalo ca hoti na samādhismiṃ gocarakusalo || Samādhismiṃ gocarakusalo hoti na samādhismim ārammaṇakusalo || || Neva samādhismim ārammaṇakusalo hoti || na samādhismiṃ gocarakusalo || || Samādhismim ārammaṇakusalo ca hoti samādhismiṃ gocarakusalo ca || ||

7–9 Tatrayvāyaṃ jhāyī || pa || uttamo pavaro cāti || || [3]

---

[1] S[1] omits 39 [2] 36–40 are missing in B

(42) Samādhismim ārammaṇakusalo hoti na samādhismīm abhinīhārakusalo|| pe|| [1]

(43) Samādhismim ārammaṇakusalo hoti na samādhismiṃ sakkaccakārī|| pe||

(44) Samādhismim ārammaṇakusalo hoti na samādhismiṃ sātaccakārī|| pe||

(45) Samādhismim ārammaṇakusalo hoti na samādhismiṃ sappāyakārī|| || [2]

46 (*Gocara-Abhinīhāra*)

1–7 Sāvatthi|| || Samādhismiṃ gocarakusalo hoti na samādhismim abhinīhārakusalo|| || [3] Samādhismim abhinīhārakusalo hoti na samādhismiṃ gocarakusalo|| || Neva samādhismiṃ gocarakusalo hoti na samādhismim abhinīhārakusalo|| || Samādhismiṃ gocarakusalo ca hoti samādhismiṃ abhinīhārakusalo ca|| ||

9–10 Seyyathāpi bhikkhave gavā khīraṃ|| khīramhā dadhi|| dadimhā navanītaṃ|| navanītamhā sappi|| sappimhā sappimaṇḍo|| tatra aggam akkhāyati|| evam eva kho bhikkhave yvāyaṃ jhāyī samādhismiṃ gocarakusalo ca samādhismim abhinīhārakusalo ca ayam imesaṃ catunnaṃ jhāyīnaṃ|| pa|| uttamo pavaro cāti|| ||

47–49 (*Gocara—*)

(47) Samādhismiṃ gocarakusalo hoti na samādhismiṃ sakkaccakārī|| pe||

(48) Samādhismim gocarakusalo hoti na samādhismiṃ sātaccakārī|| pe||

(49) Samādhismiṃ gocarakusalo hoti na samādhismiṃ sappāyakārī|| pe|| || [4]

50 (*Abhinīhāra—*)

1–7 Sāvatthi|| || Samādhismim abhinīhārakusalo hoti

---

[1] Preceded in the MSS. by cattāro me|| katame cattāro—pe—

[2] 42–45 are to be found in S[1-3] only

[3] S[1-3] have this first phrase only

[4] 47–49 are missing in B

na samādhismiṃ sakkaccakārī || Samādhismiṃ sakkaccakārī hoti na samādhismiṃ abhinīhārakusalo || Neva samādhismiṃ abhinīhārakusalo hoti na samādhismim sakkaccakārī || Samādhismim abhinīhārakusalo ca hoti samādhismiṃ sakkaccakārī ca || ||

8–9 Tatra bhikkhave yvāyaṃ jhāyī || pa || uttamo pavaro cā ti || ||

51–52

(51) Samādhismim abhinīhārakusalo hoti na samādhismim sātaccakārī || pe ||

(52) Samādhismim abhinīharakusalo hoti na samādhismiṃ sappāyakārī || pe || [1]

53 (*Sakkaccakārī-Sātaccakārī*)

1–7 Sāvatthi || Samādhismiṃ sakkaccakārī hoti na samādhīsmim sātaccakārī || Samādhismiṃ sātaccakārī hoti na samādhismiṃ sakkaccakārī || Neva samādhismiṃ sakkaccakārī hoti na samādhismiṃ sātaccakārī || Samādhismiṃ sakkaccakārī ca hoti samādhismiṃ sātaccakārī ca || ||

8–9 Tatra bhikkhave yvāyaṃ || pa || pa || uttamo ca pavaro cāti || ||

54 (*Sakkaccakārī-Sappāyakārī*)

Samādhismiṃ sakkaccakārī na samādhismiṃ sappāyakārī || pe || [2]

55 (*Sātaccakārī-sappāyakārī*)

1–3 Sāvatthi || Cattāro me bhikkhave jhāyī || Katame cattāro || ||

4 Idha bhikkhave ekacco jhāyī samādhismiṃ sātaccakārī hoti na samādhismiṃ sappāyakārī || ||

5 Idha pana bhikkhave ekacco jhāyī samādhismiṃ sappāyakārī hoti na samādhismiṃ sātaccakārī || ||

6 Idha pana bhikkhave ekacco jhāyī neva samādhismiṃ sātaccakārī hoti na samādhismiṃ sappāyakārī || ||

---

[1] 51, 52 are missing in B. [2] 54 is missing in B

7 Idha pana bhikkhave ekacco jhāyī samādhismiṃ sātaccakārī ca hoti samādhismiṃ sappāyakārī ca|| ||

8 Tatra bhikkhave yvāyam jhāyī samādhismiṃ sātaccakārī ca hoti [1] samādhismiṃ sappāyakārī ca|| ayam imesaṃ catunnaṃ jhāyīnam aggo ca seṭṭho ca mokkho ca uttamo ca pavaro cā ti|| ||

9 Seyyathāpi bhikkhave gavā khīraṃ khīramhā dadhi dadhimhā navanītaṃ navanītamhā sappi sappimhā sappimaṇḍo tatra aggam akkhāyati|| evam eva kho bhikkhave yvāyaṃ jhāyī samādhismiṃ sātaccakārī ca samādhismiṃ sappāyakārī ca ayam imesaṃ catunnaṃ jhāyī aggo ca seṭṭho ca mokkho ca uttamo ca pavaro cāti|| || [2]

10 Idam avoca Bhagavā attamanā te bhikkhū bhāsitam abhinandun ti|| ||

Evan taṃ peyyālamukhāni pañcapaññāsa veyyākaraṇāni vitthāretabbāni|| || [3]

Jhāna-saṃyuttaṃ|| || [4]

Tatruddānaṃ|| || [5]

Samādhi Samāpatti Ṭhiti ca Vuṭṭhānaṃ||
Kallitārammaṇena [6] ca Gocaro [7] Abhinīhāro [7]
Sakkacca Sātaccakārī|| atho pi Sappāyanti [8] || ||

Khandhavaggasaṃyuttaṃ samattaṃ|| ||

Tassuddānaṃ|| ||

Khandha-Rādha-saṃyuttañca|| ||
Diṭṭhi Okkanti Uppādā||
Kilesa-Sāriputtā ca||
Nāgā Supaṇṇa-Gandhabbā||

---

[1] Omitted by S[1-3]

[2] 9 is missing in B

[3] B has Aññāni veyyākaraṇāni vitthāretabbāni||

[4] S[1-3] Samādhisaṃyuttaṃ samattaṃ|| ||

[5] S[1-3] Tesaṃ nidānāni sabbāni Jetavane bhaṇitāni—Tatruddānaṃ bhavati—

[6] B kallavā°

[7] S[1-3] -°ra °ra

[8] S[1-3] sappāyāti

Valāha-Vaccha-Jhānanti ||
Khandha-vaggamhi terasā ti || [1]

---

[1] So B—Instead of Khandhavagga° S[1-3] have

Tatra vagguddānaṃ—

Nakulapitā Aniccahāram (S[3] -hāreṇa) Natumhākena ca Attā Dīpena paññāso paṭhamo ti vuccati—

Upādāyo Araha (S[3] -haṃ) Khajjanīyo Theraṃ Pupphena pañcamaṃ majjhepaṇṇāsako sambuddhena pakāsitāṃ—

Antam Avijjā Samudayañca Kukkulam Diṭṭhi pañcamaṃ tatiyo paṇṇāsako vutto nipāto (S[3] pa—) vuccati—

Rādha Diṭṭhi ca Okkanti Uppādo Kilesena ca Sāriputto ca Nāgo ca Dijā Gandhabbakāyikā Valāhako ca Vacchagotto ca Jhāyī bhavati dvādasāti—

Khandhavaggo—

INDICES.

INDICES.

The following are the numbers and abbreviations referring to the several Saṃyuttas.

XXII.	Kh.	=	Khanda-saṃyuttaṃ	(I.)
XXIII.	Rā.	=	Rādha-saṃyuttaṃ	(II.)
XXIV.	Di.	=	Diṭṭhi-saṃyuttaṃ	(III.)
XXV.	Ok.	=	Okkantika-saṃyuttaṃ	(IV.)
XXVI.	Up.	=	Uppāda-saṃyuttaṃ	(V.)
XXVII.	Kil.	=	Kilesa-saṃyuttaṃ	(VI.)
XXVIII.	Sā.	=	Sāriputta-saṃyuttaṃ	(VII.)
XXIX.	Nā.	=	Nāga-saṃyuttaṃ	(VIII.)
XXX.	Su.	=	Supaṇṇa-saṃyuttaṃ	(IX.)
XXXI.	Gan.	=	Gandhabba-saṃyuttaṃ	(X.)
XXXII.	Val.	=	Valāha-saṃyuttaṃ	(XI.)
XXXIII.	Vac.	=	Vacchagotta-saṃyuttaṃ	(XII.)
XXXIV.	Jh.	=	Jhāna-saṃyuttaṃ	(XIII.)

The Arabic, subjoined to these Roman, numbers point out the place of each Sutta in its Saṃyutta without regard to the division into chapters (vaggas), which is found only in the three first Saṃyuttas (XXII.–XXIV.).

I.

INDEX TO THE PROPER NAMES.

Qualifications not taken from the texts are included between [ ]

II.

INDEX TO THE TITLES OF THE SUTTAS.

The titles between ( ) are those which are not given by the Uddānas.

III.

INDEX TO THE GĀTHĀS.

ERRATA.

P. 84, *instead of* 78 (7) Sīha (1) *read* 78 (6) Sīha
P. 86, *instead of* 79 (7) Sīha (2) *read* 79 (7) Khajjani
P. 104, in the ending Uddāna, *read* Sīho *instead of* Sīhā

The Gresham Press,
UNWIN BROTHERS,
CHILWORTH AND LONDON.

CPSIA information can be obtained
at www.ICGtesting.com
Printed in the USA
BVHW041709041119
562866BV00008B/40/P

9 780342 703913

DR CHARLES HERBERT KODIKARA
30 CATHKIN ROAD
GLASGOW
G42 9UH

Corse
Cuisine
& Saveurs
44
recettes

préface

Approchez et voyez : l'eau perle encore sur la peau rouge et ferme des tomates, la parant de diamants éphémères et goûteux. La chair se détache sur le vert sombre de la salade, qui forme comme un écrin, à ces appétissants bijoux.
A côté, dans une assiette de faïence naïve, des tranches de lonzu, bordeaux et translucides, de coppa, veinée de blanc, de saucisson sec, à la viande sombre, se chevauchent savamment.
Les oignons frais coupés embaument la table, la menthe froissée rivalise de puissance avec le thym, qui s'est répandu en fines graines sur la nappe blanche.
Sur un plat long et blanc, s'étalent les bastelle, les migliacci, les sturzapréti, toutes ces pâtisseries salées, farcies, de légumes ou de fromage, pleines d'herbes et de senteurs, qu'on aime à manger tout au long de la journée.

Dans la jatte de terre vernissée, le sauté de veau aux olives frissonne encore, laqué d'huile d'olive blonde. La viande fondante se rit des dents, et file au gosier directement. Les pâtes au sanglier, les pâtes à l'araignée, offrent leurs nœuds coulants, tendres et blancs. Les tripettes grouillent, dans leur saladier, attendant d'être dévorées. L'oursin impudique et meurtri exhale son dernier souffle dans une odeur de mer rouge.
Les truites argentées frites et brunies, patientent elles aussi, sur un lit de persil, précédent de peu les beaux poissons de la mer qui étalent leurs flancs.
Et puis encore, il y a la langouste, reine de la table, qui trône majestueuse, sur son plat de porcelaine.
Les pâtés, les saucisses, les figatellis, les boudins, font autour une couronne, à la gloire de l'appétit.
Il y a une table seule, où trônent les fromages, U pecurinu, u brucciu, a pecurella, les tomes ! les brebis et les chèvres sont ici à l'honneur.

Et voilà qu'on s'approche et qu'on distingue derrière, les pâtisseries.
Les beignets, les tartelettes, les migliacciole, les bugliticce, les manfare, bref, tous ces fritelles dorés et croustillants qu'on avale, même quand on n'en peut plus , qu'il n'y a plus de place, parce que c'est un peu de soleil, qu'on croque avec eux, à chaque fois.
Et encore sur la desserte, les montagnes de canistrelli, de falcullele, de frappe, de torte, de pastizzi, de panzerottis, vous font de l'œil et alors, et alors, vous ne résistez pas.
On n'a pas tant de plaisirs, ici-bas, n'est-ce pas ?

Les bouteilles sont sorties du cellier, vinu biancu, ou rossu, du Cap, de la Plaine, d'Ajaccio la souriante, ou du Sud, elles s'alignent comme de bons petits soldats et le soleil qui passent à travers, constitue là , le plus joli vitrail d'une cathédrale de plaisir.
La liqueur de myrte ou celle de cédrat, la mandarine, la châtaigne, vous n'y goûterez pas ?
De tout dénombrer ici, je n'ai certes pas le pouvoir, mais je peux vous en donner envie, vous ne résisterez pas.
Ce que je préfère, moi, je vais ici vous le dire, et c'est simple, croyez moi.

Une table de bois et un feu qui chante, un verre de Patrimonio à la robe de rubis, qui m'enchante le nez de son arôme puissant, une grosse miche de main frais, à la croûte croustillante, un épais couteau pour le tailler.
Des miettes en cascade, et au milieu de la mie blanche, une tranche de fromage, callée comme un coin dans une planche, et puis sur le fromage, fines comme des copeaux, des lamelles de jambon.
Un tour de sel, un tour de poivre, je referme le pain.

A ce moment là, je vous le dis, si vous tapez à ma porte, je ne vous entendrai pas.

Marie-Hélène Ferrari.

Sommaire
sommaire

les soupes

Soupe Au Brocciu

suppa di brocciu

Ingrédients

300 g de brocciu
1 gros oignon
350 g de vert de blette
2 tomates grappe
2 œufs
Croûtons de pain
1 bouquet garni
2 cuillères à soupe d'huile d'olive
Sel et poivre

Pour 6/8 personnes • Préparation : 10 min. • Cuisson : 25 min.

1. Epluchez et émincez* l'oignon.
Séparez les feuilles de blettes, des côtes et hachez les grossièrement.
Et enfin épluchez, épépinez et concassez les tomates.

2. Faites revenir le tout dans une marmite avec l'huile d'olive.

3. Mouillez* avec 1 L d'eau ; salez, poivrez et laissez cuire 25 min à feu doux.

4. En fin de cuisson, incorporez le brocciu préalablement émietté et les œufs battus en remuant sans cesse, salez et poivrez.

5. Au moment de servir, disposez vos croûtons au fond de votre assiette et versez votre soupe.

Soupe de fêve

suppa di fave

Ingrédients

400 g de jeunes fèves
1 gros oignon
2 grosses pommes de terre
3 gousses d'ail
1 tranche de panzetta
de 150 g environ
2 cuillères à soupe de concentré
de tomate
1 bouquet garni
2 cuillères à soupe d'huile d'olive
Sel et poivre

Pour 6/8 personnes • Préparation : 15 min. • Cuisson : 45 min.

1. Epluchez et émincez* l'oignon.
Taillez la panzetta en dés de 3cm environ.
Faites revenir le tout dans une marmite
avec l'huile d'olive.

2. Ajoutez le concentré de tomate et mouillez*
avec 2 litres d'eau.

3. Epluchez et coupez vos pommes de terre
en cube ; rajoutez les ainsi que l'ail écrasé et le
bouquet garni.

4. Ajoutez enfin les fèves et laissez cuire le tout
45min à feu doux.

5. À la fin de la cuisson passez le tout au moulin à
légume ; salez et poivrez.

Soupe à l'os de jambon

suppa cù u schincu

Ingrédients

1 tête de fenouil
2 grosses pomme de terre
1/2 choux vert
200 g de carotte
150 g de haricot coco rose
300 g de vert de blette
2 poireaux
1 oignon
3 gousses d'ail
2 cuillères à soupe d'huile d'olive
Sel et poivre

Pour 8 personnes • Préparation : 30 min. • Cuisson : 2h00.

1. La veille mettez à tremper vos haricots pour la nuit.

2. Dans une grosse marmite faite revenir légèrement vos oignons et vos poireaux émincés ainsi que votre ail.

3. Emincez tout vos légumes et rajoutez les dans votre marmite avec votre os à jambon et vos haricots ;

4. Mouillez* le tout avec 3 litres d'eau et laissez cuire à feux doux durant 2 heures, en écumant* régulièrement le dessus de votre marmite.

5. En fin de cuisson vérifier votre assaisonnement.

« Vous pouvez accompagner votre soupe avec des vermicelles cuits dans votre soupe. »

Soupe à l'ail

suppa incu l'agliu

Ingrédients

8 gousses d'ail
3 grosses pommes de terre
4 branches de thym
Croûtons de pain
Tomme corse râpée
2 cuillères à soupe d'huile d'olive
Sel et poivre

Pour 6 personnes • Préparation : 10 min. • Cuisson : 25 min.

1. Epluchez et coupez en cube vos pomme de terre ; faites les revenir dans une marmite huilé avec votre ail écrasé sans coloration.

2. Mouillez* avec 1l d'eau, ajoutez votre thym et laissez cuire 25min à feu doux.

3. Retirez le thym et passer le tout au moulin à légume, salez et poivrez.

4. Au moment de servir, versez votre soupe sur les croûtons soupoudrez de tomme Corse.

Soupe de poissons

suppa di pesci

Ingrédients

2 kg de poissons de roche
(Vieille, rascasse, murène, vive, civelle, rouget barbé, sar)
Selon l'arrivage chez votre poissonnier, vous utiliserez 5 de ces poissons
150 g de concentré de tomate
1 tête d'ail
2 oignons
4 grosses pommes de terre
2 carottes
3 g de safran
1 bouquet d'herbes fraîches (persil, thym, serpolet)
Croûtons de pain
30cl d'huile d'olive
Sel et poivre

•

Pour 8 personnes • Préparation : 40 min. • Cuisson : 45 min.

1. Videz* et écaillez* les poissons.

2. Faites revenir dans une grosse marmite l'ail fendu, les oignons coupés en quatre, les poissons, les carottes et les pommes de terre taillés grossièrement dans l'huile d'olive.

3. Ajoutez votre concentré de tomate ; mouillez le tout jusqu'aux anses de votre marmite et laissez cuire durant 30 min.

4. Mixez votre soupe puis reportez à ébullition 10 min.

5. Passez le tout au moulin à légume et cuire une dernière fois 5 min.

6. Servez votre soupe sur vos croûtons aillés ou accompagnés de rouille.

« Ces successions de cuissons permettent une meilleure conservation de votre soupe de poissons .»

Soupe de pois chiches du Jeudi Saint

suppa di ceci di ghjovi santu

Pour 6/8 personnes • Préparation : 10 min. • Cuisson : 2h00.

Ingrédients

400 grs de pois chiches
3 gousses d'ail
1 oignon
150 gr de lasagnette
2 CS d'huile d'olive
Sel et poivre

•

1. La veille mettez à tremper vos pois chiches pour la nuit.

2. Emincez* l'oignon et faites le revenir dans l'huile d'olive sans coloration dans une marmite.

3. Ajoutez vos pois chiches ainsi qu' un litre et demi d'eau.

4. Laissez cuire le tout 2 heures.

5. Incorporez votre ail écrasé, vos lasagnette, salez et poivrez ; et laissez cuire encore un quart d'heure à feu doux

« La soupe de pois chiches du jeudi saint est le plat le plus fréquemment préparé lors de la semaine sainte. »

les Œufs
&
les omelettes

Omelette a la menthe

frittata cù a menta

Ingrédients

10 œufs
1 gros oignon
8 feuilles de menthe
3 cuillères à soupe d'huile d'olive
Sel et poivre

Pour 6 personnes • Préparation : 5 min. • Cuisson : 5 à 8 min.

1. Cassez les œufs dans un saladier ; salez, poivrez et battez les à l'aide d'une fourchette.

2. Ajoutez l'oignon émincé*, la menthe et battez de nouveau.

3. Faites cuire l'omelette dans une poêle avec l'huile d'olive et retournez la à mi-cuisson.

Omelette au Brocciu

frittata cù u brucciu

Ingrédients

10 œufs
300 g de brocciu
12 feuilles de menthe
3 cuillères à soupe d'huile d'olive
Sel et poivre

•

Pour 6 personnes • Préparation : 5 min. • Cuisson : 5 à 8 min.

1. Cassez les œufs dans un saladier ; salez, poivrez et battez les à l'aide d'une fourchette.

2. Ajoutez le brocciu émietté grossièrement, la menthe et battez de nouveau.

3. Faites cuire l'omelette dans une poêle avec l'huile d'olive et retournez la à mi-cuisson.

Omelette au persil

frittata cù u pursemaru

Ingrédients

10 oeufs
1/2 verre de crème fraîche liquide
2 belles branches de persil
2 cuillères à soupe d'huile d'olive
Sel et poivre

Pour 6 personnes • Préparation : 5 min. • Cuisson : 5 à 8 min.

1. Cassez les œufs dans un saladier ; salez, poivrez et battez les à l'aide d'une fourchette.

2. Nettoyez votre persil, hachez le grossièrement et incorporez le à l'omelette.

3. Versez le tout dans votre poêle huilée et chaude. A mi cuisson retournez la.

« Ce plat était préparé traditionnellement pour soulager les poussées de lait des jeunes mamans .»

Omelette a la panzetta

frittata cù a panzetta

Ingrédients

10 oeufs
1 tranches de panzetta de 100gr
2 cuillères à soupe d'huile d'olive
Sel et poivre

Pour 6 personnes • Préparation : 5 min. • Cuisson : 5 à 8 min.

1. Cassez les œufs dans un saladier ; salez, poivrez et battez les à l'aide d'une fourchette.

2. Coupez votre panzetta en dés et faites la revenir dans la poêle huilée.

3. Versez vos œufs sur les lardons et à mi cuisson retournez votre omelette.

Œufs brouillés aux truffes corse

ovi buliati cù u tarratrufula

Ingrédients

8 oeufs
1 petite truffe
2 cuillères à soupe d'huile d'olive
Sel et poivre

Pour 4 personnes • Préparation : 5 min. • Cuisson : 5 min.

1. Cassez les œufs dans un saladier ; salez, poivrez.

2. Faites chauffez votre poêle avec l'huile d'olive, versez vos œufs et remuez constamment avec une spatule en bois.

3. Prenez votre truffe et râpez la sur vos œufs.

4. Remuez vos œufs jusqu'à la fin de la cuisson.

« On peut ramasser les truffes de différentes façons : au chien, au cochon ou à la mouche .»

Œufs au Figatelli

ovi cù u figateddu

Ingrédients

10 œufs
1/2 figatelli
2 cuillères à soupe d'huile d'olive
Sel et poivre

Pour 6 personnes • Préparation : 5 min. • Cuisson : 5 à 8 min.

1. Cassez les œufs dans un saladier ; salez, poivrez.

2. Coupez le figatelli en rondelle et faites le revenir dans votre poêle huilée.

3. Versez délicatement vos œufs sur le figatelli.

pâtes beignets farines

Polenta de farine de châtaigne

Pulenda castagnina

Ingrédients

500 g de farine de châtaigne
600 g d'eau
Sel

Pour 6 personnes • Préparation : 10 min. • Cuisson : 1h00.

1. Faites bouillir l'eau salée et diluez progressivement la farine de châtaigne avec une spatule en bois sur feu doux, sans cesser de remuer durant 50 min environ.

2. La retirer du feu et continuez à la travailler pendant 10 min.

3. Prenez un torchon, farinez le légèrement et démoulez votre polenta dessus.

4. Au moment de servir coupez la polenta en tranche à l'aide d'une corde.

« Ce plat était traditionnellement la base de l'alimentation Corse en raison de sa consistance. »

Cannellonis au Brocciu

pienu di canniloni à u brocciu

Pour 8 personnes • Préparation : 40 min. • Cuisson : 30 min.

Ingrédients

32 rectangles de pâte à cannelloni
500 g de brocciu
400 g de vert de blette
4 gousses d'ail
1 gros oignon
2 œufs
Sel et poivre

Pour la sauce

1L de tomate concassée
1 gros oignon
2 gousses d'ail
1 branche de basilic
6 cuillères à soupe d'huile d'olive
Sel et poivre

1. Préparez votre farce dans un saladier en y mettant votre brocciu, vos verts de blette hachés, votre oignon émincé, votre ail écrasé. Mélangez le tout et incorporez vos œufs ; salez et poivrez.

2. Plongez vos rectangles de pâte dans de l'eau bouillante salée. Retirez les au fur et à mesure qu'ils remontent à la surface et placez les sur un torchon afin de bien les égoutter. Garnissez-les de farce et roulez-les.

3. Préparez votre sauce tomate ; dans une marmite huilée, faites revenir votre oignon émincé et votre ail. Versez votre sauce tomate et ajoutez y votre basilic, salez et poivrez.

4. Dans un plat carré versez un peu de sauce tomate au fond, disposez ensuite vos cannellonis et terminez votre sauce tomate dessus.

5. Mettez votre plat au four (thermostat 4) et laissez cuire 30min.

Beignets au fromage

friteddi cù u casgiu

Ingrédients

300 g de brocciu frais ou de fromage de chèvre frais
500 g de farine
2 œufs
2 cuillères à soupe d'huile d'olive
1 sachet de levure
1/2 L de lait
10g de sel

Pour 8 personnes • Préparation : 10 min. • Cuisson : 1h00.

1. Dans un saladier, mélangez la farine et le sel avec le lait tiède. Incorporez vos œufs, la levure et votre huile. Laissez reposez le tout 1 heure au frigo.

2. Mettez de l'huile à friture à chauffer à feu doux, dans une poêle. Coupez des morceaux de fromage et mettez les un par un dans la pâte.
Récupérez les à l'aide d'une grosse cuillère et déposez les progressivement dans votre poêle.
Retournez les à mi cuisson et déposez les sur un papier absorbant.

Beignets a la fleur de courgette

friteddi cù u fiori di zuchetta

Ingrédients

15 fleurs de courgette
500g de farine
2 œufs
2 cuillères à soupe d'huile
1 sachet de levure
1/2 L de lait
2 pincées de sel

Pour 8 personnes • Préparation : 10 min. • Cuisson : 1h00.

1. Dans un saladier, mélangez la farine et le sel avec le lait tiède. Incorporez vos œufs, la levure et votre huile. Laissez reposez le tout 1 heure au frigo.

2. Mettez de l'huile à friture à chauffer à feu doux, dans une poêle. Coupez vos fleurs de courgette en deux et mettez les une par une dans la pâte.
Récupérez les à l'aide d'une grosse cuillère et déposez les progressivement dans votre poêle.
Retournez les à mi cuisson et déposez les sur un papier absorbant.

Cannellonis à la viande

Pienu di canniloni cù a carri

Ingrédients

32 rectangles de pâte à cannelloni
400 g de viande hachée de bœuf
100 g de chair à saucisse
400 g de vert de blette
4 gousses d'ail
1 gros oignon
Sel et poivre
2 cuillères à soupe d'huile d'olive

Pour la sauce

1L de tomate concassée
1 gros oignon
2 gousses d'ail
1 branche de basilic
6 cuillères à soupe d'huile d'olive
Sel et poivre

•

Pour 8 personnes • Préparation : 40 min. • Cuisson : 30 min.

1. Préparez votre farce dans un saladier en y mettant votre viande hachée, votre chair à saucisse, vos verts de blette et votre oignon émincé* ainsi que votre ail écrasé. Mélangez le tout, salez et poivrez.

2. Faites revenir légèrement votre farce dans une poêle huilée et retirez la.

3. Plongez vos rectangles de pâte dans de l'eau bouillante salée. Retirez les au fur et a mesure qu'ils remontent à la surface et placez les sur un torchon afin de bien les égouttés.
Garnissez-les de farce et roulez les.

4. Préparez votre sauce tomate ; dans une marmite huilée, faites revenir votre oignon émincé et votre ail. Versez votre sauce tomate et ajoutez y votre basilic, salez et poivrez.

les viandes & leurs sauces

cabri rôti

caprettu arrustitu

Ingrédients

1 gigot de cabri
6 gousses d'ail
Thym et romarin
5 cuillères à soupe d'huile d'olive
Sel et poivre

•

Pour 6 à 8 personnes • Préparation : 10 min. • Cuisson : 40 à 50 min.

1. Epluchez et fendez en deux 4 gousses d'ail ; hachez le reste. Prenez vos gousses fendues et grâce à un couteau glissé les dans la chair de votre cabri.

2. Badigeonnez votre gigot d'huile olive, de thym, de romarin, d'ail haché et enfin de sel et de poivre ; de chaque côté.

3. Placez votre gigot dans un plat adapté au four. Et faites le cuire 40 à 50 min au four en position grill, thermostat 5 en le retournant régulièrement.

« Accompagnez votre cabri d'un bon verre de Patrimonio fruité et dégustez . »

Cabri a l'etroite

caprettu à l'istrettu

Ingrédients

1,5 kg de viande de cabri
2 oignons
6 gousses d'ail
Thym et romarin
75cl de vin rouge
8 cuillères a soupe d'huile d'olive
Sel et poivre

Pour 6/8 personnes • Préparation : 15 min. • Cuisson : 50 min.

1. Dans une marmite huilée faites revenir vos morceaux de cabri, vos oignons émincés, votre ail écrasé et votre thym et votre romarin.

2. Lorsque tous vos morceaux de cabri sont bien colorés, dégraissez votre marmite et déglacez avec votre vin.

3. Laissez cuire le tout environ 40 min à feu doux.

Rivia

Ingrédients

800 g d'abats de cabri
(Foie, poumons, cœur, ris, rate)
200 g de crépine
2 verres de vin
10 belles branches de thym
Sel et poivre

•

Rivia

Pour 6 personnes • Préparation : 1h00 • Cuisson : 20 min.

1. Nettoyez votre crépine et vos abats.
Coupez ces derniers en gros cube et enfilez les abats sur des pics a brochette,
les plus longs possible ; salez et poivrez.

2. Prenez votre crépine et entourez le plus possible vos abats.

3. Placez vos brochettes sur votre grillade.
Retournez les souvent tout en les badigeonnant de vin avec vos branches de thym.

« C'est le plat de Noël par excellence de tout l'extrême sud de la corse ».

Fressure d'agneau

curata d'agneddu

Ingrédients

800 g d'abats d'agneau
(Poumons, foie, ris)
2 cuillères a soupe de farine
2 verres de vin blanc
1 bouquet garni
1 oignon
3 gousses d'ail
4 cuillères à soupe d'huile d'olive

•

Pour 6 personnes • Préparation : 15 min. • Cuisson : 10 min.

1. Coupez en petits morceaux le poumon, le foie et les ris d'agneau.

2. Mettez dans une casserole votre huile d'olive, faites bien chauffer et mettez la fressure à revenir dedans avec votre oignon et votre ail haché.
Saupoudrez avec la farine et mouillez avec votre vin blanc.
Rajoutez votre bouquet garni*,
vérifier votre assaisonnement, et laissez cuire 10 min à feu doux.

Civet de sanglier à la myrte

cignari cù a murta

Ingrédients

1 Kg de sauté de sanglier
1 gros oignon
5 gousses d'ail
50 g de myrte
3 carottes
Thym, romarin, laurier
1L de vin rouge
2 cuillères à soupe de farine
3 cuillères à soupe d'huile d'olive
Sel et poivre

Pour 6/8 personnes • Préparation : 30 min. • Cuisson : 3h00

1. Mettez les morceaux de sanglier à mariner avec tous vos ingrédients pendant 24 heures.

2. Faites revenir vos morceaux de sanglier dans l'huile d'olive, saupoudrez de farine et remuez.

3. Ajoutez votre marinade et laissez cuire 3 heures à feu doux.

« Accompagnez votre sanglier d'un bon verre de vin boisé Sartenais et appréciez l'accord mets et vin.»

Lentilles au figatelli

figateddu cù i lentichji

Ingrédients

1 figatelli
400gr de lentilles
6 gousses d'ail
2 gros oignons
2 branches de persil
2 cuillères à soupe de concentré de tomate
2 cuillères à soupe d'huile d'olive
1 verre de vin blanc
Thym, laurier
Sel et poivre

•

Pour 6 personnes • Préparation : 15 min. • Cuisson : 1h00.

1. Dans une marmite huilée mettez vos oignons et votre ail écrasé ainsi que vos herbes aromatiques et votre figatelli en morceaux.
Faites revenir le tout 10 min.

2. Ajoutez votre vin blanc et votre concentré de tomate, puis 2 bols d'eau et laissez mijotez 10 min.

3. Ajoutez vos lentilles et laissez cuire 40 min ; salez et poivrez.

« Le figatelli est composé de foie et de graisse de porc, le tout fumé au fucone. »

Côtes de porc au miel

costi purcini à u meli

Ingrédients

4 côtes de porc
2 cuillères à soupe de miel
1 citron
2 cuillères à soupe d'huile d'olive
Sel et poivre

Pour 4 personnes • Préparation : 15 min. • Cuisson : 10 min.

1. Dans un plat badigeonnez vos côtes de porc avec le miel à l'aide d'un pinceau ; salez et poivrez les, et enfin presser votre citron dessus.

2. Faites chauffer une poêle huilée et faites revenir vos côtes de porc de chaque côté, ensuite versez le reste de jus à base de citron et de miel dans votre poêle.

Sauté de veau

tianu di viteddu

Ingrédients

600 g de sauté de veau
2 gros oignons
6 gousses d'ail
1l de tomate concassée
cuillère à soupe de concentré de tomate
30 cl de vin blanc
4 cuillères à soupe d'huile d'olive
1 branche de thym
Sel et poivre

•

Pour 6 personnes • Préparation : 20 min. • Cuisson : 2h00.

1. Dans une marmite huilée faites revenir votre viande ainsi que vos oignons émincés et votre ail écrasé.

2. Ajoutez votre concentré de tomate, lorsque celui-ci commence a accrocher versez votre vin blanc. Laissez réduire 6 min et rajoutez votre concassé de tomate et votre thym.

3. Laissez cuire le tout 2 heures à feu moyen.

« Vous pouvez accompagné votre sauté de veau avec des pommes de terre vapeur ou du riz »

Poulet farci au brocciu

puddastru pienu cù u brocciu

Ingrédients

1 poulet
300 g de brocciu
4 gousses d'ail
1 oignon
5 branches de persil
1 tranche de panzetta
2 cuillères à soupe d'huile d'olive
Sel et poivre

•

Pour 6 personnes • Préparation : 15 min. • Cuisson : 1h00.

1. Dans un saladier préparez la farce avec votre brocciu, votre ail écrasé, vos oignons émincés, votre persil haché et votre panzetta coupée en dés.

2. Faites chauffer votre four à thermostat 6. Farcissez votre poulet avec votre farce et badigeonnez le d'huile, salez et poivrez et enfournez le.

les poissons
&
les fruits de mer

Calamar farci

totanu pienu

Ingrédients

1 gros calamar de 1,5kg
1L de tomate concassée
150 g de panzetta
1 gros oignon
100 g de pain
2 branches de persil
1/2 L de lait
4 cuillères à soupe d'huile d'olive
Sel et poivre

Pour 6/8 personnes • Préparation : 30 min. • Cuisson : 1h00.

1. Videz* votre calamar en prenant soin de ne pas l'ouvrir. Hachez les pattes et la tête et faites revenir le tout dans une marmite huilée.

2. Hachez votre panzetta, votre oignon, votre persil et votre pain essoré préalablement trempé dans le lait. Mélangez le tout aux pattes et à la tête du calamar, salez et poivrez.

3. Farcissez votre calamar avec votre farce. Cousez l'ouverture.

4. Versez vos tomates concassée dans votre marmite, déposez votre calamar dessus ; couvrez et laissez cuire 50 min.

« Le calamar est un mollusque très répandu en Méditerranée et voisin de la seiche. »

Sardines farcies au brocciu

sardini cù u brocciu

Ingrédients

16 sardines
300 g de brocciu
3 œufs
4 branches de persil
4 gousses d'ail
4 cuillères à soupe d'huile d'olive
Sel et poivre

Pour 4 personnes • Préparation : 20 min. • Cuisson : 15 min.

1. Préparez vos sardines, enlevez la tête et les arêtes sans séparer les filets.

2. Dans un saladier mélangez votre brocciu, vos œufs, votre ail et votre persil haché ; salez et poivrez.

3. Les sardines se farcissent par deux ; prenez une sardine ouverte à plat, farcissez la côté chair et remettez en une autre par-dessus toujours côté chair.

4. Placez vos sardines dans un plat huilé et mettez les au four pendant 15 min thermostat 4.

denti farci au brocciu

denticciu cù u brocciu

Ingrédients

4 dentis de 300g
200 g de vert de blette
200 g de brocciu
2 œufs
2 gousses d'ail
1 oignon
Sel et poivre

Pour 4 personnes • Préparation : 15 min. • Cuisson : 30 min.

1. Videz* et écaillez* les dentis.

2. Dans un saladier, écrasez votre brocciu et incorporez vos verts de blettes émincez finement, votre ail et vos oignons hachés et vos œufs.

3. Salez et poivrez l'intérieur des dentis. Remplissez les de farce et recousez leur abdomen.

4. Placez vos poissons dans un plat huilé et mettez les au four pendant 30 min thermostat 5.

« Le denti est un poisson typiquement Corse cousin de la daurade et du pageot. »

Morue aux tomates

baccalà cù i pumati

Ingrédients

800 g de morue
6 tomates
1 gros oignon
3 gousses d'ail
1 verre de farine
Thym, laurier
4 cuillères à soupe d'huile d'olive
Sel et poivre

•

Pour 6 personnes • Préparation : 20 min. • Cuisson : 20 min.

1. Dessalez votre morue 12 heures en changeant l'eau régulièrement.

2. Pelez et épépinez vos tomates et hachez les finement. Faites revenir dans une casserole huilée votre oignon haché et vos tomates.
Mouillez avec 1/2 L d'eau et ajoutez votre thym, votre laurier et vos gousses d'ail ; salez et poivrez.

3. Coupez votre morue en morceaux, roulez la dans la farine et faites la frire dans une poêle avec de l'huile à friture. Retirez la et mettez la dans la sauce tomate ; laissez mijotez 15 min à feu moyen.

« Accompagnez votre plat d'un verre de vin blanc sec du Cap Corse et dégustez. »

Daurade au miel

aurata cù u meli

Ingrédients

2 grosses daurades royale
3 cuillères à soupe de miel du maquis
6 grosses pommes de terre
3 tomates
2 citrons
2 verres de vin blanc
Sel et poivre

Pour 4 personnes • Préparation : 15 min. • Cuisson : 50 min.

1. Videz et écaillez vos daurades ;
badigeonnez les de miel à l'intérieur et à l'extérieur.

2. Pelez et coupez en rondelle vos pommes de terre et vos tomates.
Dans un plat disposez vos rondelles par couches successives, pressez vos citrons et versez votre vin blanc dessus ; salez et poivrez.

3. Disposez vos daurades dans le plat,
couvrez d'un papier d'aluminium et
enfournez 50 min, thermostat 4.

Anguilles à l'ail

anguiddi à l'aglia

Ingrédients

600 g de petites anguilles
6 cuillères à soupe de farine
6 gousses d'ail
1 branche de persil
4 cuillères à soupe d'huile d'olive
Sel et poivre

Pour 4 personnes • Préparation : 15 min. • Cuisson : 8 min.

1. Otez la peau et la tête des anguilles, et videz les. Coupez en tronçons vos anguilles et farinez les.

2. Faites chauffer votre poêle avec l'huile d'olive et mettez y vos anguilles, votre ail écrasé et votre persil haché. Faites revenir le tout à feu vif 7 à 8 min, salez et poivrez.

« L'anguille est un poisson à chair fine qui vit dans les cours d'eau . »

les légumes

Haricots soissons à la paysanne

fasgioli francesi a l'usu paisanu

Pour 4 personnes • Préparation : 15 min. • Cuisson : 2h30 min.

Ingrédients

400 g d'haricots Soisson
1 blanc de poireau
1 tranche de panzetta de 200gr
1 cuillère à soupe de concentré de tomate
2 gousses d'ail
1 oignon
2 cuillères à soupe d'huile d'olive
Thym et laurier
Sel et poivre

1. Laissez vos haricots tremper pour la nuit.

2. Dans une marmite huilée, faites revenir votre poireau et votre oignon émincé*.
Ajoutez votre panzetta taillée en dés, votre ail écrasé et vos herbes aromatiques.

3. Ajoutez votre concentré de tomate, vos haricots et mouillez* avec 2L d'eau.
Laissez cuire le tout à feu doux 2heures et 30min.

Aubergines farcies

malzani pieni

Ingrédients

6 aubergines moyennes
1/2 pain sec
1/2 L de lait
150 g de tomme corse
6 gousses d'ail
2 branches de basilic
1 gros oignon
3 œufs
8 cuillères à soupe d'huile d'olive
Sel et poivre

Pour 6/8 personnes • Préparation : 40 min. • Cuisson : 15 min.

1. Faites tremper votre pain dans le lait. Coupez vos aubergines en deux dans la longueur et plongez les dans de l'eau froide salé et faites les cuire 20 min. A la fin de la cuisson retirez vos aubergines et égouttez les.

2. Avec une cuillère retirez la chair des aubergines en prenant soin de ne pas déchirer la peau.

3. Mixez tous vos ingrédients en prenant soin d'essorer votre pain, avec votre chair d'aubergine ; vous obtiendrez ainsi votre farce.

4. Prenez vos aubergines et farcissez les. Faites chauffer une poêle huilée et faites cuire vos aubergines commençant coté peau, à mi cuisson retournez les et finissez la cuisson.

5. Servez vos aubergines avec une sauce tomate.

« Ce plat est typique de la région de Bonifacio et de Porto-Vecchio. »

Poivrons farcis au brocciu

pivaroni ripieni cù u brucciu

Pour 4 personnes • Préparation : 10 min. • Cuisson : 30 min.

Ingrédients

4 poivrons rouges
250 g de brocciu
2 œufs
1 branche de basilic
4 cuillères à soupe d'huile d'olive
Sel et poivre

1. Coupez vos poivrons en deux dans le sens de la longueur et épépinez les.

2. Dans un saladier, écrasez votre brocciu avec une fourchette et mélangez le aux œufs et au basilic haché, salez et poivrez.

3. Farcissez vos poivrons avec la farce et enfournez les dans un plat huilé à thermostat 6 durant 30 min.

Champignons à l'ail façon pierre rousse

funghi à l'aglia

Ingrédients

15 petits sanguins (lactaire délicieux)
5 gousses d'ail
3 branches de persil
3 cuillères à soupe d'huile d'olive
Sel et poivre

Pour 4 personnes • Préparation : 15 min. • Cuisson : 10 min.

1. Nettoyez à grande eau vos champignons et coupez l'extrémité du pied terreux.

2. Prenez une plaque allant au four et déposez y vos champignons la tête à l'envers.
Versez dessus votre huile ainsi que votre ail et votre persil haché ; salez et poivrez.

3. Enfournez votre plaque à four chaud thermostat 4, 10 min.

« Le sanguin est un champignon que l'on ramasse aux pieds des résineux en automne. »

Artichauts farcis au brocciu

artichjochi pieni cù u brucciu

Pour 6 personnes • Préparation : 15 min. • Cuisson : 50 min.

Ingrédients

6 gros artichauts
300 g de brocciu
2 œufs
1 tranche de panzetta de 200g
2 branches de persil
6 gousses d'ail
1 gros oignon
1l de tomate concassée
1 citron
4 cuillères à soupe d'huile d'olive

•

1. Prenez vos artichauts ; Enlevez les premières feuilles, la queue et coupez 1/3 de la tête. Arrachez les feuilles du centre et retirez la barbe.

2. Mettez à cuire vos artichauts dans de l'eau bouillante salé durant 30 min et retirez les.

3. Préparez votre farce en mélangeant dans un saladier : votre brocciu et 3 gousses d'ail écrasés et votre persil haché.
Et enfin ajoutez vos œufs, salez et poivrez.

4. Dans une marmite huilée faites revenir vos oignons émincés, 3 gousses d'ail écrasé et votre panzetta taillé en dés. Versez enfin votre tomate concassée et laissez cuire 10 min.

5. Farcissez vos artichauts et déposez les dans votre sauce tomate et laissez cuire encore 15 min.

Aubergines gratinées

melinzani crustulati

Ingrédients

6 grosses aubergines
2 branches de basilic
3 gousses d'ail
1 gros oignon
1L de tomate concassée
150 gr de tomme corse râpé
8 cuillères à soupe d'huile d'olive
Sel et poivre

Pour 6 personnes • Préparation : 15 min. • Cuisson : 30 min.

1. Pelez et coupez vos aubergines en tranche d'un centimètre d'épaisseur et faites les revenir de chaque côté dans une poêle huilée.
Retirez les sur un papier absorbant.

2. Dans une casserole huilée faites revenir vos oignons émincés et votre ail écrasé.
Versez votre tomate concassée et ajoutez votre basilic, salez et poivrez.

3. Dans un plat à gratin mettez vos tranches d'aubergine couche par couche et terminer par la sauce tomate, saupoudrez de tomme corse.
Faites cuire le tout 10 min à four chaud, thermostat 5.

DOMIN
UEMILA

les desserts & les biscuits

Flan à la farine de chataigne

pastizzu cù a farina castagnina

Pour 6 personnes • Préparation : 15 min. • Cuisson : 30/40 min.

Ingrédients

4 œufs
100 g de farine de châtaigne
150 g de sucre
3⁄4 l de lait

•

1. Faites bouillir votre lait avec votre sucre et délayez progressivement votre farine.

2. Blanchissez* vos œufs dans un saladier et incorporez votre préparation précédemment réalisé.

3. Versez votre préparation dans 6 ramequins et faites les cuire au bain marie* dans un four 30 à 40 min, thermostat 3.

DOMAINE DE
2003
TORRACCIA
EN BOUTEILLE
MIS EN BOUTEILLE AU DOMAINE
ORIU
Réserve
2000
DOMAINE DE TORRACCIA
APPELLATION CONTRÔLÉE
CORSE. PORTO-VECCHIO

Fiadone

fiadonu

Ingrédients

500 gr de brocciu
4 œufs
150 g de sucre
1 orange

Pour 6/8 personnes • Préparation : 10 min. • Cuisson : 30 min.

1. Battez vos œufs et ajoutez votre brocciu, votre sucre, vos zestes d'orange et mélangez le tout.

2. Graissez un plat à tarte et versez-y l'appareil*.

3. Enfournez votre plat 30 min, thermostat 5.

« Le fiadone est le dessert le plus typique de la Corse avec quelques variations selon les régions, tel que l'imbrucciata ou la falculella. »

Oreillettes

i frappi

Ingrédients

500 g de farine
3 œufs
100 g de beurre
20 cl de lait
Les zestes d'une orange
1 paquet de levure
40 g de sucre
1 pincée de sel
Huile de friture
Sucre glace

Pour 8 personnes • Préparation : 20 min. • Cuisson : 15 min.

1. Mettez votre farine en fontaine et placez au milieu votre beurre pommade et tous vos autres ingrédients. Mélangez le tout avec vos doigts et travaillé la pâte jusqu'à ce qu'elle soit bien homogène.

2. Déposez votre pâte sur une plaque farinée et étalez la. Repliez la sur elle-même et réétalez la de sorte qu'elle fasse moins d'1 cm d'épaisseur. Découpez avec une roulette des losanges.

3. Faites frire vos losanges dans l'huile a friture chaude, lorsqu'ils sont bien colorés retirez les, déposez les sur un papier absorbant et saupoudrez les de sucre glace.

« Les frappes sont confectionnées traditionnellement lors des mariages, des baptêmes et des communions. »

Canistrellis

i canistrelli

Ingrédients

1 kg de farine
200 g de sucre
3 œufs
1 verre d'eau de vie
25 cl d'eau
25 g de levure de boulanger

Pour 8 personnes • Préparation : 2h00 • Cuisson : 50 min.

1. Préparez votre levain en délayant votre levure dans l'eau tiède et 300gr de farine, laissez reposez le tout une heure à température ambiante.

2. Dans un saladier mélangez votre levain aux autres ingrédients, vous obtiendrez ainsi une pâte assez dure. Laissez votre pâte reposer encore 1heure.

3. Etalez votre pâte, elle doit faire 1 cm d'épaisseur, et avec une roulette découpez des carrés ou des rectangles.

4. Disposez vos canistrellis dans une plaque huilé et enfournez les 50 min, thermostat 4.

« Les canistrellis peuvent avoir différentes variantes : à l'anis, au vin blanc, aux amandes. »

Beignets au brocciu

friteddi di brucciu

Ingrédients

300 g de brocciu frais
500 g de farine
2 œufs
2 cuillères à soupe d'huile
1 sachet de levure
1/2 l de lait
1 pincée de sel
Sucre en poudre

•

Pour 8 personnes • Préparation : 10 min. • Cuisson : 1h00

1. Dans un saladier, mélangez la farine et le sel avec le lait tiède. Incorporez vos œufs, la levure et votre huile. Laissez reposer le tout 1 heure au réfrigérateur.

2. Mettez de l'huile à friture à chauffer à feu doux, dans une poêle. Coupez des morceaux de brocciu et mettez les un par un dans la pâte.
Récupérez les à l'aide d'une grosse cuillère et déposez les progressivement dans votre poêle.
Retournez les à mi cuisson et déposez les sur un papier absorbant, et enfin saupoudrez les de sucre.

« Le brocciu est un fromage frais d'appellation d'origine contrôlée depuis 1998.»

Beignets de farine de chataigne au brocciu

friteddi castagnini cù u brucciu

Pour 8 personnes • Préparation : 10 min. • Cuisson : 1h00

Ingrédients

300 g de brocciu frais
200 g de farine de châtaigne
50 g de farine de blé
2 œufs
2 cuillères à soupe d'huile
1 sachet de levure
1/2 l de lait
1 pincée de sel
4 pincées de sucre en poudre

1. Dans un saladier, mélangez vos farines et le sel avec le lait tiède. Incorporez vos œufs, la levure et votre huile. Laissez reposer le tout 1 heure au réfrigérateur.

2. Mettez de l'huile à friture à chauffer à feu doux, dans une poêle. Coupez des morceaux de brocciu et mettez les un par un dans la pâte.
Récupérez les à l'aide d'une grosse cuillère et déposez les progressivement dans votre poêle.
Retournez les à mi cuisson et déposez les sur un papier absorbant, et enfin saupoudrez les de sucre.

BOULAN
PATISS

GERIE
ERIE
Baldacci Toussaint
3
TEL.
235

Jean-Marie Ghionga, l'épicier le plus typique de Corse dans l'épicerie la plus incroyable qui soit. Située en haute ville, cette halte est quasi obligatoire pour le visiteur.

DOMAINE ORSINI
NOUGAT
NOUGAT
CALINZANA
7,62
3,80

leXIque

Appareil :
Mélange de différents ingrédients entrant dans la composition d'un plat.

Bain marie :
Technique de cuisson qui consiste à cuire lentement en plaçant votre récipient dans de l'eau bouillante.

Blanchir :
Plonger des légumes dans de l'eau bouillante durant quelques minutes puis les refroidir rapidement.

Bouquet garni :
Persil, thym, laurier ficelé ensemble.

Ecailler :
Enlever les écailles d'un poisson.

Ecumer :
Enlever l'écume formée à la surface à l'aide d'une écumoire.

Emincer :
Couper en tranche fine.

Mouiller :
Ajouter un liquide (eau, vin).

Vider :
Oter les intestins et les branchies d'un poisson à l'aide d'une incision dans l'abdomen.

Sébastien
et Marc-Antoine Rocca Serra.

Restaurant «A Mandria»
Restaurant traditionnel Corse

Pont de Solenzara
20145 Solenzara

Éditions Clémentine Studio

Route de Muratello, 20137 Porto-Vecchio
Tél. : 04 95 25 58 67
www.editionsclementine.com

Cet ouvrage a été imprimé par la société
Imprimerie Faurite (Miribel)
pour le compte des Éditions Clémentine Studio
Route de Muratello, 20137 Porto-Vecchio
en Mai 2006.

Recettes : Hevé Graziani
Photos : François Balestriere
Préface : Marie-Hélène Ferrari

Maquette : Laurent Pietri pour QuaiWest communication.

remerciements :
Sébastien & Marc-Antoine Rocca Serra, *pour leur hospitalité.*
Le restaurant *Kissing Pigs (Bonifacio)* & *Xavier Lorenzi*

Imprimé en France
ISBN : 2-9522728-3-2
Réf. : 06-03